Neuro-Linguistic Programming

NLP ハンドブック

神経言語プログラミングの基本と応用

L・マイケル・ホール [著] 橋本敦生 [監訳] 浅田仁子 [訳]

春秋社

ＮＬＰハンドブック目次

ＮＬＰの主要な77パターン ……… iii
謝辞 ……… vi
序 ……… 3
はじめに：マジシャンの種本 ……… 9

第1部　ＮＬＰモデル

第1章　ＮＬＰのマジックとは ── マジックには構造がある ……… 20
第2章　モデルとしてのＮＬＰ ── その設計、用語、構成要素(コンポーネント) ……… 32

第2部　ＮＬＰのパターン

第3章　基本パターン ── 他のパターンを作動させるためのパターン ……… 54
第4章　パート ── 全体の一部を成すパート ……… 92
第5章　アイデンティティ ──「自己」を創作し改革する ……… 117
第6章　心理状態 ── 神経言語的状態を管理する方法 ……… 171
第7章　言葉を使う ── 自信をもって正確で明快なコミュニケーションを実践するためのパターン ……… 214
第8章　思考パターン ── 思考を支配するパターンを分類する ……… 234
第9章　意味と意味論(セマンティックス) ── 神経意味論的(ニューロ・セマンティックス)な現実を向上させるパターン ……… 261
第10章　戦略 ── 力がつく行動計画を立てるためのパターン ……… 286

i

第 3 部　パターンの適用

第 11 章　パターン思考 ── 方法とスキルとしてのパターン思考 ……… 340
第 12 章　いつ何をすべきか ……… 350
第 13 章　分野別活用術 ── ビジネス、教育、セラピー、スポーツ、健康、人間関係などでＮＬＰのパターンを活用するときのヒント ……… 365

　　おわりに ……… 383
　　付録 ……… 384
　　ＮＬＰ用語解説 ……… 387
　　参考文献 ……… 398
　　監訳者あとがき ……… 406

ＮＬＰの主要な 77 パターン

基本パターン

主要パターンの基礎となるもの
＃1　適格な目標を立てる　58
＃2　相手の世界モデルにペース合わせ／マッチングを行なう　64
＃3　状態のキャリブレーションを行なう　65
＃4　エコロジーをチェックする　69
＃5　反応の柔軟性を高める　72
＃6　状態を顕在化させる　75
＃7　状態を発生させる　78
＃8　状態を中断する　81
＃9　アンカーを設定する　83
＃10　肯定的な意図にアクセスする　88

主要パターン――変化を引き起こし、卓越性を活かすテクニック

「パート」間に不一致がある場合
＃11　アンカーを同時に点火する　93
＃12　パートどうしに交渉させる　96
＃13　6段階リフレーミングを使う　98
＃14　知覚のポジションを連携させる　101
＃15　合意枠を作成する　105
＃16　自己を連携させる　108
＃17　内的な対立を解決する　111
＃18　改良型ヴィジュアル・スカッシュを使う　113

アイデンティティと「自己」に問題がある場合
＃19　「サブモダリティ」を使って信念を変える　118
＃20　脱同一化する　123
＃21　再刷り込みをする　127
＃22a　タイムラインを使う　134
＃22b　「時間」を顕在化させる　135
＃23a　自分史を変える　138
＃23b　メタ・ステート・モデルを使って自分史を変える　140
＃24　スイッチを使う　143

iii

- ＃25　卓越性の円に入る　147
- ＃26　決定を無効にする　150
- ＃27　コア・トランスフォーメイションを使う　152
- ＃28　メタ・トランスフォーメイションを使う　156
- ＃29　親と和解する　159
- ＃30　自分自身を愛する　163
- ＃31　自足する　166
- ＃32　内的な賢者から知恵を授かる　168

神経言語の状態に問題がある場合
- ＃33　視覚と触運動覚を使って分離体験する／映画を巻きもどす　172
- ＃34　リソースに満ちた状態にアクセスしてそれを管理する　181
- ＃35　状態を自覚する　183
- ＃36　アズ・イフ・フレームを使う　185
- ＃37　状態どうしを連鎖させる　188
- ＃38　「サブモダリティ」をオーバーラップさせる　191
- ＃39　閾値を越える／抑えがたい衝動を爆発させる　193
- ＃40　過ちを学びに変える　196
- ＃41　意図的に強制する／ゴディバ・チョコレートを使う　198
- ＃42　意思を決定する　200
- ＃43　快楽を味わう　203
- ＃44　快楽を減らす　206
- ＃45　限定的な共感覚を分離する　209
- ＃46　記憶をファイリングして保存する　211

言葉の使い方および言葉遣いの直し方に問題がある場合
- ＃47　メタ・モデルを使う　218
- ＃48　メタ・モデルIIIを使う　221
- ＃49　名詞化を無効にする　225
- ＃50　問題を明確にする　227

思考パターン、メタ・プログラム、認知のゆがみに問題がある場合
- ＃51　相手のメタ・プログラムを見きわめてペース合わせする　236
- ＃52　限定的なメタ・プログラムを見わけて問題にする　243
- ＃53　メタ・プログラムを変える　251

＃ *54*　認知のゆがみを見きわめ異議を唱える　255

意味および意味論に問題がある場合
　＃ *55*　内容をリフレーミングする　262
　＃ *56*　状況をリフレーミングする　267
　＃ *57*　「サブモダリティ」をリフレーミングする　268
　＃ *58*　6段階リフレーミングをメタ・ステートとして使う　272
　＃ *59*　信念における共感覚を解体する　274
　＃ *60*　価値観の序列を確立する　275
　＃ *61*　判定基準の序列を触運動覚的に規定する　279
　＃ *62*　思考ウイルスの予防接種をする　281

戦略に問題がある場合
　＃ *63a*　これまでとは違う行動を取る　289
　＃ *63b*　これまでとは違う行動を取り、その日1日を振り返る　292
　＃ *64*　許す　294
　＃ *65*　アレルギー反応を取り除く　298
　＃ *66*　悲嘆を消散させる　301
　＃ *67*　未来の悲嘆に先手を打つ　306
　＃ *68*　健康的な食事をする　308
　＃ *69*　共依存を解決する　310
　＃ *70*　率直に自己主張する　313
　＃ *71*　批判に応える　317
　＃ *72*　適切な境界を設ける　321
　＃ *73*　魔法の親をもつ　323
　＃ *74*　過ちを学びに変える　325
　＃ *75*　賢くじっくり考える／評価する　327
　＃ *76*　ディズニーの戦略で創造的になる　330
　＃ *77*　アイコンを回転させる　333

謝辞

　本書は、ＮＬＰの誕生に直接関わった以下のパイオニアたちに端を発している。

　　リチャード・バンドラー
　　ジョン・グリンダー
　　ロバート・ディルツ
　　ジュディス・ディロージャ
　　デイヴィッド・ゴードン
　　レスリー・キャメロン－バンドラー

　ほかにも多くの方々が言語とシンボルに潜むマジックを学び、マジシャンとして一本立ちして活躍を続けている。中でも、以下のおふたりのＮＬＰモデルに対する貢献は特筆に値する。

　　ティム・ハルボム
　　スージー・スミス

ＮＬＰハンドブック

神経言語プログラミングの基本と応用

序

　今でもはっきり憶えている。自分の恋愛関係に望みどおりの変化が起きたあの顛末を……。当時わたしは仕事ではかなりの成功を収め、それはそれで楽しんでいたが、人間関係については取り立てて幸せでもなければ充実してもいなかった。それが、あるＮＬＰのトレーニングを受けているときにひとつの閾に達した。自分の経歴のある部分──少なくとも自分がそれにもたせている意味──をどうしても変える必要があることに気づいた。それを変えなければ、望みどおりの恋愛関係を自分のものにはできないと思った。
　わたしはＮＬＰのテクニックを数々組み合わせて、自分自身と数時間取り組んだ。覚悟はできていたし、絶好のタイミングだった。効果はあったか？　これには、その後24時間も経たないうちに、これまで会ったことのなかった女性がわたしの生活に登場したとお答えするのがたぶんベストだろう。そして、彼女はこれまでに会ったことがなかったというだけではなく、これまでにつきあってきた女性とはまったく異なる種類の女性だった。以前の女性たちのように自分のことで頭がいっぱいになることはあまりなく、こちらの求めにもはるかによく応じてくれる心の広い女性だった。それはもう、本物のマジックのようだった。
　そして、ふたりは結婚し、その後ずっと幸せに暮らしたかというと、実はそうではない。自分の内面に生じたことが新しい出会いを可能にしたというのはすばらしい体験だったが、そこで話は終わらない。わたしにはまだしなくてはならないことがあった。それには時間がかかった。たとえＮＬＰを使っても、時間がかかった。しかし、これは転機となり、このときの人間関係はわたしの人生における新たな段階の象徴となった。以来事態はひたすら好転し、とうとうわたしはある女性と出会って結婚し、今に至る。
　あなたはまさに今、そうした変化を可能にするツールをその手にもっている。マイケル・ホールはＮＬＰが提供できるものを概観し、ここに手際よく包括的にまとめて、いつ何を使うべきかを簡単に理解できるよう示してくれている。とはいうものの、これらの使い方は経験を通して身につけるのが一番だ。学び

は実践の中にある。したがって、もしＮＬＰをうまく使えるようになりたいと思うのであれば、ＮＬＰのトレーニングを受けることを強くお勧めする（確かな実績のある組織と信頼できるトレーナーを選んでいただきたい）。

　ＮＬＰはひとつのテクノロジーだとよくいわれる。これはある程度正しい。サイエンス・フィクションには、テクノロジーが制御不能になった暗黒郷を描いた作品が多々あるが、それらで思い出すのは、テクノロジーはきわめて**優秀な召使い**になりうる一方、きわめて**悪質な主人**にもなりうるということだ。ＮＬＰを含む最新テクノロジーにも同じことがいえる。この特殊なテクノロジーを管理するには、これを使って何を達成したいのかを明確にしてから、体験と取り組まなくてはならない。本書は多数の例を使って、何が可能かを教えてくれる。

　テクノロジー自体は証拠に基づいたきわめて精密なものであり、個々に合わせていくらでも調整することができる。しかし、もしこの高性能テクノロジーのもっとも先進的で重要な役立て方は何かと問われたら、わたしは迷わず答えるだろう。誰の人生の中でも一番重要でありながら、一番なおざりにされている関係──自分自身との関係──を向上させ育てる手段として活用することだ、と。

　ＮＬＰはよく、非常に貴重なコミュニケーション・ツールを提供するものとして紹介される。これはそのとおりだ。加えて、ＮＬＰのプラクティショナーは広範囲の分野における人間の卓越性をモデリングしている。もっと正確にいえば、ＮＬＰは、人間のどんな営みであれ、「いったい、それ、どうやるの？」という問いに答えたいと思う人にはきっと役に立つ。しかし、結局のところＮＬＰの力は、他者への影響力を強めるのにどれだけ役立つかという点にあるのではないとわたしは信じている。ＮＬＰの本当の力は、**自分自身への影響力を高められる点**にある。もしこの自分自身との関係を培う道を選び、本書に説明されている多数のＮＬＰのツールを着実に活用するようになれば、やがて、卓越性のさらに向こうにある知恵の片鱗に到達することがあるかもしれない。

　ＮＬＰはビジネス界でも役立っている。わたしはコンサルタントという職業柄、ＮＬＰを特徴づけている方法論やテクニック、さらには単なる考え方さえもが、さまざまな組織に──単に経営者にだけでなく──解放感と創造性を与えていることをよく実感する。指導者を相手に行なうわたしの戦略的・系統的ワークは、ＮＬＰのさまざまなモデルや介入法を頼めるようにすることによっ

て、非常に行ないやすいものになっている。わたしが携わっているいずれの企業も、重要な人間関係を管理するより良い方法や、クライアントの満足を最大にするより良い方法を知りたがる。ＮＬＰにはこうした目標を達成するための具体的なツールがある。相手——同僚であれクライアントであれ——の立場に身を置く方法を知っている者が組織内にいたら、そういう者を活かそうとしない組織があるだろうか？　上司にもっとうまく対応する方法を知りたくないと思う部下がいるだろうか？　ＮＬＰには、学習で身につくそうしたスキルを形成する具体的なテクニックもある。

　最近気づいたのは、わたしたちが行なっているＮＬＰのプラクティショナー・コースやマスター・プラクティショナー・コースを受けに来るコーチの数が非常に増加しているという点だ。参加の理由を訊ねると、その答えは驚くほど一貫している。ＮＬＰは精密でテクニックも豊富なため、通常 30 分程度の電話によるコーチングでも、他のモデルより大きな効果が得られるというのだ。その他の理由もきわめて市場を重視したものである。現在では自らをコーチと称する人がとても多いが、そういう人たちがＮＬＰを使うと、より実効性のある成果をより確実にもたらすことができるようになり、その結果、口コミによる紹介率も上がるという。これは、わたしにはおおいにうなずける話だ。ＮＬＰが提供するのは、何をどうすべきで、何が効果的に働くのか——さらに、何が効果を上げていないのか——を知るためのツールだからだ。適用範囲は、関わっている当事者の分野次第である。地元のわたしのオフィスには特別な本棚があり、そこにはわたしの教え子たちが書いた本が並んでいる。教え子たちは自分の専門分野にＮＬＰを適用し、それについて書いた本をわたしに送ってくれるのだ。それらが扱っている範囲は、ビジネスから運動競技、医学、指導的地位、乗馬の長所と、実にさまざまである。

　しかし、ＮＬＰが本領を発揮すれば、さらに多くが可能になる。実際的な思いやりを抱けるようになり、深い構造的な変化を達成することができるようになる。ＮＬＰは包括的なモデルであり、成功を収める方法はたくさんあることを認めている。しかし、他と比べてきわめて簡単な方法があるという点は正確に説明している。ＮＬＰはまた、関わる人々を尊重する現実的なモデルでもある。わたしたちひとりひとりに自分自身の世界地図があることを認めている。これまでの思考の限界を越えられるような機会を得ようと思うなら、その地図を尊重しなくてはならないという点を強調している。わたしがＮＬＰを高く評

価するのは、説明がわかりやすく、民主的でもあるからだ。ＮＬＰを使えば、体験に構造があることがわかるとＮＬＰはいう。これはつまり、自分が以前からしていることを理解して、その気になればそれを変えられるということである。

　わたし自身についていえば、わたしがこの分野で働いているのは、こうしたツールやこの考え方を使ってできること、それらが生み出せるもの、つまり在り方について、ひとつのヴィジョンをもっているからだ。ＮＬＰは単に生き方を変えるだけでなく、世界を変える可能性がある。生死を分ける変化さえ引き起こすこともある。

　わたしは多くの医師とともに仕事をする中で、これまでに開発された数多くのＮＬＰのパターンが健康問題に適用され、何が可能になるのかを目の当たりにして、いつも心を揺さぶられてきた。法廷弁護士をやっている教え子の言葉を聞いたときは、謙虚な気持ちになった。彼は、「ＮＬＰのスキルを身につけたおかげで、カリブの政界の超大物に助言することができました」とわたしに報告した。その政治家はその後、数々の政治的反逆者の死刑判決を減刑したのである。別の教え子が、英国にて警察とともに開発した修復的司法プログラムでＮＬＰを使い始めたときには、新しい希望が湧いてきた。このプログラムでは、犯罪の被害者と加害者が向き合って解決を実現させる。累犯が驚くほど減少したことによって、彼の仕事が成功したことがわかり、わたしは考え始めた。もしＮＬＰが国際的な調停で用いられるようになったらどうだろう？　したがって、イスラム教徒の教え子が中東でＮＬＰを学べるように手を貸してくれないかといってきたとき、わたしはそれに貢献するのは神の思し召しのような気がした。わたしにしてみれば、それやこれやの実例に数多く接したためか、**ＮＬＰマジックを使って人々がくりだすマジックに比べると、ＮＬＰマジックそのものはそれほど重要でないように思えてくる**。

　しかし、これから世界を変えようというときは、まず自宅を整理整頓することから始めるのが一番だ。信頼が置けて調和が取れているように見える人間になりたいと思うのなら──そして、たとえわずかな時間でもうまくやりおおせたいと思うなら、まず自分自身にＮＬＰを使ってみよう。ＮＬＰを使うと、自分の思考と行動、すなわち自分の生活を運営している前提の、少なくともいくつかには気づくようになる。自分の前提がどんなものであるかがわかると重宝する。それに、その前提が自分の役に立っていなければ、ＮＬＰを使ってそれ

らを変えられる——自分の体験からこれは真実だと証言できる——ということを知るのもすてきではないか。

　ここでわたし自身の恋愛体験に話を戻すが、これは「すべてＮＬＰのおかげだ」という意味だろうか？　いや、そうではない。それどころか、すべてがたったひとつの要因のおかげだなどということがあるだろうか？　もし何かを取り上げて、すべてそのおかげだというとしたら、自分の内的な生活を管理して、変化させられると信じたことを変化させたおかげだとでもいおうか。つまり、わたしが自分の体験からいいたいのは、もし自分自身とのより良い関係を築き始め、本当に自分の望んでいることを明確にできるなら、望みどおりの変化を手に入れられると断言できる、ということだ。そして、ＮＬＰはそれを行なうのに非常に優れた方法である。

　このように改善を出発点にすると、生成的な可能性が発生する。それがどんなものかは、なかなか想像できないことが多い。わたしの場合には、それまで自分が知っていたことを超える何かがあることに気づくことだった。のちに妻となるポーレットと出会ったとき、わたしは自分自身の中で、これまでとは違う愛し方で、これまでよりも深く愛する努力をしなくてはならなかった。わたしなら、このプロセスをマジックとはいわない。もっとずっと神秘的なものである。錬金術であり、再び違った形で自分を変えてくれるものである（これについては別の書物で触れている）。

　最近、わたしたちのプラクティショナー・トレーニングとマスター・プラクティショナー・トレーニングを終えた教え子のひとりから手紙を受け取った。手紙には、このふたつのトレーニングを受けたあと、主にどのような進歩を遂げられたかを具体的に記してあった。それらは彼女の生活にとってきわめて重大な変化であり、それまでに経験したことのない変化だった。トレーニングから10ヶ月経った今、彼女は新しい職を得、新しい家をもち、貸アパートも所有して、誰かと生活を共にする心理的な準備もすっかり整っているという。しかし、手紙の末尾にはこうあった。何よりも「幸せなのは、今、ただ漫然と生きるのではなく、最高に充実した毎日を送っていることです」

　適切な管理のもとで使うＮＬＰには、充実した生活を送りたい、ただ生きているだけの生活はごめんだと思う人々に差し出すものがいくらでもあるとわたしは信じている。あなたが自分で本書を読みつづけなくてはならない理由はそこにある。ＮＬＰへの貴重な貢献となる本書の中で、マイケル・ホールはＮＬ

Ｐのさまざまな撚り糸を織り合わせ、ＮＬＰが提供できるものの多くを巧みに、かつ正確に描き出している。お読みになれば、彼がどれほど有益な情報をたっぷり与えてくれているか、また、どれだけ信頼に足る人物であるかに気づくはずだ。わたしは当然気づいている。だからこそ、この権威あるＮＬＰハンドブックの第２版が誕生したことを心より歓迎するのである。

イアン・マクダーモット
インターナショナル・ティーチング・セミナーズ
www.itsnlp.com

はじめに

マジシャンの種本

> わたしたちが話す言葉にはマジックが潜んでいる。自分で編むこともほどくこともできる網は、既得のもの（言葉）と成長を促す呪文の構造とに注意しさえすれば、自分の思いのままにできる。
>
> ——バンドラー＆グリンダー『魔術の構造』

本書が誕生するまで

　本書を書くことになったそもそものきっかけは、ソルトレイクシティで開催されたＮＬＰのある会議で、セラピスト向けにＮＬＰの主要パターンを１冊にまとめたものが必要だという話をバーバラ・ベルナップとしたことだった。この会話のおかげで、わたしは主なＮＬＰパターンを集めてみようという気になった。日常生活の中でリソースに満ちた状態を拡大し卓越性を高めるのに役立つ主なパターンをすべて集めたいと思った。

　収集を始めた当初、わたしはコロラド州を拠点として個人で心理療法を行なう心理学者であり、バーバラはユタ州で総合的な健康管理に携わる心理療法士だった。セラピストの中には自分のクライアントに**ブリーフセラピー／短期療法**を使いたいと思っている人がいる。わたしたちはそうしたセラピストにＮＬＰのさまざまなパターンを紹介して、それらが内容の濃いすばらしい方法であることを伝えたいと考えた。ふたりにとって、それはきわめて道理にかなったことだと思われた。なんといっても、当時アメリカの総合的健康管理は、とりわけ**高品質な短期療法**を創ることに夢中になっていた。わたしたちがＮＬＰを選ぶのはごく自然で当然のことだった。ＮＬＰのもつ認知行動的なプロセスを見きわめて、この強力なチェンジ・モデルを段階的に用いる**方法**を明らかにしたいとわたしは考えた。

　そのために、ＮＬＰの構造にふさわしい構成を考え始めた。ところがそこで

混乱に陥った。ＮＬＰのさまざまなパターンはセラピーに適用されているだけではないことに気づいたのである。セラピーのみに用いられるとしたり、主にセラピーに用いられるとするのは、ＮＬＰがひとつのセラピーであるという間違った示唆を与えてしまう。それは正しくない。ＮＬＰは本質的には**人間の体験のモデリング**であり、とりわけ人間の卓越性のモデリングである。セラピーが必要とされるのは、悲惨な状態にある人や傷ついた人がトラウマを乗り越えて人生を前向きに生きていくために治療上の助力を求めているときだ。しかしＮＬＰは、卓越性、健康、熟達、才能といった、要は、効果的に機能するものにはるかに重きを置いている。治療による変化というよりも、生成的な変化を強く志向するものなのだ。

そういったわけで、この時点でわたしは本書の焦点をセラピストや短期療法〔ブリーフセラピー〕、総合的健康管理のためのＮＬＰパターンに絞るのを止め、方向を転換した。もっと一般的に、誰にも役立つＮＬＰパターンを集めて分類することにしたのである。その結果が本書であり、ここに 77 の主要パターンを紹介し、マジック（言葉）の構造と成長のための呪文パターンを明らかにした。

あらゆる分野に活用できるマジック

バンドラーとグリンダーがいうように、もし「わたしたちの話す言葉にマジックが潜んでいる」のなら、また、わたしたちが言葉を使うことができ、考え方や感じ方、話し方、行動の仕方、関係の結び方に対して、変形力のある変化を起こすためのパターンを使うことができるのなら、本書のパターンはすべて、心や生活を変えるマジックを発生させるためのものであることがわかるだろう。これらの主要パターンは数多くの分野に合わせて簡単に翻訳でき、適用することができる。

・ビジネスでの卓越性、マネージメント、コーチング
・教育
・心理療法
・個々人の成長、発達、有効性
・娯楽スポーツや運動競技のコーチング
・対人関係
・コミュニケーションの向上

はじめに

・交渉、調停、紛争解決
・プロファイリングの型、パーソナリティ、スキル
・モデリング

「マジック」が発生する状況(コンテクスト)

　本書がマジックの種本であるなら、では、「マジック」とはなんだろう？ どんな状況下でマジックは発生するのだろう？　マジックとは、言葉とプロセスによって地図を変化させ、それまでとは異なる現実を生み出したとき、「心－身－情動」系に生じる現象をいう。ＮＬＰは、3人のマジシャンともいうべきセラピスト（ヴァージニア・サティア、フリッツ・パールズ、ミルトン・エリクソン）が自分の言語パターンの力を使ってマジックを発生させているのに注目したことから始まった。ただ言葉を発するだけで、患者たちは元気を取りもどして診察室を出、トレーニングから帰っていく。どうしてこんなことが起こるのだろう？　そうした魔法のような介入法はどう機能しているのだろう？

　本書で初めてＮＬＰに接する読者には、最初の2章にある簡単な手引きがお役に立つと思う。ＮＬＰは変化に関する一分野であり、変化と発達を扱っている。卓越性の構造を見きわめ、それがどう機能しているのか、それをどう地図に表わすのか、どうすれば最善の営みを複製できるのかに取り組んでいる。専門家や天才が精通し、習得し、評価し、作り出すものがマジックのように感じられるのは、その構造を知らないからにすぎない。構造がわかれば、力や効果はそのままでも、混乱や神話、闇は消えてなくなり、そのマジックを人に伝えられるようになる。

メタファーとしてのマジック

　なぜ「マジック」という言葉を使うのか？　いったいなんのことなのか？　ＮＬＰでは通常**マジック**という用語を特別な意味で使う。それは外部から作用する魔法や、物理の法則を変えてしまうような実際のマジックのことではない。ここでいう「マジック」はそのいずれにも当たらない。正確には、主観的体験の構造を知ったときに生じる一見とっぴな、しかしすばらしい魔法のような効果（変化）をいう。

　主観的体験（動機づけ、健康、言葉などに対する「心－身－情動」系の反応）がどう機能しているかがわからないと、体験に関する手がかりは得られな

ii

い。自分がどのような体験を創造し、味わいたいと望んでいるかについても手がかりを得られない。変化が起きる理由や原因など、皆目見当もつかない。そして、それがわからなければ、物事を変える方法や、変形力のある肯定的な変化を起こすための梃(てこ)の原理を知るのにもハンディを負う。人間がどう機能するのか（認知行動的機能、もしくは神経意味論的機能(ニューロ・セマンティックス)）を理解しないと、人間としての有能さや幸せ、有効性を高める方法について、なんのプロセスも知らないままになる。その結果、人間の意識や神経、健康における言葉の役割について、無知で混乱した状態が続く。

　逆に、主観的体験の構造を理解すると、「魔法の杖」に関する実用的な知識が手に入り、変化や向上、健康、幸せ、成功、卓越性を求めて自由にその杖を振ることができるようになる。記憶や期待、希望、恐れを伴う「心‐身‐情動」系のどこに梃(てこ)入れすべきかを知ることで、マジックを発生させる場所を手に入れ、楽しみや利益を得、卓越性を向上させ、人類の繁栄に大きく貢献できるようになるのである。

マジックの種本

　脳はわたしたちの行動を数多くのパターンに要約しているが、ＮＬＰと「自分自身の脳を運営する」ＮＬＰのテクニックを習得することによって、わたしたちは実質的にマジックの種本を入手することができる。この種本は、ＮＬＰを先導した最初の本『魔術の構造』(Bandler & Grinder, 1979) のテーマを反映したものである。『マジックの謎を解く』(Lewis, Byron and Frank, 1982)、『マジックを使う』(Bandler, 1985a)、『コミュニケーション・マジック』(Hall, 2001a. 1998 年に出た *The Secrets of Magic* の新版) も反映している。

　さて、この分野の創始者は言語学者のジョン・グリンダー博士と、コンピュータ・プログラミングを学んでいた学生で後にゲシュタルト療法の非公認セラピストになったリチャード・バンドラーだが、実際、ふたりは代表システム（感覚システムと言語のメタ・システム）にマジックの構造を見いだすことができると明記している。「心‐身」のこうした言語システムには、単語や文があるだけではなく、他の「言語」、すなわちさまざまな「ロジカル・レベル」で作動する言語もある。

　プライマリ・レベルでは感覚に基づくイメージ、音、感じ、におい、味（ＶＡＫ──詳細は第 2 章を参照）を認識する。これらが心の中で上映される映画を

描く。こうした映画の中では、わたしたちは感覚というモダリティに属する「言語」を使っている。このレベルの各モダリティには特性（固有性、区別、特徴）がある。これは「下位（サブ）」レベルにある特性ではない。こうした細かい特性はフレーミングの上位レベル、すなわちメタ・レベルで作動する。そんなわけで、間違って「サブモダリティ」と呼ばれているものが、実は心の中の映画がもつ映画的特性である（Hall and Bodenhamer, 1999）。これらの特性は本当は下位（サブ）レベルには存在しない。視覚、聴覚、触運動覚（ＶＡＫ）という感覚モードの上位レベルにあるこうした特性が顕著な特徴を作り出し、それが各モード内で目立っているのである。

　イメージや音や感じ（感覚モード）という非言語レベルを出て上に移動すると、命題言語――感覚に基づく言語――の最初のレベルに到達する。ここでは科学の実証的な言語、感覚によって分析できる言語が用いられる。さらに上に行くと、また別のレベル、別の「言語」――評価の言語――に到達する。ここまで来ると、それ以前の言語を解釈し評価して、さらに上位の抽象化が可能になる。抽象化をさらに進めて上昇しつづけると、最終的にはメタファーとストーリーのメタ・レベルに到達する。

　意識が実際に体験するこうしたレベルは何を意味しているのだろう？　実は、これは枠組みの意味体系（マトリックス）を形成する「思考－感情」の埋め込みシステムを表わしている。この部分のコードを変更すると、現実を捉えている内的感覚も変化する。変化が生じるときにはマジックが発生しているという表現は、まさにこのことをいおうとしているのである。

マジックを起こす呪文を習得する

　本書は、基本パターンを数多くもつＮＬＰを詳述しながら、2種類の知識を提供している。ひとつは理論的な理解に関するものであり、今ひとつは実用的な知識である。双方を知ることによって、「自分自身の脳を運営する」力をつけることができる。

　本書の最初の部分を読むと、脳がどう作動しているか、それをどう運営したらいいかを学ぶことができる。これらを学ぶと、自分の人生を管理し、自分の向上につながる地図を作り、これまでより大きな恩寵と喜びを感じられる社会的なコンテクストや対人関係に入り、目標を達成して全体的な有効性を高める力がつく。

こうした知識によって、問題を体験することと、その問題を解決することとを区別できるようにもなる。問題が生じているという実態を知ること、さらにはなぜその問題が生じたのかを知ることは、その問題にどう対処するかを知ることとはまったく別のことだ。
　ひとつめの知識は理論、説明、因果関係を教えてくれる。わたしたちはこの種の形態的・技術的知識に精通し、この種の知識に沿った説明に熟練する。そして、物事について理解する。ふたつめの知識は知恵、実際的な能力、変化を与えてくれる。そして、わたしたちは物事を行なう方法を理解する。実際的な方法に関する知識に熟練するのである。
　本書はひとつめの知識をごく少量、ふたつめの知識をたっぷり提供している。最初の2章では、神経言語プログラミング（ＮＬＰ）の認知心理学的な分野から見た概要を述べ、後続の章では、変化を起こすための数々のパターンを紹介し、有効性を阻害するさまざまな問題や障害に対して効果的に対処するためのノウハウを教える。

注意――マジックを使えるようになるには

　本書はＮＬＰの簡潔な参考マニュアル、すなわちマジシャンの呪文集であり、77項目の具体的なパターンを紹介したものである。自分自身や他者とのワークで神経言語を楽に実践活用できるよう設計されている。だからといって、本書を読むだけでこの分野のプラクティショナーになれるということではない。それは無理だ。本書から得られるのはツールと一般的なガイドラインの一部にすぎないが、**プラクティショナー**とは常にそれを実践している人のことであり、有資格レベルのスキルを身につける訓練を受け、実践向けの知識とスキルを得た人のことを指すからだ。
　これらのパターンに用いられているスキルに習熟したければ、ＮＬＰやニューロ・セマンティックス（神経意味論）を扱うのに必要なトレーニングを利用していただきたい。こうしたトレーニングを受けることによって、安全で賢明なやり方で各パターンを使用する技術が身につき、プロとしての倫理とたしなみが備わり、真に優雅に効果的にそれらを実践できるようになる。有資格トレーナーの監督の下で行なう学習とトレーニングには、個々の最良のスキルと直観を引き出すための特別なコーチングも含まれている。高品質のトレーニングを受けることで、豊かな知識をもち、適切な能力と一貫性を身につけることが

できる。

　ＮＬＰ、もしくはニューロ・セマンティックスのトレーニングを受けるために連絡する際は、トレーニングは習熟度別であることを忘れないでいただきたい。こうしたモデルは本質的に経験に基づくものであるため、有能なプラクティショナーと共に経験を積むことによってもっともよく習得できるのであり、通信教育で勉強するというようなわけにはいかない。まずは自分自身を相手に、じかにそれらを体験しなくてはならない。他者とのワークはそれからだ。良質のフィードバックを提供するプログラムを探して、有能なプラクティショナーになっていただきたい。

　いずれにせよ、ある分野を極めようと思えば、充分な時間をかけてスキルとパターンを訓練し、それらを直観的に認識できるようになり、自分の人格や性に合ったものにしなくてはならない。つまり、わたしたちが行なっているマジックはほんの一瞬のうちに起きているように見えることがあるかもしれないが、熟達するには長い時間と多くの訓練が必要なのである。

一般意味論について

　神経言語、ニューロ・セマンティック（神経意味）という用語の起源ははるか1930年代、1940年代にまで遡る。一般意味論という分野を創始したアルフレッド・コージブスキーの教育にまで遡るのである。コージブスキーは当時アメリカ中を回って「神経言語のトレーニング」を行なった。彼の画期的な大書『科学と正気――非アリストテレス的体系と一般意味論への手引き』(Korzybski, 1933/1994)は、地図と土地そのものとの区別を確立した。この本は構成主義的な認識論を述べたものであり、ＮＬＰの基本的な枠組みを示していた。ＮＬＰの最初の本『魔術の構造』を読むと、リチャード・バンドラーとジョン・グリンダーがその影響を受けたことがわかる。人類学者のグレゴリー・ベイトソンはＮＬＰの前提と理論的枠組みに貢献したが、彼もコージブスキーの影響を受けている（Bateson, 1972）。

　わたしは自分の一般意味論者としての経歴を活かし、本書ではバンドラーとグリンダーがメタ・モデルに取り入れなかった言語表現形式を利用している。コージブスキーは、こうした拡張手段は科学と正気を得るためのツールになると主張した。本書を読み進めていくと、こうした形式がこの文章にも使われて

いることに気づかれるはずだ。一般意味論になじんでいない読者には、少し変わったフォームが使われていると感じられるかもしれない。ＮＬＰに対するコージブスキーの言語学的貢献については、彼の「マジック」を使ってメタ・モデルを拡張した『コミュニケーション・マジック』が詳しい。本書では、以下に挙げたものをいくつか使用している。

▶ 引用符（「　」）
　このマークでくくった用語や表現は、程度の差はあれ、地図作りに問題が生じるものを表わしている。読者は特別な注意を払ってこれらの単語や用語、表現を取り扱わなくてはならない。例えば、「時間」「心」などという単語がそれに当たる。一般的にこうした単語は軽視される。意味をわかっているつもりになり、それぞれがそれぞれ別の**もの／こと**を指していると思い込む。しかし、実際はそうではない。なんらかの歪曲が生じると、それらは問題をはらんだものになる。このマークは名詞化を意味するだけではなく、その用語が複数の序列で使えるものであることを示している。

▶ ハイフン
　ハイフンを使うと、二分化した地図、細分化した地図に対応できる。**神経言語プログラミング**に対応する英語「neuro-linguistic programming」で使われているように、ハイフンは分裂していた世界を再結合して要素とし、それによって、これまで存在しなかった要素還元主義を創り出す。ハイフンによって、西洋人の思考を徹底的に蝕んでいる要素還元主義と二元性を癒すのである。「心」および「身体」という表現は、はっきり現実だといえるものをなんら示していない。こうした用語は言語的なフィクションを創作する。「時間」と「空間」も同じだ。しかし、「心－身」や「時－空」という連続体は現実の現象を確かに示していて、こうしたハイフンつきの用語が描く地図は、事実により忠実なものとなる。

▶ など／等
　「など／等」は、悪習のせいで使い古され、陳腐な表現になっているともいえる。しかし、意図して使えば、多値的な非アリストテレス的態度を伝えることもできる。なぜそうなるのだろう？　この無限の世界では**どんな地図もすべ**

てを描き出すことはできないからだ。地図にはすべては載っていないということを思い出させるために、この「など／等」を使用する。「すべてをいいつくした」と考えたり、自分の考えや理解がその問題に決着をつけたと思ったりしないよう、「など／等」を使って警告を発するのである。本書を読むときも、「など／等」を手がかりに、ひょっとしたら書き加えられていたかもしれない他の多くの事柄について考えていただけたらと思う。省略によって特徴が削られてしまったとしても、「など／等」を見れば、地図作成時に生じるこの現象を思い起こすことができる。

▶ E-プライム／E-チョイス

E-プライムとは、「be動詞」を使っていない英語（English）を指す。英語から事実に誠実でないこの消極的な動詞（is, am, be, being, been, was, were など）を取り除くと、ふたつのきわめて重大な問題を排除することができる。問題のひとつは「同一性を表わす be動詞」で、「he is an idiot」（彼はばかだ）という使い方をする。もうひとつは「断定の be動詞」で、「that chair is red」（あの椅子は赤い）という使い方をする。こうした be動詞は、事実に誠実でないことを地図に描き、土地そのものとの構造的関係を誤って伝える。その結果、健全性に問題が生じ、土地そのものへの適応に問題が生じる（付録参照）。

▶ プロセス言語

量子レベルにおける実態は——現代物理学のおかげで今日知ることができるようになったが——「電子のダンス」と亜原子であるために、「もの／こと」を表現する言語を使ってそれを描写すると、あらゆる種類の問題が発生する。わたしたちは力学的世界、すなわち、すべてがプロセスのさなかにある世界を表現する言語を必要としている。動詞、活動、機能、プロセスからなるプロセス言語をこれまで以上に必要としている。これは、ＮＬＰにおいて名詞化された用語の名詞化を無効にすべきだとする動きと一致する（第7章参照）。

▶ 省略

引用文中の「……」は、単に一部を省略したという意味だ。指示の中の「……」は「ちょっと待って。ここで心の中に入り……今の言葉や指示をじっくり味わいましょう」という意味で使っている。

混乱したら、巻末の用語解説をチェックしよう。

パターンの由来

　これらのパターンの出所は？
　誰が創ったのか？　いつ？　誰のために？　どんなコンテクストで？
　ほかに誰が今日の形に進化させる上で重要な役割を果たしたのか？

　そもそもＮＬＰはリチャード・バンドラーがフリッツ・パールズの仕事を発見したことに端を発している。ちなみに、バンドラーはカリフォルニア大学サンタクルーズ校の学部生だったときに、『ゲシュタルト療法　その理論と実際』（邦訳、ナカニシヤ出版）の編集をしている。また大学4年時には、許可をもらってゲシュタルト療法のセミナークラスで教鞭を執っている。彼はロバート・Ｓ・シュピッツァー博士に雇われて編集の仕事をしていたが、やがて博士の紹介でヴァージニア・サティアに出会う。博士はその後ジョン・グリンダーとリチャード・バンドラーにサティアの録音テープの編集を依頼し、でき上がったのが、『家族と共に変わる』（*Changing With Families*）である。

　こうして、ＮＬＰの原型となったパターンのほとんど——代表システム、リフレーミング、パート・パーティ、メタ・モデリング、パートの統合など——はパールズとサティアのワークから生まれた。それらのいずれが誰のものとはいいがたく、また、もっぱら誰がこれらの発展に寄与したのかというのも特定しがたいのが現実である。成長し進化しつづけるこの分野の知識——コージブスキーのいう「後世のために自分の経験を記録しておこうとする人間の特性」としてのプロセス——がいずれのパターンにも反映されている。もちろん、この先、これらのパターンを知り活用することによって創造性が刺激され、実りの多い新たな利用法が見つかることもあるだろう。もしあなたが、あるいはあなたの知り合いが、いずれかのパターンの発展に重要な役割を果たされたのであれば、ぜひご一報いただきたい。感謝の意を込めて、次版に反映させたいと思っている。
　2003年8月

アメリカ合衆国コロラドにて

Ｌ・マイケル・ホール博士

第 1 部
NLP モデル

卓越性をモデリングして自分自身の脳を
運営するとき、マジックのような変化が
起きるのはなぜか

第1章

ＮＬＰのマジックとは

マジックには構造がある

> こうした魔法使いたちはそれぞれ異なるテクニックを使うが、彼らには共通点がひとつある。クライアントのモデルに変化を起こし、クライアントがこれまでより多くの選択肢の中から行動を選べるようにしてあげるという点だ。いずれの魔法使いにもクライアントの世界モデルを変えるための地図もしくはモデル――メタ・モデル――があり、彼らはこのメタ・モデルを使ってクライアントのモデルを効果的に拡大し向上させている。しかも、クライアントが自分の生活を向上させ、生きる価値を高められるようなやり方でそれをやり遂げる。
> ――バンドラー＆グリンダー『魔術の構造』

それがどう働いているのか、どう機能しているのか、それを動かす原理は何なのかを知らなければ、わたしたちはマジックのように見えるものの「秘密を知らずに」暮らしていることになる。自分の世界に潜む「マジック」にふと気がついてショックを受けた瞬間をあなたは思い出せるだろうか？

このスイッチを入れると、どうして灯かりが点るのだろう？
冗談だろ！　このキーボードでタイプして、この一連の操作をすれば、世界中にメールを送ることができるっていうのか？
これをレンジに入れて、そのボタンを押せば、数秒で調理できるってこと？

マジックの秘密を知らないと、さまざまな物事が途方もないことのように見えたり、とても信じられない、ナンセンスだなどと思えたりすることが多い。

この世界が太陽の周りを回っている球体だなんて、そんなことがあるもんか！　どうかしてるよ！　だったらどうしてみんな落っこちないでいられるんだ？
なんという荒唐無稽な想像を！　空を飛ぶ機械を作れると思うだって？　こ

の分だと、次は月に行けるようになるはずだって言い出すよ。

　秘密を知らないと、上記のようなすばらしい思いつきや体験も「マジック」のように思えるだけかもしれない。しかし、重力、航空力学、電磁スペクトル、人工知能、パラレル・プロセシングによる情報処理など、今日すでに明らかになっている諸々の知識があれば、それを「マジック」だと思うことはない。「マジック」は「知識」と「科学」に変わったのである。
　同様に、人間の「大脳－神経」系に起きるマジックの「秘密」についても学んでみるというのはどうだろう？　人間の神経学的情報処理を支配している要因や構成要素、原理を理解し、大脳や神経系というバイオ・コンピュータがどう作動しているのかを洞察する力がついたとしたらどうだろう？　「心」「感情」「人格」「才能」等といわれる人間の内的世界がどう機能しているのかについて手ほどきを受けたとしたら？　さらに、「マジック」の構造を発見し、他の科学におけるさまざまなプロセスと同じようにマジックの「パターン」を見きわめ、特定し、効果的に扱えるようになったとしたら？　さあ、すぐにも想像してみよう。
　現象として生じる人間の主観的内的世界を科学的に明らかにしようとするのには限界があるかもしれないが、その限界を押し広げようという夢をとことん想像したあなたは、**ＮＬＰ、すなわち、神経言語プログラミング**という名の世界に踏み出したことになる。

人間の主観は「マジックに満ちた」世界である

　人間の神経言語という領域を解明しようという試みは、実際、多くの人々が想像しうる限りの限界すらすでに超えて進んでいる。物理学やエレクトロニクス、量子力学などの分野では、サイエンス・フィクションの想像をはるかに超えた科学的発見が続いているが、ＮＬＰも同様に、人間の機能や心理、コミュニケーションに携わる多くの人々がたわいない夢の中で可能だと考えていただけのことをすでにやってのけている。
　では、その信じがたい発見にはどんなものがあるのだろう？

・何十年と続いていた恐怖症の反応を、ものの10分で変化させる

- 「天才」の内的プロセス（戦略）をモデリングし、他者を教育してそれを意識的に複製できるようにする
- 「心」「感情」「人格」などの「基本単位」を構成するのは「意識」だが、人間の「設計工学」の一部に参加するために、その「意識」のコンポーネントを発見する
- 人間の神経系における「意味」の構造を明らかにしてプログラミングし直し、機能に障害を与える否定的な意味を削除して、向上につながる意味に置き換える
- 催眠状態を活用して自律神経系のプロセスをプログラミングし、健康や有効性を高める
- 限定的で破壊的な信念を変化させる
- 意図的かつ意識的に人間らしい意識とスキルを進化させる
- 自己卑下、孤独、倦怠、絶望、深刻などといった中毒性の状態を完全に変化させる

　たわいない夢？　いや、もう夢ではない。ＮＬＰは実際に、上記のようなヒューマン・テクノロジーを可能にするモデルを開発している。ＮＬＰの最初の本『魔術の構造』が刊行されて 28 年になるが、その間に信じられないような発見がさまざまあり、それによって人間の「心－身」に備わった神経学的システムは自分でプログラミングできる一種の「コンピュータ」システム、情報処理システムだという考え方が進んでいる。**人間の主観がどう機能するのか**についてのパラダイム（理論的な枠組）を特定したＮＬＰは、その特徴群を提供し、そうした枠組みがなければ純然たる「マジック」のように見えてしまう仕組みの秘密を教えてきた。そして、このマジックの構造に関する秘密を知ったわたしたちは、今、それが関与するさまざまなプロセスを管理することができるようになったのである。
　1977 年、リチャード・バンドラーとジョン・グリンダーは自分たちが「ＮＬＰの 10 分間恐怖症治療」と名づけたものを明らかにした。ふたりは実際にそれを行なうことで明らかにした。恐怖症をもつクライアントとのワークでその恐怖症治療を行ない、症状を消したのだ。クライアントは、診察室に入ってきたときには、恐怖の対象――エレベータであれ、ヘビ、人前で話すこと、葛藤であれ――について話をすると必ずパニックやうつ状態や不安状態に陥った。

ところが、その後数分の間、特定のパターンを使ってサッとワークをすると、再びパニック症状を起こそうにも起こせなくなっていることに気づいて驚くのである。まさにマジックだ。

しかし、この「マジック」にはさらに目を見張らせるものがあった。何しろふたりはクライアントに語りかけただけだったのである。言葉のマジックだ。少なくともそういう印象を与えた。けれども、このプロセスに一見「マジックに似た」性質はあっても、ふたりのＮＬＰ創始者はマジックの構造そのものを理解し、それに取り組んだだけなのである。

もし1977年にこうした驚異のパフォーマンスを行なうだけでなんの説明もしなかったら、ふたりはちょっとした「マジック」を披露したにすぎず、その方法や教授法、複製法、さらに同様のものを発見する方法については何も理解していないということになっただろう。しかし、ふたりにはこれを説明するモデルがあった。ふたりはまた、数年かけて自分たちの仕事を支えるツールやパターン、方法も開発した。それだけではない。それらを正当だと認める見解ももっていた。それらは行動主義、神経学、言語学、認知心理学、一般意味論などの分野から収集した。

そんなわけで、ふたりは自分たちの「マジック」を単なるまぐれとして却下しなかった。すでに魔法の構造を発見していたのである。そして、1970年代初期の情報処理、認知心理学、言語学という最先端モデルから出現し始めていた変換技術を使って、さらに発見を重ねていく。以来、マジックのテクノロジーは発達しつづけている。

これまでの経緯

神経言語プログラミングがひとつにまとまったのは、心理学については門外漢だったゆえにそれ固有の偏見のないふたりの男性が人間の機能に関する自分たちのモデルを使って、とてつもないパラダイムシフトを開始したときだった。トーマス・クーンは、パラダイムの部外者というのは概して科学に革命をもたらすものだといっている（Thomas Kuhn, 1962　邦訳、みすず書房）。

一方のジョン・グリンダー博士は言語学、それも変形文法の出身である。もう一方のリチャード・バンドラーは、専門技術といえば、もって生まれた模倣の天分、パターンを突き止めるすばらしい才能、「目標に向かって努力しよう

とする」見事な自覚以外には主張できるものがなかった。若い大学生だったバンドラーにはパターンを複製（モデリング）する生来の才能があった。彼は南カリフォルニアのサンタクルーズの大学で数学とコンピュータ・プログラミングを学んでいた。

　ふたりは偶然、人間の機能に備わった才能と卓越性のかけらのいくつかをいっしょに発見した。折りしもバンドラーはサイエンス・アンド・ビヘイヴィア・ブックス社での仕事を通じて、まずヴァージニア・サティアと、つづいてフリッツ・パールズと出会う。発行者のロバート・シュピッツァー博士はまずサティアのワークのテープ起こしをバンドラーに依頼し、のちに彼をサティアのワークに送り、音響装置を使って家族療法のワークを記録するよう指示した。

　バンドラーは装置を作動させている間、防音室でロックをかけながら、ヘッドフォンでサティアの話を聴いていたと打ち明けている。そして、やはりロックをかけながら、彼女がワークで使っているパターンの中に、まるでマジックのようだと思えるパターンが7つあるのに気がついた。

　あとでバンドラーはサティアにいった。「あなたが使っているのは7パターンだけで、その7つをしきりに再利用しているんですね」サティアは、この21歳の若者が何を指して7パターンだと思ったのかを訊ねた。すると若者がひとつひとつ列挙していくので、サティアは驚いた。のちにバンドラーから聞いた話では、サティアは「7パターンのうちの4つはわかっていたけれど、残り3つは自分でもはっきり表現できなかったのよ。でも、あなたはその3つを正確に特定したわね」といったという。

　次にリチャード・バンドラーが出会った天才はフリッツ・パールズだ。録音テープやビデオを通しての出会いだった。シュピッツァー博士はのちに、「リチャードはときどきフリッツの物まねをしていたが、あまりに似ているので、思わずリチャードを『フリッツ』と呼びそうになることがあった」と書いている（Spitzer, 1982）。フリッツ・パールズが亡くなったとき、手元にパールズの未完原稿があったシュピッツァー博士は、その編集をバンドラーに依頼した。バンドラーはパールズの教育フィルムをあれこれ選び出して原稿に起こした。これがのちに『ゲシュタルト療法　その理論と実際』(Perls, 1973)となる。

　バンドラーはこうした経験を経て、大学4年時には、ゲシュタルト療法による気づきを教えるクラスを大学で担当する許可を得る。テレンス・マックレンドンが『ＮＬＰのすばらしき日々　1972〜1981』(McClendon, 1989)の中で

これについて触れている。バンドラーはテープと書籍から収集したパールズのパターンをモデリングすることによってゲシュタルト療法を学んだだけでありながら、講義の最中はフリッツ・パールズに「なりきっていた」という。この時点でグリンダー博士が登場して、バンドラーの監督者になる。マックレンドンはこうも書いている。

　　言語学で培った素晴らしいモデリング・スキルを備えたグリンダーは、行動のモデリングを体験し新時代の心理療法の知識をもったバンドラーとひとつの関係を築き上げた。のちにこの関係は、両者にとって例外的かつ有益な関係であることが明らかになる（原書10頁）。

　バンドラーはパターンを複製する自分のスキルについてもっと理解したいと考えた。そして、サティアやパールズに関して複製したパターンには主に言語が関わっていたため、グリンダーがその言語学的な分析を行なった。伝えられるところによると、グリンダーは、もしバンドラーが複製法を教えてくれるなら必ずこの冒険に参加すると約束したということだが。
　バンドラーはコンピュータ・プログラマーとして人間の仕事をモデリングし、それを分析してプログラミング・フォーマットにまとめる仕事をしていた。一方グリンダーは言語の構造化をモデリングしていた言語学者であり、その後、新たな形のモデリング——人間の卓越性のモデリング——に携わるようになった。そんなわけで、ふたりは脳のパターン化を可能にするさまざまなコンポーネントを分析する作業に着手したのである。作業に入ると、ありとあらゆる疑問が湧いてくる。

　その配列（シーケンス）のコンポーネントは何か？
　何がそのシーケンスを起動するのか？
　そのシーケンスはどう機能するのか？
　ほかには何が起きているのか？
　脳はどのような区別を行なっているのか？
　脳はそうした気づきをどう分類しコード化するのか？
　言語はこのプロセスをどう促進するのか？

バンドラーとグリンダーは人間の脳を、考えたり、感情を表わしたり、行動したりするための「プログラム」で「プログラミングする」ことができる「コンピューティング」情報処理ユニットとみなしてこの探求を開始した。構造は、言語、数学、音楽などを動かし特徴づけるように、人間のさまざまなプロセスも決定して運営する。コンピュータをプログラミングして人間の仕事（数字を使う作業、加算、乗算、ワード・プロセシングなど）をさせることができるのであれば、似たようなプロセスがわたしたちの内部の神経学的レベルで生じているに違いない。

要するに、高レベルの数学をやりこなす能力のある者もいれば、言葉を雄弁に「マジックのように」使って重要な人格の変化を生み出す「プログラム」をもつ者もいる（例：パールズ、サティア）ということだ。

・こうした「プログラム」はどう働くのか？
・何がそのコンポーネントの各部を構成するのか？
・何がプログラミングを発生させているのか？
・どうすればそうしたプログラミングを変えられるのか？
・どうすれば自分の意識や無意識を訓練して、そうしたプログラムを動かすのに必要な直観を発達させられるのか？

バンドラーとグリンダーが始めたパラダイムシフトは成長し、ふたりのコラボレーションを卒業した。その成果は最終的に神経言語プログラミング（ＮＬＰ）となった。ふたりはパールズとサティアを研究するとまもなく、『魔法の構造』全2巻──セラピーと言葉に関する書──を出版した。ヴァージニア・サティアと人類学者のグレゴリー・ベイトソンが序文を書いている。この革命的な書物はＮＬＰ──人間の卓越性をモデリングする分野──を構成するテクノロジーの土台を築いた。

この本を印刷に回している間に、ベイトソンはバンドラーとグリンダーをもうひとりのマジシャン、催眠術師のミルトン・エリクソン（MD）に引き合わせた。ふたりはすぐにエリクソンの催眠技術を特徴づけている驚くべき言語パターン、非言語パターンをモデリングした。翌1976年、ふたりはエリクソンの催眠テクニックに関する『ミルトン・エリクソンの催眠テクニックⅠ＆Ⅱ』を出した。この2冊のおかげで、ＮＬＰにはさらにすばらしい特徴が加わった。

これでおわかりだろう。バンドラーとグリンダーは言語学、一般意味論、認知心理学（特にジョージ・ミラー、カール・プリブラム、ユージン・ギャランタなど）の整理方法を利用して、ゲシュタルト療法、家族療法、エリクソン催眠という別々の分野で発見したモデルをモデリングしたのである。心理学の新たな分野を創設したのではない。代わりにメタ・分野を創り出したのだ。ふたりはモデリングによって、効力のあるパターンと構造を突き止め、それらを理解しようとした。

　この高度のスキルを備えたコミュニケーションの魔法使いたちは、いずれもクライアントと話しながら、クライアントの生活にすばらしい変化が生まれるよう手助けしている。彼らの行為の共通点はなんだろう？　彼らはそれ以前に心理学で採用されたことのないまったく新しい焦点の絞り方をしていた。つまり、なぜそれが作動するのかを説明する「理論」から離れ、どんなプロセスを使えば、それがどう作動しているのかを説明できるかに焦点を絞っていたのである。

　ＮＬＰの愛と情熱はまさにここに要約される。すなわち、モデリングを行ない、プロセスとどう（how）を探求し、なぜ（why）を軽視し、病理よりも卓越性の体験を重視しているのである。

　心理学は百年間まったく別の方向性で運営されてきた。医学的なモデルや物理的なハードサイエンスのモデルに基づいて、病理（歪曲、こじつけ、痛み、苦悩など）を見つめ、原因──「どこからそれが来ているのか？」「なぜそうなるのか？」──を理解しようと努め、実験によって証明できる外的証拠を求めてきた。

　しかし、ふたりによるパラダイムシフトは心理学における古い整理方法を根こそぎにした。なぜ（why）を問題にするやり方はこれまで臨床医を問題の出所に集中させてきたが、それが一挙に不適切なものとなった。いきなり新しい焦点──それはどう作動しているのか？──が浮かび上がってきた。実地経験偏重、モダニズム、実証主義は、ポストモダニズム、現象学、構築主義に道を譲った。基本的な論点が変化した。「この問題の本質は何か？　What *is* the real nature of this problem?」という「断定の be 動詞」と使ったものから、「この人は自分が感じ取っている現実、体験した現実をどう構築してきたか？」に変わったのである。

ＮＬＰのパターン

　ＮＬＰ（神経言語プログラミング）は初期のころからトレーニングやワークショップ、会議、機関紙や書籍の出版を行ない、その中で変化を促すパターンを誕生させてきた。その結果、これまでになかった創造的で生産的なやり方で「自分自身の脳を運営する方法」を入手できるようになった。こうしたパターンのいくつかを使うと、とてつもない苦痛や不安から逃れられないと感じていた人がそれらから解放されて根本的に変わり、それまでよりも健全で自信に満ちた生活を送るようになる。中には天才の秘密を正確に描いているパターンもあり、「普通の」人々も初めて接する驚嘆すべき事柄を習い取ることができる。生き方に関する基本的戦略の構成要素と配列を特定しただけのパターンもある。積極的に自分の意見を主張できるようにする方法、賢く食べる方法、ビジネスの場で交渉する方法、愛情のこもった断固とした態度で親としての役目を果たす方法、聡明な本の読み方、文字を正しく綴る方法などがそれに当たる。
　ＮＬＰのパターンは、ごくありふれた内容から高尚な内容に至るまで、わたしたちが**自分自身の脳の運営法を習得できるよう段階的に指導してくれる**。自分の有機的な神経系バイオ・コンピュータをどうプログラミングし、きわめて有効な体験を創造するにはどうしたらいいのかを教えてくれる。
　これはつまり、ＮＬＰは数多くの心理療法的な方法を用いてはいるが、単に別の心理学を説明しているのではないということだ。そもそもＮＬＰはそこから始まった。ふたりの心理療法家とふたつの心理学をモデリングしたのが最初であり、セラピーの分野からスタートした。しかし、創始者も後継者もＮＬＰをそこに留めてはおかなかった。ＮＬＰはもっと広範囲の、いわば人間の主観という分野、もっと的確には人間の卓越性という分野を説明しているのである。
　ＮＬＰが心理学にもたらした根本的なパラダイムシフトの一部は、心理学の焦点に関係している。心理学は、1960年代の認知心理学革命以前は、主になぜ（why）を理解することに焦点を絞っていた。

・なぜ人々は現在の状態になったのか？
・なぜ人々はそんなに混乱しているのか？
・精神病理学はどこから発生したのか？

これに対して、さまざまな心理学がそれぞれ異なった理由と説明を考え出した。フロイトはたいていの問題の原因は性的衝動だと主張し、種々のギリシャ神話を使ってそうした性衝動を説明した。アドラーは劣等感の観点からその原因を説明し、ユングは集合的無意識の観点からそれを説明した。以下同様である。たいていの場合、セラピストはその原因に焦点を絞り、改善するにはなぜを理解しなくてはならないと決めてかかった。

　バンドラーとグリンダーはそんなふうに決めこむことに問題があるとして、そうした思い込みを「心理考古学」「心理神学」と呼んだ。そして、コージブスキーの認知行動モデル（Korzybski, 1933/94）、チョムスキーのモデル（Chomsky, 1957）、ミラーのモデル（Miller, 1956, 1960）、パールズの準認知的・実存主義的・人道的モデル、サティアの家族療法モデル、ベイトソンのサイバネティクス・モデル等から、新しい焦点を創り出した。認知革命とコンピュータ・サイエンスの時代における情報処理モデルの後継者として、ふたりはどう（how）の問題に重きを置いたのである。

・この／あの脳はどう働くのか？
・「心」はそもそもどうプログラミングされるのか？
・心の中の情報処理を構成するコンポーネントはなんなのか？
・表象に関わるどのコンポーネントが「差異をもたらす差異」を構成するのか？
・プログラミングはどう働くのか？
・どうすればプログラミングに介入し、それを変更できるのか？

「主観」の構造

　人間の主観と卓越性のモデリングを行なうNLPは、主として物事はどう働くのかという点に的を絞っている。

・言葉はどう機能するのか？
・人間の「心」はどう機能するのか？
・「思考」、情報処理、表現、分類などにはいくつの型があるのか？
・異なる処理方法を使うと、どのような差異が生じるのか？

・思考や表象などのどのような配列（シーケンス）がプログラムを創るのか？
・脳の運営の効率を高めるには、脳をどう運営し、どうプログラミングすればいいのか？

　初期のＮＬＰ開発者たちはこのように構造を強調した上で、行動を変えるためのあらゆる「パターン」を考案し、作成し始めた。こうして構造化されたプロセスは、変化を促し卓越性を高めるヒューマン・テクノロジーとして、人間の体験（意識、表象、感覚など）の中で稼動する。
　その意味で、変化を促すこれらのパターンは、ハードサイエンスがこれまで数百年をかけて体験してきた技術の進歩に匹敵するものを、今、社会科学（コミュニケーション、人間関係、「思考 - 感情」、意識の状態など）に対して提供しているのである。

変化を促すパターン──成長と卓越性を得るための魔法の呪文

　こうしてＮＬＰの概要を紹介したのは、読者の興味をつなぎ、ＮＬＰとそのパターン（「テクニック」や「テクノロジー」ともいう）に夢中になっていただきたいと思うからだ。すでに非常に多くのパターンが明らかになっており、これからも続々と出てくると思われるため、本書では原型ともいうべきものを中心に取り上げている。この原型パターンを習得することによって、自分自身の脳を運営する力をつけ、現実の機能を向上させる主観の「現実」を構築できるようになる。本書にはそうしたパターンをすべて書き出し要約してあるので、ぜひそのノウハウを段階を踏んで習得していっていただきたいと思う。
　今のところ、ＮＬＰパターンをこのような形式で１冊に網羅した書物はほかにはない。以前はこうしたパターンをすべて見つけようと思ったら、本を何十冊と買わなくてはならなかった。一般的には、１冊の本に収められるのは３〜４パターン、多くても１０〜１５パターンである。ひとつのパターンに絞って書かれた本さえある。本書では、取り上げたパターンをさらに詳しく紹介する参考文献を載せて不足を補っている。また、ＮＬＰになじみのない読者のためには、力をつけてパラダイムシフトを起こすこのモデルがいかに広範囲をカバーしているか、その実際を描くよう努力したつもりである。
　第２章では、必須のＮＬＰモデルの概要を簡単に紹介した。これで、初め

てこの分野に接する読者もすぐにこれらのノウハウとパターンを使い始めることができるはずだ。すでにＮＬＰに熟練されている読者は、この体系的なパターン集を活用することによって、各パターンを容易に利用できるようになると思う。また、本書が創造性をさらに刺激して、さまざまなパターンやパターンのコンポーネントを実践していく中で新たなアレンジが生まれることになれば、とも願っている。

　ＮＬＰの創始者は、このモデルには治療機能だけでなく生成的な機能もあることを最初から認識していた。ＮＬＰとそのテクノロジーを活用することによって、卓越性を促進する新しいパターンが思いがけなく誕生するプロセスが発生する。わたしたちはこうして使える潜在能力を次第に顕在化させながら、さらに発達し進化していくのである。この分野を冒険するあなたが永遠にそうなることを願ってやまない。

まとめ

- 神経言語プログラミング（ＮＬＰ）は「自分自身の脳を運営する」ためのモデルとして、理論モデルだけでなく、実践用の実際的「パターン」も提供している。変化やリニューアルを促すこうしたヒューマン・テクノロジーを活用することによって、生活の中で構築してきた地図をよく調べ、役に立っていない部分を更新することができる。
- 第２章以降は、この前向きな解決志向モデルと最先端の「心‐身」テクノロジーの紹介である。人生の「歩み方」をますますリソースに満ちたものにするのに役立てていただきたい。

第2章

モデルとしてのNLP

その設計、用語、構成要素(コンポーネント)

- 人間の神経言語のコンポーネントとは？
- なぜこれが重要なのか？
- 自分自身の神経言語に取り組むには、何を知る必要があるか？
- 相手の神経言語に取り組むには、どういう知識とスキルが必要か？

　本格的なモデルには、少なくとも4つの部分がある。まずはコンポーネント、つまり、取り組み対象となるさまざまな構成要素である。それから、自分が何をしているのかを理解するための原則、もしくは理論的な枠組みである。そこからガイドラインができ上がる。ガイドラインは、変化を起こすためにコンポーネントと取り組むときの指針である。そして、そうした取り組みには、方法、すなわちパターンがある。

- そのモデルのコンポーネント、すなわち構成要素
- そのモデルの理論上の原則および理論
- 実際にそのモデルを使うためのガイドライン
- そのモデルを現実のものにするためのパターンおよびプロセス

　NLPのコンポーネント／構成要素には、代表システム、メタ・プログラムのもつ特性、メタ・モデルのもつ特性、映画的特性（「サブモダリティ」）などがある。理論や理論的枠組みやいくつかのガイドラインにはNLPの前提が入り込んでいる。最後のパターンは、具体的なプロセスを提供して変化を起こせるようにする。

　NLPは一モデルとして、**人間の卓越性をモデリングすることに焦点を絞っ**

ている。これは、最先端のヒューマン・テクノロジー、すなわちパターンを創り出すためである。では、なんのためにそうしたパターンを創り出すのだろう？　そのパターンを活用し、自分自身の脳を運営することによって、生活の質を改善できるようにするためだ。ＮＬＰでは、体験という「心－身」（神経言語）の宇宙で機能しているさまざまなパターン、すなわち「プログラム」を発見し、特定し、顕在化させ、設計することによって、人間のもつ卓越性をモデリングしている。

基本的なコンポーネント

　ＮＬＰでは、神経学、言語学、プログラムという３つのコンポーネントに取り組む。これらは神経言語の状態の中核を成している。

▶ ニューロ（神経）、神経

　これらは随意神経系および自律神経系のことをいっている。このふたつの神経系を介し、わたしたちは五感（視覚、聴覚、触運動覚、嗅覚、味覚）と、ＮＬＰが「デジタル聴覚」と呼ぶ「完成した」感覚——言語——を使って体験を処理している。このことから、神経学と生理学が人間の情報システムの一部として重要であることがよくわかる。

▶ 言語

　これは言語システムおよび非言語的な記号システムのことをいっている。わたしたちはそうしたシステムを使って意味をコード化し、組織化し、意味は神経系による表象（再表現されたもの）に属するものだと考える。この「言語」は単語や命題言語のみをいうのではない。あらゆる記号システム、すなわち、視覚・聴覚・触運動覚などの感覚システム、および、数学・音楽・美術などの非命題システムのこともいっている。

▶ プログラミング

　これは、規則的かつ体系的な反応パターン、習慣的に繰り返すために頼もしい習癖のようになった反応パターンに陥るプロセスのことをいっている。この用語は元々コンピュータのメタファーから来たものだが、そのメタファーと切

り離して使う場合には、残念ながら「操作」や「コントロール」といった余計な発想が加わってしまう。しかし、本書では、まさにパターンを意味するもうひとつの単語として機能し、組織化された「設計」および人間の機能にインストールできるプロセスを肯定的に指している。世界的に見れば、ＮＬＰの「Ｐ」を「プロセシング Processing」もしくは「心理療法 Psychotherapy」の略語ということにしている地域もある。

▶「心」のコンポーネント

　初期のＮＬＰ関連書籍の中に、このモデルの焦点を強調したタイトルのものがある。その本『神経言語プログラミング：頭脳を使えば自分も変わる』(Bandler, 1985b) は**思考**の求心性について語り、ＮＬＰを認知行動モデルに位置づけている。論理情動行動療法（ＲＥＢＴ、正式にはＲＥＴ：論理情動療法）も同じく人間の体験を決定づける主な要因として「思考」に焦点を絞っている。しかし、ＲＥＢＴでは、「思考」は主に言葉、内的対話、信念として現れ、つい最近では内的イメージとして現れるとしている。

　ＮＬＰは心理作用の認知的な性質の分析を認めているが、そこで留まってはいない。「思考」の分析を拡大し、気づきに関わる五感のモダリティ（様相）を包含して、認知モデルを大いに向上させている。以下がそのモダリティである。

・視覚　**V**isual（映画、光景、イメージ）
・聴覚　**A**uditory（音：騒音、音楽など）
・触運動覚　**K**inesthetics（感覚、感じ）
・嗅覚　**O**lfactory（におい）
・味覚　**G**ustatory（味）

　ＮＬＰの文献を見ると、上記の感覚のモダリティがＶＡＫと略されているのを見かけるはずだ。これは、視覚、聴覚、触運動覚の各代表システムを指している。こうした感覚の表象は「思考」の基本コンポーネントを含んでいて、わたしたちはそれを使って感覚の情報を自分自身に対して表現――原文で用いられている represent の字義どおりには「再表現」――する。感覚の表象はバイ

第 2 章　モデルとしての N L P

モダリティ（気づきの経路）	「サブモダリティ」映画的特性
V　視覚 A　聴覚 A$_t$　トナル聴覚（さまざまな音、音楽） A$_d$　デジタル聴覚（言葉） K　触運動覚、もしくは体感覚 K$_v$　触運動覚の中の内臓感覚 K$_t$　触運動覚の中の触覚 K$_m$　触運動覚の中のメタ感覚（感情） O　嗅覚 G　味覚	各モダリティの特性 各経路の特性 映画がどう見え、どう聞こえ、どう感じられるかを決める特性 映画的特性は、表象による映画をどう体験するかをフレーミングし、感じ方や反応の仕方を教える

図 2-1　モダリティの代表システムと「サブモダリティ」

オ・コンピュータの言語を作成するため、わたしたちはこうした代表システムを使うことによって、情報を自分自身に再表現するだけでなく、自分自身のプログラミングも行なう。そして、それらを心の中の映画として体験する。それらは通常スナップ写真やいろいろな場面を示す小さな切れ端にすぎないが、ときには長い映画になることもある。そういう映画になると、サウンドトラックもついていて、映画の中に入り込み、中で体験することもできる。

　わたしたちは感覚のコンポーネントを経由して自分の「気づき」を体験するため、心の中の映画を構成する表象を自分のプログラミング言語だと考えることによって、体験を理解し、モデリングし、変化させる方法を手に入れることができる。ベイトソンは『魔術の構造』に寄せた序文の中でこれに言及し、驚くと同時にくやしがっている。バンドラーとグリンダーほどの才能だからこそ、感覚のごとき単純なものを人間の表象の中核をなすコンポーネントとして使うのだと彼は述べた。

　バンドラーとグリンダーは「心」と「人格」と体験を扱うNLPというモデルを作り、表記法には表象による映画（内的映画としてのVAK）を使用した。その結果、主観的な内的体験を正確に描写する、単純ながら深みのある方法を誕生させることができた。これ以前、内観という方法では、的確かつ有益で道理にかなった方法はどうしても作り出すことができなかった。1880年代にヴントの内観法で始まった現代心理学は、思考の「要素一覧」を正確な専門用語

で特定しようと努力した。しかし、その努力にもかかわらず、内観はまったく信用できない扱いにくいものであることが明らかになったのである。

「思考」の基本的なコンポーネントを構成するものとして感覚システムを導入したＮＬＰは、意識内の内観的世界を描写し操作する正確な専門用語を生み出した。わたしたちはさまざまなプロセス（「表象のシーケンス」という形の戦略）を「心‐身」で使ってプログラミングを行ない、ユニークな世界モデルを作り上げていくが、心に関するこの正確な新言語を使えば、そのプロセスを描写することもできる。

わたしたちは自分が処理した情報を五感を使ってコード化することにより、心の目で物事の「意味を取る」。そこには過去の体験（記憶）に関する情報と、将来起こりうる想像上の体験（想像）に関する情報がある。各感覚モダリティは心の言語に付加的様相を発生させる。感覚モダリティの上のメタ・レベルには、表象とコード化のための記号システムがある。そこには言語があり、数学、音楽、詩、格言、ストーリーなどもある。いずれのモダリティも、構造的な情報やプログラムをコード化し表現するための補足手段を供給する。

「サブモダリティ」は、表象の特性、すなわち心の中の映画の映画的特性のことをいっている。これがあるおかげで、わたしたちは自分の思考の内 容（コンテンツ）について、心の中の映画をどうコード化しているかという観点から、より正確に特化して話すことができる。こうした映画的特性はどんな点で重要なのか？ 心の映画のために設定した枠組みについて語る方法や、それを特定する方法を与えてくれるという点で重要である。

わたしたちが自分の映画をより細かくコード化しながら体験しているのは、映画のために行なっている編集上のフレーミングにすぎない。こうしたより細かな区別があるおかげで、神経を「プログラミング」して感覚、反射作用、行動、発話、スキルなどを発生させている思考の構造やプロセスにたどりつける。つまりＮＬＰは、認知の**型**（感覚的表象／ＶＡＫ、および言語／デジタル聴覚）だけでなく、**差異を特定する**モダリティも頼りにしているのである。

逆説的にいえば、「サブモダリティ」を認識し、突き止め、観察するには「メタ・レベルへ行く」必要がある。心の銀幕上のイメージや音や感じなどから距離を置き、それらに注目しなくてはならない。

・自分はそれをフルカラーでコード化しているのか、それとも白黒画像にして

いるのか？
・音のボリュームは高く設定しているのか、低く設定しているのか？
・どんな音調やテンポがその音の気づきをコード化しているのか？

　これはつまり、映画のより細かな区別は最初内部で、あるいは下のレベルで生じているように感じるかもしれないが、それは第一印象にすぎず、間違っているということだ。心の中で観察するためには、「メタ・レベルへ行く」必要がある。イメージや音の上方へ移動しなくてはならない。そして、そうした表象を越えた位置に行ったとき、初めてそれらを観察したり、あれこれ変更したりできるようになる。上から眺めることで、コード化の変更が可能になる。「サブモダリティ」のこの解釈は、従来のＮＬＰの説明とは異なっている。詳細を知って理解するには、『卓越性の構造「サブモダリティ」というメタ・レベルの仮面をはぐ』(Hall and Bodenhamer, 1999) を参照していただきたい。
　代表システムの機能に備わったこうした特性のいくつかは、コンピュータの「０」と「１」から成る電源スイッチに多少似ていて、デジタルな特性を示している。「サブモダリティ」に気づき認識することで、密接な関係にある個々の体験を区別することができる。例えば、恐ろしい出来事について考えることと実際に恐ろしい体験をすることとの違いは、何がコード化しているのか？　従来の心理学はこの何十年、**なぜ**に関するさまざまな説明を提案してきた。そして、トラウマ的な記憶の未処理、自我の弱体化、防衛機制の障害の多発、心理性的な面あるいは心理社会的な面での未発達などが原因だと仮定してきた。
　ＮＬＰの開発者たちはそれとは別の点を問題にした。「こうした体験はそれぞれどう働いているのか？」と考えた。そして、これを問題にすることによって、従来の心理学とは別の方向へ進み、別の結論に達した。体験について考えるだけなら、知覚の第２ポジション、すなわち観客の視点から、映画を観るようにその体験をコード化するだけでいい。自制心を失い、ヒステリーを起こしたように感情的に反応しようと思えば、心の中でその映画の中に入り込み、そこにいるだけでいい。映画の外に出れば、体験は変化する。中に入れば、再びそれは変化する。電源スイッチを切る。入れる。秘密は心の映画を上映するときどうコード化するかにある。そういう状況になった原因についての補足説明は必要ない。むしろ、構造のコード化にどういう差異があるのか、自分の望む結果を得るためにはどういう構造的枠組みがもっとも効果的に作用するのか

を知らなくてはならない。

　つまり、自分の映画をメタ・レベルでどうフレーミングするかに秘密があるということだ。内的世界の型を構築する重要な特性としての映画的特性（つまり「サブモダリティ」）には、以下のようなものがある。

▶ **視覚**
・イメージはどの位置に見えるか
・イメージとの距離はどれくらいか
・スナップ写真か映画か（静止画像か動画か）
・イメージはいくつあるか
・縁取りされているかパノラマか
・カラーか白黒か
・はっきりした輪郭があるか
・どのような形か
・どんな大きさか
・水平方向の透視図か垂直方向の透視図か
・実体験か分離体験か
・3次元か2次元か
・どんな明るさか（くすんだ状態からまぶしい状態までのどのあたりか）
・前景と遠景とのコントラストはどうか

▶ **聴覚**
・音はどこから聞こえてくるか
・音との距離はどれくらいか
・音源はいくつあるか
・どんな種類の音か（音楽なのか雑音なのか声なのか）
・声の場合、誰の声か
・どんな音調か
・どんな音量か（絞った状態から大音量までのどのあたりか）
・どんな音質か（明瞭か不明瞭か）
・どんな高さの音か（低音から高音までのどのあたりか）
・どんなメロディか

▶ 触運動覚
・どこにその感覚を感じるか
・どのような感覚か
・静止しているか移動しているか
・どんな圧力がかかっているか
・どんな範囲で感じているか
・どんな強さか
・どれくらいの温度か
・どんな湿り具合か
・どんな肌触りか
・どんなリズムがあるのか

▶ 言語
　このメタ代表システムは「デジタル聴覚」と呼ばれることもある言語システムで、以下のようなサブモダリティがある。
・言葉はどの位置から聞こえてくるか
・感覚に基づいた言葉か評価の言葉か
・単純か複雑か
・自分に関することか他者に関することか
・現代の言葉か時代がかった言葉か

情報処理のレベル

　ＮＬＰはひとつのモデルとして働くだけでなく、**モデルのためのモデル**としても働く。以下の図２−２はこうした「ロジカル・レベル」を示したもので、情報の処理法とそれにふさわしいＮＬＰパターンを一覧にしてある。
　神経学的にいうと、わたしたちはまず感覚（ＶＡＫ）を使った非言語的表象を生成しながら、世界の土地を地図に描く。これが心の中で見る映画である。こうした神経学的表象は言語より下位のレベル、言語より前のレベルに存在する。つづいてこうした表象について考えるために、それらを言語前レベルに上げて地図に描く。言語学的な地図は、言葉や記号、比喩などを使って表現する。

高い抽象力を備えた言語（ミルトン・モデル）
↓↑
言語（メタ・レベルの信号）
評価の言語
↓↑
表象の映画的特性
心の映画の具体的な特質を枠組みとしてコード化するもの
（「サブモダリティ」）

─────────────────────

感覚に基づいた言語
モダリティ──心の映画の感覚的様相

感覚に基づいた表象（神経）
視覚／聴覚／触運動覚／嗅覚／味覚による表象

図2-2　情報処理モデルとしてのNLP

　言語は信号に関する信号として、すなわちメタ・レベルの信号として機能する。
　モダリティの上部には、ＮＬＰが「サブモダリティ」と呼ぶようになった領域がある。この用語は誤解を招きやすい。「サブ」は「下位」という意味であり、「サブモダリティ」がモダリティの下位にあるモダリティを──まるで地階にでも位置するかのように──意味しているとしたら、そのような「サブモダリティ」は存在しないからだ。心の映画がもつ映画的特性は、地図表現の個別の様相として、モダリティの下位ではなく、上位に位置している。映画的特性を創るときは、映画から距離を置き、質に関する編集を行ない、自分の望む特性をフレーミングして、近づけたり明るくしたり別のサウンドトラックをつけたりする。この点で、「サブ」という前置きは誤解を招き、間違ったメタファーをもち込む。
　なるほど、こうした映画的特性（「サブモダリティ」）はいったん編集されインストールされると、イメージの一部としてしっくりなじんで見えるし、その表象の内部に存在するかのように聞こえる。しかし、それはその特性が体験の内部あるいは下位にあるからではなく、物事の内部に降りてくるのが上位の枠

組みの本質だからである。メタ・ステート・モデルでは、これを具体化としている。具体化とは、さまざまな考えが筋肉の記憶として神経や筋肉の内部に入ってくるプロセスのことだ。

　多くのＮＬＰパターンで発生するいわゆる「マジック」の多くはこれで説明がつき、また、これが支配している。わたしたちはいわゆる「サブモダリティ」に取り組み、体験のコード化により細かい区別をつけながら、実際には、フレーミングとリフレーミングを行なっている。心の中にある古いＢ級映画——単なる苦痛のこともあれば、トラウマのこともある——を取り出して、サーカスの音楽をつけたり、巻きもどしたり、距離を変えてはるか遠くにあるように感じられるようにしたり、時間を編集してそれが過去のことであって現在のことではないと思えるようにしたりする。そして、こうした編集上の変更をすべて済ませると、映画はすっかり変わり、わたしたちはこれまでとは別の感じ方をするようになる。こういうやり方で記憶の中や認知に関わる知識の中に新しいリソースを意図的に設計し、生き方や表に出てきたスキルにさらに力をつけるのである。

　お気づきだと思うが、図2-2の最上段には言語のメタ・モダリティがある。これは第六感を示している。ただし、わたしたちは自分の感覚や、見たり聞いたり触れたりするものにあると考えた意味については、言語を使って語るのである。

情報処理の上位レベル

　神経学的表象および言語学的表象の上には、図2-2や図2-3に示したようにメタ・レベルがある。

　「メタ」というのは、あるもの「の上に在る」もの、あるいはそれ「を超える」ものについていうとき用いられる表現だ。何かが別のもののメタ関係にあるというとき、その何かは上位の「ロジカル・レベル」で働くものであり、前のレベルやもっと下位のレベル「に関する」という点で捉えたものである。怒りや恐れを思って、冷静でいられたり心地よさを感じたりするなら、冷静な怒り、冷静な恐れ、恐れや怒りの状態の心地よさ（たぶんこれもありえるだろう）が生まれている。メタ思考やメタ感覚によって、体験には新たな複雑さが加わる。

図2-2と図2-3の連続体を上にたどっていくと、ＮＬＰがメタ・レベル現象と呼んでいるものに行き着く。複雑なこの「思考‐感覚」の重層部分を日常語で表現すると、信念、価値観、判定基準、アイデンティティ、理解、決心、意図、知識、パラダイム、枠組み、前提、メタファー、物語などとなる。ＮＬＰでは、このレベルでメタ現象に対処するために、数多くのメタ・レベル用テクニックを用意している。例えば、タイムライン、視覚・触運動覚を使う分離体験（映画の巻きもどし）、距離を置いてエコロジーの問題をチェックすること、催眠言語を使うミルトン・モデル、コア・トランスフォーメイション、多数のメタ・ステートのパターンやリフレーミング・パターンなどだ。ほかにもまだたくさんある。
　プライマリ・レベルでは、思考が状態を誘発する。その結果、感覚によるコード化と映画的特性（イメージ、音、感じ）によってさまざまな「心‐身」の意識状態が発生する。次に上位レベルに移るには、再帰的に状態を状態に向けるだけでいい。そうすることによって、「状態に関する状態」を発生させ体験することができる（恐れを恐れる、怒りに対して平静を保つ、学びを喜ぶ、愛情を感じることを大切に思うなど）。わたしは1994年、そのモデルを明確に表現するために、こうした「状態に関する状態」を、**メタ状態／メタ・ステート**と呼んだ。
　メタ・ステートに関わるプロセスやメカニズムを説明するメタ・ステート・モデル（1995）は、上位レベルで発生するこうした内的プロセスをこれまでよりはるかに明快なものにしている。上位の「ロジカル・レベル」の現象が下位レベル（殊に、あらゆるメタ・ステートが融合するプライマリ状態／プライマリ・ステート）を動かし、コントロールし、調整していることは、ずいぶん前からわかっていた。メタ・ステート・モデルはひとつのモデルとしてそれを明示し、それが機能する仕組みと、現在それによってモデリングできる体験の範囲を明らかにしている。そして、この再帰性はけっして途絶えることがなく、たった今考えたり感じたりしたことがなんであれ、わたしたちはそれについていつでも別のことを考え感じることができるため、これは、世の哲学者たちが常に論じてきた「無限の退行」となる。しかし、今やこれを意識して意図的に行なえるのだから、わたしたちはそれを無限の前進として体験することができる。つまり、これを利用すれば、最高の心の枠組みを自己管理の枠組みとして最上位レベルに設定できるということだ。この意味で、それは下位から上位に至る全レベルに作用する枠組み、すなわちメタ・ステートである。

状態のロジカル・レベル

　プライマリ状態／プライマリ・ステートは、根本的な感情（恐れ、怒り、喜び、欲、リラクセーション、楽しみ、嫌悪など）を含む状態のことをいう。一方、メタ・ステートは、プライマリ・ステートに関する「思考－感情」を含んだ状態をいう。この仕組みによって、恐れに対する怒りが生まれ、怒りに対する罪責感が生まれ、嫌悪に対する動揺が生まれ、恐れを恐れたり、恐れを感じて気が滅入ったりするのである。

　「状態に関する状態」（メタ・ステート）は、前提的な生き方を支配している無意識の枠組みがいかに重要かを明らかにしている。メタ・ステートによって、ベイトソンのメタ・レベルについての洞察も詳細に説明することができる。ベイトソンの主張によれば、わたしたちが意味を認識できるのは、ある構造のもつ言葉や構成のおかげだけではなく、その言葉や構成が発生するもっと大きなコンテクスト（すなわち枠組み）を考慮するからである。このことから、メタ・ステートのもつテクノロジーがチェンジ・ワークにおいていかに広範囲に生成的な効果をもたらしうるかがよくわかる。

　メタ・ステート・モデルを使うと、一部の人たちがＮＬＰの使用中に経験するいわゆる「失敗」の多くもただちに説明することができる。失敗している人たちは実質的に、プライマリ・ステートのテクノロジーを使ってメタ・レベルの体験や現象に取り組んでいる。例えば、触運動覚のアンカー（＃９「アンカーを使う」参照）をチェックするために、プライマリ・レベルではなくメタ・レベルに関係した状態にクライアントをアクセスさせたりする。そして、回復力、積極性、自己評価といった複雑な状態を作り出そうとして、感情に基づくアンカーを設定した場合、あとでそのアンカーを「点火しよう」としても、再びその状態にアクセスできる見込みはない。これを試した研究者はあっさり「ＮＬＰには効果がない」という結論を出す。しかし、問題は、アンカーを使うときの状態およびレベルを区別していない点にある。

　イメージや音や感じを使ってプライマリ・ステートを簡単かつ迅速にアンカーできる反面、メタ・ステートをアンカーするには一般的にもっと高度なスキルが必要になる。メタ・ステートでは、重層構造の体験にアンカーすることになるので、いくつかの**メタ・メカニズム**を使わなくてはならない。言語、メタ

言語、信号、図などのメタ表象システムを使わなくてはならない。結局、自らに対して再帰反応を起こす意識はメタ・レベルで稼動しており、そこから基本的なモダリティのレベルや心の中の映画に働きかけるのである。メタ・ステートでは、反復したり神経学的に強化したりすることによって重層構造を内的に堅固にすることも必要になる。

メタ・ステート・モデルではプライマリ・ステートとメタ・ステートとを明確に区別する。プライマリ・ステートは一般的に皮膚を越えた土地そのものに言及している。わたしたちはこのプライマリ・ステートを使って、この世界で出会う物事や人や出来事に対処し習熟する。メタ・ステートも、「自己」、「時－空」、道徳（善悪、正邪）、関係性、価値観、信念、「感情」などといった高レベルの抽象化や概念に対処する。メタ・ステート・モデルは本質的に再帰的な意識に関与するものであり、わたしたちはこの意識によって、自分の考え方について考え（メタ思考）、自分の感情について感じ（メタ感情表出）、自分の語りについて語る（メタ伝達）ことができる。

プライマリ・レベルでのアンカーは神経学的な「学習」を設定し、それによって、外的な刺激が反応を条件づけする。条件刺激としてのアンカーは、従来の条件づけを変形したもので、ＮＬＰ利用者が使いやすい形で機能する。つまり、コンテンツをアンカーするのである。

メタ・レベル（学習の第２段階）でのアンカーは、学習のコンテクストをどう体験し、どうフレーミングするかという方法やプロセスを設定するのであって、学習そのものを設定するわけではない。ベイトソンはこうしたアンカーを「コンテクスト・マーカー」──トリガー、暗示、言葉など──と呼んでいる。こうしたマーカーは、その人がどういう準拠枠で動いているかを特定する。そして、コンテクストにアクセスしてトリガーとなり、別のプロセスを発生させる。**メタ・アンカー**（メタ・レベルのアンカー）はコンテクストや枠組みを体験にリンクさせるアンカーである。

こうしたコンテクスト・マーカーやメタ・レベルのアンカーを構成するのは、たいてい言葉だ。評価表現、分類やカテゴリーを表わす用語、複雑な同義語、意味に関するメタ・フレーム、因果関係を表わす表現、メタ・プロセシング・レベルに言及するメタ・プログラムなどの大部分は、このメタ・レベルのアンカーに入れていい。メタ・レベルを包含するアンカーはデジタル聴覚の代表システムを伴っている（読者の皆さんには耳慣れない用語が多いかもしれないが、これ

第2章　モデルとしてのNLP

```
                                                            前提
                                                            メタ・フレーム
テクノロジー：         メタ・ステート（「状態に関する状態」）    コア・トランス
メタ・モデル                    ↓↑                        フォーメイション
タイムライン                  信念／価値観                  リフレーミング
エコロジーのチェック   ─────────────────────               映画の巻きもどし
ミルトン・モデル（催眠） 言語（メタ・レベルの信号）           評価言語


                              「サブモダリティ」
テクノロジー：                 心の中で上映される映画の
サブモダリティの変更           映画的特性……各代表システム
対照分析                       の特性から生まれる
スイッチ
                                    ↓↑


感覚言語による
テクノロジー：                  モダリティ
眼球の動きによる               感覚に基づいた表象
アクセシング・キュー
ペース合わせ
アンカー                                                   ↓↑
アンカーの同時点火                                         気づき以前のレベル
                          意識に先立つ神経学的コード化
```

図2-3　表象内のロジカル・レベル

らはNLPの他の様相を構成する言葉であり、これから徐々に定義していこうと思っている）。

変化のメカニズム

「マジック」はどう作用するのか

・人間は心的な世界地図を描くためにパターン化という方法を使っている。このパターン化に見られる機能をモデル化したNLPを所与のものとすれば、「変化」や病理、再生などはどう説明できるだろう？

・変化のパターンに組み込まれたヒューマン・テクノロジーはどう働いているのか？
・このテクノロジーはどう機能して、人間に関するさまざまな事柄に変化を起こすのか？

　第一に、変化のテクノロジーは認知行動心理学のモデルが機能するのと同じように、表象の「認知－情動」メカニズムによって機能する。つまり、わたしたちはこの世界に対して直接的にではなく、間接的に作動している。土地を表わした自分の地図を使ってこの世界の中を動いているのである。ＮＬＰは認知活動の最善部分と行動心理学の最善部分とを組み合わせている。**認知行動**は、英語では「認知」と「行動」をハイフンでつないでcognitive-behavioral と表記するが、これは、わたしたちの「心－身」で双方の要因が双方向性のシステムとして働いていることを認識しているからだ。ＮＬＰはまた、一般意味論の神経言語学からも、解決志向のブリーフセラピーを生んだＭＲＩ（Mental Research Institute：メンタルリサーチ研究所）の家族療法モデルからも、その最善部分を取り入れている。それらの分野で見つかった説明的メカニズムをすべて取り入れている。

　ＮＬＰはひとつの認知行動モデルとして、**構成主義**のポストモダン的認識から始まっている。この哲学の主張によれば、わたしたちがもっているこの世界に関する内的表象は自分自身で構築したものであり、わたしたちはその地図の描き方、パターン化の方法を自分の神経系に保存しているという。土地に関する地図を内的表象として創り出すことも、人間の体験のひとつである。

　わたしたちはこの世界に関する内的モデル（認知情動スキーマ、パラダイム、意味体系〈マトリックス〉）を処理し、コード化し、構築しながら、体験し、感じ、コミュニケーションを取り、行動している。現実をどう感じ、どう体験するかは、その現実に関する地図をどう描いているかによる。したがって、地図を変えれば、「現実」——いや、正確には、わたしたちが唯一わかっている内的な現実——は変わる。以上が、人間が変化する原理の要約である。

　メタ心理学の一モデルであるＮＬＰは、人間の「プログラミング」（学習、条件づけ、体験）が「神経－心」的（神経言語的）レベルでどうコード化されるのかを探ったことによって始まった。その結果、人間の主観の構造に作用するパターンを生み出した。

コージブスキーによれば、わたしたちは世界から得た情報を「抽象化」する過程で現実に関する地図を作っている（Korzybski, 1933/1994）。彼は地図と土地そのものとを区別して、今はもう古典ともなった「地図は土地そのものではない」という公式を打ち立てた。もし地図が実際の土地によく似ていて（実情に対応していて）役に立ち、そのおかげで行きたい場所に行ける（実情に関して実利がある）のであれば、わたしたちは自分自身を自分の地図として利用し、効果的に稼動できるはずだ、とも彼は書いている。これらの判定基準のいずれにも合わない場合は、それは「問題」として機能し、変更や更新や削除が必要になる。

　ＮＬＰはチョムスキーの変形生成文法を取り入れ、3種類の「モデリング・プロセス」を使って地図作りのモデルを公式化した。3種類のプロセスというのは省略、一般化、歪曲であり、これらは、わたしたちが実際に自分の神経系を襲う毎秒何十億バイトという情報を処理しながら、そのほとんどを削除し、かなりを一般化し、残りを歪曲していることをいっている。こうしたプロセスを経由して抽象化が進むと、パラダイムができあがる。わたしたちは世界をモデリングし、その後、神経系と「心的」構築物とを使って人生を航行していく。

　こうしてみると、結局は認知行動メカニズムが仲立ちとなって体験を成立させているということがわかる。わたしたちは自分の知覚を使って現実を創り出している。土地を表わすこの地図は土地そのものとは根本的に異なっている。現実の体験がひどく制約的で問題をはらんでいるように見えるとしたら、問題は自分のパラダイムにあるのであって、世界にあるのではない。制約があり貧弱なものとして存在する世界が問題なのではなく、世界を表わしている自分の地図が疲弊しているのである。

　神経言語は体験に介在する重要なメカニズムだ。神経言語の構造（心の言語と生理の使い方）を変えるときは、現実と体験を変えているのである。

ヒューマン・テクノロジーのパターン、すなわちマジックについて

　代表システムとその「サブモダリティ」をどう使い、それらによってどうさまざまな「心－身」状態（神経言語的状態）になり、省略や一般化や歪曲というプロセスを使ってどう世界をモデリングしているのかを理解すれば、いよ

いよ主観的体験を生み出すパターンを追求することができる。こうした「戦略」の分析によって、わたしたちは効果的に主観的体験と取り組むことができるようになる。

眼球の動きによるアクセシング・キュー（66頁参照）、言語学的マーカー、非言語的キャリブレーション、生理などといった神経処理の手がかりを使うと、その人が体験を運営している内的な公式やプログラム、戦略がわかる。この公式を知ることで、その人の主観的な痛みや苦しみの構造を内的に追求することができる。

ＮＬＰは人間が壊れているとは考えない。その人の地図が使いものにならないだけだと考える。人間は完璧に作動している。ＮＬＰが作動の前提としているのは、ナラティヴセラピーや『フレームゲーム』(Hall, 2001b)のパスワードとなっている前提と同じものだ。「人間が問題ではない。問題が問題だ」である。

病理は土地に関する神経言語的地図の中に発生する。疲弊した地図を使って動いているときは、病的メッセージが体に伝わり、その結果として、やがて生き方、考え方、感じ方、関係の結び方、行動の取り方などが疲弊して制約的なものになる。最終的には病に冒される。

変化を起こすには、これまでのパターン群とは別のパターン群が必要になる。それを使って古いパターンを中断し、もっと効果的な新しいパターンを共に創り出すのである。パターンは段階的処置法として、わたしたちに変化をもたらす手助けをする。

充分な説明と理論があれば、**パターンを身につけることができる**。次章以降には、人間の地図と効果的に取り組むためのパターンが次から次へと出てくる。いずれのパターンについてもそのコンセプトを簡単に説明しているが、中には詳述したもの、由来に関する補足情報を添えたものもある。

わたしは各パターンを段階的処置法として書いている。定型的な手続きとして書いてあるパターンもある。なぜか？　充分な内容（コンテンツ）を提供して、パターンに不慣れな人でもすぐに使えるようにしたいと思ったからだ。また、読者の知識と記憶を前提として各パターンの概略だけを説明するのではなく、それぞれを構成の優れた完璧で効果的な変化の方法として紹介したかったということもある。

構造の概略

　本書では、「問題」(試練、困難) を以下のカテゴリーに分類している。この分類は、読者がより適切なパターンを選択し、それに取り組み、それを応用して、より高い効果を上げられるようにするためのものである。これを使えば、「問題」を区別し分離することができる。ＮＬＰのパターンをそういう形に体系化しようと決めたわたしは、このカテゴリー・リストを後続する章の構成に使用した。したがって、本書では以下に分類される人間の問題について考えることができる。

パート	複数の「不可分のパート」が対立しているとき
アイデンティティ	「自己」に関する地図が不適格で、苦痛や限界が生じているとき
状態	問題をはらんだ状態、リソース不足の状態、感情的な状態を体験しているとき
言語	自分との対話の中に認知的なエラーがあり、否定的かつ悲惨な言葉で自分を表現してしまうとき
思考の型	不適切なメタ・プログラムを使っているために、認知や知覚のゆがみに苦しんでいるとき
意味	制限的な信念や貧弱な意味に苦しんでいるとき
戦略	どうしたら望ましい行動を取れるようになるのかがわからないとき

　まったくの自由裁量によるこの分類は、材料を処理して小さく切り分けるための一方法にすぎない。例えばパートだが、当然、勉強の最中に自己の一パートが遊びたくなったり、遊ぶ時間に勉強をしたくなったりして、その不一致に苦しむことがあるだろう。これは、そうした対立に関する信念や、それが暗示するアイデンティティに関する問題との闘いとしてフレーミングすることもできれば、自分が陥っている状態としてフレーミングすることもできる。いずれのカテゴリーを選ぶにせよ、それぞれがひとつの構成準拠枠を示しているため、どれがどれより「現実的」だとか「正確」だとかいうことはない。どのカテゴ

リーにも程度の異なる有用性がある。

　これらのカテゴリーは相容れないものではない。いずれも、人間にありがちな困難や、素質をフルに体験できない原因の一分類法を提供しているにすぎない。こうした分類を行なったのは、ただ、ＮＬＰの宝庫に収められたさまざまなパターンを使ってそれらを解決しようとするためである。もしあるパターンを使って「問題」が変わらなければ、別の方法でその「問題」を構築できそうなパターンを選び直し、そのパターンのテクノロジーで変化させられるかどう

現在の状態	⟶	目標とする解決の状態
その問題がどう生じるかを具体的に説明する		適格性の観点から具体的に説明する
	橋を架ける	
	移動に必要なリソースとつなぐ	
パート	複数の「不可分のパート」が対立しているとき	
アイデンティティ	「自己」に関する地図が不適格で、苦痛や限界が生じているとき	
状態	問題をはらんだ状態、リソース不足の状態、感情的な状態を体験しているとき	
言語	自分との対話の中に認知的なエラーがあり、否定的かつ悲惨な言葉で自分を表現してしまうとき	
思考の型	不適切なメタ・プログラムを使っているために、認知や知覚のゆがみに苦しんでいるとき	
意味	制限的な信念や貧弱な意味に苦しんでいるとき	
戦略	どうしたら望ましい行動を取れるようになるのかがわからないとき	

図2-4　NLPのアルゴリズム

か見てみよう。

　この図は、**現在の状態**から**目標とする状態**へ移るという観点から「問題」について考えるときの構造を示している。この構造を使うことによって、まずその「問題」をどう体験し、それについてどう考え感じているかについて分析し、次にそれを構成している戦略と内的表象について分析することができる。これが現在の状態に関する分析になる。これを済ませると、到達目標としている状態について考える段階に移り、同様の分析を行なう。これが目標とする状態に関する分析になる。

第２章　モデルとしてのＮＬＰ

　こうした分析を行なうと、リソースに関する疑問――ある状態から別の状態へどう移動するのか、ふたつをつなぐ橋をどう架けるのかという疑問が浮かび上がってくる。

・現在の状態から目標とする状態へ移動するには、どんなリソースが必要か？
・現在の状態から目標とする状態へ移動するには、ＮＬＰモデルのどんなヒューマン・テクノロジーが役立つのか？
・どんな内的表象、「サブモダリティ」、メタ・プログラム、戦略などが、これを補佐するのか？

　では、いよいよパターンをご紹介しよう。

第2部
ＮＬＰのパターン
変化と成長を促す呪文
種本

第3章

基本パターン

他のパターンを作動させるためのパターン

> 自分で編むこともほどくこともできる網は、既得のもの（言葉）と成長を促す呪文の構造とに注意しさえすれば、自分の思いのままにできる。
> ——バンドラー＆グリンダー『魔術の構造』

　すでにＮＬＰモデル（第2章参照）を入手したあなたは、後述する変化のパターンを使うのに必要なすべてをほぼそろえたことになる。ただし、「ほぼ」であって、すべてではない。「ほぼ」ということは、あと二、三加えてからでないと、魔法の杖を取り出し、本書を種本として活用し、成長と変化を促す呪文を唱えることはできないということだ。
　前章では「ロジカル・レベル」の概念について述べた。これに続くのは、人間の体験に関する重要な区別、すなわち**コンテンツとプロセスの区別**である。そして、この区別は後述部分で大変重要な役割を果たすので、まずそれに関する説明を補足してから、皆さんには思いのままにしていただこうと思う。
　コンテンツとは、体験の内容（what）のことであり、その詳細と経緯のことである。コンテンツは、その人がいつ、何を、どこで、誰としたのかについての興味深い詳細だけをいうのではない。「つまらない」詳細をもいう。一般的にコンテンツは、助けに入るたいていのモデルが焦点を絞る第一の場所——ときには、唯一の場所だ。わたしたちを圧倒してその体験に誘い込んだ情報がそこにある。
　それに対してプロセスは、それがどう（how）作動するのかをいい、その構造と形式をいう。ＮＬＰは、さまざまなモデルに関する一モデルとして、まったく新しい、しかも優れた特質を備えている。重点的に取り組むのは主に体験のプロセスであり、それの作動の仕方、その構造的な枠組みと状況（他のメ

タ・ステート）であるという点だ。
　さて、コンテンツというと、人々はその体験を構成するあらゆる点について、詳細の詳細を知りたがる。

・その恐ろしい出来事はいつ起きたのか？
・誰のせいで起きたのか？
・それについて、どう感じたか？
・ほかに何があるか？

　セラピーの中には、プラクティショナーがどんどん詳細に踏み込んで、もういいというところまで調べつくせば、やがてクライアントは傷を乗り越えると信じているものがある。確かに、トラウマ的な出来事に対して最後には鈍感になる人もいるし、何度も訊ねられることにただうんざりしてしまう人もいる。だが、誰もがそうとは限らない。実際には、繰り返し詳細を調べるというプロセスそのものによって、トラウマ的な出来事に遭遇して最初に行なった一般化を強化していることが多い。繰り返しによって、ひたすら問題を強化し、持続させ、激化させるのである。そういうケースでは、セラピストを訪ねるたびに、クライアントのはまり込んだ穴は深くなるばかりだ。ＮＬＰでは、それはしない。
　ＮＬＰでは、特定の詳細ではなく、構造の観点から体験のプロセスについて考えようとする。そして、構造もしくはプロセスの観点から、そのプロセスに取り組む。なぜそれほど多くのセラピストがトラウマに関するむごたらしい詳細を探りつづけるのだろう？　そうした行為は、抑圧されたものを浮上させ正視しなくてはならないという前提に立つパラダイムの作業域を越えている。バンドラーはもっとユーモラスにこういっている。「セラピストはお節介がすぎるんだ──首を突っこみすぎるんだな」
　では、体験のプロセスを作っている構造はどうやって見つけるのだろう？　そのレベルより上位のレベル、メタ・レベルへ行く必要がある。その体験から距離を置き、メタ視野をもつと、その表象や映画的特性（「サブモダリティ」の特質や特徴）、その体験について本人が出した結論と抽象概念、その人の考え方や濾過方法（メタ・プログラム）などの観点から、構造を眺められるようになる。これで、きわめて迅速かつ完全に物事を変化させるこのモデルの力の説明がつく。

人間の構造処理にかなり似ているものとしては、コンピュータの文書処理が考えられる。例えば、あるワープロソフトを使ってタイプした手紙なり書類なりを変更したい場合を考えてみよう。各ページのテキストを、第１行目からではなく、数行下がったところから始めたくなったとしたらどうだろう？　その手の変更をするには何ができるだろう？　どうすれば変更できるだろう？　１ページごとに、各該当部分でコンテンツの変更をすることもできる。これを、テキスト内部でのコンテンツ変更と考えよう。

　あるいは、テキストそのものは無視して、代わりに「フォーマット・メニュー」に行くこともできる。そこから、文書全体を変更できるコマンドを打ち込むのである。この上位レベル、すなわち文書そのものを管理するレベルでは、各ページを一挙に変更することができる。こうした方法で変化に取り組めば、構造レベルでの変更が可能になる。

　メタ・レベルでプログラムを変更すると、広範囲の変更、システム全体の変更が可能になる。ＮＬＰはわたしたちの心の中にあるヒューマン・テキスト——自分のストーリーを語り、自分の未来を描くテキスト——に関して、これを正確に行なおうとしている。ＮＬＰでは、コンテンツから距離を置き、運用上の枠組み、すなわちメタ・ステートについて、構造に関わる質問をする。

プログラムを動かすプログラム

　メタ・プログラムについては、のちほど１章を設けて紹介する。この上位レベルのプログラムは、オペレーティング・システムがコンピュータで機能するのとほとんど同じように、人間の意識の中で機能する。これらはわたしたちの知覚スタイルや情報の分類法、データ処理法を運営している。それらのひとつを変更すると、広範囲にわたって変化が生じ、それは「心‐身」系全体にまで広がっていく。

　よくあることだが、これと同じことがこのＮＬＰの第１メタ・パターンに起きる。それらは単なる具体的な変化パターンという以上のものであるため、ここで紹介する次第である。このパターンのおかげで、わたしたちはＮＬＰモデルを使い、そのテクノロジーを非常に多くの事柄に適用できるのである。セラピストなら、クライアントとのワークにそれらが必要だろう。組織内の人の間で働く管理者にも必要だろう。親にも、販売員にも、コーチにも必要だろう

し、自己や他者との絡みの中で働く人なら誰でも必要とするはずだ。

メタ・パターンの主眼点

　ＮＬＰがワークでもっとも重きを置いている点を一文で表わすと、どうなるだろう？　以下のようになる。

　現在の状態あるいは問題について、本人が描いている地図を明らかにするのを助け、地図が明らかになったのちに、本人がリソースにアクセスし、リソースをその状態に適用して解決に向えるよう、あるいは目標の状態に到達できるよう力を貸すこと。

　これを主眼としているため、ＮＬＰで用いられるヒューマン・テクノロジーのプロセスは全体が解決志向となり、リソース重視となる。問題の出所や様相、要因、性質はそのプロセスの中で初期の役割を果たすが、問題を解決するためにその原因を知る必要はない。それがどう展開し拡大したかやら、その原因やら徴候やらを何もかも知る必要はない。実際、問題意識を増大させすぎると、概して問題を強化することになる。解決するどころか、それに集中するためにかえって問題を持続させてしまう。ＮＬＰは、被害を大きくする心理考古学に取り組むのではなく、もっと前向きな解決という結果に焦点を転じている。
　こうして結果に主眼を置くときに特に重要になるのが、自分の目的や目標を明らかにすることと、適格な解決法の設計を可能にする判定基準をもつことである。現在の状態と目標とする解決の状態とのギャップを埋めるリソースの観点から考えることが重要だ。

・目標に達するには、どんなリソースが必要か？
・どんなリソースが不足しているせいで、これまで次の段階に進めなかったのか？
・これまでの人生のどこを探せば、そのリソースが見つかるか？

　このアプローチは全体的に「今ここ」に焦点を絞っている。したがって、今日何をするのか、この時点で自分の「過去」や「未来」をどう使うのか、現実

をどう地図に描いているか、どの程度の責任を前提としているかなどが主な関心事となる。

第1メタ・パターン

では、どこから始めよう？　セラピストはクライアントを相手に、どこから始めるべきだろう？　管理者は自分が監督し管理している人々を相手に、どこから始めたらいいのか？　ＮＬＰでは、「目的をもつ」こと――達成したいと思う目標をもつこと――から始める。したがって、相手や自分に対して、通常次のような質問をする。

・何を望んでいるか？
・今抱えている問題がなかったら、代わりに何をしたいと思うか？
・その目標地点に到達できたら、どこへ行きたいか？

具体的な変化パターンを導入する前に、自分あるいは相手が何を望んでいるのか、どんな目標を達成したいと思っているのかを知る必要がある。したがって、まず適格な目標のコンセプトおよびメタ・パターンについて述べる。そのあとで、変化のプロセスそのものに取り組むために必要な他のメタ・パターンを紹介する。

＃1　適格な目標を立てる

◆コンセプト

認知行動心理学を使ったモデルの主な特徴は、経験に基づいた実践的なアプローチとその直接性にある。これはロジャーズ学派や精神分析学派の間接的で非指示型のアプローチと対照を成している。エリクソンの直接催眠から、解決志向短期療法の共同作業志向、ＮＬＰの「自分自身の脳を運営する」ためのコーチング・スタイル、不合理な認知のゆがみに反論してそれに立ち向かう訓練を行なうＲＥＢＴ（論理情動行動療法）の対決型アプローチに至るまで、すべて希望する目標を見すえて作動する。

換言すれば、人間の機能を扱うこうしたモデルは、常に目的や目標を視野に

入れながら、きわめて意図的な状態から作動するということだ。

・今日は何をやり遂げたいと思っているのか？
・この問題を処理している相手を手伝うには、わたしはどうすればいいか？
・もし今夜奇跡が起きて、明日はもう問題が解決しているとしたら、どうやってそれを知るのか？
・それを教えてくれるのは何か？

　ＮＬＰは適格な目標を立てるためのモデルを提供している。このモデルは一パターンとしてプロセス機能をもつものだが、わたしは第１パターン、実質的には第１メタ・パターンとして紹介している。このパターンでは、適格性の判定基準を使って効果的な目標を立てる。目標は、適格な形に作成してこそ、やる気を引き出し、力をつけられるものになる。ＮＬＰは目標の設計や構成に工夫を凝らし、本人を未来に引っ張りこんでくれる目標、判定基準に合致する目標を作成してきた。また、そうした目標を効果的に達成する型をすでに構築している。

目標の適格性

　「目標設定」は、一見簡単なことのように見える。しかし、実際にはたいていの人が目標設定と目標達成にひどく苦労しているとなると、本当に簡単なことなのか疑わしくなる。これは、現在の状態から目標とする状態への移行プロセスには、表面に現れている以上のことが関わっているということではないだろうか。

　適格な目標を立てるためのこのパターンでは、手がかりとなる要因を特定して自分が何を望んでいるかを見つけられるようにし、さらには反応の仕方を構成して、具体的で建設的な段階をたどりながら自分の希望や望みを実現できるようにする。また、相手が希望する目標達成へのプロセスを楽に進めるよう手伝う場合のために、情報に基づいた方法も用意している。このパターンを使うと、相手（クライアント、顧客、友人、子供など）の言葉や関心をそのまま受け止め、目標をより聡明に地図に描くのを手伝うことによって、その相手はさまざまに反応しながらワークに関わることができるようになる。

　このモデルは**他者と共に**目標を立てるための**地図**であり、これを使うことに

よって、従来他者を助ける状況で生じていた問題の多くを回避することができる。問題が生じるのは、以下のような人を手伝う場合である。

・本当は変化したくない人
・変化する覚悟ができていない人
・変わるのを恐れる人など

さらに、この判定基準を使うと、ビジネスや個人的な人間関係やセラピーで、目標志向の対話が可能となる。関係者すべてに新たな方向性――解決志向を主眼とするやり方――を与えてくれる。

適格に構成された目標を立てるための重要な判定基準

▶ **1. 肯定的に表現する**
何を望んでいるか？
何を**心から**望んでいるか？
自分が望んでいることを具体的に言葉に表わしてみたか？
その目標は、自分が望んでいないことを述べていないか？

例えば、「批判ばかりする人になりたくない」という表現を見てみよう。否定語の「ない」は、実際には、否定しようとしていることを心の中に呼び起こす。「エルヴィス・プレスリーのことを考えてはいけない」「もっと優雅に生きるための知恵を絞ろうと思ってはいけない」といわれたらどうだろう。

その目標の表現は、否定の指令表現を避けているか？
もし今その問題がないとしたら、どんなことが起こるだろう？
その目標を達成したときのビデオがあるとしたら、どんなものが見え、何が聞こえるだろう？

▶ **2. 自分が実行できること、続行できること―自分が対応できる活動―を提示する**
その目標は、他者に依存したものか？（「みんなに好かれたい」など）
その目標は、自分ができることを拠り所としているか？

その目標は、何か自分で始めて続行できることを提示しているか？

その目標と活動は、自分がコントロールもしくは対応できる範囲のものか？　それは、自分が責任を取れる範囲内にあるか？

自分の困難を減少させるために、あるいはそれを完全に取り除くために、今週どんな具体的な行動が取れるか？

自分をその方向に進めてくれるようなことで、今日できることをひとつ挙げるとしたら、それは何か？

▶ 3. いつ、どこで、誰となど、状況（コンテクスト）を明示する

目標の達成に必要な具体的な環境、コンテクストを明確にし、重視しているか？　例えば、「体重を減らしたい」という書き方はいけない。どのくらい体重を減らしたいのか、それにかける時間なども具体的に提示して、「2ヶ月以内に体重を5キロ減らしたい」という書き方をする。こうすることによって脳に具体的な情報が伝わり、脳はそれを実現させるために何をすべきかを明確にして、それを地図に描き始める。

こうした新しい考え方、感じ方、行動の取り方、話し方などをするために必要な場所、環境、人間関係、時間、空間、人などを特定しているか？

この行動を取りたくない場合のコンテクストについても明示しているか？

▶ 4. 感覚に基づいた言葉で表現する

その目標は、自分が見たり、聞いたり、感じたりするはずのことを具体的かつ正確に表現しているか？

抽象的で曖昧な言葉はすべて排除し、それらをビデオ化できるくらい具体的な行動に言い換えてあるか？

「みんなのカリスマ的な存在になりたい」ではなく、「人には微笑みかけ、心をこめて挨拶しながら握手をして、相手の名前をちゃんといい添えるようにしたい……」という形に表現する。

目標の表現に使っているのは「視覚 - 聴覚 - 触運動覚」に基づく言葉だけか？

▶ 5. 目標を簡単に対処できる段階に分け、一定の順序に配列する

その目標は、**実行可能な小さなサイズに分割してあるか？**

その目標は、自分を圧倒するような気がするか？

目標は、「わたしは本を書く」ではなく、「わたしは毎日2ページ原稿を書く」と書く。「体重を20キロ減らす」と書いてはいけない。「食事ごとに食べる量を10口分減らす」「食事を注文する前や食べ始める前にコップ1杯の水を飲む」「できるかぎり階段を使う」と書く。

その目標は、簡単に対処できると感じられるくらい小さなサイズで表現してあるか？

その目標に関して今日できることを何かひとつわかっているか？

▶ 6. リソースをたっぷり盛り込んで目標とその計画を表現する

夢を実現するにはどんなリソースが必要か？

人前でうまく話せるように、もっと自信をつける必要があるか？　もしそうなら、それを下位の目標として書き出したか？

今後数週間はこれを新しい目標として生きていくと考えるとき、ほかにどんなリソースが必要か？

率直に自己主張する話し方（アサーティブネス）、回復力、自信、自分で情報を探して物事をチェックする能力、現実検討能力、冷静さ、明晰さなどについてはどうか？

▶ 7. 目標達成の証拠を特定する

目標を達成したとき、どうやってそれを知るか？

それがわかる具体的な証拠はあるか？

望む結果が得られたことを示す手がかりで、感覚固有のものは何か？

いつ目標地点に達したのか、いつ終了できるのか、いつパーティが開けるのかを知らせてくれるのは何か？

▶ 8. 強制力のある表現をする

その目標には強制力があるか？

その目標は、目標にしなくてはならないほど切実か？

その目標を達成すれば、わくわくするような好ましい未来が待っているか？

目標には人を惹きつけるものが必要だが、その目標にはそういうものがあるか？

その目標をもっと魅力的で強制力のあるものに感じられるようにするには、何をする必要があるか？

▶ 9. エコロジーをチェックする
この目標は、他の目標や価値観や総合的な機能のすべてと調和しているか？
自分の「パート」の中に、この達成目標に反対しているパートがいるか？
自分の内面に入り、この目標を自分のあらゆる面に好ましいものとして味わっているかどうかをチェックすると、何が起きるか？
その目標によって生活は向上するか？
その目標は人間としての力をつけてくれるか？ エコロジーの問題はないか？

こうした判定基準を使えば、自分の目標であれ他者の目標であれ、その品質を管理できるようになる。品質管理ができれば、望ましい目標を設定して、希望する未来を表わすのに適格なやり方で、それをコード化し地図に描くことが可能になる。

目標の適格性
・肯定的に表現する
・自分が実行できること、続行できることを提示する
・状況(コンテクスト)を明示する
・感覚に基づいた言葉で表現する
・簡単に対処できる段階に分けて示す
・リソースを盛り込んで表現する
・目標達成の証拠を特定する
・強制力のある表現にする
・エコロジーをチェックする

＃2 相手の世界モデルにペース合わせ／マッチングを行なう

◆コンセプト

　相手の世界モデルへの**ペース合わせ／マッチング**は第2メタ・モデルである。ペース合わせとは、相手の言葉、価値観、信念、姿勢、呼吸のほか、現在進行中のさまざまな様相に合わせるプロセス、すなわちマッチングのプロセスをいう。

　相手の行動へのペース合わせ／マッチングは、わたしたちが共感やラポールと読んでいるものの構造を表わしている。相手の概念的な「心‐情動」的世界に入り、相手の言葉、価値観を表わす表現、準拠枠などを使うことで、世界に対するその人の考え方、感じ方——世界モデル——をもつことができる。これで知覚の第2ポジションに立つことになり、相手の「現実」とのマッチングが成立する。

　現実を表わす相手の地図を相手に反映させると、こちらの理解や確認や共感が伝わる。バンドラーとグリンダーは、たいていの人が好みの代表システム（ＶＡＫ）を使っていると書いている（Bandler and Grinder, 1975, 1976）。ＮＬＰは人々が使っているこうした代表システムの叙述語に耳を澄まし、それらをコミュニケーションに利用しながら、相手の現実に対して言語学的にペース合わせ／マッチングをする。その結果、『オズの魔法使い』さながらの、相手の心に直結する「黄色のれんがの道」ができ上がる。

　例えば、誰かが「今やどう見ても、事態は悪化する一方で、本当に気が滅入ります……」といったとしよう。これに対して、ＮＬＰに通じている者なら同じような視覚を使った言葉、感情を表わす言葉を使うだろう。「お話、しっかり聞き届けました」といってしまうと、聴覚のほうに流れが変わってしまい、相手へのペース合わせに失敗する。「見通しが利かなくなっているようですね」といえば、うまくいく。

　ペース合わせはきわめて強力なテクノロジーであるため、即席のラポールも含めて、ラポールの構築を専門に扱った書物がたくさん出ている。したがって、相手の反応に気づき、それをキャリブレーションして反映する力をいかに伸ばすかを学べば、ラポールの構造を知ることができる。

◆◆パターン

▶ 1. 相手の生理に似せる
　相手はどういう立ち方をしているか？
　相手はどんな姿勢を取っているか？
　相手は体のどの部分（腹、胸、のど）を使って呼吸しているか？
　相手の呼吸は速いか、遅いか？
　相手はどう動き、身ぶりや表情をどう使っているか？
　相手の声の質、高さ、調子、大きさなどは、どんなか？

▶ 2. 相手の代表システムに耳を澄まし、マッチングする
　相手はどの代表システムを好んでいるか？
　相手の眼球の動きによるアクセシング・キューから何がわかるか？
　どのくらい楽に相手の代表システムの足取りを追えるか？

▶ 3. 相手のメタ・フレームに耳を澄まし、マッチングする
　相手はどのような言葉を使って、価値観、標準、判定基準、信念などについて話しているか？
　どのような信念の枠組みが聞こえてくるか？　どのような信念の枠組みに気づいたか？
　言語や神経には、どんなメタ・ステートの特徴があるか？

＃3　状態のキャリブレーションを行なう

◆コンセプト

　キャリブレーションとは、自分の感覚的な気づきを使って強く集中し、相手の「心‐情動」状態、雰囲気、体験などを突き止めることをいう。機械のキャリブレーションを行なうときは、それ特有の反応の識別法や測定法を学習する。人間のキャリブレーションを行なうときは、相手が情報処理やさまざまな状態の出入りなどをしながら示す特有の様相を、感覚的な気づきを使って（目、耳、皮膚、その他の感覚受容器を開放し入力状態にして）識別する方法を学ばなく

てはならない。

　バンドラーとグリンダーは、注目すべき重要な反応として、眼球の動きによるアクセシング・キューのパターンを特定した（Bandler and Grinder, 1976）。眼球の動きによるアクセシング・キューとは、人間が「思考」し、情報を処理し、「内面に入って」言葉や指示物の意味を取っているときに示す、横方向への目の動きをいう。

　一般的なパターンとして、視覚化しているときには、大半の人が眼球を斜め上に動かす。内的に聴覚を使っているときや内的に自分と対話をしているときには横に（左右に）動かす。そして、触運動覚的なアクセスの最中には斜め下に動かす。さらに、大脳に右半球・左半球があることから、平均的な右利きの場合、何かを視覚的に想起しているときには左上方を見上げ、聴覚あるいは言語を使って想起しているときには左真横を、高く評価した感覚を想起しているときには左下方を見る。

　同様に、平均的な右利きの場合、イメージを想像して構築しているときには右上方を見上げ、音や音楽や言葉を構築しているときには右真横を、通常の感覚や構築した感覚にアクセスしているときには右下方を見る。ただ、こうしたアクセス・パターンは一般化したものとして扱い、常に、今コミュニケーショ

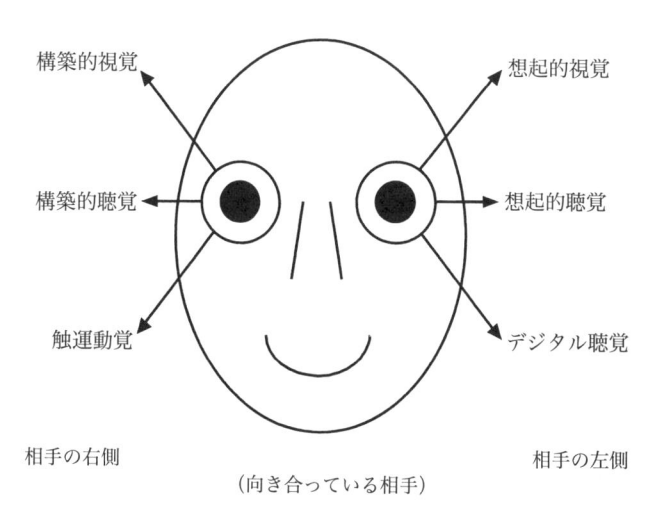

図3-1　眼球の動きによるアクセシング・キュー

ンを取っている当の相手に対するキャリブレーションを行なうことが必要だ。大脳の機能が左右逆の場合、想起するときの目の動き、構築するときの目の動きは、右利きの人とは逆になる。

　眼球の動きによるアクセシング・キューは、その人物が思考中にアクセスしていると思われる代表システムについて、なんらかの目安を与えてくれる。キャリブレーションは、ほかにも呼吸、筋緊張、生理、肌の色などの神経学的徴候を目安にして行なうことができる。初期（1970年代）に出たＮＬＰの本はすべて、キャリブレーションとペース合わせに関して詳細な知識を提供している。

　キャリブレーションはコミュニケーションや指導や心理療法で重要な役割を果たす。どんな人にもその人特有の体験の仕方、反応の仕方があるからだ。キャリブレーションで重要なのは、相手が自分に同意あるいは反対しているときを突き止めることだ。そんなことができるのだろうか？　まったく疑う余地のないはっきりしたやり方で賛否を表わす人もいれば、それほどはっきりしないやり方で表わす人もいる。ごくわずかな変化で、「はい、同意見です」「いいえ、賛成できません」を示す人もいる。

◆◆パターン

▶ 1. 誰かとペアを組む
　このエクササイズでは、ふたり一組になり、平明でわかりやすい質問をして楽しい会話を進めていく。まず軽い質問をし、次にその質問を「はい／いいえ」で答えられる質問で確認する。その間相手をよく観察し、相手が自分の発言内容に対する賛否を言語的に「はい」「いいえ」で示すとき、どのような非言語的反応を発生させるかに注意する。

「名前はボブでしたね？」
「どう呼んでもらいたいですか？」
「ボビーですか？　そう呼ばれるのが好きなんですね？」
「生まれはカリフォルニアですか？」
「自分の車をもっていますか？」

▶ 2. 相手の「はい」「いいえ」についてキャリブレーションを行なう

　何が相手の「はい」「いいえ」を非言語的に構成しているのか？　「はい」を示す非言語的反応と「いいえ」に伴う非言語的反応とを区別できるまで、質問をしながら観察を続ける。

　例えば、「いいえ」のとき思わず無意識にあごの筋肉を緊張させ、「はい」のときにはその緊張を緩める人がいる。また、「いいえ」で血色が悪くなり、「はい」で血色が良くなる人もいる。「はい」を伝えるときはうなずきがちになり、「いいえ」のときには頭をそらし気味にする人もいる。キャリブレーションを行ないながら、筋肉の緊張、眼球の動き、しぐさ、目の緊張／弛緩、口、呼吸などにしっかり注目する。

▶ 3.「はい／いいえ」をフィードバックして、直観を鍛える

　相手が非言語的レベルで伝えてくる「はい」と「いいえ」のメッセージに区別がつくようになったら、今度は質問に対して何もいわずに非言語的な反応だけで返事をするよう、相手に頼む。

　質問を続けて、反応を観察する。質問をするたびに、相手が「はい」と思っているか「いいえ」と思っているかを判断して、相手に伝える。連続して4回正しく当てられたら、役割を交代する。

▶ 4. すらすらとできるようになるまで練習を続ける

　どのくらい訓練すれば、特定の人の「はい、賛成です」を示す非言語的信号と「いいえ、反対です」を示す非言語的信号とを直観で区別できるようになるのだろう？

　このエクササイズを数人の相手とやってみよう。そうすれば、反応は人さまざまであることがもっとよくわかるようになる。さらに、まる1日か2日、ひたすら人々が出すこの種の賛否の手がかりを観察するのもいい。

＃4 エコロジーをチェックする

◆コンセプト

「心‐身‐情動」系のエコロジーをチェックすることによって、自分が整合性のある安定した健全な状態であるかどうかを確認できる。このヒューマン・テクノロジーのおかげで、自分の思考、感情、体験、状態、信念、価値の序列などに関して、「現実をチェック」できる。このエコロジー・チェックを行なうときは、コンテンツの上位レベルへ移動する。そうすることで、構造やプロセスや型が見えてくる。エコロジーをチェックするときはメタ移動を行ない、現在の体験「の上部」やそれを「越えた」位置（メタ）に移動して、その体験「について」調べる。

・この状態、信念、考え、感じなどは、役に立つか？
・それによって生活は向上するか？　それとも、なんらかの点で制約を受けるか？
・プログラミングされたこの考え方、感じ方、行動の取り方を変えたいと思うか？
・長期的に見て、このやり方で力がつくか？
・これによって、多少なりとも結果を出せるか？
・それは、これからの人生にどう関わり、どう調和していくか？

　メタ・ポジションに移動すると、上位レベルから観察できるようになり、信念、行動、感情、その他の反応の全体的な影響を、より正確に評価できるようになる。自分の下した評価を大きな視点から評価することが可能になる。エコロジー・チェックは、要するに体験をチェックするためのテクノロジーだ。これを使って不一致をチェックし、現実をチェックし、自分の生活を管理するために使っているさまざまなパターンの品質管理をチェックする。そうするうちに、自分が暮らしているコンテクストやシステムすべてとうまくバランスを取って生きていく方法が手に入る。
　人間の意識は、双方向性のパートから成る「心‐身‐情動」系として作動している。構成するパートはすべて互いに影響し合っている。したがって

構成要素(コンポーネント)のひとつに影響を加えると、通常ほかのコンポーネントにもそれが波及する。それゆえ、エコロジーをチェックするこのパターンは、提案された変化や新しい行動は生産的に作動するか、あらゆる結果や価値を考慮しているかという点を重点的に確認する。

　エコロジーのチェックが大切なのは、エコロジーの問題を含んだ変化は損害を発生させるからだ。そうした変化は概して持続しない。持続することがあっても、内的葛藤を発生させたり、別の問題を起こしたりする可能性がある。したがって、変化が及ぼす全体的な影響を考慮しないと、あるレベルでは順調に稼動しているように見える変化が、ほかのレベルでは悲惨な結果を招くということもある。

ＮＬＰにおけるエコロジーの枠組み

・**目標どうしの対立**　この枠組みを使うのは、望んでいた変化が得られない場合は、得られないなりの理由があることが多いからだ。あらかじめ相容れない目標がないかどうかを考えずに目標を達成すると、悪影響が出ることもある。したがって、まずエコロジーをチェックするのである。

・**現在の状態がもたらす成果**　どんな行動、どんな反応にも、なんらかの有用な機能がある。この機能は各人特有の形で作動しているため、変化を起こす際は、この機能を特定して保存することが重要になる。こんなふうに変化したら／これを信じるようになったら／この行動を取ったら、何を失うだろう？

・**問題をはらんだ前提**　望んだ変化がその人の内的現実・外的現実のいずれかに適合していないために、変化が起きないことがある。何かを変えたいと思ったら、変化を望む気持ちの裏にある前提を調べる必要もある。変化を促進させようとしてモチベーションを求めることがよくあるが、そういう場合に本当に必要なのは、そもそもそうすべきかどうかを判断する優れた方法であったりする。

チェックする内容

・**不一致** 変化を起こすことについて考えるとき、反応は一致しているだろうか？ 相手が達成したいと思っている目標を説明したり味わったりしているとき、目をこらし、耳を澄まして、一致しない反応がないかどうかをチェックすること。反応に不一致があれば、以下に挙げた3つの質問のひとつを試してみよう。

(a) 自分の中に、矛盾する目標を表明しているパートはいないか？
(b) 達成したいと思っている目標について考えているとき、矛盾する目標をもったパートで、積極的な役割を果たしつづけているパートはいないか？
(c) 自分には不一致を検出できるような感覚の鋭敏性があるか？

・**発生する可能性のある問題を予測する**

　　計画している変化が起きたら、どんな問題が発生するか？
　　その変化によって、希望どおりの結果が得られるか？
　　その行動を取ると、何を失うことになるか？ （何かを獲得すれば、どんなにささいなことであれ、必ず何かを失う）

・**省略** 情報を集めるとき、取りこぼした情報、避けた情報、無視した情報に留意すること。何が言及されていないかをチェックする。
　　計画している変化について、自分以外の全関係者がどんな内的な反応を示し、どんな内的処理を行ない、どんな外的行動を取るかを考慮したか？
　　自分の決意に含めなかったのは何か？
　　考慮すべきことで、考慮していないのは何か？

◆◆パターン

▶ **1. 距離を置くように勧める**

　どんな思考、表象、信念、価値観、パターン、体験、状態をチェックしたいと思っているか？
　その体験について考えられるように、充分な距離を置いているか？

その感覚、状態、信念、決意について考えてみて、エコロジーの問題はないか？
この信念によって生活は向上するか？
こうした「考え方-感じ方」をすると、生きていく力がつくと思うか？

▶ 2. 上位レベルでの評価を勧める
こうした選択があることに気づいてみて、それは自分の役に立つと思うか？
そうなったら、生活は制約を受けるか？　それとも、向上するか？
自分の中のどのパートも、それは有用だと思っているか？
それに反対するだろうと思うパートはいるか？
これで力がつくか？
そうなったら、選択肢は拡大するか？　それとも、新たに難しい制約が生じるか？

▶ 3. 距離を置き、評価を評価する
その評価には、どんな判定基準を使っているか？
その判定基準は、どの程度重視するのがベストだと思うか？

＃5　反応の柔軟性を高める

◆コンセプト

メタ・レベルを使うこのスキルは、反応の柔軟性を自分自身（あるいは相手）の内面で高めるためのものである。これをその反意語——反応の硬直性——と比較してみよう。そのとき生じている反応と結果を徹底的にチェックすることによって、柔軟性は養なわれる。望んでいない反応に気がついたら、別のことをする。これは、ＮＬＰ型コミュニケーション・ガイドラインの基本原則を実践しているのである。その原則とは、以下のとおりである。

コミュニケーションの意味は、意図とは関係なく、発生した反応で決まる。

ＮＬＰでは、生じた反応が望んでいたものと異なることに気がつくと、今やっていることを変化させ、新しいトリガーと刺激を与える。同じ刺激を繰り返

し与えつづければ、同じ反応が生まれ——それ以上のものが生まれる。ＮＬＰは、どんな人も自分自身の世界モデルの範囲外で動けることを強調し、それができるところまで柔軟性を発達させるよう促す。そこで用いられるモデルは、どう作動するかには関係なく、確かに作動する。作動して、さまざまな結果を出す。効果的に作動しないこともある。望んだ結果が得られるようには働かないこともある。しかし、とにかく作動して、わたしたちがモデルの設計どおりに考え、感じ、行動できるようにしてくれる。

　ＮＬＰは、人は誰でも皆「同じ」であるという前提は設けていない。そうした考え方をすると、閉鎖的で硬直したモデルが生まれる。ＮＬＰはむしろ、個々に違いがあることを予想し、期待している。誰もが固有の地図を使って作動しているために、「思考‐反応」の仕方も人それぞれだと考えている。つまり、誰もが自分の現実の構築法を頼りに、自分だけの地図に従って動くと考えているのである。だからこそ、個々の反応はその構造の中で意味をもつ。

　以上の理由から、ＮＬＰは各人の「現実」を発見してキャリブレーションを行なうところから始める。こうすることで、その人特有の意味体系（マトリックス）がどう作動しているかを見つけ出すことができる。キャリブレーションとペース合わせが済んだら、相手にその体系のエコロジー・チェックをしてもらう。エコロジー・チェックによって、自分の思考や信念、価値観、プログラムのシステムが生活を向上させるために働いているかどうかを自分で発見し、判断することができる。こうすると、相手とのワークも、こちらの信念や価値観、認識などを強要しないで進めやすくなる。このやり方は、積極的な参加、モチベーション、当事者意識、責任感などを喚起する。全体としては、相手を尊重した交流が生まれる。

　誰もが現実を表わす地図を使って作動していることがわかれば、柔軟性を育てられる。わたしたちは自分の地図を頼りに航行し、いくつもの決定を下す。その地図はたいてい幼年期に由来し、文化、家族、教育、宗教を徐々に吸収しながらインストールが進んでいく。概して、わたしたちは自分の地図が外界とそっくりそのまま同じではないということを知らない。概して、考えるという行為を問題にすることなく成長する。というよりも、あることを「考える」ということはそのことが現実に「存在する」ということに違いないと、単純に仮定してしまっている（デカルト「我思うゆえに我あり」）。

　自分の信念を信じる気持ちが強ければ強いほど、柔軟性は失われていく。自

分の信念を問題にするのをいとわず、それは精神的な構築物であり、本質的に誤りを犯しやすい構築物であることを認識すればするほど、豊かな柔軟性が育っていく。

◆◆パターン

▶ 1. いつ、どこで、もっと柔軟性が必要かを特定する
　生活のどこかで、硬直した感じ、行き詰まった感じ、制約を受けている感じを味わっているか？
　何度も同じことを繰り返すばかりで、目標に近づいていないと感じるか？
　自分のやり方は、なんらかの点で柔軟性がないと感じるか？
　もっと柔軟になりたいと思うか？　生活のどんな部分で？

▶ 2. 距離を置いて、自分の状況の品質管理をする
　深呼吸をして体をリラックスさせながら、現在の状況から物理的に距離を置く。
　その場所から見て、自分の状況はどのくらいリソースに満ちていると思うか？
　どのくらい柔軟か？
　選択肢はいくつあるか？
　自分にはどのくらい力がついていると感じるか？

▶ 3. 柔軟性の促進をサポートしてくれる状態にアクセスする
　どんな特性があれば、柔軟性が高まったと感じられるか？
　これまでどんなときに、陽気で、のんきで、おどけた気分になったか？
　ほかにどんな特性や状態が自分の柔軟性をサポートしてくれるか？

＃6　状態を顕在化させる

◆コンセプト

　表象、反応、体験、感覚、記憶、想像を効果的に呼び起こして、人をある特定の状態に招き入れる力は、ＮＬＰの決定的なスキルである。ＮＬＰでは、状態、信念、表象、心の映画のもつさまざまな映画的特性、リソースなどを自分や相手から顕在化させることによって、体験の構造を探り、見い出し、見きわめていく。体験の型や構造が特定できれば、複製に使える青写真やモデルが手に入る。それを使って、モチベーションから創造性、回復力などに至るまで、広範囲の体験を複製する。

　体験の構造を発見しようにも、本人をその状態の中に入れないと、本人はそれを体験しているのではなく、それについて語っているだけになる。作動している状態にワークの相手をアクセスさせないと、相手は体験そのものから少なくとも１レベルは離れたままになる。その結果、体験自体ではなく、体験に関するその人の持論を聞かされることになる。

　顕在化のスキルを使えば、うつろな表情でさまざまなリソースの前に立ちつくし、それらを手に入れられたらなぁとひたすら願う必要はなくなる。顕在化によって、卓越性や最高の能力を示している人の内的なプログラムや枠組みを発見し、モデリングするのである。状態を顕在化させるスキルを使えば、それまでの問題に対処するためにリソースを新たに交換し、体験を変化させることもできる。こうした変化は、コミュニケーションや説得や動機づけを効果的に進める上で重要な役割を果たす。

　顕在化を行なっている間、当人は実質的に自分のニューロ・セマンティックス「内に入り」、そこに保存している指示対象に到達する。眼球の動きによるアクセシング・キューは、その人がどの感覚を使って処理しているかを何がしかは教えてくれる。相手が内的な探求の旅をしている最中は、あなたはひと休みして、相手が充分時間をかけて処理を進められるよう注意する。あなたが話しつづけると、処理を妨害し、思わぬ暗示を埋め込むことにもなる。

◆◆パターン

▶ 1. アップタイムの状態へ移動する
　どのくらい迅速に「我に返る」ことができるか？
　感覚受容器官をすべて開放し、見たもの、聞いたもの、感じたものなどをすべて入力したら、どんな感じがするか？
　「アップタイム」というのは、外界に対して「稼動」態勢もしくは警戒態勢を取ることをいう。

▶ 2. 相手が状態にアクセスするのを手伝う
　顕在化を促す3つの基本的な質問を知っているか？
　相手に［X］を感じたときのことについて考えるよういい、時間を置く。次にその状態に名前をつけてもらう（自信に満ちている、創造的、素直、率直、恋しているなど）。
　もし［X］を考えたり感じたりしているとしたら、どんな気分になるか？
　［X］を考えたり感じたりする人を誰か知っているか？
　その人の中に入って、しばらくの間そのスキルや感覚や状態を自分のものにできるとしたら、どんな感じがするか？

▶ 3. できるだけ他のものが混じらない個別の状態を顕在化させる
　その状態の実体を捉える何か小さくて単純なものは何か？
　クライアントに何か小さくて単純なものを選んでもらうために、そういうものの見本リストを用意しているか？
　いろいろな感情や意味を詰め込んだものは選ばないようにする。そういうものを選ぶと、間違いなく求めているもの以上を顕在化させることになる。単一のもの、個別の感情を選ぶことによって、体験の構造に関するより明確で直接的な情報を得ることができる。

▶ 4. 不一致がないように、明確に自分を表現する
　話すときに用いる言葉や、それをどんな声の調子で、どんなテンポで、どんなしぐさで発するかなどについて、自分の顕在化ツールを充分に活用している

か？
　話している内容がそれらしく聞こえるような話し方をしているか？
　その話し方はどれくらい一致した印象を与えているか？

▶ 5. 時間や場所の面で相手を支える

　どのくらいリラックスして相手が処理をするのを黙って座って待っていられるか？

　どのくらいリラックスしてその体験を認め、「ふむふむ、そのとおり、それでいいんです。そのまま続けてください」というように相手を励ますことができるか？

　相手がある状態へアクセスするのに苦労しているように見えるとき、「アズ・イフ」フレームを使う準備はできているか？　「アクセスできたふりをしてみましょう」と相手を促すだけでいい（# 36「アズ・イフ・フレームを使う」参照）。

　例えば、「ええ、わかりますよ、うまくできないんですね。でも、もしできたとしたら、どんな感じがするでしょう？」とか、「では、しばらくの間できたつもりになってみる、っていうのを、ちょっとやってみましょうか。本当はできていないってことをわたしたちが知っていてもかまわないんです……」などといって促す。

▶ 6. まず非特異的な言葉、具体的でない叙述語から始める

　相手がどこから始めるにせよ、その場所から始められるように、非特異的な言葉を使って相手を励ます用意はできているか？　まずは、考える、知る、理解する、思い出す、体験する、気づくなどの言葉から始める。

　こうした言葉から始めると、相手はその体験を求めて自分自身の各代表システムの中を、本人にとって意味のあるやり方で探求できるが、それがわかっているか？

▶ 7. 相手の叙述語に耳を澄まし、それに対してマッチングを行なう

　プロセス全体を通して、叙述語に耳を澄まし、それに対してマッチングを行なうことが可能だが、それがわかっているか？　ひたすら観察し、よく聴いて、相手がどんな代表システムを使ってアクセスしているかを捉え、それに合わせ

る。相手が具体的な感覚を伝える言葉を使っているのを聴き取ったら、それを使う。相手が視覚的な叙述語を使ったら、「それで、何が見えますか……？」というような視覚を使った形に移行する。

▶ 8. ダウンタイムを促すために、適切な質問をする

　いくつか質問をすることで、自分自身の内面に入って情報や体験を得るというプロセスに相手を招き入れたり、相手がそのプロセスに入ったと仮定したりするが、そういう質問の作り方や使い方を知っているか？
　「ダウンタイム」を促す質問として、どのようなものを準備しているか？
　これまでの経験から、相手がうまく内面に入れるようにするには、どんな質問がとりわけ信頼できると思っているか？

▶ 9. 相手の心の映画がもつ映画的特性を特定する

　相手がいったん処理を始めたら、こちらは自分がどういう役割を果たすべきかについて注意しつづけなくてはならないが、そのためにどんな質問を用意しているか？
　その後どんな質問をすれば、相手を体験の型や構造に集中させ、コード化を始めさせられるか？　例えば、「心の劇場で上映する映画はどうコード化しますか？」などと訊ねる。
　状態を顕在化させるときは、通常意識的な気づきの範囲外で働いている要因を相手が意識できるよう手伝うが、その際、忍耐、期待、意気込み、受容、共感、集中などのうち、どの状態がもっとも効果的に自分をサポートしてくれるか？

＃7　状態を発生させる

◆コンセプト

　ときに、リソースに満ちた特定の状態や考え方、感じ方、行動の取り方、関係の結び方にアクセスするのは、不可能とはいわないまでも、難しいと思うことがある。必要なときに望みどおりのリソースに満ちた状態に到達できないと、わたしたちは「行き詰まり」を感じる。袋小路にはまり込み、対処に必要なスキルがないと感じる。ＮＬＰはこういう場合に手を貸そうと、リソースに満ち

た状態にアクセスして、それを誘発するための焦点を3つ用意している。この3つのプロセスを使って、「心－身－情動」系の状態へ至る「王道」を進んでいくのである（Hall, 2000a）。では、状態に至るこの王道とは何か？

▶ 1. 状態を思い出す

　記憶をたどることによって、特定のリソースを思い、感じ、あるいは体験した「とき……を思い出す」ことができる。
　これまで、［X］を考えたり感じたりしたことがあるか？
　……という状態にあるとき、どう立ち、どう呼吸しているか？

▶ 2. 状態を創り出す

　想像力を働かせることによって、「もし……だったら、それはどう見え、聞こえ、感じられるか？」と思いをめぐらせたり、質問したりすることができる。
　その状態を構成するコンポーネントを構築し、それらを組み合わせることによって、その状態を発生させることができる。
　アズ・イフ・フレームを使うことによって、さまざまな代表システムや心の映画の映画的特性にコード化されている情報を見つけ出し、望みどおりのリソースに満ちた状態を構築することができる。
　［X］という状態のコンポーネントの基本要素は何か？

▶ 3. 他の誰かの状態をモデリングする

　このリソースに満ちたやり方で、考え、感じ、行動を取り、関係を結ぶなどしている人を誰か知っているか？
　その人がこれを実践しているのを見たり聞いたりしたことがあるか？
　1日だけその人の立場になり、その人の体に入って、その人の目で外界を見ているところを想像する。しばらくその人になって、無意識にその人の戦略を体験できるというのは、どんな感じがするか？

◆◆パターン

▶ 1. 進行中の状態を捉え、それをアンカーする

　他者の経験を鋭敏な感覚で把握するアップタイムの状態をどれくらいうまく

保てるか？

　進行中の状態を捉えることに、どのくらい熟練しているか？

　相手が自分の主観的体験のコントロール法を学ぶのを手伝うために、そうした状態をアンカーする準備はできているか？

▶ 2. その状態を具体的に思い出すよう、相手に頼む

　［X］の状態を体験したとき、それはどんな感じがしたか？　どう見え、どう聞こえたか？

　安全で安心できると感じたときのことを、少し時間をかけて思い出してもらう（記憶にあるリソースに満ちた状態ならなんでもかまわない）。

　その状態を構成するコンポーネントについて創造的な想像力を駆使するよう、相手を促す。「まずは、落ち着いた気持ちで歩いているところを想像してみましょうか……」などと誘う。

▶ 3. その状態の強度を増幅する

　0から10までの段階でいうと、その状態の強度はどれくらいか？

　その状態の強度を増幅したり高めたりするのは何か？

　その状態を強化するのはどんな表象か？

　その表象を感覚的に豊かで完全にするのはどんな「サブモダリティ」か？

　この状態を自分のために現実に駆動させたり「あおったり」するために、どんな映画的特性を使うか？

　この状態を強化するのはどんな言語か？

　この状態を活性化して熱くなるには、どんなことを自分にいう必要があるか？

▶ 4. その状態の生理にアクセスする

　その状態にアクセスするのにもっともふさわしいのはどんな生理か？

　その状態を引き起こす姿勢、動作、呼吸などの点で、自分の体をどう利用できるか？

　［X］を充分かつ完全に体験しているとしたら、どう呼吸をし、どうたたずみ、どう顔を使うなどするか？

▶ 5. その状態を評価する

今、どの程度その自信を感じているか？

まったく自信が感じられない場合を 0、自信満々の場合を 10 とするなら、今の自信の程度はいくつか？

＃8　状態を中断する

◆コンセプト

誰しもときにはあまり役に立たない精神状態や感情状態に陥ることがある。そうなったとき、その状態を打破するなり、そのパターンを中断するなりしなくてはならない。進行中の戦略の機能を完全にストップさせなくてはならない。状態の打破もしくは中断というのは、どんなプロセスをいうのだろう？　何か特別なことのように思われるかもしれないが、実際には毎日起きている。「心－身」の状態は絶えず変化していて、同一状態を保てないからだ。わたしたちは多様な状態を体験し、ごく自然にパターンを変化させている。自分の状態の変更は、気づきによって管理することができる。管理できれば、自分の状態を正確に選択できるようにもなる。意識の状態（「心－身」もしくはニューロ・セマンティックスの状態）には、内的な表象（映画的特性を備えた心の中の映画、信念や価値観や決意などの枠組み、生理）が関わっている。こうしたコンポーネントを変えたときは、状態を変化させたり中断させたりしている可能性がある。

▶ 1. 現在の状態を見きわめる

今どういう状態か？

どういう精神状態に入っているか？

体の状態は？　感情の状態は？

▶ 2. その状態の重要な要因を何かしら変更する

その状態でもっとも強力に働いている感覚システムは何か？

駆動力のある映画的特性のいずれかを変えたら、何が起きるか？

批判的な発言の声質がドナルド・ダックとまったく同じだったとしたら、何が起きるか？

その声が1ブロック先から響いているように聞こえたとしたら、どうだろう？
　それを白黒画像で見ているとしたら、どうだろう？

▶ 3. 中断する

　新しいこと、これまでと異なること、風変わりなこと、思いがけないことなら、たいてい何をしても状態を中断することができる。

・壁倒立をする
・手で「T」の字を作って「中断」を表わす
・声質をセクシーにする
・空を見上げて、「あれはハレー彗星かな？」といってみる
・自分の電話番号を逆からいってみる

　パターンをうまく中断すると、意識を揺さぶることになり、意識はそのときの内的表象や生理を持続することができなくなる。自分の状態を日誌に記録（♯35「状態を自覚する」参照）すれば、生活の中で自然に起きているパターンの中断に気づく絶好の機会となる。わたしたちの状態には絶えず中断や変更が生じているため、優れたパターンの中断にいくつかアクセスすることによって、いくつかの状態が強力になりすぎたり抑えきれなくなったりしないようにすることができる。状態を自分の管理下におくことが可能になり、状態がわたしたちを支配するのではなく、わたしたちが状態を支配するようになる。

＃9 アンカーを設定する

◆コンセプト

　アンカーの設定はパブロフの条件づけを使いやすくしたもので、アンカーを設定すると、反応どうしをリンクすることができるようになる。体験に対処する方法、記憶や感情状態などの内的な主観的体験を管理する方法が手に入り、体験を新しいやり方で配列したり、もっと豊かなリソースが得られるようにそれをフレーミングしたりすることが可能になる。

　この裏づけとされているのが、重要な神経言語学的原理、すなわち、わたしたちは物事を自分の神経内で互いにリンクさせたり総合的に関連づけたりしているとする原理である。わたしたちはリンクや関連づけをしながら、ある体験の一構成要素を体験することで、その体験（状態、思考、感情、反応）の引き金（トリガー）を引くことができる。

　パブロフは実験用の犬を使った研究の中でこの原理を見つけている。彼は犬が肉粉に無条件に反応して唾液腺を活性化させるのに気づき、この反応に別のトリガー（ベル）を結びつけた。ベルの音を聞かせながら繰り返し肉粉を見せたのである。その結果、犬はほどなくベルの音を聞くと唾液を分泌するように条件づけられた。犬はこの反応を学習するために、「ベルの音」と「肉粉」とを神経学的にリンクさせた。犬の自律神経系は「肉」に反応して自然に唾液を分泌させるため、犬の神経は学習によって、非常に珍しいもの、条件づけのトリガー、ベルの音に反応して唾液を分泌したのである。

　わたしたちも日常生活の体験の中で、視覚や聴覚、触運動覚その他の刺激を、さまざまな「心‐情動‐生理」の状態と絶えず結びつけている。通常これは意識的なプロセスではなく、気づきの外側で発生する。これらの刺激をアンカーだと考えれば、思考や感情を抱いたり、物事に対応したりといった反応は、これらが引き金となって起きていると考えることができる。わたしたちは無条件の反応を積みこんだ神経生理と共に生まれてくる。そして、なんらかの反応状態（痛み、楽しみ、恐れ、怒りなど）にあるときに、別の刺激が元の刺激と結びつくと、これらの反応は元の刺激と（大脳皮質の連合野の中で）しっかり結びついているために、あとから結びついた刺激もその反応を誘発することができる。このときわたしたちは刺激に条件づけられた状態にあるため、これを

「条件反応」と呼ぶ。このようにして、わたしたち（わたしたちの神経）はリンクの仕方、結合の方法を学習していく。

このことから、自分の「ボタン」と呼んでいるものの原点を説明できる。そうした「ボタン」は本質的にはベルと同様に働いて、わたしたちの唾液を分泌させる。一般意味論の中で、コージブスキーはこのプロセスを**意味的な反応**といっている。これは刺激の「意味」が反応を始動させるときの始動のさせ方のことである。その後、刺激もしくはトリガーが発生して、わたしたちは意味的反応を体験する。ここに来て、意味という言葉を初めて定義することができる。第1レベルの「意味」とは、与えられた刺激と、その刺激によって引き起こされる状態との間に生まれる神経学的リンク、神経学的結合のことである。このことから、意味が必ず本質的に「神経意味論的」である理由も説明できる。そして、今度はここから、意味をリフレーミングするときの土台となるいくつかの言語学的パターンを設定することができる。

外的な刺激（ES）は内的な意味／状態（IS）と同等か、もしくは前者が後者を導く

（ES＝／→IS）

図3-2　意味の構造

通常、神経意味論的な結びつきは意識的な気づきとは関係のないところで起きる。起きていることを知らなくても、それは作動する。アンカーを設定するプロセスには、神経生理心理学的状態全体の機能が関係していて、「思考-感情-状態」が刺激とどうリンクしているかが本質的に関わってくる。状態を強化するときには、アンカーを設定している可能性が高い。実際のところ、その状態が情報をどれだけ堅く結合しているか（状態の束縛性）、特定の状態に情報をどうリンクできるかは、強度次第である。これは、ある状態にアクセスして、それが非常に強烈だった場合、自分の学びや記憶、コミュニケーション、知覚、行動はすべて**状態依存**になる、つまり、その状態に依存するようになるということだ。激怒しているとき、その体験の特徴は怒りの記憶、怒りのコミュニケーション、怒りの知覚、怒りの行動に彩られることになる。強烈な状態——ばかばかしいと感じているとき、真剣なとき、落ち込んでいるとき、嬉し

くてたまらないときなど——であれば、いずれの場合にも同様のことが起きる。

これは何を意味するのだろうか？　状態の状態依存性を考えると、わたしたちの神経に設定されているアンカーが浮かび上がってくる。無数の刺激が発生する世界に住む意味的な部類に属する生物として（Korzybski, 1933/1994）は、物事を総合的にリンクさせるのは当然である。しかし、こうしたリンクの多くは、あまりわたしたちの役に立ってはいない。わたしたちは感情の状態と意味的な反応を引き起こす「ボタン」に配線でつながれている。このために、そうしたトリガーの影響を受けやすくなる。

さあこれからこの神経学的結合を探求して理解し、わたしたちが生きていく上で有用かどうかを評価してみよう。

- 自分のためにアンカーが設定された状況として、どんな状況を体験したことがあるか？
- どのアンカーを変更したいと思うか？
- 生活を向上させているのは、どのアンカーか？
- 必要ないのは、どのアンカーか？

アンカーは数多くの否定的でリソースの乏しい状態を生活の中のさまざまなトリガーに結びつけることができるため、不快になる方法をいやというほど作ってしまうという点が弱点だ。不快になる方法がいくらでもあれば、「否定的な状態になる」ことが何よりも簡単で当たり前のことになる。わたしたちは配線でつながれたまま否定的な状況に入り込み、なぜそういう状態になったのか、理由を知ることも理解することもできない状況に陥る。トリガーはさらにわたしたちを否定的な状態に引き入れようとし、不快になる必要のないときにまで不快な思いをさせようとする。たとえその状態を好転させても、強烈な状態ゆえに生じた状態依存性は、わたしたちの世界のどこへなりとも否定的な感じを拡大することができるようになっている。これはどう見てもいい生き方ではない。

アンカーは特定の状態を引き起こす刺激である。そういうものであるために、わたしたちをすぐに元の状態に引き戻す。実際のところ、その現象の発生の仕方といえば、無意識のうちに起きたとか、あっという間に起きたとか、自分のコントロールの及ばないところで起きたという感じがする。したがって、この

神経学的メカニズムを使って有用なアンカーを設定する力がつくことを理解すれば、内的な体験（自分の状態）を変更して、それらをリソースとして役立てることができるようになる。

　わたしたちは象徴の世界に生きているが、アンカー、アンカーの設定、状態依存性という言葉は、その象徴化がどの程度まで進んでいるかを物語っている。わたしたちはさまざまな刺激を記号として受け取り、それらの記号に対して反応したり応答したりする。まさにその記号が現実の意味論的世界を創り出しているのである。象徴的あるいは意味的な世界モデルを創るとき、わたしたちは記号（意味、記憶、想像、信念）を使って世界に応答しているのであって、単なる刺激として刺激に応答しているのではない。

　その結果、どういう事態が生じるのだろう？　意味が単なる刺激よりもはるかに大きな重要性を帯びるようになり、やがて数々の枠組み──信念の枠組み、価値観の枠組み、態度の枠組み──として固定化する。アンカーは状態にアクセスするときのトリガーとして機能する。アンカーを設定する際は、体験の一要素を使って体験全体を顕在化させ、思い出させる。アンカーはどんな感覚系にも言語系にも設定できる。言葉にアンカーを設定すると、さまざまな状態を、それらについて「考える」ことなく再誘発できる。アンカーを使い、その状態に入っていくのをただ感じるだけでいい。

　アンカーには重要な要素が4つある。

- 強度：　　　　アンカーされた状態がもつ感覚の強さ
- 鮮明度：　　　個別の具体的な状態の鮮明度
- 特異性：　　　アンカーは、いっぷう変わっていればいるほど、より正確かつ明確で、複製可能なものとなる
- タイミング：　その状態がピークを迎えたとき

　アンカーを設定するパターンを使うと、自分の状態と取り組み、その中に入り（あるいは実体験し）、そこから出る（あるいは分離体験する）力がつく。これは、恐怖症を治療するパターンや映画を巻きもどすパターン（#33）などで大いに役に立つ。ほかにも、手がかりになるけれどもリソースに乏しいイメージにアンカーを設定して、希望どおりのリソースに満ちた目標のイメージに

変えたり、脳に対して**スイッシ**を行なったりすることもできる（#24「スイッシを使う」）。リソースに満ちた状態をアンカーし、あとでそれに「点火」して再体験することもできる。アンカー設定の全般的な目的は、体験を管理して、思いのままにそれにアクセスできるようにすることだ。

◆◆パターン

▶ 1. 再アクセスしたいと思う行動、状態、反応を特定する

どういう種類のアンカー（合図、トリガー）を設定したいと思っているか？（例えば、無言で手を動かす、微笑む、そっと触れる、言葉を使うなど）

何をアンカーに使うつもりか？

どういう刺激なら、心や体や感情の特定の状態にリンクできるか？

▶ 2. 反応を顕在化させる

ある状態を思い出し、想像し、あるいは考えるように相手を促し、そこへ戻って完全に思い出してもらう。

反応を顕在化させるにあたり、相手にはアンカーとして設定するにふさわしい強烈な反応があるか？

▶ 3. 反応を検出するために相手にキャリブレーションを行なう

何に気づいたか？

どうやってそれに気づいたか？

それにはどの感覚システムが使われていたか？

それはどのくらい強烈だったか？

今はどんなトリガーが反応とリンクしているか？

相手の眼球の動きによるアクセシング・キュー、しぐさ、姿勢、筋肉の状態、呼吸、動きなどに対してキャリブレーションを行なったか？

▶ 4. 刺激を追加する

相手が反応したとき、視覚的な刺激（顔をしかめる、手ぶりをするなど）、音（音を立てるなど）、感覚（触れる、動く、拍子をとるなど）、あるいは言葉を追加したか？

そのアンカーは特異的なトリガーか？
余剰を生み出すために、全感覚システムにアンカーを設定したか？
追加する刺激は何か？
それはどの程度平凡か？　どの程度特異的か？

▶ 5. アンカーをテストする

　状態を中断する。「朝食には何を食べましたか？　けっこうです。では、こうしたら、どうなりますか？」と、刺激を点火する。
　もう一度同じ刺激を与えたら、反応はまた起きたか？
　もし起きていないなら、同じプロセスをもう一度繰り返す。

＃10　肯定的な意図にアクセスする

　「否定的」な行動が生じると、それは「悪い」意図によって起きたことだと考えがちである。あなたもそういったタイプだろうか？　従来の心理学も、多くがその前提で動いてきた。フロイト自身、「人間の本質」をきわめて否定的に考えていた。ＮＬＰおよびニューロ・セマンティックスは、それとはまったく異なる原理から出発している。問題のある感情や行動に取り組むとき、それらには何かしら評価すべき有用で重要な目的があると前提するのである。リフレーミングの核心にあるのがこの姿勢だ。

　どんな行動にも肯定的な価値がある。それはなんらかの形で、なんらかの目的のために、なんらかの機会に役立つものである。

　ある行動のもつ肯定的な意図を見つけたり、創造したり、それにアクセスしたりすることによって、その行動やそれを引き起こしたパートに対して、より前向きで効果的な反応を起こせるようになる。最終的には、それをコントロールする力が増す。その結果、否定的なルーピング――ある感情や行動を憎んだり慣ったりしている自分自身に対して攻撃的に心的エネルギーを向けたとき発生する現象――がピタッと止む。わたしたちはさまざまな行動に困惑したり混乱したりするが、その行動が起きるコンテクストについては、実際のところ、大半は自覚していない。肯定的な意図にアクセスする際には、行動を引き起こ

したパートに向かって、肯定的な価値をもつどんなことを成し遂げようと思っているのかを訊ねなくてはならない。

◆◆パターン

▶ 1. 問題あるいは困難を特定する

　自分にとって有益な意味があるとは思えない問題もしくは困難があるか？

　現時点で不適切な動機によるものだと思われるどんな問題に苦しんでいるか？

　例えば、自分を自己中心的にしたり、怠け者にしたり、薬物依存にしたりなどするパートが自分の中にいると思うか？

▶ 2. 原因となっているパートを見つける

　心を鎮めながら自分の内面に入り、まず、この反応や行動を引き起こしている自分のパートがいるという事実に気づく。自分の中のそのパート——これを発生させているなんらかの考え、感情、信念——に気づくことができたら、そのパートの肯定的な意図を探る。

　そのパートはどうやって自分にとって肯定的な価値のあることをしようとしているか？

　自分はこの反応を体験することによって、どんな大切なことを成し遂げようとしたか？

▶ 3. 肯定的な意図に関する質問を続ける

　では、そのパートがその反応を起こすと、自分にとって肯定的な価値をもつそれはどうなるか？

　上記の質問を循環的に繰り返しつづけると、やがてその目標の目標、つまりその目標のメタ目標に到達する。これを何度か繰り返す。あるいは、自分にとって肯定的だと思える目標が得られるまで繰り返す。

まとめ

　現在どんな教本も、ＮＬＰを認知行動的分野に属するものとして分類している。こういう状況ではあるが、ＮＬＰはそもそも複数の別分野から出発し、その別分野を包含している。以下がその分野である。

・家族療法（ヴァージニア・サティア）
・実存的人間性心理学（パールズ、ロジャーズ）
・トランスパーソナル心理学（アサジョーリ、マズロー）
・神経科学、神経学
・言語学（チョムスキー）
・一般意味論（コージブスキー）
・臨床催眠（エリクソン）
・ロジカル・レベル（ベイトソン）
・変形文法（チョムスキー）
・認知心理学（ミラー、ギャランタ、プリブラム）

　ＮＬＰそのものは、一流派として出発したのでもなければ、一流派内から出発したのでもない。メタ流派として、さまざまなセラピーやプロセスのモデルを生み出したのである。当初より、モデル化の原理を物事の作用機序に適用しようとした。本章で説明した10種類のメタ・パターンを活用することによって、第4章以降に紹介するさまざまな変化のパターンを実行できるようになる。

メタ・パターン

1. 適格な目標を立てる
2. ペース合わせ／マッチングを行なう
3. キャリブレーションを行なう
4. エコロジーをチェックする
5. 反応の柔軟性を高める
6. 状態を顕在化させる
7. 状態を発生させる

8. 状態を中断する
9. アンカーを設定する
10. 肯定的な意図にアクセスする

第 4 章

パート

全体の一部を成すパート——そのパートどうしが対立したら

　ときに自分の一面が他の一面と対立することがある。古典的な対立としては、勉強と遊びの対立があるが、これは本章で扱う対立の好例として使える。それはたいてい、ちょっと勉強しようと思って取りかかったときに始まる。取りかかるや、心の中の小さな声や考えがしゃべり出す。「そんなことより、楽しいことをしていたいなぁ。どうしてこんな勉強をしなくちゃいけないんだ？」その後、机を離れて外出したり、散歩に出たり、友人と楽しい時間を過ごしたりする。するとまた、別の小さな声が責めるようにしゃべり出す。「家に帰って勉強しろよ。やらなきゃならないことが山ほどあるだろ。こんなことしてる暇はないんだ！」

　こういった場合、わたしたちは葛藤を感じる。葛藤はさまざまな形で現れる。優柔不断、不安、精神的にぼろぼろな状態、行き詰まり、愚図、欲求不満、ストレス、不一致、混乱など。

　「断固とした態度で率直に自己主張のできる強い人間になりたい、そのためのスキルを磨きたい。同時に、愛情豊かで物わかりがよく、相手の気持ちを傷つけない人になりたい」

　「一途に夢を追いかけたいけど、経済的に安心していたいし、リスクを冒すのもいやだ」

　本章には、こうした対立を解決するためのパターン——一個の人間としてのまとまりと健全さを強化してくれる戦略——を数多く用意した。これらのパターンは内的なバランス感覚を促進するため、わたしたちは自分自身に満足し、自分の能力と一致した状態でいられるようになる。

　パターンの紹介に入る前に、「パート」について余談を少々。パートは省略形であり、本来は「わたしの『心‐身‐情動』系の一部をなすパート」であ

る。本書では、単にシステム全体の一様相を指して「パート」といっているのであり、パートを構成分子とみなして、そのパートを実際に全体から切り離すことができるかのように考えているのではない。説明のための喩えにすぎず、正確で完全な描写ではない。こうした「パート」は個々に存在するものではなく、そのようなものを示唆するために用いられるべきではない。外界に実在するものではなく、ましてや「物」でもなく、単なる喩えである。つまり、この「パート」というのは、「システム内のさまざまな様相は、その連携が乱れると、問題や苦悩を発生させる可能性がある」ということを詳細に説明するための言葉にすぎない。

＃11　アンカーを同時に点火する

◆コンセプト

　状態は常に「心－身－情動」系全体に影響を及ぼす。大きく異なるふたつの状態（リラックスと緊張、怯えと楽しみ）がわたしたちの中で同時に作動しているとき、それらは通常、互いに干渉し合い妨害し合っている。その結果生まれるのが自らを阻害する「パート」の構造であり、これによって内的な対立や、ときには自己破壊が生じる。

　こういう事態に対して何ができるだろう？　それぞれの状態にアクセスし、それぞれに対して異なるアンカーを設定し、それらを同時に点火するのである。こうすると、ひとつの神経がふたつの状態のメッセージと体験を処理しなくてはいけなくなる。その結果、それらはひとつの反応になろうとする。融合できない場合には、それぞれがもう一方の中につぶれる。わたしたちは冷静であると同時に緊張している状態を「考え－感じる」ことはできない。したがって、双方をするようにという指令が神経系に伝わると、たいていはアンカーと状態が「つぶれる」ことになる。その後、一般的には混乱や見当識の喪失、妨害が発生し、ときには軽い記憶喪失さえ起きる。

　このプロセスを利用すると、自分の役に立っていない反応を変化させることができる。**アンカーを同時に点火する**パターンを使って、強力な否定的アンカーと強力な肯定的アンカーをペアにするのである。アンカーを同時に点火すると、双方の反応に欠損部分ができる。このテクニックが特に効果を発揮するのは、先行する体験（つまり、役に立たない古いアンカー）に起因する感情や行動を

変化させるときだ。ここでは「無意識」のプロセス（気づきの外側で作動するプロセス）を使うため、そのプロセスを意識的に理解する必要はない。ふたつの状態が対立し、互いに妨害し合っているとき、このパターンが使える。あるいは、リソースの乏しい状態（かつてアンカーした体験）が生活を妨害しているとき、逆の使い方ができる。その反応を、もっとリソースの豊かな状態の中につぶすのである。

◆◆パターン

▶ 1. リソースの乏しい状態にアクセスする
　何か重要なことに関わっているときに邪魔をするのは、リソースの乏しいどんな状態か？
　自分のもつリソースの乏しい状態の中で、自分以外の人が押せる「ボタン」ともいうべき状況が引き金になって生じるものはあるか？
　それは何か？　それを無効にしたいと思うか？
　その状態を誘い出してもいいし、相手がその状態になるまで待ってもいい。いずれにせよ、そうなったあとで、それをアンカーする。これは、相手に自覚させて行なってもかまわない。自覚させる場合は、相手にその状態について話してもらい、そのイメージや音、感覚の特徴なども語ってもらう。相手がその状態に入ったら、アンカーを設定する。アンカーをテストして、その状態を有効に引き起こすトリガーとなっているか確認する。

▶ 2. 状態を中断する
　「今朝は朝食に何を食べましたか？」「ひと月前はどうですか？」などと訊ねる。
　その状態を中断し、相手がその外に出て次の段階に移ることができるようにする。しばらくその状態を無視するよう、相手にいう。

▶ 3. リソースに満ちた状態にアクセスする
　その状況になったとき、どんな体験をしたいと思うか？
　そのときの「心－身」の状態を詳細に説明してもらう。何が見え、何が聞こえ、何を感じ、どんな臭いや味がするか？

自分に対してどんな言葉をかけたいと思うか？
その状態になったことがあるか？
それはどんな感じか？　それを今感じるよう相手にいい、それがどのくらいリソースに満ちている感じがするかを訊ねる。

▶ **4. 増幅してアンカーする**
これまでよりずっとリソースに満ちたこの状態にアクセスしながら、見えるものを見、聞こえるものを聞き、感じるものを感じてもらう。それができたら、どういう感じがするか、訊ねる。
心の中の映画のサイズを倍にしたら、何が起きるか？　声をもっと強く緊張させたら、何が起きるか？
声以外にその映画の映画的特性を変化させて状態を増幅するには、どんな特性を変化させればいいか？
リソースに満ちたその状態が最高潮に達したら、うなずいて合図するよう指示し、待つ。「うまくいきましたね」と、合図が伝わったことを知らせる。

▶ **5. 再び状態を中断する**
「7月に好きだなと思う色は、何色ですか？　何かひとつ挙げるとしたら、なんでしょう？」

▶ **6. ふたつのアンカーを同時に点火する**
「わたしがこうして両方のアンカーに触れたら、何が起きるか……それがあなたのために何をするかに注目してください。それはどんな感じですか？」
いずれのアンカーもつないだままにして、相手がふたつのアンカーの神経学的な処理を体験できるようにする。その後、先に否定的なアンカーを解除し、肯定的なアンカーを長くつないでおく。

▶ **7. 否定的アンカーがつぶれたかどうかをテストする**
「奇妙な感じはしませんでしたか？　たいていの人はとても変な感じがするといいます。ふうむ」
「さて、見てみましょう、わたしがこうしてこの最初のアンカーに触れたら、どんな感じがしますか？」

最初からパンチがない感じがするかどうか訊ね、もしそうなら、次の段階に進む。そうでないなら、ふたつのアンカーを同時に点火する段階へ戻る。

このステップは、再び状態を中断してから行なうこと。リソースの乏しい状態のアンカーを点火したり、相手に以前の否定的な状態を思い出してみてほしいと頼んだりするのは、その状態や体験が最初にそうしたときと同じように戻ってくるかどうか確認するテストを行なっているのである。

▶ 8. リソースに満ちたアンカーを活性化させる

「リソースに満ちたあの状態に戻りますか？ そうすれば、わたしはそれをアンカーし直して活性化することができます」

その記憶に戻り、あのいい感じに再びしっかりアクセスして、それを強化し、明るくし、増大するよう指示する。元の状態を増幅して強化するために必要だと思うことはなんでもするようにいう。「そう、その調子です。で、これは感じることができますか？ できませんか？」

＃12 パートどうしに交渉させる

◆コンセプト

ひとつの「パート」もしくは様相が別のパートと対立関係に陥り、自己阻害や自己破壊が始まると、わたしたちはそれらふたつのパート間の内的な「闘い」を体験する。内面で荒れ狂うそうした内的葛藤を抱えたまま何年も、ときには何十年も、ひょっとしたら一生涯を過ごすことも珍しいことではない。もちろんこれには問題がある。そういう状態は莫大なエネルギーを浪費し、有効性を妨害して、不一致を生み出す。

パートどうしに交渉させるパターンは、これを変化させる方法を提供している。このパターンを使えば、パート間の対立に終止符を打ち、和平交渉に入ることができる。このパターンでは、各パートを正当な目的と機能をもったものと考え、単に一方が他方の障害になり、双方が相容れないだけだと考える。これを認めつつ、双方が自分の活動の配列(シーケンス)を決定し、互いに満足できる解決法を生み出せるよう、ひたすら道を拓いていく。

プロセスとしては、まずそれぞれのパートを見つけてアクセスし、それぞれの目的や役割、肯定的意図を見つけ出し、互いがどう妨害し合っているかを明

らかにする。その後、互いに相手を妨害しないような活動のシーケンスを決定するよう、各パートを促す。きわめてシンプルだ。

◆◆パターン

▶ 1. パートを特定する

自分のどのパートがこの行動を取っているか？
「心‐身‐情動」系のどのパートがこの感情や考えを創り出しているか？
自分自身のこの様相をなんと呼んでいるか？

▶ 2. 達成目標と肯定的な意図を明らかにする

各パートは何を望んでいるか？
各パートのメタ目標は何か？　第1段階の目標を達成したとき、それから得られるもので、第1段階の目標より重要なものは何か？
パート［X］が示している肯定的な機能は何か？
パート［Y］の背後もしくは上部にある肯定的な意図は何か？

▶ 3. パートを引き入れる

各パートはもう一方のパートの役割や機能を理解し、評価しているか？
パート［X］は、パート［Y］が価値のあるどんなことをしようとしているのかを理解しているか？
互いにコミュニケーションを取り、相手が求めているものを知り、こうした障害が原因で発生する問題を理解しながら、各パートは今、何を了解し、何を認識しているか？

▶ 4. 交渉して合意に達する

パート［X］に対して、「あなたは自分自身の機能を充分に評価しているので、もしパート［Y］があなたを妨害しないことに合意したら、あなたもその見返りとして同様に妨害しないことに合意しますか？」と訊ねる。
内面に入り、この質問に対して「はい」もしくは「いいえ」を内的に感じられるかどうかチェックする。パートどうしは合意に達したか？
合意に達するために、双方のパートはほかにどんなことを知る必要がある

か？
　ほかにどんなリソースがあれば、合意が実現するか？

▶ 5. 取り決めをする
　これが有効な解決法かどうかを調べるために、次の1週間協力しようという気持ちがあるかどうかを各パートに訊ねる。また、もしこの間にどちらかのパートがなんらかの理由で不満を抱いたら、再交渉すべき時期が来たことを知らせる合図をしてくれるかどうかも確認する。OKをもらったら、各パートにお礼をいう。

▶ 6. エコロジーをチェックする
　このプロセスでなんらかの役割を果たしている別のパートはいるか？
　このパートを妨害している別のパートはいるか？　もしいたら、再交渉する。

＃ *13*　6段階リフレーミングを使う

◆コンセプト

　考え方、感じ方、話し方、行動の取り方に関して内的な「組織化」が進むにつれ、わたしたちのさまざまな様相、すなわちパートは発達していく。これらのパートは目標を達成するために稼動するだけでなく、物事についての意味も定めている。こうした意味が常用されるようになると意識的な気づきから抜け落ちるため、わたしたちはそれらを意識して注意することがなくなる。このとき、無意識レベルと呼ばれるところでそれらは作動し始める。ＮＬＰでは、どのような信念、感情、行動、習慣などの裏にもある「パート」がいて、なんらかの準拠枠（意味）に従って価値のあることを成し遂げようとしている、と判断する。

　これらのパートは長い間にどんどん合理化され、自動化されていく。自動化が進むと、それらは基本的な準拠枠として機能し始める。これは時間やエネルギーの節約やトラブルの排除などにつながる。ベイトソンはこれを、心の「エコロジー」のひとつだといった（Bateson, 1972）。しかし、これは一方で重大な問題を引き起こすこともある。物事が変化するにつれ、組織化された「パート」は次第に的をはずすようになり、ずさんになり、妨害行為をするようにも

なる。

　例えば、もし子供の頃に、「子供は大人の前でみだりに口をきいてはいけない」という理由で「口をつぐんで語らない」パートを発達させているとしたら、そうした古い意味枠にのっとった「非主張的」なプログラムをインストールしているかもしれない。当初はそのパートも適切に有用に機能した。しかし、その後は、長い間に次第に実用性を失っていき、問題を起こす頻度も上がっていく。わたしたちは古いプログラムの多くを卒業し、その結果プログラムは時代遅れとなるが、多くは稼動しつづけようとする。そうしたプログラムは更新しなくてはならない。

　6段階リフレーミングが扱うのは、無意識下にあって自動的に作動するようになった行動や習慣や感情などに関するプログラムで、頑固に変わろうとしないものである。こうしたプログラムは、無意識レベルで対応して、新たな組織化を促す必要がある。このテクノロジーは、意識的な思考（目標設定、教育、リフレーミングで使うような思考）が効かないとき、あるいは、その反応がそれよりも優れた判断に反してさえ作動しつづけようとするときに役に立つ。喫煙や爪噛み、恐怖症の反応などに効果を発揮する。「わたしはどうしてこんなことをしてしまうんだろう？」「〜をする自分は嫌いだ」などという言葉が自分や相手から出るようなときは、このパターンを使うといい。

　対立しているパートを再び連携させたり、統合や自己の好意的評価や調和を促すとき、このパターンを使っていただきたい。無意識の心は、わたしたちとのコミュニケーションをすでに無数に確立している——わたしたちはそれを「徴候」と呼んでいる。このパターンは、こうした徴候を利用してもっと機能的な行動を育てる方法を提供している。興味深いのは、先ごろジョン・グリンダーがこれをＮＬＰの中心的パターンだとした（Grinder, 2002）のに対して、リチャード・バンドラーはこれを価値のないものだとしたことだ。バンドラーはその理由として、これは古臭くて時間がかかりすぎる上、すでにこれに代わる別の効果的なパターンが数多く生まれていると述べている。

◆◆パターン

▶ 1. 問題があると思う行動を特定する
　以下に該当するどんな行動パターンや反応パターンがあるか？

わたしは［X］をするのを止めたい。
［X］をしたいが、何かがさせてくれない。

▶ 2. この行動を発生させている「パート」とコミュニケーションを成立させる

自分の内面に入り、「この行動を発生させているわたしの『パート』は、意識の領域に来て、わたしとコミュニケーションを取ってくれるだろうか？」と自問する。

心を鎮め、自分の「心‐身」がどう反応しているかに注目する。どんな内的な反応——感覚、イメージ、音——にも注目する。気づいたことは？

そのパートに、「もしこれの答えが『はい』なら、明るさや音量や強度を上げてください」、「もし『いいえ』なら、それを下げてください」と頼む。

ある指を動かすと「いいえ」、別の指を動かすと「はい」を表わすというやり方をする観念運動信号法を使ってもかまわない。

▶ 3. その肯定的な意図を見つける

内面に入ってこう訊ねる。「あなたはこの行動を発生させることによって、あなたにとって肯定的なことをしようとしています。何をしようとしているのか、意識の領域に来てわたしに教えてくれますか？」これは二項選択法なので、答えが返るのをただ静かに待つ。

「はい」という返事が返ってきたら、問いかける。「わたしはこの意図を好ましく感じているだろうか？　わたしはこういう働きをするパートをもっていたいと思っているだろうか？　もしこの肯定的な意図を達成するのに、この行動と同じかそれ以上に効果を上げられる方法がほかにあるなら、あなたはそれを試してくれますか？」

「いいえ」という返事が返ってきたら、訊ねる。「たとえ今は示されていなくても、あなたの無意識には、あなたにとって肯定的な善意の目的があると信じてくれますか？」

▶ 4. 創造的なパートにアクセスする

新しい考えをもって浮上してきたパートがいるが、そのパートに気づいているか？

望ましくない行動を取らせているパートは、自分の肯定的な意図を創造的な

パートに快く伝えてくれるだろうか？　伝えてくれるという返事を受けたら、創造的なパートに頼んで、その肯定的な意図を使って、あの望ましくない行動より有用で、もっと価値のある行動を新たに3つ作成してもらい、その新しい選択肢を、望ましくない行動を取らせているパートに伝えてもらう。

▶ 5. そのパートを委ねる

心の中で、「古い行動を作動させていたパートは、今、この3つの新しい行動の中から状況にふさわしいひとつを快く選んで使うだろうか？」と考える。

新しい選択の引き金を引く手がかりを、無意識の心に特定してもらう。そして、無意識の心が自ら感じているものを充分に体験して、新しく選択した行動をその状況の中で無理なく自動的に起こせるようにする。

▶ 6. エコロジーをチェックする

この3つの新しい選択肢の中からひとつを選ぶことに反対しているパートはいるか？

これと完全に連携しているか？

＃ 14　知覚のポジションを連携させる

◆コンセプト

自分自身の目（1人称の視点）で物事を眺める能力、他者の目（2人称の知覚、「共感」の視点）で物事を眺める能力、観察者の立場（3人称の視点）から物事を眺める能力が連携しなくなることがある。構造的には、こうした知覚に関わるリソースはいずれも別個の「パート」として作動している。これを明らかにしたのはコニリー・アンドレアスだ。

以下に挙げた知覚のポジションは、世界を「見る」ときの見方をいっている。わたしたちは概念的・情動的にいずれかのポジションにはまり込んでしまうことがある。最初の3つはＮＬＰが特定した3つの知覚のポジションであり、残りのふたつはここ何年かに明らかになったものである。

知覚の第1ポジション　　自己、自分自身の目で見る——自己に言及する
知覚の第2ポジション　　相手、相手の目で見る——相手に言及する

知覚の第3ポジション	客観的な意見、第三者の立場で見る――メタ・ポジション
知覚の第4ポジション	わたしたち、組織やグループの観点から見る――グループに言及する
知覚の第5ポジション	組織、組織に対するメタ観点から見つつ、同時に全ポジションに言及する――統合的に言及する

「はまり込む」とは

1人称の位置にはまり込んだ人は、なんでも自己指示的に物事を捉えようとしがちで、きわめて「自己陶酔的」に「考え‐感じる」。自分自身の観点からのみ物事を処理しようとする。2人称の位置にはまり込んだ人は他者指示的に物事を見る傾向があり、自分自身のことはそっちのけで、相手を救い管理する役割にはまり込む。第3ポジションにはまり込んだ人は歴史的観点や文化的観点などから物事を見て、自分の体や感情から分離しすぎるため、人間というよりもロボットのような印象を受ける（サティアのいう「コンピュータ」的立場）。

わたしたちはひとつのポジションにはまり込むだけでなく、こうした知覚のポジションを調節できなくなることがある。さまざまなパートが異なった知覚のポジションから反応するときにも問題が起きる。こうなると、結局自分で自分の足を引っ張る状態に陥る。すべての代表システムにおける**知覚のポジションを連携させる**と、内的な調和と人間としての力が生まれる。このパターンを使うことによって、内的な対立を解決し、内的な連携が生まれるのである。

自分についても相手についても、ある問題に関して充分な気づきや視点が得られないときは、いつでも上記3種類の説明を活用していただきたい。3つのポジションすべてに立って、考え方、感じ方を拡大していただきたい。そうすると、対立を解決する、調停を行なう、他者に影響を与える、人としての柔軟性を高めるといった状況での観点が実に豊かになる。このテクノロジーによって、問題の状況に関する視野を広め、情報を増やすことが可能になる。

◆◆パターン

▶ **1. 標的とする情報を特定する**

どんな制約を受け、どんな問題を抱え、どんな状況に陥ったとき、そこには

まり込んだと感じるか？

　どんな状況のとき、どんな体験をしたとき、もっと調和の取れた反応がしたいと思うか？

▶ **2. 知覚の各ポジションの視覚的要因、聴覚的要因、触運動覚的要因を特定する**

a) 視覚的要因

　その状況はどう見えているか？　どの知覚のポジションから見ているか？　同じテーマに言及しているパートが複数いる場合は、それぞれのパートが知覚のどのポジションを取っているかをチェックする。

　いくつかのパートは第三者としてそのテーマを見ているか？　あるいは、2人称の立場から見ているか？　各パートの位置を確認すること。どの位置に見つけたのか、（心の中で、あるいは声に出して）指摘する。いくつかのパートは他のパートより状況に近い位置にいるように思うか？　各パートはそのテーマをどんなふうに見ているか？

　各パートが実際に見ているものは何か？　パートどうしの間にはどういう差異が生じているか？

b) 聴覚的要因

　その状況について、どんな音や言葉が聞こえているか？　それらを知覚のどのポジションで聞いているか？

　複数のパートがいる場合、各パートはなんといっているか？　各パートが使う代名詞に耳を傾ける。**観察者モード**のパートは当たり障りのない声で「彼」や「彼女」に言及する。「相手モード」の声はもっと判断を下すような調子で、たいていは「あなた」に言及する。「自己モード」の声は「わたし」を使う。各パートの声を、正確には体のどの部分で聞いているか？（体側は、第2、第3ポジションにいるパートを示している場合が多く、第1ポジションにいるパートの声は通常、声帯あたりから聞こえてくる。）

c) 触運動覚的要因

　その状況について、何を感じているか？　知覚のどのポジションからそれを感じているか？　複数のパートがいる場合、体のどの部分に各パートを感じる

か？ 各パートに対してどんな感情が湧いているか？ ただ観察するだけで実体験はしていないと思われるような、中立的なパートはいるか？

▶ 3. 全代表システムの知覚のポジションを再び連携させる

観察者（第3ポジション）を連携させるには、そのパートに以下の質問をして、VAKをチェックする。

a）視覚面の連携

集めた情報を自己のパートに伝えてくれますか？
第1・第2ポジションのパートがその状況を同じような見方で見るようになるまで会話を続けてください。

b）聴覚面の連携

代名詞を変化させて、「わたし」や「彼」、「彼女」を使っている自己をサポートしてくれますか？ それから、「自己」の声調を使ってください。

c）触運動覚面の連携

感覚を変化させて、自己の感覚と両立できるものにしてくれますか？
それから、その感覚を、「自己」が感覚を抱く場所に移動させてください。

▶ 4. VAKの知覚のポジションに関して、自己を連携させる

自分自身の視点から、自分自身の目で物事を見ていることを確認したか？
声が自分自身の声帯から出ていることを確認したか？ また、代名詞は必ず「わたし」を使っているか？
すべての感覚は確実に「自己」の内面から出たもので、リソースに満ちた状態を反映したものか？

▶ 5. 第2ポジションについても、同様にして連携させる

知覚を調整し、第2ポジション（相手）の視点と両立できるものにする。
「相手」の位置を、「相手」の占めるべき場所に移したか？
聞こえている声を、「相手」の声帯あたりへ移動したか？
その結果、質を高めてくれる新たな情報として、どんな情報を得たか？

「相手」から発せられた感覚を、「相手」の感覚に連携させたか？
　自分の感覚を統合した結果、それまでより柔軟性が増し、リソースが豊かになったか？

▶ 6. エコロジーをチェックする
　今はすべてのパートが連携して、調和しているか？

▶ 7. 未来ペースする
　今、どんな新たな行動の可能性が手に入ったか？
　こうして新しい能力と行動について説明していると、自己のパートが豊かさと柔軟性を増していくのに合わせて未来の自分がうまく機能していること気づくはずだが、どうか？
　「相手」のパートが統合に反対している場合は、そのパートに対して、そうした思考や感覚を自分のものとしている人のところへ戻るよう頼めるはずだが、どうか？

♯ 15　合意枠を作成する

◆コンセプト

　複数の人間が何かに関して対立し、合意に達することができないとき、互いに角を突き合わせて口論を始める。これは対人関係のストレスと混乱を助長する。意見の衝突は、互いが互いに異なった視点で見つづけるばかりで、臨機応変に自分自身の枠組みを出て、相手の枠組みを試せないために起きることが多い。また、自分の意見を断定的に表明するせいで起きることもある。断定的な言い方をすると、正当な意見はひとつしかなく、他の意見はすべてばかげていて間違っているという印象を与える。ふたりの人間が合意に達するには、双方の関心や知覚や準拠枠をすべて包含する上位の「ロジカル・レベル」へ双方が移行しなくてはならない。本項のパターンを使えば、対立している人々やグループが互いに質の高い合意に達するまでのプロセスを円滑に進められる。

◆◆パターン

▶ 1. 現在の枠組みを特定する
　各人にそれぞれの目標を具体的に述べてもらう。
　具体的に何をしたいと思っているのか？
　どんな価値観、どんな信念、どんな判定基準に従って、その目標を決めたのか？
　この価値観、信念、判定基準はどうやって重要だと評価したのか？

　こういった質問をして重要な情報を集め、各人にペース合わせすると、各人は話を聞いてもらっている、理解してもらっているという気持ちになる。そうすることで、通常、合意枠を作るときに使えるメタ目標の構築が始まる。それに気づいているか？

▶ 2. 共通の要素を特定する
　異なる視点をひとつにできる上位レベルの共通要素は何か？
　各人が望む共通の最終目標は何か？

　例えば、ジャックが青い椅子をほしがり、ジルが赤い椅子をほしがっている場合、ふたりは椅子の色というレベルで食い違っている。しかし、椅子がほしいという上位のレベルにおいては合意している。「つまり、ふたりとも椅子を買いたいのですね。わかりました。では、どうして椅子がほしいのですか？」

▶ 3. 上位レベルのカテゴリーを特定する
　上位レベルの具体的な希望へ移行した場合、何が共通しているか？
　何について合意しているのか？　それぞれの意図は？
　なぜ今ほしいと思っているものがほしいのか？
　それは何をしてくれるのか？　何を入手できるのか？

　レベルを上へ上へと移行していき、ふたつをひとつにする共通のカテゴリーをはっきり指定する。ジャックとジルの場合は、椅子の上の家具というレベル

に移行できるかもしれない。その場合、「ふたりとも何か家具を買いたいのですか？」「それについての上位レベルでの理由はなんですか？」などと訊ねる。合意できるレベル、もしくはカテゴリーが見つかるまで、これを続ける。

▶ 4. 各人のメタ目標を利用して、さらに上位のレベルでの合意枠を形成する。
　これを手に入れたら、これは何をしてくれるのか？
　その目標を達成したら、それは何をしてくれるのか？
　さらに上位の目的、意図は何か？

▶ 5. 上位レベルの合意を使って、交渉の枠組みを作成する
　上位のこの合意枠が手に入った今、それは対立する意見をどうまとめるか？
　この上位の枠組みを使ってさまざまな選択肢を検討すると、どんな感じがするか？
　この青い椅子の購入は、心地よさや見栄えの判定基準にかなっているか？
　互いにとって、互いを支え合うということがもっとも高く評価できることだとしたら、もしジャックが今回青い椅子を買うことにして、ジルは次に自分のほしい椅子を買うとしたらどうだろう？　それは、等しく決定を共有するという互いの判定基準を満たすか？

▶ 6. 合意を確認する
　双方ともこの上位の枠組みと決定を認めているか？
　これによってどれくらいうまく決着がつくか？　自分の動き方として、すぐにもこれを使おうと思うか？
　これと完全に連携しているか？　反対しているパートはいないか？
　何かほかに追加して改良したい点はあるか？
　これはふたりの関係にどう影響するか？

♯ 16　自己を連携させる

◆コンセプト

　わたしたち人間は誰しも頻繁にアイデンティティやこの世界で果たすべき使命について悩み、自分の価値観や信念と連携できなくなる。そうなったとき、「自分は何者だろう？　自分の果たすべき使命はなんだろう？　それはいったいなんのことだろう？」と自問が始まる。また、仕事の詳細に囚われるあまり、全体の目的を忘れて問題を起こすこともある。本項の**自己を連携させるパターン**は、こうした難問と取り組めるように、物事を整理して連携させる方法を提供している。このパターンを使って、自分のアイデンティティと使命についての価値観と信念を再発見し、改善していただけたらと思う。そうすれば、体験をすべて統合し、もっと内的に一致した状態で動くことができるはずだ。

　このパターンの構築には、ディルツの「ニューロ・ロジカル」レベル（神経学的レベル）を利用している。ニューロ・ロジカル・レベルでは、自己認識のカテゴリーとして、環境、行動、能力、価値観と信念、アイデンティティ、スピリチュアリティの6レベルを挙げている。これらのレベルは、現実のロジカル・レベルの体系を説明するものではない（Hall, 1999 参照）が、信念の特徴がまとめられていて、たいへん有用である。このパターンのテクノロジーはアイデンティティと使命を更新して再連携させるのに効果を発揮するので、感情と行動を変化させるような目的意識を必要としている人たちの役に立つ。このパターンが提供する方法を使えば、自己の感覚が増大していくのを体験できる。バランスの崩れを感じたら、ぜひこれをお使いいただきたい。

　このプロセスを触運動覚的に行なうには、床の上に各レベルごとの場所を定め、触運動覚的な叙述語を自分の言葉にふんだんに盛り込むようにする。聴覚の代表システムに適合させる場合は、それぞれの声に相当する場所を指定して、聴覚的な言葉を使う。

◆◆パターン

▶ **1. リソースを特定する**
　内的な一致や全一感を高めるには、どんな能力やリソースが助けになるか？

冷静さ、自信、率直に自己主張する力（アサーティブネス）、集中力、回復力などを高めたいと思うか？

今、こうしたリソースのひとつひとつを完全で強力なやり方で顕在化し、アンカーするとしたら、どのくらい簡単にできるか？

▶ 2. 6つのアンカーを確立する

上記の各リソースのアンカーは、空間アンカーのどこにあるか？

環境、行動、能力、価値観と信念、アイデンティティ、スピリチュアリティのアンカーは？

▶ 3. リソース [X] を視覚の空間アンカーにアンカーする

ここで、環境のスペースに集中する。いつ、どこで、もっと [X] を使って活動したいと思うか？

次に、行動のスペースに集中する。上記の時と場所で [X] をもっと作動させるには、どんな行動が必要だと思うか？

つづいて、能力のスペースに集中する。上記の時と場所で上記の行動を取るのに、今の自分にはどんな能力があるか？　あるいは、どんな能力が必要か？

さらに、信念と価値観のスペースに集中する。目標を達成しようとする自分を支えて導くには、どんな信念と価値観が必要か？　どういう理由で、上記の能力を使いたいと思うのか？

そして、アイデンティティのスペースに集中する。自分は [X] する種類の人間か？

最後に、スピリチュアリティのスペースに集中する。自分はどのような総合的な人生の目的を追求しているのか？　自分の個人的な使命を説明するとしたら、どう表現するか？

▶ 4. アンカーしたこれらのスペースから得たものを強化する

1. スピリチュアリティ、アイデンティティを強化する

今入っているスピリチュアリティのスペースを充分に体験し、その生理と内的体験をもってアイデンティティのスペースに戻り、双方の状態を同時に体験してみる。そうしながら、スピリチュアリティの体験がアイデンティティのス

ペースでの体験をどう豊かにしているかに注目すると、どんなことに気づくか？　声に出して語る必要はない。ただその感覚に浸るだけでいい。

2. 使命とアイデンティティを強化する
　今、スピリチュアリティの体験を携えて使命とアイデンティティのスペースに戻っているが、自分自分の使命とアイデンティティの体験がスピリチュアリティによってどう豊かになっているかにもう一度注目する。自分にとって、それはどういう感じがするか？

3. 信念を強化する
　つづいて、洞察力と使命とアイデンティティを信念と価値観のスペースに持ち込み、それらが自分の信念や価値観をどう強化し、どう変化させ、どう豊かにしているかを味わう。どんな感じがするか？

4. 能力を強化する
　洞察力、使命とアイデンティティ、信念と価値観を、能力のスペースに持ち込む。すでに能力には、上位レベルに現れたすべてによって付加的な意味が加わっていることに注目する。どんな感じがするか？

5. 行動を強化する
　洞察力、使命とアイデンティティ、信念と価値観、能力を、行動のスペースに持ち込む。すでに新たな行動には、上位レベルに現れたすべてによって付加的な意味が加わっていることに注目する。どんな感じがするか？

6. 環境を強化する
　全レベルを環境のスペースに持ち込み、現在の体験がスピリチュアリティ、アイデンティティ、信念、能力、行動によって完全に変化し、豊かになっていることに注目する。

7. プロセス全体を統合する
　今、各レベルから得られた新しい洞察力、信念、資質を統合してみて、どう感じるか？

8. 価値観を強化して能力に変える

これを未来ペースすると、どうか？

この新たな現実を受け止める準備はできているか？　今すぐにも未来へ行き、拡大した可能性を実現させているところを想像できるか？

＃17　内的な対立を解決する

◆コンセプト

体験した内的な不一致をはっきり提示できるのであれば、本項のパターンを使うことによって、その対立の解消を促す新しい方法を入手できる。その方法は信念に対しても使えるし、内的な「パート」に対しても使える。このパターンはなんらかの対立をめぐる個人的な連携を促進するために設計されている。

◆◆パターン

▶ 1. 自分の内的な対立を特定する

これまでの人生で、自分の価値観、信念、役割、目標、パートどうしが対立するのを経験したことがあるか？　それはどんな対立か？　言葉で説明するとしたら、どう表現するか？　その対立の中には何があるか？

▶ 2. 対立の記憶を呼び覚ます

その対立を経験したときのことを憶えているか？

少し時間を取り、今その記憶を観察しているつもりになって振り返る。

▶ 3. 一方の側の第1ポジションに立つ

少し時間を取り、今度はその体験の中に入って、対立している一方の側に立つ。そうすると、どんな感じがするか？

その視点から何がわかるか？

その位置から、対立している相手の側をじっくり再検討する。その際自分のイメージや音、感覚、言葉、価値観、意図、信念などが発する情報に注目する。

そうしていると、何がわかるか？

▶ 4. 肯定的な意図を探す

その視点の内側から見て、肯定的な意図は何か？

このコンテクストで何をしようとしているのか？

今の行動を取ることによって、どんなメタ目標を達成しようとしているのか？

▶ 5. 役割を交代する

今度は対立しているもう一方の側の立場を取り、再び体験の中に入ると、何がわかるか？

先ほどと同様にして、今度はこちらの視点から見る。その肯定的な意図は何か？

このパートはどんな信念と目標を追求しているか？

▶ 6. 何度か立場を交代する

互いが互いの信念や価値観、肯定的な意図をすっかり理解できるまで、役割の交代を繰り返す。

▶ 7. 統一力のあるメタ・ポジションに移動する

次に上位レベルへ移動し、両パートを見渡せる位置にいるところを想像する。

その視点から見て、両者がしようとしていることで、共通していることは何か？

両者が満足できる目標があるとしたら、何か？

▶ 8. エコロジーをチェックして、統合する

これには、「心－身」系全体に影響のあるエコロジーの問題はないか？

この新しい枠組みを取り入れると、どういう感じがするか？

それは対立を完全に統合しているか？

この解決法と連携しているか？

▶ 9. 未来ペースする

この解決法を携えて未来へ行ったところを想像する。その状態に好感をもて

るか？

この状態を続けたいと思うか？

＃18　改良型ヴィジュアル・スカッシュを使う

◆コンセプト

　無意識のパートあるいは様相は頻繁に意見の食い違いを見せる。パートどうしに不一致が生じて、パートとシステム全体が一致しなくなったとき、わたしたちは内的な不一致の状態になる。つまり、言動を一致させることができなくなる。こうしたパートを再統合するためには、まず各パートの肯定的な意図を特定したいと思う。本項のパターンは元々バンドラーとグリンダーが開発したものだが、それを目ざましく発展させたのは、プロセスにメタ・ステートを追加したボブ・ボーデンハマー博士である。このパターンでは、床に設定した各パートの空間アンカー、観察者、メタ・ポジションも活用することができる。

◆◆パターン

▶ 1. 対立しているパートを特定して引き離す
　他のパートとの対立を感じさせるような特定の行動を取って反応するパートがいるか？
　それは何と対立しているのか？　どう対立しているのか？
　対立しているパートを特定し、それぞれを引き離す。各パートは何を望んでいると思うか？　また、各パートはそれぞれが望んでいるものから何を得られると思うか？

▶ 2. 各パートの視覚的イメージを作成する
　［X］の原因であるパートはどう見えるか？
　そのパートはどう聞こえるか？　どう感じられるか？
　もう一方のパートはどうか？　どう見え、どう聞こえ、どう感じられるか？
　各イメージが自分の手のひらに現れたところを想像する。ひとつめのパートはどちらの手のひらで作動する方が気分がいいだろう？
　それは右手に現れるか？　それとも左手に現れるか？

相手の自然なしぐさをよく観察すること。そうすると、相手が直観的に各パートを示している場所を特定できることが多い。

▶ 3. 各パートの肯定的な意図をその行動から切り離す

ひとつめのパートの肯定的な目的は何か？　自分にとってどんな価値のあることをしようとしているのか？

ふたつめのパートの肯定的な意図は何か？

それぞれのパートに共通する肯定的な意図は何か？

自分はこの行動を取ることによって、何が重要だと評価しているのか？

▶ 4. 一方のパートから他方のパートへリソースを移す

ふたつのパートには、自分に対する似たような肯定的意図があることがわかったが、それぞれには、他方が利用できるようなリソースがあるか？　もしあるなら、ひとつめのパートが望んでいることをふたつめのパートに知らせ、また、ひとつめのパートにはふたつめのパートに役立つリソースがどのくらいあるかも知らせる。

ふたつめのパートに対しても同じようにする。リソースが移行され、それが自分のリソースとなっていく間に、パートに頼んで、そのリソースのことを自分の意識に伝えてもらう。そして、自分の中にリソースのイメージが湧いているか確認する。

ひとつめのパートからふたつめのパートにリソースが移行されている最中、ひとつめのパートが以前とは様子も感じも違ってきていることに気づいたはずだが、どうか？

この方法を使うと、異なるパートを表現している映画的特性を全体的に地図化するというやり方で、神経学的な統合を促進することができる。各パートからのリソースの移行を入念に地図に描くのである。

▶ 5. 第三の統合イメージを作る

ここで、ふたつのパートのイメージの間に、リソースが一体化して変化した両パートを表す第三のイメージを作る。それはどんな感じか？

この第三のイメージが両手に乗ったふたつのイメージの中央にあるのを見る

と、どんな感じがするか？

▶ **6. 両手のふたつのイメージを向き合わせる**

両手の向きを変えて、ふたつのイメージを互いに向き合わせ、おのおのが中央のイメージへ移動する様子を表わすひとつづきの視覚的イメージを創る。

▶ **7. 相手の手を鏡に映した位置に自分の手を置き、リードする**

これらのパートのいずれにも自分に対する似たような肯定的意図があることがわかり、パートどうしでリソースの交換も行なった。ここで、両者が統合できる速さで両手を合わせ、両者がそれぞれの最高の肯定的意図を保持してひとつのすばらしいパートになることを許可する。

相手の手を少し押して、本人がするよりわずかに速く両手が合うようにしてあげてもいい。

▶ **8. 統合を完了する**

両手が出会い、神経学的な統合が始まると、どんな感じか？

ふたつのパートがひとつにまとまるときのイメージは、何に似ているか？

この新しいイメージを自分の中に取り込みたいと思うか？ それとも、リソースに恵まれた最高の感覚を供給してくれる別の場所に保存しておきたいと思うか？

まとめ

・本章のパターンはいずれも、人間がごく普通に体験する不一致や内的対立、ある様相におけるバランスの欠如に取り組むためのものである。わたしたちの現実を作り出している多くの様相が連携を乱したとき、これらのパターンを使うことによって、板ばさみになり葛藤する苦しみをうまく処理することができる。

・「パート」と呼ばれているものは、枠組みや意味、記憶、意図を示すさまざまな様相にすぎない。わたしたちは信念や価値観、決意、戦略からなる全体のシステムとの連携を乱すこともある。そういうとき、本章のテクノロジーとパターンを活用して、新たなレベルのバランスと全一感を生み出そう。統合、完全性、内的な調和を促進することができる。

・内的な一致というひと回り大きな体験から何が期待できるのか？　人としての力や集中力の向上、夢と洞察力に注ぐエネルギーの増進を期待することができる。

第5章

アイデンティティ

「自己」を創作し改革する──力をつけた自己イメージを構築する

> 人間の悲惨のすべては部屋にひとり静かに座っていられないがゆえに発生する。
> ──パスカル
> わたしたちは物事をあるがままに見ているのではなく、あるがままの自分の目で見ている。
> ──アナイス・ニン

わたしたちを苦しめる困難の中には、あらゆる困難の中核をなす抽象概念、すなわち自分の心の中で自分自身に関して構築しているパラダイム、つまり自己感覚から生じているものがある。

・自分は何者だろう？
・自分には価値があるのか？　自分は大切な存在なのか？
・自分には人間としてのどんな価値があるのだろう？
・自分はどんな自信、どんなスキル、どんな能力を自分のものにできるのか？
・自分は人にかわいがられる魅力的で好ましい人間だろうか？
・自分には成功したり、楽しんだり、愛されたりする価値があるのか？
・自分は他者の目にどう映っているのだろう？

こうした「自己」にまつわる疑問は、自己感覚のさまざまな様相について訊ねている。これらが問題にしているのは、(1) アイデンティティ、(2) 自尊心、(3) 自信、(4) 自己愛、(5) 自分は今の自分のありように値する存在か、などだ。わたしたちはこの世に誕生すると同時に自己発見の旅に出て、自分と、両親や家族、先生、文化、社会集団との差異を認めていく。こうして自分自身である自己となり、それを定義し、特定し、体験する。その過程で、自分が何を

評価し、信じ、望み、理解し、愛するのかなどを見きわめていく。

この個性化を欠くと、独立心や、自分自身に対応できる（責任が取れる）という感覚を感じることができなくなる。さらに、「自分自身を知る」ための自律性も欠くことになる。個性が形成されなければ、自分の価値観や信念に集中したり、自分の適性やスキルを見つけて自己実現したり、明確な境界を定めて自分を守ったりすることによって可能になる統合がなされない。逆にいえば、わたしたちは自分自身を発見し、なりえる存在になり、人生に情熱と愛を見つけるために個性を形成するのである。

こうした自己構築の重要性は、依存から独立へ移行する能力、最終的には他者との相互依存へ移行する能力にも現れる。健全な人間関係は、自分と他者を区別できていて、自己に対して主体的に責任を取るのを当然とし、他者のために自分を差し出せる人からもっともうまく生まれる。このプロセス、およびこれに内在する枠組みがあれば、わたしたちは愛好家が嗜む健全なゲームを楽しむことができる（Hall, 2004）。そうした独立性をもたない人々は依存から共依存へ移行することが多い。以下に紹介するＮＬＰのパターンは、さまざまな自己の構築、および、それに関わる悩みや難問に取り組み、解決する方法を提供している。

＃ *19*　「サブモダリティ」を使って信念を変える

◆コンセプト

信念は生まれながらにして備わっているものではない。学習するものだ。自分の体験について考え、表象として表わし確認している間に、自然に育っていく。信念はどこから生まれるのか？　わたしたちはどうやって信念を創り出すのか？　どうやら体験から生まれてくるようだ。しかし、体験そのものが信念を生むのではない。信念が芽吹き始めるのは、ある体験を最初に表象として表現するとき——その体験について「考える」ときである。信念はしばらくのちにメタ・レベルに現れる。考えと表象を確認したときに現れる。確認こそが考えを信念に変えるのである。

考えはいったん信念に変わると、知覚を支配する。こうして成長した信念は習慣化し、気づきから抜け落ちる。成長して知識となった信念は恒久的な地図となり、わたしたちはこれを使って物事に関する意味をコード化する。さらに、

それを知覚フィルタとして使い、自分の信念がさまざまなところで確認されるのを心の中で見る。これからわかるのは、わたしたちがどのように信念に自己達成的な資質を与え、「信じているとおりに体験している」かだ。信念はこのようにして、わたしたちの心理組織の中核として機能する。リチャード・バンドラーは信念のもつ力と浸透性について、以下のように述べている（Bandler, 1982）。

> 行動は、信念と呼ばれるきわめて恒久的なものの周辺に組織される。信念は、知識よりもはるかに普遍的かつ絶対的になる傾向がある。今ある信念によって、新しい証拠や新しい信念の検討が妨げられることさえある。

信念は、構造的には、考えや表象や状態に関するメタ・レベルの現象として機能する。これはつまり、自分自身についてさまざまな考えをめぐらせている間は信念は生まれないということだ。信念は、その考えを肯定し、確認し、正当だと認めて初めて生まれる。信念を創り出すには、意見や考えに対して「イエス」といわなくてはならない。情報を表現するレベルより上位のロジカル・レベルで信じるのである。わたしたちは信じていないことをいくらでも表現し、考えることができる。信じるには、ある学びや概念的な理解に関して納得し、正当だと認め、それを作動させ、それを自分にとって実際的で正当で真実なものにしなくてはならない。そのためには、上位レベルへ移行し、信念という現象を創り出して体験しなくてはならない。これが信念を表象のメタ・ステートにしている。

対照的に、疑念の状態は、ひとつの考えを承認したり否認したりする状態をいう。その考えに対して「ノー」といったかと思うと、次の瞬間には「イエス」という。行ったり来たりする。「イエス、そのとおりだ」といいながら、また「ノー、そうじゃない」といい直す。疑念はこの行きつ戻りつ型の思考フレーミングであり、こうなるとわたしたちは明確な考えをもてなくなる。そうかもしれないし、そうではないかもしれない。さらにもうひとつ対照的な状態として、不信がある。不信とは、信念や確認した考えに対してはっきり「ノー」ということだ。「ノー、それは違う。そんなことは信じない」といいきる。ここに例として挙げた信念、疑念、不信は、構造的にメタ・ステートの構成を伴っている。

以上の分析を所与のものとして、さて、信念は変えられるものだろうか？もちろん、変えられる。これについてはバンドラーが書いている（Bandler, 1985b）。「信念を変えるのは比較的簡単だ。ただし、相手の同意が必要だが」（強調は著者）

　信念を変えるこの最初のパターンは、信念の構造を変える方法を提供している。きわめて有用で、効果的で、強力なパターンだというわけではない。しかし、ときにはきちんと仕事をする。わたしとしてはお薦めしないし、自分で使うこともなくなったが、これは信念を変えるパターンとしてＮＬＰが提唱した最初のものであり、それゆえにここに史料として収めたのである。ディルツが提唱する方法（♯62「思考ウイルスの予防接種をする」）は、空間アンカーを設定したり、古い信念を集めた博物館があったりして、本項のパターンよりもはるかに効果的だが、さらに強力なのは、メタ・イエスとメタ・ノーである（Hall, 2000b）。ほかにも、信念を変える方法として、マインド・ラインによる質問も利用できる。これらを使えば、もはや役に立たない「自己」に関する信念を変化させ、更新し、明確にすることができる。信念を変化させたい、殊に「自己」に関わる信念を変化させたいと思ったら、いつでもこれらを活用しよう。

「サブモダリティ」を使って信念を変える前に

▶ 1. 変化させたいと思っている限定的な信念を特定する
　何が自分を限定していると信じているか？
　自分自身、金銭、成功、健康、フィットネス、責任をもつということ、フィードバックを取るということなどに関して、何を信じているか？

▶ 2. メタ限定的信念を特定する
　その信念について、何を信じているか？
　第1段階の信念から距離を置いてみたとき、向上につながらない信念やエコロジーに問題のある信念には、どんな意味があると思うか？

▶ 3. 信念を表わす表象に注目する
　自分の信念をどう表現するか？
　心の中の映画は、第1レベルではどんな様子か？

その映画には、どんな映画的特性があるか？
その映画の台本の中で自分が使っている言葉はどういうものか？

▶ **4. 疑念を表わす表象を特定する**
何に関して確信できないのか？
態度を決めかねていることについて考えるとき、どう行きつ戻りつするのか？
自分が確信をもてず、疑いをもち、不安を感じているのを、どうやって自覚するのか？
疑念は、どんな触運動覚、映画的特質、内的構造となって現れるか？

▶ **5. 疑念を表わす表象と、信念を表わす表象とを比較する**
ふたつの表象の構造はどう違うか？
両者を識別する重要な映画的特性は何か？

▶ **6. 映画的特性をひとつずつ調べる**
映画的特性をひとつずつ調べていく。そのとき、もっとも強力に信念や疑念に影響を与え、それらを変化させる可変要素について、何か気づくことはあるか？
位置づけ、光度、鮮明度、声、音色、息遣いなどはどうか？

▶ **7. 気に入って信じたくなるような、肯定的で向上につながる信念を新たに創り出す**
限定的な信念の代わりに、何を信じようと思うか？
それを、ひとつのプロセスや能力として肯定的な言葉で表現したことがあるか？
それは、「効果的に批判を処理できるようになる」ものか？ それとも、「すばやく完全に学習できる」ものか？
新たな信念は、適格に構成されたものか？ それは何か？

▶ **8. 新たな信念に関するエコロジーをチェックする**
この新しい信念は、自分の生活のあらゆる様相にぴったり適合する適切なものか？

この新しい信念と完全に連携しているか？
それに異議を唱えるパートはいないか？

信念を変化させる

以上の準備が済めば、いつでも限定的な古い信念を向上につながる新たな信念に変えることができる。

▶ **1. 限定的な信念を不確かなものにする**

まず限定的な信念にアクセスする。それから、その映画的特性を、自分が疑念を表現するときに使っているコードにゆっくり変化させていく。

▶ **2. 限定的な古い信念を、行きつ戻りつしながら信念から疑念に変更する**

その信念を、行きつ戻りつしながら信じているものから疑っているものに変更しているとき、その信念はどんな感じか？

この行きつ戻りつを何度も繰り返す。そして、コツをつかんだら、スピードをどんどん加速する。どちらがどちらかわからなくなり、くらくらして混乱するくらいまで続ける。できただろうか？

▶ **3. これまでの古い信念の代わりに、向上につながる新しい信念を登録する**

自分が信じていることを表現している心の映画の映画的特性をすべて弱めて、その信念の内容を見ることも、聞くことも、感じることもできないようにする。

いったん画面を消し、向上につながる新しい信念の内容に差し替えてから、その映画の表象や可変要素をすべて大きくはっきり見えるようにする。これを強力な信念としてコード化したら、再び疑念に戻り、これを数回繰り返す。

▶ **4. 向上につながる新しい信念を、信念としてコード化して終了する**

最後は新しいコンテンツの映画的特性を大きくして、それが自分の強く信じるものになるようにする。さらに必要に応じて増幅し、強制力のある表象にする。そこでストップし、これがどう見え、聞こえ、感じられるかを理解し検討する。明日を想定して未来ペースする。

▶ 5. テストする

状態を中断する。古い信念のことを考えてみよう。どうなるだろう？

＃20 脱同一化する

◆コンセプト

わたしたちは自分の生活体験のある様相を同一化しすぎることがある。おそらく、信念、体、性別、種族、宗教、役割、仕事などにおいても同じことがいえるだろう。そうした過剰な同一化は、自己は外的な特質や行動に依存するものであるという概念的な断定に発展することもある。そうなると、自己を犠牲者として構築したくなったり、他者や外的な事柄に依存するものとして構築したくなったり、そのコード化を脅かしそうなものにはなんでも意味的に反発したくなったりする。

アサジョーリは脱同一化のエクササイズを作成し、高次の自己を発見する方法を提供している（Assagioli, 1965, 1973）。そのエクササイズは、「わたしには体があるが、わたしは体そのものではないという事実に気づく」ことから始める（原書 p. 116）。

わたしたちは自分自身と体の感覚を同一化するたびに、体の奴隷になっている。……わたしには感情生活があるが、わたしはその感情や感覚そのものではない。わたしには知性があるが、わたしはその知性そのものではない。わたしはわたしそのものであり、純粋意識の中核である（原書 p. 117）。

アサジョーリは「わたしには……があるが、わたしは……そのものではない」という言語学的／意味論的環境を使って、この脱同一化を人間の他の能力や表現に適用した。例えば、「わたしには意志があるが、わたしは意志そのものではない」などと書いている。つづいて催眠言語のパターンを用い、この「状態に関する状態」の構造、すなわちメタ・ステートの構造にアクセスするための誘導例を書いている。

わたしは体を快適でリラックスした状態にして、目を閉じる。それから主

張する。「わたしには体があるが、わたしはわたしの体そのものではない。体調はさまざまで、健康なこともあれば、病気になることもある。充分な休息が取れていることもあれば、疲れていることもある。しかし、それはわたしの自己、本当の「わたし」とはなんの関係もない。わたしの体は外界で体験し行動するための大切な手段だが、それは手段にすぎない。注意深く扱い、健康を保つように努めてはいるが、それはわたし自身ではない。わたしには体があるが、わたしはわたしの体そのものではない。

　「わたしには感情があるが、わたしはわたしの感情そのものではない。これらの感情は無数にあり、矛盾し、変化し、苛立っていることもあれば、穏やかなこともある。自分の感情は、自分で観察し、理解し、判断することができるし、その後徐々に支配し、管理し、利用していくこともできるのだから、明らかにそれらはわたし自身ではない。わたしには感情があるが、わたしはわたしの感情そのものではない。

　「わたしには希望があるが、わたしはわたしの希望そのものではない。希望は、肉体的・情動的衝動や外的な影響によって発生し、感情同様、変わりやすく矛盾もある。牽引力になったかと思うと、反発力にもなる。その繰り返しだ。わたしには希望があるが、それはわたしそのものではない。

　「わたしには知性があるが、わたしはわたしの知性そのものではない。それは多少発達していて活発でもある。訓練は受けていないが、学習能力はある。内的世界はもとより外界に関する知識を扱う器官だが、それはわたし自身ではない。わたしには知性があるが、わたしはわたしの知性そのものではない」

　こうして意識のコンテンツ（感覚、感情、希望、思考）から「わたし」の脱同一化を行なったあと、わたしは自分が純粋な自己意識の中核であることを認識し断言する。わたしは意志の中核であり、自分の心理的プロセスおよび物理的な体のすべてを支配し、管理し、使用することができる（原書 pp. 118-19）。

　では、わたしはなんなのか？　わたしの人格、すなわち、わたしの自我の肉体的・情動的・精神的コンテンツを自己のアイデンティティから取り除いたあとには、何が残るのか？　わたし自身の本質――純粋な自己意識と自己認識の中核が残る。それは、絶えず変化して流れるわたしの個人生活の中の不変要素である。わたしに存在感や恒久不変の感覚、内的な安心感を与える

ものだ。わたしは自分自身を純粋な自己意識の中核であると認識し、断言する。この中核には自己に対する静的な気づきがあるだけでなく、ダイナミックなパワーもある。心理的プロセスおよび物理的な体のすべてを観察し、支配し、管理し、使用することができる。わたしは気づきとパワーの中核である（原書 p.119）。

　自己のつかの間の様相や自分が置かれた状況を**過剰に同一化**すると、同一化に「取りつかれた」状態になる。そうなると、自分は役割そのもの、仮面そのもの、感情そのもの等になる。そして、今度はそのせいで、「動きのない、結晶化した……囚人になりがち」になる（原書 p.121）。

　このエクササイズが殊に必要な患者のタイプは、情緒過剰な人、特定の感情の状態と強く同一化している人、ある考えや計画や行動の型──上位のものであれ下位のものであれ──とリンクしていて、それらによって強迫観念に取りつかれた状態になっている人などだ。あらゆる種類の狂信者も当てはまる（原書 p.120）。

　患者の中には──特にアメリカ人だが──自分自身を自分の体や感覚や思考から脱同一化するという考え方に強い抵抗を感じる者もいる。そうすることによって、いくつものパートに引き裂かれることをひどく恐れるのである。しかし、逆に、自分自身の中にある中核をたっぷり体験するという考え方が気に入っている人も多い。その中核から、現代生活のストレスに耐える力と知恵を見つけられるからだ（原書 p.122）。

◆◆パターン

▶ 1. 支えとなる信念から始める
　自分は自分の力や人格の表れや境遇以上のものである、という考え方を受け入れるか？
　自分は自分で考えたり感じたりしている以上のものであることを知っているか？
　自分から進んでこれをやってみようと思うか？

▶ 2. 言語学的に脱同一化する
　「わたしには……があるが、わたしは……そのものではない」という言語環

境を使って、どんな自分の力も機能も状況も自分そのものではないとフレーミングする。
　どんな感じか？
　同一化状態から距離を置くには、どんな言葉がもっとも役に立つか？

▶ 3．トランス状態で脱同一化する
　リラックスした心地よい状態にアクセスして、自分の心理的・生理的な力について超越したこの状態に入り、たとえこうした力のいずれかを失っても、自分の核である自己は無条件に価値があり尊いものだと実感する。
　アサジョーリの誘導例を自分で読むなり、誰かに読んでもらって聞くなりする。

▶ 4．トランス状態で、自己と機能を区別する
　それぞれの力や機能、状況などが自分の核である自己とどう異なっているかを充分に実感しながら、いずれの力も世界を航行するときに使う単なる機能やツールでしかないという意味にそれをリフレーミングすると、どう感じるか？

▶ 5．自分の脳を上位レベルに上げ、超越的なアイデンティティを創り出す
　こうした力を行使する者として、それらの上位に存在する自分を特定したか？
　距離を置き、「純粋意識」の状態を体験していることに注目する。
　どんな記号や言葉を使えば、これを表現できるか？

▶ 6．この高次の自己を不変の中核として想像してみる
　この高次の自己を不変の中核として想像し、自分はその中核を出て生きることができ、自分を表現することができると想像すると、どんな感じがするか？　そのままの状態で、未来のタイムラインを使って未来ペースする。

第 5 章　アイデンティティ

＃21　再刷り込みをする

◆コンセプト

　トラウマ的な症状や反応は、トラウマ的な体験や、物語や映画や想像による否定的なインプットから発生する。しかし、いったんある体験を「トラウマ」として地図に書き入れると、トラウマのコード化は**信念とアイデンティティの刷り込み**の両方として機能するようになり、それはやがて大量の限定的な信念や力を奪う枠組みを生み出すことになる。

　「刷り込み」は肯定的な体験にも否定的な体験にも生じる。子供時代に虐待を受けた人は、成長後、無意識のうちに自分の原型となっているトラウマとよく似た状況に自分を追い込む選択をすることが多い。「刷り込み」が生み出すコードによってできた地図は、その名のとおり、防水性で色落ちのない先染め物のように機能する。つまり、刷り込み体験は一般的に認知的再構築という意識的な方法によって簡単に変わることはないということだ。

　刷り込みは単一の体験のこともあれば、連続的な体験のこともある。いったんそれが設定されると、普通はそれを現実だと信じてしまう。「物事のありようってのは、こんなもんさ」「これがわたしという人間だよ」となる。刷り込みは、重要な人物のもつ信念から発生することもある。つまり、別の人の信念が子供の中に刷り込まれ、まるで時限式のような形で保存される。そして、のちに何かしら状況的なマーカーや意味的なマーカーが発生すると、刷り込みされている人はいきなりトラウマやその一部を体験したり再体験したりする。そして、奇妙な感覚や反応が発生する。その人の信念を意識的には拒絶しているのに、しばらくするとその信念が内的表象を伴って「活気づいてくる」感じがするのである。

　信念となった刷り込みは、自己達成的な予言として機能する。こういう場合、信念には、映画『キャッチ 22』に見るジレンマが発生する。信念は世界に対してフィルタとして働き、わたしたちはその信念の観点から物事を見て、体験する。信念を否定するようなことを誰かが指摘すると、その情報すらその信念の観点から処理する。信念と議論しても無駄なのはそのせいだ。何かを信じている期間が長ければ長いほど、その信念を支持するデータはたくさん集まり、対抗情報はこれによって骨抜きになる。それどころか、誰かの信念と議論する

と、その信念はたいてい強化される。相手はその信念の弁護をしながら、次々に新たな「理由」を見つけ出していく。

　最初の刷り込みに戻るには、地図がのちのさまざまな確認によって混乱する前の時点まで移動する。刷り込みの状況においては、加害者と立場を入れ替わり、その人の現実を体験しようとすることがよくある。両親とピリピリした関係にある子供は、親の信念や行動のいくつかを刷り込みしたり取り込んだりする。そうすると、それらは子供自身の信念の一部になる。こうしたことが起きるのは、ひとつには、子供が明確な自己同一性感覚をもたないからである。また、子供はふりをしたり演技をしたりするのがうまいからでもある。他人のように考えて行動するふりをするのは、子供の遊びのひとつだ。子供は、役割モデル──錠であれ、切り株であれ、樽であれ──を受け入れるとき、何を受け入れるかに関してほとんど差別せずに受け入れる。大人の自己は多くの点で、自分が共に育ってきたさまざまなモデルを組み込んでいる。わたしたちの心の地図は、過去の重要な他者の特徴をいくつか含んでいる。自分の子供時代の体験を考えてみると、家族の信念、慣例、規則、せりふ、神話などを見つけることができる。

　重要な他者の取り込みは、常にというわけではないが、刷り込みの過程で頻繁に発生する。取り込みが発生しないのは、その人物や特定の行動を尊重していないというだけのことだ。ポイントは、その人が刷り込み体験を通してどんな信念を発達させたかである。また、そうした刷り込みは一般的に意識的な気づきの外側で機能しているため、まさにそのせいで、たいていの人がそうした取り込みには気づくことがないという点も重要である。

　刷り込みを発見するには、どういうメカニズムを利用できるのか？　わたしたちは刷り込みの感覚をアンカーして、その否定的な感情を道案内に、同じような過去の記憶を突き止めることができる。これを目的とした古典的なＮＬＰの方法は、自分史を変えるパターンの中で用いられている。自分史を変えるパターンでは、アンカーした感情または状態を使い、誘導探索を行なう。タイムラインを過去に遡り、アンカーした状態や混乱の感覚と似た感覚を体験したときを見つける。

　再刷り込みをする本項のパターンでは、行き詰まりの「正しい住所」に来ていることが前提となる。つまり、アンカーした感情を使って、限定的な信念を発生させた体験に到達していることが前提となっている。もし「虚しさ」に出

第5章　アイデンティティ

遭ったら、その虚しさを分離した状態としてアンカーし、それを使って時を遡り、重要な過去の刷り込みを見つける。コーチングの過程で、相手を行き詰まりの場所や刷り込みの感覚に戻らせようとしている場合には、それを見つけ次第すぐに中断し、別に強力なリソースに満ちた状態（勇気、力など）をアンカーして、それを行き詰まっているところに持ち込みたくなるだろう。このパターンを使えば、刷り込みを保存した記憶の中を移動することができる。

　こうして行き詰まりの体験を見つけ出し、それを当時必要だったリソースで再コード化することによって、わたしたちは力をつけ、ものの見方やこれまでに地図化した信念を変更することができる。再刷り込みによって複数の観点を創るのである。これは、決意し、対立を処理し、交渉し、人間関係を結ぶときに必要な知恵の基盤となる。

　再刷り込みは、トラウマ的な状況を解決したり回避したりするために利用できるリソースを強調することで、内的な地図の更新を手助けする。害を及ぼす行為を止めるためのリソースは加害者にも必要だが、再刷り込みの過程で、まさにそのリソースを加害者に与えることも多い。だからといって、害を及ぼす行為を無罪放免にしようというのではない。そういった行為を赦免するのではなく、自分の心の中に新しい地図を描くのである。適切なリソース、行動、決断、解決法を備えた地図を創り出すのである。なぜこういったことをするのか？　悪行の犠牲者は、怒りや恐れが必要だという限定的な信念を構築していることがあるからだ。内的なトラウマを実際に維持・継続しているのはそうした怒りや恐れであり、これは、復讐の信念、犠牲者の信念、あきらめなどという形で現われることもある。そうした地図の描き方は当人をますます行き詰まらせ、犠牲者としてのアイデンティティの形成を促す。一般的に再刷り込みがトラウマ的な出来事の記憶の解消に役立つのは、害を予防したはずのリソースを心の中で加害者に与えるときだ。

　再刷り込みの主眼は、自分の体験に関する内的な地図の更新にある。再刷り込みは、自分自身について、信じていることについて、アクセスできるリソースについて、これまでよりも豊かな地図を描く。その結果、過去の刷り込み体験に新しい意味を与えることができるようになる。

◆◆パターン

▶ **1. 問題を特定する**

どんな信念、行動、感情、記憶を変えたいと思うか？

それと共に実体験として感じられる感覚はどんなものか？

この限定的な信念、役に立たない行動を変えるために、これまでどんなことをしてきたか？

今何が、もっとリソースに満ちた暮らし方をするのを妨害したり阻止したりしているのか？

▶ **2. アンカーの設定とタイム・トラベルをプレフレーミングする**

今感じているそれは、どのくらい強烈か？　どれくらい不快か？

それにはもううんざりしているか？　すぐにもそれを徹底的に調べ、内部基準になっているそれを取り除こうと思うか？　これを確認して、続ける。「わかりました。では、今からあなたにこうして触れて、この感覚をアンカーしますから（アンカーを設定する）、自分のタイムラインの上方を過去に向かって漂いながら調査を開始してください。そして、前回これと同じ不快な感覚を味わったとき、あるいは、刷り込み体験そのものを見つけたと思ったら、わたしに教えてください。そうです……そのまま過去へ過去へと流れるように移動して……」

▶ **3. 感情と共に過去に遡りながら、体験を見つけ出す**

「そのまま時間の中を漂って……過去に遡り……そして、初めて……その刷り込み体験をした時点まで行きます。この否定的な感覚は持ちつづけ（アンカーをつないで補佐する）、初めてその感覚を体験したときのことを思い出しましょう。

「そうした早い時期の体験にまで逆行すると、不快は不快でしょうが、そう感じるのはほんの少しの間だけのはずです……再刷り込みの最中だということを知っているからです。似た体験を今味わっていますね？　いいですよ。ではここで、あなたがその体験から形成した自分自身や他者や世界についての信念や一般化を、言葉で表現してみましょう」

刷り込み体験を描いた古い記憶の地図を使いながら、今、何を体験しているか？

それには自分以外に誰か関わっているか？　誰か自分を見ている人はいるか？　若い頃の自分の中にしばらく入って、この感覚を継続させている古い地図を探すよう、相手を促す。これに関して、当時どんな信念を形成したか？　自分自身について、他者について、世界について、神について、どんな信念を抱いたか？

（信念を言葉で表現したときに、初めてそれを意識するというケースもある。また、単に限定的な信念を言葉に出していうだけで、その間違った信念があっさり消えてしまうこともある。）

▶ 4. 状態を中断して、体験を再検討する

「いい調子ですよ。ここで休憩しましょう。過去のその記憶はそのままにして、今ここにあるこの部屋にしばらく戻ってください。今度は、今のこの視点から、若い頃の自分の映画を見るようにそのエピソードを観察できるはずです。観察しながら、刷り込み体験を再検討し、その状況とそれに関わっている人を特定しましょう。体験を振り返るときは、体験を自分から離れたところに置き、画面に映し出されるものを見るような感じで見ます。離れた場所に置くことによって、外側からその中にいる若い自分を見ることができます。そうです」

それ以来、その体験の影響をどう受けてきたか？
その刷り込みの結果、どんな信念を作り上げたか？
その体験後の生活の中で、ほかにどんな信念を形成したか？

▶ 5. その感覚や信念の中に肯定的な意図を見つける

その状況に関わった自分以外の人たちには、どんな肯定的な意図があるか？

もしその人たちに訊ねなくてはならないと思うのなら、遠慮しないで訊ねること。「わたしに対してそうしたとき、あなたにはどんな肯定的な意図があったのですか？」

自分は役立たずだという信念を植えつけようとした者がいるか？
その人たちは自分をダメにしようとしていたのか？
その人たちは、その人たちにとって価値のあるどんなことをしようとしてい

たのか？

▶ 6. 必要なリソースを特定してアンカーする

　当時その状況で必要だったリソースや選択で、それがあればすべてを変えられただろうと思うのは何か？

　当時選択したかったのに選択しなかった行動は何か？

　その状況にいる他の人たちにはどんなリソースが必要だったか？

　その人たちが別の行動を取るべきだったとしたら、それはどんな行動か？

　加害者は、受容、思いやり、自己管理、愛、自尊心などをもっと必要としていたか？

　その人はもっと柔軟になり、厳しさを和らげ、理解や共感を高める能力を必要としていたか？

　必要なリソースを特定できたら、少し時間を取り、そのリソースをたっぷりもっていたときのことを鮮明に思い出す。いつ、思いやり、受容、自己管理などを体験したかを訊ねる。その記憶の中に戻って、それもアンカーするよう促す。

▶ 7. リソースを活用する

　ここで再び、刷り込み体験の検討に戻る。ただ、今度は別の視点から検討する。タイムライン上に浮かび上がり、各関係者の視点を取る。ひとりひとり順にやっていき、ひとり済むたびに状態を中断する。「それぞれの視点を取りながらこれを感じて（リソースのアンカーを点火する）、その状況にいる相手に対し、その人が目標達成に必要としていたはずのリソースを与えてください」

　相手にリソースを与えるときは、まさに今その人が自分の心の中にいること、そのイメージや記憶が自分の脳から来ていることを自覚して与える。「そうです、これを取って、相手にあげてください。自分自身のためにそうするのです。そのリソースを受け取った相手は、今、これまでとは異なるやり方で何をすることができますか？　この新しい体験から、あなたは今、どんな信念を構築することができますか？　あなたは相手が今、必要としていたリソースを入手したことを知りました。その状態でちょっと体験の中に入り、あなたの無意識に各体験を再検討させてください。当時この人にはそのリソースがなかったことがわかっています。あなたは今そのモデルを、自分のリソースとしてではある

第 5 章　アイデンティティ

けれど、更新できます。できますね？

「その体験の中には、当時欠けていたリソースを必要としている若い自己がいます。あなたには今、異なる信念の構築を可能にするどんなリソースがありますか？　どんな洞察、スキル、能力がありますか？　そのリソースをもった自分の一番手近にあるものはなんでしょう？　では、その灯りを取り、あなたの過去の歴史をそれで照らしてください。若い自分に光を当てます……すると、このリソースを感じ始めますから、それがあったらどう物事が変わっていたかを想像してみましょう。こうすることで、その記憶の中の自分といっしょにいてもリラックスできるようになり、安全で平穏で心地よく感じられるようになります……ごらんなさい、目の前の若い自己はリソースに満ちた信念と能力を形成していますよ」

▶ 8. 刷り込み体験を実体験し、追体験する

各登場人物になってタイムライン上を進む。「前もって相手に送った全リソースと共に、これを感じてください（リソースのアンカーを点火して、つなぐ）。これで、その体験と結びついた信念の更新や変更が可能になり、自分にとってこれまでより力のつく信念をもてるようになりますね？」

つづいて、若い頃の自分になってタイムライン上を進む。「自分に必要な資質や特性を重要人物ひとりひとりから受け取っていきます……そこに立ち会うことによってこれを再検討し……充分にリソースに満ちた状態を感じ取ります（アンカーを点火してつなぐ）」

▶ 9. 再検討して未来ペースする

「けっこうです。では、これからタイムラインを離れ、体験がどう変化したかを再検討します。あなたはこの結果に満足していますか？　満足したら再びタイムラインに戻り、新しい地図とリソースをもってすばやく未来へ進みましょう。そうです。そして、さあ止まってください、今いるそこで……まさに今ここで……このリソースといっしょに（アンカーを点火する）止まります……今、それについてどう『考え‐感じ』ていますか？」

#22a　タイムラインを使う

◆コンセプト

　わたしたちが抱える問題は、ときには現在の現実とはまったく無関係で、「過去」のどこかで起きた何かと関わっていることがある。そうした過去の出来事のコード化が原因となって、今、出来事や体験の表現方法、フレーミングの方法、解釈法の中に問題が発生するのである。それらが今も生きつづけているのは、自分がそれらを生かしつづけ、心の映画館で上映しているからにすぎない。

　わたしたちは重要な5つの入り口をもつ神経系を使って世界を認識する。つまり、情報をインプットする。そこから情報の処理が始まり、それを表現し、フレーミングし、意味づけし、解釈し、評価していく。そうしながら、自分の体験に関する抽象概念や観念を創り出す。言語を使い概念を分類することによって構築されるわたしたちの内的な世界には、自分の感覚を超越した「考え」があふれている。イマニュエル・カントはこれを**先験的カテゴリー**といい、コージブスキーは簡単に、わたしたちが構築する高次の抽象概念という言い方をした。ＮＬＰでは、こうした**感覚に基づかない象徴的な地図**がメタ・ステートという上位カテゴリーを形成するという言い方をする。日常用語では、考え、信念、理解、概念などと呼んでいる。

　「時間」もそのうちのひとつだ。「時間」という言葉は何を指すのか？
　「時間」は見たり聞いたり味わったり触れたりできるだろうか？　否。「時間」は経験によって立証できるものであり、実在するものではない。では、何が実在するのか？　出来事だ。これまでに起きた出来事、今起きている出来事、これから起きる出来事もそうだ。わたしたちが「時間」と呼んでいるのは、こうした出来事、こうした時間を、上位レベルの表象と比較機能が処理したものである。わたしたちはそうした出来事をどうコード化し、どう表現するのか？　一般的には、直線や円やファイルなどの空間的メタファーを利用する。「時間」という概念はどう表現するのか？　「時間」をコード化して構築することによって、過去・現在・未来の出来事を区別できるようにする。そして、これは因果、順序、構造などの感覚に影響を及ぼすため、多くの点でわたしたちの人格に影響を及ぼす（典拠：Bandler, Andreas and Andreas, 1987; James and Woodsmall, 1988;

Hall and Bodenhamer, 1997a）。

22b 「時間」を顕在化させる

▶ 1. 定期的にしている簡単な活動について考える

自分が定期的にしている簡単な活動は何か？

歯磨きや出勤、朝の着替えなどのことで、自分が確実にすることは何か？

「5年前にそれをしていたときのことを考えましょう……時間をかけていいですよ……けっこうです。では、今度は1年前にそれをしていたときのことを考えましょう……次は今朝していたときのことを考えます。次は、来週それをしているときのことを考えます……来年……5年後。けっこうです」

▶ 2. 表象に注目する

今、同じことを別々のときにしている様子を思い描いているわけだが、どう違いを区別しているか？

自分が過去のことを考えているのか、現在のことを考えているのか、未来のことを考えているのかをどうやって知るのか？

その表現の仕方の違いは何か？

それぞれの時期をどう区別しているのか？

どの感覚モダリティを代表として使っているか？

それぞれの映画的特性（「サブモダリティ」としての特質）は何か？

過去、現在、未来をどこに置いているかに、特に注目する。

サイズや詳細、色などにも注意する。

▶ 3. 距離を置いて、全体的な構造を見きわめる

時間の構造は直線のように見えるか？　あるいは、小道のような形状か？ブーメラン型？　らせん状？　それ以外？

それを何かになぞらえているか？　ファイリング・キャビネット、小型の回転式卓上カードファイルなど。

タイムラインは何に見えるか？　そこから何か音が聞こえるか？

その直線または小道のサイズはどうか？

それはどこで始まり、どこへ向かっているか？
複数のタイムライン、または時間の構造があるか？
もしあるなら、いくつあるか？
生活のどの活動領域——ビジネス、私事、娯楽、スピリチュアリティなど——にあるか？

　必ず充分な時間をかけて自分のタイムラインを明確にする。それを使って、過去に行くときは後方へ、未来に行くときは前方へ移動し、ライン上方に浮かんで数々の方法で使用することになるからだ。ラインがない場合は、あるつもりになって、タイムラインの目的に合わせて活用できるよう1本創作する。つまるところ、タイムラインといっても、直線を利用して「時間」を地図に表わすひとつの方法にすぎず、「時間」との取り組み方を表わすひとつのメタファーにすぎない。

過去	現在	未来
記憶	感覚的な気づき	可能性／計画
堅固／事実	融通がきく	予想
不変／固定／行き詰まり	やや固定	おおむね変動的
限定的	選択	好機／開放的
宿命	責任	見通し／夢
結果として生じる思考	衝動的な思考	予想という形の思考
すでに	今	それから、いつか
現実感	現在という感覚、今	期待感／希望

図5-1　「時間」の位置づけ

時間の外	時間の中	時間に囚われない
分離体験	実体験	時間を超越
体外	体内、体経由	体の上方
配列的	無作為、同時発生、統合的	メタ・ポジション
時間を重んじて好む	時間を軽んじて嫌う	時間に対して中立的
定刻、時間厳守	頻繁に遅れる、ぐず	
時間に気づいている	今、瞬間、記憶に埋没している	

図5-2　時間の型

第 5 章　アイデンティティ

◆◆パターン

▶ **1. タイムラインを特定する**
　過去・現在・未来の「時間」を示す表象を直線のメタファーを使って顕在化させたあと、タイムラインの上方を漂いながらそれを見下ろしているところを想像する。それはどんな様子か？

▶ **2. タイムラインに沿って漂いながら時を遡る**
　そうしながら、過去の若い自分に注目する。

▶ **3. 時間の中を前進する**
　今度は時間の中を前進しながら、自分が思い描いている出来事と、それらを──記憶していたものであれ想像したものであれ──自分がどう思い描いているかに注目する。

▶ **4. 時間に関する問題をすべて特定する**
　タイムライン沿いに問題はあるか？
　取り組みたいと思うどんな問題があるか？
　影響力がありすぎるのはどの出来事か？
　影響力がなさすぎるのはどの出来事か？
　過去・現在・未来において、あまりに多くの「心 - 情動」的な時間を体験しているか？
　未来について効果的に設計できるか？
　その瞬間にいるのは難しいと思うか？

▶ **5. タイムラインを変えるとしたら、どう変えたいか**
　タイムラインに関して、何か変えたいと思うことがあるか？
　自分のタイムラインには、時間感覚を豊かにするような形状、相対的配置、傾き、色などがあるか？

▶ 6. タイムラインのコードを変える

自分の表象の映画的特性を使ってタイムラインの属性を変化させ、時間感覚（距離、サイズ、明るさなど）を高める。

＃ *23a* 自分史を変える

◆コンセプト

　もし「時間」が「そこに」存在しないなら、「過去」と呼んでいるものも存在しない。わたしたちが口にする過去の出来事というのは、わたしたちの心の中にしか存在しない。「そこ」という外の世界には、もう存在していない。そうした出来事は終わったのである。しかし、わたしたちはそれらを思い描くというやり方で、それらを自分の「心－身－情動」系の中に保存している。その映画を記憶と呼んでいる。記憶はわたしたちが覚えている内容であり、心の劇場で演じる内容である。しかし、記憶は絶えず変化する。わたしたちは新たな理解、発達、学習、体験を重ねるごとに、過去の記憶を改訂し更新しつづける。これは意識的に行なっているのではない。意識して行なうこともできるが、自動的に、無意識的に行なっている。過去の記憶はひとつの構築として存在するだけであることから、ＮＬＰの共同創始者リチャード・バンドラーはいう。「幸せな子供時代を手に入れるのに、遅すぎるということはない」

　何を覚えているか、**なぜ**覚えているか、**どう**記憶を使うかは、その人の責任だ。いくら「正確」でも、心が傷ついてトラウマになるような記憶を、「本当に起こったことだから」というだけでいつまでも持ちつづける必要はない。そういう行為はわたしたちの力を奪い、その出来事に力を与えて、わたしたちの心の平穏や有効性を徐々に蝕む。自分の「心－身」系に「過去に生きよ」と指示を与え、元々好きでもない古いＢ級映画を回しつづけて、否定的な心理状態に何度もアクセスすることになる。そうしながら、自分で苦痛を生み出しつづけ、力を奪いつづけるのである。これは自分の脳を運営する方法として賢明なやり方ではない。ここで本項のパターンを使えば、**自分史を変える**ことが可能になる。

　自分史を変えるパターンを使って「過去」を再コード化すると、その過去を、破壊的な感覚を抱いたり自己を否定的に定義したりするときの内部基準として

使えないものにすることができる。記憶をリソースや学びとして再コード化し、肯定的な姿勢で未来へ進むための方向づけを促す。問題を起こしている記憶を見つけ、その原因を探り、リソースを使ってそれをリフレーミングしたのち、そのリソースの状態を現在および未来に導入するという手順を踏む。

◆◆パターン

▶ 1. 問題の記憶にアクセスする

　問題をはらむ感覚、好ましくない感覚、不快な感覚で、取り組みたいと思うものはあるか？
　それは何か？
　リソースに満ちているとはいいがたいこの感覚に相当する記憶はあるか？
　それを完全に顕在化して、その状態をアンカーする。

▶ 2. 相手を誘導探索（transderivational search）に誘う

　「この感覚（アンカーを点火する）を受けとったら、それに案内をさせて時間を遡ってください……タイムラインを過去へたどりながら、その感覚に手伝ってもらって、同じ感覚を感じた別の場合を思い出しましょう。そして、以前これを感じた時と場所まで思い切って戻ります……そうです。その否定的な状態を再び味わいながら、ちょっと立ち止まって自分の年齢をチェックしてください。この体験の中にいる自分は何歳くらいだと思いますか？」

　こうしてほかにもこの感覚を抱いた時と場所を探していく。「これと同じ否定的な状態を3例から6例くらい見つけられますか？」

　その状態を繰り返しアンカーしながら、相手の年齢を訊ねる。最低年齢まで遡ったところでストップする。

▶ 3. 状態を中断して介入し、新しいリソースをアンカーする

　そこで、その若い自分の外に出て、その記憶をひたすら客観的に観察する。「大人になった自己の目で見てください。そうした体験を振り返ってみて、若いあなたがもっと効果的に反応するには、その状況にどんな具体的なリソースが必要だったと思いますか？」

　そのリソースは経験したことのあるものか？　どれくらい楽にそれらにアク

セスして、そのリソースに満ちた状態をアンカーできるか？

▶ **4. リソースに満ちたアンカーとリソースを欠くアンカーを同時に点火する**
「一番最初の体験に戻って、これを感じてください（否定的なアンカーとリソース・アンカーを同時に点火する）」
どんな感じか？
自分にこのリソースがあるとわかった今、過去の記憶はどう感じられるか？
その過去はこのリソースによってどう変わったか？
つづいて、現在まで戻ってきてもらう。途中、その新しいリソースを携えて過去の各体験に立ち寄るよう指示する。そうすることによって歴史は変わり始め、各体験はこれまでよりリソースに満ちた満足できるものになっていく。

▶ **5. トラブル・シューティング**
過去の体験を変えるのが難しい場合は、いったん現在に戻り、もっと強力なリソースを構築してアンカーし、自分のリソース・アンカーに重ねる。

▶ **6. 状態を中断して、テストする**
ひととおり過去の体験をすべて変えたら、「朝食には何を食べましたか？」などと訊いて、状態を中断する。そして、その問題をはらんだ感覚について考えると何が起きるか、テストする。
何が起きたか？ 記憶は変化しているか？
どう変化しているか？
当人はそこにリソースがあると感じているか？

▶ **7. 未来ペースする**
未来にも同様の体験をするかもしれないと考えてみる。そのとき何が起きて、自分を支えてくれるか？

＃ *23b* メタ・ステート・モデルを使って自分史を変える

次に紹介するのは、自分史を変えるパターンを、メタ・ステート・モデルを使ってモデル化し直したものだ（典拠：著者とボーデンハマー博士が開発したパタ

ーン)。

▶ 1. 問題の出来事を特定する

問題だと感じたプライマリ・ステートの体験は何か？

自分史の中に、そのことを考えるといまだに苦しくなるという時や場所がまだあるか？　どんなふうに苦しくなるか？

それは、今の自分にどんな問題を発生させているか？

その記憶に入ると、どんな感情が湧いてくるか？　どんな意味が出現するか？

つづいて、その問題の状態から出てそれを振り返ってみる。その問題で、自分には解決が難しいと思われる点は何か？

▶ 2. その体験を観察者の観点から見る

タイムライン上のその体験から距離を置き、プライマリ・ステートに対してメタ・ポジションを取る。その位置を保ち、安全でリソースに満ちている感覚を携えて、タイムライン上を漂うようにして問題の出来事に戻り、証人になったつもりでそれを観察する。どんな感じがするか？

▶ 3. 観察者の位置から、その出来事について学んだことを収集する

「このメタ・ポジションからその出来事を見下ろして、若い自分がそれを体験しているところをよく見ます……その間ずっと出来事の外側にいてください。そうしていると、その出来事全体について、どんな学びや洞察、気づきがありますか？」

メタ・ステートに上がると、プライマリ・ステートの体験について学ぶことができる。そのメタ・ステートに上がり、若い自分がどんなリソースを必要としていたのかを突き止める。

その状況にいる他者にも必要だったのは、どんなリソースか？

当時自分や他者にどんなリソースがあったら、事態はすっかり変わっていたはずだと思うか？

▶ 4. 現在に戻り、リソースに完全にアクセスする

「今－ここ」に戻り、必要としていたリソースひとつひとつに完全にアク

セスする。

　それらを増幅したのちにアンカーし、各アンカーをテストして、自分がそれらにいつでもアクセスできる状態になっているのを確認する。どんな感じか？

▶ **5. 観察者のメタ・ポジションに戻り、リソースを渡す**
　すぐに利用できる状態のリソースを携えて過去の出来事に戻り、現時点の自己からの贈り物として、各リソースを若い自分に渡す。このリソースの移送を表現するとしたら、どう表現するのがベストだと思うか？
　現時点のリソースに満ちた自分がその場面に入っていき、若い自分に助言するところを見てみたいと思うか？
　雲状のリソースが若い自分の上に降りていくというような形で、象徴的にそれを体験したいと思うか？
　リソースを渡し終えたら、その日の出来事を最後まで上映し、若い自分がこれまでとは別のやり方で行動したり、考えたり、感じたりなどするところを、眺めるなり想像するなりして楽しむ。その映画の他の出演者たちに、その人たちが必要としているリソースを渡すこともできる。

▶ **6. リソースが加わった状態で、自分史の中を前進する**
　「映画を見終えたら、その中に入って再びそこに留まります……すっかり若い自分になりきったら、自分が時間の中を前進しているのを感じてください……タイムラインに沿って進みますが、今度はリソースと共に進みますから、自分の生涯を1年1年進むにつれて、そのリソースは自分史を変化させ、生活を豊かにしていきます」
　記憶の中の自分自身や他者をリソースに変えてもらうのは、どんな感じか？

▶ **7. 現在に戻り、エコロジーをチェックする**
　以上のように記憶を編集してきた今、その過去にはけりがついた感じがするか？
　自分自身のために、これまでより優れた学びと反応をコード化できたか？
　自分の過去をこうした方法で創り直すことによって、現在の生活は向上するか？
　新たに編集したこの状態で暮らしたいと思うか？

第5章　アイデンティティ

人生を航行するときの地図として、これまでより使い勝手のいい地図が手に入ったか？

これと完全に連携しているか？　「心－身」の様相の中に、異議を唱えている部分はないか？

▶ 8. 未来ペースする

自分史の史観にこうした変化が起きたと考えて未来をのぞき、変化が未来にも続いている様子を想像する。

＃24　スイッシを使う

◆コンセプト

　脳はあちこちへ出かけていく。そのせいで、問題を含んだ限定的な状態が発生する心的な場所や情緒的な場所にわたしたちを連れていくこともある。元気よく存分に生きるには、これはいただけない。しかし、どうすれば脳がそうした場所にわたしたちを連れていくのを止めさせられるだろう？　どうすればどこかもっといい所へ行くよう、脳に教えられるだろう？

　本項のスイッシを使うパターンがそれを解決してくれる。わたしたちは自然に発生するスイッシによって、ときに奈落に落ちたような気分になったり、リソースが枯渇している気がしたりするが、このパターンを使えば、そうした自然なスイッシを起こす日常生活の中の手がかりを見きわめられるようになる。まずこの自然なスイッシの正体を知ることだ。それによって、脳に進むべき方向を指示し直し、わたしたちが力をつけ豊かな気持ちになれるような場所に行くよう、脳を訓練し直すことができる。本項のスイッシ・パターンは、そうした形でものの感じ方や行動の取り方を変化させる。

　わたしたちがどう考え、どう情報を処理するかには、ＮＬＰが「心」の言語と呼ぶ情報処理のメカニズムが関わっている。このメカニズムは以下のものを含んでいる。

1. 感覚に基づく代表システム。これが心の映画を作るが、この心の映画には、映画をフレーミングする映画的特性（「サブモダリティ」という特性）が備わっている。

2. 言語学的地図。この地図を使いながら、単語や文という記号を用いて心の中の映画をさらに説明する。
3. 生理および触運動覚システム。これには、呼吸、姿勢、顔の表情などがある。

　わたしたちは外界の現実を処理するとき、自分の地図を使って間接的にしか処理していない。つまり、世界に対する反応（感情、行動など）は自分の世界モデルから発生しているのである。その世界モデルを変えれば、わたしたちも変わり、わたしたちの反応や感情やパターンも変わる。わたしたちは意識の状態をどう顕在化させているのだろう？　特定の刺激――外的刺激であれ内的刺激であれ、想起した刺激であれ想像した刺激であれ――に反応することによって、そうしている。すなわち、自分の状態の管理には、心の言語を使って自分自身の脳を活発に運営する作業が含まれているということだ。

　スイッシを使うパターンは生成的なパターンである。「古い反応を変える行動」について考えている場合、わたしたちはある特定の行動や反応の中でプログラミングを行なっている。しかし、「これはもう自分には問題ではなくなったと判断した自分」について考えている場合、これまでより強力かつ肯定的な自信にあふれた自分、すなわち自己イメージに自分の意識を送っている。

　このパターンの背後には神経力学的な原理がある。その原理が基盤とするのは、わたしたちの「心－身－情動」系は本質的に苦痛や不快からは遠ざかり、喜びには近づいていくという点だ。したがって、ある刺激に喜びの意味をもたせると、わたしたちは必ずその喜びに近づくように自分自身をプログラミングする。こうして自分の意識を方向づけ、それを神経学的に電送する。こうした電送経路はその価値よりも長持ちすることが多い。わたしたちはたいてい、常にその時点でできる最高の選択をしている。

第 5 章　アイデンティティ

◆◆パターン

▶ 1. 手がかりとなるイメージの表象を明らかにする
　その好ましくない行動を取る直前には、何が見え、聞こえ、感じられるか？
　何がトリガーになって、行き詰まった、リソースが枯渇している、その習慣に縛られていると感じるのか？
　自分にとって問題だと思われる行動を発生させているのは何か？
　トリガーを特定したら、このイメージを実体験のイメージとして見る。

▶ 2. 望ましい自己イメージを完全に思い描いて、明らかにする
　自分が望んでいる自己イメージ、すでにこうした問題を抱えていない自己のイメージは、どんな感じか？
　望みの目標を達成するのに必要な特質や属性は何か？　すべて挙げる。
　このイメージを特定したら、映画の外に出て、観客としてそれを見る。つづいて、その新しいイメージが自分の中に食い込んでくるように感じられるまで編集する。もうそう感じているか？

▶ 3. 反対意見をチェックする
　これと完全に連携しているか？
　自分のパートは皆、この望ましい自己の中に入って、それを完全に味わいたいと思っているか？
　心を静め、内面に入って探索する間に、もしなんらかのパートが新しいイメージに異議を唱えたら、何に気づくか？

▶ 4. ふたつの表象を結びつける
　ふたつのイメージが用意できたら、表象どうしを結びつけて、トリガーとなっているイメージや音がリソースに満ちたイメージにつながるようにする。どんな感じか？
　クライアントの駆動モダリティと映画的特性を使って、このメカニズムを構築したか？
　手がかりのイメージが大きく明るくなるように、まずそれをクライアントの

目前にもってくる。それから、そのイメージの中央に、小さくて暗い未来の自己イメージを構築する。これはどんな感じか？

　手がかりのイメージから始めて、それを未来の自己イメージに結びつけ、もっとも理想的な自分に向かって進みつづけられるようにしたか？

▶ 5. スイッシを行なう

　「トリガーあるいは手がかりとなるイメージを次第に小さく暗くしていきながら、未来の自己イメージが次第に大きく明るくなるように調整します……それがスクリーン全体に広がるまで続けてください。どんな感じですか？」

　これをすばやく、ほんの2～3秒で行ない、「スイーーッシ！」と声をかける。そのあと、クライアントに「スクリーン」に映っているものをすべて消すように指示する。

▶ 6. 上記のスイッシを5～6回繰り返す

　回を追うごとに、脳がスピードを上げられるようにする。

▶ 7. テストする

　ここで、手がかりのイメージについて考えてもらう（クライアントにとって外的な手がかりとなるものを創り、行動を使ってテストしてもいい）。

▶ 8. 未来ペースする

　そのイメージを未来に持ちこんだところを想像する。どんな展開になるだろう？

距離と色を使うスイッシ

▶ 1. 手がかりのイメージを明らかにする

　ここでも前の方法と同様に、大きなイメージを自分の目の前に設定し、実体験のイメージとして見る。

▶ 2. 未来の自己イメージを創り、明らかにする

▶ 3. エコロジーをチェックする

▶ 4. ふたつのイメージを結びつける
　手がかりのイメージはフルカラーにして目の前に置き、未来の自己イメージは白黒にして遠くに置く。

▶ 5. スイッシを行なう
　手がかりのイメージを遠ざけながら、理想の自己イメージをフルカラーにして近づける。そのままこのイメージを数秒間維持するよう、クライアントにいう。

▶ 6. 5〜6回繰り返す
　毎回、いったん心の画面に映っているものを消してから、次のスイッシを始める。

▶ 7. テストする
　今それについて考えると、何が起きるか？

＃25　卓越性の円に入る

◆コンセプト

　この世界を移動しながら抱く「思考‐感情」は、わたしたちが「力の中核」から動くのか、無力の空虚から動くのかをおおいに左右する。わたしたちは卓越性の状態を構築しアンカーすることによって、自分の最高の状態で動くことができる。この戦略は、無意識を活用して望ましい行動パターンを生理にアンカーし、生活のあらゆる面でそれを使えるようにする。状態にアクセスする基本パターンを基盤とするこの方法を使うことで、人間としての中核とバランスを向上させるすばらしいリソースを入手できる。この方法はまた、能力の卓越性を伸ばすのに役立ち、熟達が表に出るような課題を推進するのにも役立つ。

　このパターンにニューロ・セマンティックスのマジックを少し効かせるには、円を球に変え、それをリソースに満ちたエネルギーのドームとして使い、思い

のままに出入りできるようにするといい。

◆◆パターン

▶ 1. 卓越性の状態を特定する
　どういう状態を使えるようになりたいのか？
　どういう状態になれば、これまで以上の能力とスキルを使って行動できるようになるか？
　自分がベストの状態にいることをこれまで以上に感じられるような卓越性の状態とは、どういう状態か？

▶ 2. 床の上に円を想像する
　その状態を円と考えて、それを自分の前の床に置く。
　それが見えるか？　その円があるのを感じられるか？
　自分が入れる広さのものを想像したか？

▶ 3. その円を着色する
　リソースに満ちたその状態を象徴するのは何色か？
　その円内の状態の特質——色、質感、素材、サイズに注目する。それはどんな感じか？　好感がもてるか？

▶ 4. メタ・ポジションから創造し増幅して、その中に入る
　円の外に立ち、今入手したいと思っている特質をすべてもっていたときのことを思い出す。未来のことも想像する。それはいつのことか？
　その特質をすっかり入手したつもりになってみる。どんな感じか？
　誰か別の人の特質をモデリングしているだけの場合、それはどんな感じか？
　体験を完全に再現しながら、こうした特質を手に入れた自分はどんな気持ちか、自分に何を語りかけるか、何を見るか、どんな姿勢を取っているかに注目する。いい感じか？　強力か？
　次にそれを増幅してアンカーし、この状態をすぐ再現できるようにする。
　その状態をそこにしっかり設定できたら、中に入って存分にそれを味わう。どんな感じか？

▶ 5. 卓越性の円を出入りする

　その状態の特質や能力はすべて円内で体験し、手にすることになる。その間、自分が自分に語る言葉をしっかり聞き、自分がどんな様子でいるかを見、どんな気持ちになっているかに注目する。この状態を、自然に出てくるなんらかの動作を使って、より完全にアンカーする。

　つづいて、円の外に出る。完全に外に出て円から離れ、円はそのままにする。円はどんな様子か？

　リソースのアンカーを点火する練習として、卓越性の円の中に入り、再びそこに留まる。自分のイメージの中に入っただけだが、それはどんな感じか？

　どれくらい速く、その体験の内側から自分の考え、記憶、気づき、感覚を完全に味わってみようという気持ちになれるか？

　今、その表象をどこまで大きくすることができるか？

　力強く自分に語りかけ、こうした特質がこれから自分の特質として育っていくと信じるのは、どんな感じか？

▶ 6. 未来ペースする

　再び円内に戻り、自分の卓越性の円（球）を味わいながら、こうした特質を自分のものにすると、どうなるのか、どういう感じがするのかを考える。

　この状態から行動する必要があるのはいつか？

　そのとき、どこにいるのか？　誰といっしょか？　具体的にどんな状況にいるのか？

　これと完全に連携しているか？

▶ 7. 状態を中断してテストする

　昨日の午後は何をしたか？

　状態を中断したあと、卓越性の円のアンカーを点火すると、それは戻ってくるか？

　これをこの先ずっと持ちつづけるか？　それは自分のものか？

♯26 決定を無効にする

◆コンセプト

　生きていく間には、好ましくない決定をすることもある。不十分な情報、誤った情報、トラウマや心の傷、単にリソースを欠いた状態などといった状況で、自分自身について、他者や世界や人生について、あるいは自分にできること・できないことについて、不適切な決定が下されると、やがてこうした決定はすっかり心の地図の一部になり、主要な心理的な力として、どう行動し作動するかの方向づけをする管理職的なメタ・ステートとして、生活の中で作動するようになる。

　決定は心の地図の一部であり、何をすべきかについて具体的に指示を出す。そして、ある決定がある状況のある時期に非常にうまく機能して利益をもたらしても、状況と時期が変われば、その決定は時代遅れになることもある。

　そのような限定的で破壊的ですらある決定には、どう対処したらいいのだろう？

　「自分はろくな人間になれない」

　「子供は大人の前でみだりに口をきいてはいけない」

　「思い切ってやっても、厄介なことになるだけだ」

　本項のパターンを使えば、向上につながらない限定的で破壊的な決定を無効にすることができる。自分の決定について再決定を下し、もっと力のつく決定を構築することができる。

◆◆パターン

▶ 1. 生活の中で使いつづけている限定的な決定を特定する

　今、生活に支障を来たしている限定的な決定があるか？

　かつて下した決定で、今は役に立っていないのは何か？

　その決定がどういうものであり、自分にとってどういう意味があるのかを完全に説明するとしたら、どう説明するか？

　それは自分や自分の成功にとって、どう限定的で、どう破壊的か？

　いつその決定を採用したのか？

どのくらい長くその決定を使って生活してきたか？

▶ 2. 向上につながる決定で、自分のものにしたいと思うものを特定する

適格な目標を立てるための判定基準（第1メタ・パターン）を使って、その決定をもっと力のつくものにするとしたら、どこから変えていけばいいだろう？

今考えられる決定で、もっとも自分の向上につながる決定は何か？

どんな決定なら、現在や未来にもっと役立つか？

この決定の状態にアクセスして完全にアンカーすると、どんな感じがするか？

何かほかに、その決定をもっとずっと豊かなものにしてくれるものがあるか？

▶ 3. 限定的な決定が下された過去の時点に戻る

自分のタイムラインに気づいたら、その上方を静かに漂いつつタイムライン沿いに過去へ向かい、自分が歩んできた時間をよく観察する。その限定的な決定を下した過去の時点に来たら、よく注意してその中へゆっくり降りていく。「聞こえていますか？　その体験の中に降りていきますよ。そして、その時間の中に入り、よく観察しながら、限定的な決定のあるところまで行きます……そうです。そうしたら、その体験をただアンカーしてください。もしも同じ決定をほかの時点でも下している場合は、それぞれの時点へ漂っていきましょう。そして、この限定的な信念を使ったもっとも初期の時点にたどり着いたら止まります。そうです」

▶ 4. その初期の出来事の上方を移動する

「ここでタイムラインの上方に浮かび上がり、向上につながる決定に完全にアクセスします。どんな感じですか？　やってみて、必要ならアンカーを点火します。

「次に、その限定的な決定を初めて下したときより30分前の時点に漂っていきます。そこに着き、出来事の上方で向上につながる決定にしっかりアクセスしたら、その時点の若い自分の中にゆっくり降りて、その決定を充分かつ完全に持ち込みます。どんな感じですか？」

▶ 5. 新しいリソースを備えた古い状況を味わう

「今、タイムライン上に降りて、向上につながる決定とリソースを持ち込み、それらに自分の感情と記憶をすっかり変えてもらい、この新しい決定の効果を味わっています。そう、それに自分の記憶を全部変えてもらってください……そうです」

▶ 6. 現在に戻って立ち止まる

「今度は、それをもったままタイムラインを一足飛びに現在まで戻ります……すべてが変わるのはそのままにして……はい、戻ってきました。あとは、何もかもが完全に統合されるのを認めてあげましょう……」

▶ 7. 未来ペースして、確認する

つづいて未来をのぞき、自分の力になる新しい決定を見たり感じたりしているところを想像し、それが自分の生き方にどう影響を与え、どう作用するかに注目する。どんな感じか？

それに対する反対はないか？

完全に連携しているか？

♯27　コア・トランスフォーメイションを使う

◆コンセプト

「コア」・トランスフォーメイションは深さのメタファーとして「コア」という言葉を利用し、人の中核へ深く降り、その人の根源を成す価値観や状態を特定したり発見したりすることを示唆している。前提とするのは、その人のパートはすべてそのコアから出て作動しているということだ。コア・トランスフォーメイションを使う本項のパターンはアンドレアス＆アンドレアスが開発したプロセスに由来するもので、深さのメタファーを使っているが、次項のパターン（メタ・トランスフォーメイションを使うパターン）は同様のプロセスを利用しながら、別のメタファーを使っている。こちらは高さのメタファーと「メタ」という用語を使ってワークを行ない、わたしたちを自らのもっとも高い、もっとも優れた価値観へ導いていく。

両パターンはいずれも、その人の中心的な価値観や信念、アイデンティティに基づいて変化を発生させるプロセスと取り組む。この取り組みが、わたしたちを内的に一致した完全な状態へと導いていく。両パターンとも、幸福や全一感といった内的感覚を育成しようとしている。また、わたしたちには結びつきたいと強く願う特質があるが、そうした特質と結合しているという内的感覚を育成しようともしている。そうすることによって、わたしたちはそれらを統合し、トラブルに見舞われ苦悩に苛まれるときにも、中核がぐらつかないバランスの取れた状態で稼動できるようになる。

　このパターンはわたしたちを「存在のもっとも深いレベル」へ連れていき、そうしたリソース、すなわちコア・ステートを使って、感情や行動を変化させ、現在の幸福感に関する反応を変化させる。ぜひこのパターンを活用し、内的葛藤や自己との不調和、パート間の統合の欠如、もっとリソースの豊富な中核を求める気持ちなどに取り組んでいただきたい（典拠：Andreas and Andreas, 1991. コア・トランスフォーメイションは6段階リフレーミングを発展させたもの）。

◆◆パターン

▶ 1. 取り組むパートを選ぶ

　どのパート（行動、感覚など）に取り組みたいと思うか？
　自分の全パートについて考えた場合、まだ評価できないのはどのパートか？

▶ 2. そのパートを感じ取り、歓迎する

　そのパートの存在を体のどのあたりに感じるか？
　そのパートを歓迎して受け入れると、その最中にどんな違いを体に感じるか？

▶ 3. そのパートの目的と意図を見つける

　これを発生させているパートに訊ねる。「あなたがわたしのために望んでいることで、肯定的な価値があると思っているのはなんですか？」

▶ 4. 達成目標の連鎖を見つける

　つづいてそのパートに訊ねる。「前段階からの達成目標が充分かつ完全に達

成できたとしたら、それによって手に入れたいと望んでいたことで、その達成目標よりも重要だと思うのはなんですか？」

▶ 5. 繰り返す

第4段階の質問を繰り返し、コア・ステートに達したところで終了する。コア・ステートというのは、愛、安らぎ、宇宙との一体感、あるがままで大丈夫という感覚、ただ在ることなどの意識の状態をいう。いったん自分のコア・ステートにアクセスしたら、しばらく時間をかけてそれを充分かつ完全に味わい、その後、代表システムのひとつなり複数なりにそれをアンカーする。

▶ 6. コア・ステートを備えた状態で、達成目標の連鎖を逆戻りする

まず以下のような穏やかな言い方で、パートに気づいてもらう。「このコア・ステート（第4段階の達成目標の連鎖から顕在化したものの名称をいい、アンカーを点火する）がこの世界での在り方として自分に備わったら、そのコア・ステートをすでに手に入れていることによって、物事はどう変わりますか？」

つづいて、こう訊ねる。「このコア・ステート（名称をいう）をこの世界での在り方としてすでに手に入れているとしたら、[X]、[Y]、[Z]（第4段階で上がった達成目標の名を上げる）はどう変化し、どう豊かになり、どんな光を放ちますか？」

さらに、こう訊ねる。「このコア・ステートをこの世界での在り方としてすでに手に入れているとしたら、あなたの体験（変化を望んでいた状況の名称をいう）はどう変わりますか？」

コア・ステートを備えた状態でこうして逆戻りすることによって、変化を望んだ元の状況が変化する。

▶ 7. パートを成長させる

元の行動の背後にいるパートに訊ねる。「歳はいくつですか？」

さらに訊ねる。「このコア・ステートをしっかり備えた状態で現在の年齢まで時を追って発達すると、さまざまな恩恵がもたらされますが、その恩恵を受けたいと思いますか？」

受けたいと思っているなら、このパートの年齢がいくつであっても、その年齢から現在の自分の年齢になるまで、片時もこの［X］（コア・ステート）を離

さず時を追って成長するよう、パートにいう。

▶ 8. パートを体の中に完全に取り込む

今そのパートは自分の体のどこにいるのか？

どこにいるかわかったら、成長したそのパートが完全に体内に入って全身をめぐり、達成目標の連鎖の中をしっかり流れられるようにする（一般的な逆戻り、特定的な逆戻り、元の状況の変化）。

▶ 9. 反対しているパートをチェックする

コア・ステートとしての［X］を、今この世界での在り方として備えることに反対しているパートはいるか？

もしいたら、次のプロセスに進む前に、反対しているいずれのパートにも、また、この問題と結びついているその他のパートにも、第 8 段階までのプロセスをたどらせる。

▶ 10. タイムラインを普遍化する

まず自分のタイムラインを心に描き、その上方を漂いながら後退し、受胎時の直前まで遡る。次に、コア・ステートを自分の存在から発しながら（アンカーを点火する、または、つなぐ）時の中を前進し、このコア・ステートが現在に至るまでのあらゆる瞬間の体験を彩色し変化させるようにする。つづいて、同じ軌道で未来の中に入っていく自分を心に描き、自分にこのコア・ステートがあるという事実によって、それがどう彩られていくかに注目する。最後に、同じ手順を繰り返してタイムラインの普遍化を数回、回を重ねるごとにスピードを速めて行なう。

（各達成目標およびコア・ステートを書き留めておくと役に立つ。それを見れば、この連続した状態の中を循環して反復処理を行なうとき、数々の達成目標の状態を、クライアントから引き出した順に思い出し、指名することができる。）

＃28 メタ・トランスフォーメイションを使う

◆コンセプト

　もし上位の「ロジカル・レベル」──メタ・レベル──で変化を起こせたら、人格全体に行きわたる生成的な変化を発生させることができる。本項のパターンとコア・トランスフォーメイションとの主な違いは、中で用いる操作上のメタファーにある。コア・トランスフォーメイションでは、自分の「コア」に「下降」して、深い「コア」・ステートを特定し、それにアクセスするという考え方を用いている。ここではメタファーを反転させ、上位の「ロジカル・レベル」に上昇し（メタ・レベルへ行き）、希望する超越的なメタ・ステートにアクセスする。各状態の肯定的な意図を見つけることによって最上位の超越的メタ・ステートに達するのである。ここに、メタ・トランスフォーメイションが発生する。

　このパターンを使うことで、希望する達成目標を完全に発達させ、希望する状態の連鎖を顕在化させることができる。探求を進めるには、以下の質問を繰り返す。「自分は何を体験したい／やり遂げたい／感じたい等と思っているのか？　また、それが叶ったとき、それは自分に何をもたらしてくれるのか？」

　ＮＬＰでは、通常なぜ（why）という理由を訊ねる質問はしないし、説明や原因を求めて過去を探ることもない。

　なぜを訊ねると、どうしても問題や過去、因果関係に集中することになる。そうした質問に答えても、たいていは問題の中に留まったままになる。ＮＬＰでは、なぜの代わりに、主にどう（how）、何／どんな（what）を訊ねる質問をする。

　今これをすることによって、わたしは何をやり遂げようとしているのか？
　どうすれば、もっともうまくそこに到達できるだろう？
　どんなリソースがわたしを助けてくれるのだろう？

　こうした質問をすると、わたしたちは目的や目標、希望する状態のほうを向く。いったん希望する状態の連鎖がわかれば、どう、何を訊ねられる。わたしたちは自分の希望する状態を見つけると、価値のあることをやり遂げようとす

る。したがって、どう、何／どんなの質問に対する答えを内的生活の基盤にすることができる。言い換えると、その達成目標の状態へステップアップすることができ、それらをこの世界での在り方として活用できるのである。

◆◆パターン

上昇の4段階

▶ 1. 行動を特定する

自分の行動、状態、習慣で、いまだに有効だと思えなかったり、楽しいと感じられなかったりするのは何か？

自分の行動や状態で、自分自身について評価できないのは何か？

（このパターンは、自分が気に入っている肯定的な行動、評価している肯定的な行動にも利用できる。）

▶ 2. 意図について、何／なぜを探る

これをすることによって、何を手に入れようとしているのか？

どうしてこれが自分にとって価値があるのか？　どうして自分の目的になるのか？

なぜこれは自分にとって重要なのか？

これによって何を達成したいと思っているのか？

▶ 3. 繰り返す

それをするとき、何をやり遂げよう、経験しよう、手に入れようと思っているのか？

こうした質問を続けて、反応のメタ梯子を登っていく。ループが始まるまで続ける。

これを手に入れることによって獲得したいと思っていることで、これよりもっと重要だと思うのは何か？

希望しているこの状態を望みどおりのやり方で手に入れたら、自分にとってさらに重要なこととして、何をしたいと思ってるか？

▶ 4. 頂点に達するか、ループが始まるか、明らかに強力な状態を得るかするまで続け

る

それは自分にとって頂点か？
それより上位のもの、もっと重要なものが何かあるか？
こうして希望する状態に至る梯子を創っていく。通常、状態の間でループが始まったり、「世界の境界」を表わす言葉（単に、〜だけ、間違いない、など）が出てきたときには、頂点に達している。

下降の4段階

▶ **5. 究極の超越的メタ・ステートを充分に説明する**
この究極の超越的メタ・ステートはどう見え、どう聞こえ、どう感じるか？
それについて話すとき、どんな言葉を使うか？
メタファーもしくは象徴で表わすとしたら、どうなる？

▶ **6. この最上位のメタ・ステートの中に完全に入る**
前段階の説明にある手がかりをすべて使って「心－身－情動」系を補佐し、望んでいるこの状態にアクセスする。そして、そのまま中に入るとどんな感じがするかに注目する。どんな感じか？
必要に応じて「アズ・イフ」フレームを使う。この最上位のメタ・ステートを充分かつ完全に体験するのは、どう見え、どう聞こえ、どう感じるか？

▶ **7. より完全にその状態を体験する方法を体にコーチする**
この場所にいるとき、どう呼吸しているか？
この状態の目や表情、姿勢、歩き方は……？　「そう、その調子です」と励ます。
自分で思い切りそれを体験してみたら、どういう感じがするか？
どのくらいこの状態を全身に吸収しているか？
あとどのくらい吸収したいと思うか？

▶ **8. 最上位のメタ・ステートを使って、それに備わった全リソースを下位に向かって説明する**
この状態をすでに備えているとしたら、体験はどう変わるか？

どう豊かになるか？
「考え方 – 感じ方」はどう変わるか？
　この最上位のメタ・ステートに下位の状態を組織させ、調整させ、稼動させたら、どんな様子になるか？　自分のためにどれくらい物事を変化させてくれるか？

＃29　親と和解する

◆コンセプト

　わたしたちは親から学び取った考え方を自分のものとしながら、最初の自己イメージを創り出す。自分の世話をしてくれる人の考え方や信念を受け継ぎ、採用する。周囲の人たちから受け取ったものから、自己の定義、自分自身に対する見方や意見を構築する。もし親や他人が自分のことを愚かで力不足で無価値だと考えていると思い込んだら、わたしたちはそうした考えを自分の自己イメージとしてあっさり採用し、それを自己イメージの一部にしてしまう。そうなると、それを示す証拠はどんどん出てくる。信念はこうして自らを構成する。
　「親と和解する」ための本項のパターンを使うと、親から取り込んだ限定的で機能障害のある考えや定義、レッテル、体験を特定し、それを肯定的なリソースに変えることができる。このパターンには、以下のふたつの前提がある。

1) あらゆる行動、あらゆる情動的反応には、肯定的な意図がある
2) そうした意図を特定すると、自分の信念を変えるための力として、それらを活用することができる

　大人になっても親と「和解」できていない場合、「心 – 情動」的エネルギーを大量に使って、「親が自分にしたこと」や親の有害な子育てについて考えたり、親を非難したり、過去の子供時代の体験のせいで人生がうまくいかないと言い訳をしたりする。こうした行動は何ひとつリソースに満ちた生活を送るのに役立たない。なんとかしてそれを乗り越え、前向きに人生を歩んでいかなくてはならない。しかし、どうやって？　本項のパターンがそれに答えている。これを使えば、親から受け取った肯定的な特質を見きわめ、増幅し、統合して、成長過程で行き詰まりを感じる原因になっていた「いかなる厄介事にも片をつ

ける」ことができる（典拠：Robert McDonald を文脈に合わせて要約）。

◆◆パターン

▶ 1. 親との対立を特定する
　これまで親と結びつけて考えてきたどんな葛藤や否定的な感覚を解決したいと思うか？
　心に痛点のようになって残っている記憶や成長の様相はあるか？

▶ 2.「母親」の表象を特定し、発達させる
　母親のことを考えるとき、その表象はどこにあるか？
　母親に関する否定的な感覚、イメージ、音は、心や体のどこにあるか？
　母親を表現するとしたら、どう表現するか？　空間のどこに表現するか？
　心の映画には、ほかにも映画的特性があるか？

▶ 3.「母親」の表象を強化する
　奇妙な感じや、居心地が悪くて不快な感じがするかもしれないが、その感覚、イメージ、音をそのまま歓迎する。「それらが強まるなら、強まるままにしてください……どういうふうになっても、なるがままにします……つづいて、それが体内の今いる場所から開いた左の手のひらに流れ込むようにしてください。その感覚、イメージ、音が左手に流れるままにして、すべてをそこに表現し終えたらストップします。けっこうです。少しそのままにしていてください」

▶ 4. 形のあるイメージを描いて強化する
　つづいて、その感覚、音、イメージに、はっきりした形のあるイメージをもたせる。何が見えるか？　何を感じるか？
　その感覚や音を目に見えるひとつの形にまとめるよう頼むとしたら、どんな形が浮かんでくるか？

▶ 5. 状態を中断する
　「わかりました。さて、ちょっとお待ちください。天井のあれはなんでしょう？」

「靴ひも、ほどけていませんか？」
「アメリカ合衆国の歴代大統領の名前は？」
（相手の状態を中断することなら、何をいってもいいし、やってもいい。）
　状態を中断したら、こう続ける。「けっこうです。では、『母親』の表象は、しばらくそのままにしておきましょう」

▶ 6.「父親」の表象を特定し、発達させる

　ここからは父親のことを考える。これまで父親と結びつけて考えてきた感覚、音、イメージに注目する。そうした表象をどこに感じるか？　自分の体の内側に感じるか？　外側に感じるか？

　「そうした感覚、音、イメージが強まるなら強まるままにして、体の内外どちらにあるにしても、それらがその場所から開いた右の手のひらに流れ込むようにします。そうです」

　急がなくていいことを伝えて、続ける。「無意識がそうしたイメージや感覚を届けてくれるままにしておきます。そして、その感覚が右手に流れ終わったら、それらがイメージ、映画、表象をそこに形成できるようにします。そうです。はっきり形のあるイメージになるようにしましょう」

　つづいて訊ねる。「すべての様相をひとつの形にできたとしたら、どういうものになりますか？」

　返事が返ってきたら、再び状態を中断する。「『父親』の表象は右手にそのままにしておいてください」

▶ 7. 肯定的な意図を見つける

　ここで、母親の表象を見ながら、それに向かって「わたしのためにどんな肯定的なこと、どんな価値のあることをしようとしていたの？」と訊ねる。何を感じるか？

　つづいて訊ねる。「それをしようとしたり、手に入れようとしたとき、重要なそれや価値のあるそれはどんな感じだったの？」

　さらに訊ねる。「それの何が重要で、何が肯定的だったの？」

　（肯定的で価値のあるものだと考えているメタ目標を、内なる母親のパートが見きわめられるまで、この質問を繰り返す。母親は自分を失望感から守ろうとしたのかもしれない、世間が与える苦痛を処理できるような人間にしたかっ

たのかもしれない、など。)

　次に、父親の表象を見ながら、それに向かって「わたしのためにどんな肯定的なこと、どんな価値のあることをしようとしていたの？」と訊ねる。何を感じるか？　何がわかるか？

▶ 8. 評価と感謝の気持ちで包む

　内なる「父親」と「母親」のパート双方に対し、自分を気遣ってくれたこと、ふたりのメタ意図を分けてくれたことに感謝する。

　つづいて、「父親」と「母親」双方の表象が互いの意図と肯定的な目的を認め合えるようにする。どんな感じがするか？

　両親の子育てには限界があり不十分なところはあったが、もっと上位の肯定的な意図があったと知って、内側はどんな感じか？

▶ 9. ひとつのパートにまとめる

　両親の表象双方が互いの肯定的な意図を受け入れたら、両者が結びついていっそう強力な肯定的な意図を創り出すようにする。

　双方に訊ねる。「自分たちの願いを結合し、ひとつの肯定的な力にすることによって、もっと影響力のある存在になる意思はありますか？」

　もしあるなら、両手をゆっくり合わせて、統一表象を形成する。そうしながら、ふたつの表象が混ざり合って同化するのを見守り、感じ取る。「そうです。両者がひとつにまとまって完全に一体化するのをただ見守っていればいいのです」

　つづいて両手を離し、ふたつのパートの完全な統合を表わす新しいイメージを見てみる。何が見えるか？

　両親の肯定的な意図が結合してひとつの強力なリソースになるのは、どんな感じか？

▶ 10. 内面に持ちこむ

　一体化したこのイメージを自分の不可欠な一部とするために、それをどこに保存したいと思うか？　心臓内部に保存したいと思うか？　それとも心臓の下？　あるいは、肺の中？

　「それを中に入れてあげましょう。そして、リソースに満ちたこの新しい感

覚をアンカーしようと思う部分に触れてみてください。さあ……」

つづいて、このアンカーをつないだまま、統合したイメージを自分の内面に取り込んだときに感じた感覚が、自分を連れて過去をずっと遡り、この世界に産まれ出る直前まで行くようにする。そして、母親の子宮の中でこれらの肯定的な感覚をすべて感じているところを充分かつ完全に想像する。それが済んだら、これらのリソースを体や細胞構造の奥深くに備えた状態で、すばやく全人生の時間をたどって成長し、現在のこの瞬間まで戻る。

▶ **11. 未来ペースする**

次は未来に入る。この統合したリソースを内部にしっかり備えて未来に入ったら、今後の自分の人生がどうなるかを想像する。それに対して好感がもてるか？

これと完全に連携しているか？　なんらかのパートが反対しているか？

＃30　自分自身を愛する

◆コンセプト

わたしたちは健全な自己愛や自己受容、自尊心を表に出さずに話したり行動したりすることが珍しくない。それどころか、きわめて健全な人が自己卑下をにじませることもさほど珍しいことではない。本項のパターンはそれを是正するために、より完全なアイデンティティを効果的に構築しようとする。これは、自分には価値があるという感覚を高め、自己をもっと統合の進んだものにすることで可能になる。こうした取り組みによって、自己評価など、他の状態も豊かになる。このパターンはエゴを強化し、自尊心を高めるために設計されている（典拠：Suzi Smith and Tim Hallbom）。

◆◆パターン

▶ 1. 愛し方のモデルについて、ゆったりした気分で考える
　快適な場所で心から楽しめることをするとしたら、どこがいいか？
　その場所を見つけたら、自分のことを熱心に気にかけてくれる人物を心が特定できるようにする。そういう人物がふっと浮かぶだけでもかまわない。

▶ 2. この「愛し方」のモデルを説明する
　どんな特質を支えにして、その人は愛を注ぎ、気遣いを示しているか？
　どうすれば充分にそれを説明できるか？
　自分を愛してくれる人に関係のあるコンポーネントをすべてじっくり感じながら、その人が自分を愛してくれる理由を考える。
　何かほかにあるか？

▶ 3. 知覚の第2ポジションを取る
　「では、しばらく自分の体を離れ、自分を見つめているその人物の体内に漂うように入ってみましょう。相手の位置に納まったら、その位置から自分を見ているところを想像します。その状態で、この人が見ている自分の説明を始めてください……では、この人は何を見て、あなたに愛と気遣いが必要だと思っているのですか？」
　この人は自分の何に対して特に愛情を感じているのか？
　この位置から、この人が自分を愛し評価するのを見たり感じたりして、どう感じるか？
　この人はどんな言葉を使って、自分に対して感じている愛情を説明するだろう？
　自分に愛情を注ぐ他人の目を通して自分自身を見るとき、自分はどう見えるか？
　別の視点から愛情を込めて自分自身を見ることによって、自分は愛すべき人間だと気づく体験がいかに豊かになるかを自分にしっかり気づかせる。

▶ 4. 愛されているという感覚をアンカーする

「あなたはこの人に心から愛されているという感覚を感じると同時に、これを感じる（アンカーを設定する）ことができますし、自分のために自分のアンカーを設定することもできますね？　そうです、それでけっこうです」

▶ 5. 自分に示された愛情を味わう

ここで、自分の体と自己に戻る。「自分を心から愛しているこの人が自分に注いでくれる愛情を、しっかり受け止めましょう……そして、これを感じます（アンカーを点火する）」

「その人が愛を込めて自分を見ている間、体内でその感覚を味わい、人に愛される自分の特質を評価しながらこれを感じます」

次に、自分を本当に愛してくれている人の面前に出たとき、自分がどんな独り言をいうか聞く。こうした完全な愛と受容を知った目で周囲を見ると、何が見えるか？

▶ 6. 状態を中断し、愛されるときのアンカーを再テストする

愛されるときのアンカーを点火すると何を感じるかに注目する。どんな感じがするか？

愛している・愛されていると感じるときのこうした感覚は、すべて体内にあるか？

ワークの間、自分自身に関するこの新しい情報をすべて取り込み、自己感覚を豊かにする。

▶ 7. 未来ペースする

これを携えて未来へ行ったら、どうなるか？　職場や家庭ではどうか？　人間関係はどうか？

これが気に入っているか？　自分のものにして、活用するか？

#31 自足する

◆コンセプト

　自足の感覚とは、自分が体験し直面する仕事、難問、人間関係に対して充分な用意があるという内的感覚のことだ。充分な用意があると感じるということは、自分が自分のリソースにつながっているだけでなく、そのつながりを感じていて、自分にはそうした内的な強さがあるとわかっているということでもある。本項のパターンを使うと、自分を有効に働かせる能力と自信を高めることができる（典拠：Suzi Smith and Tim Hallbom）。

◆◆パターン

▶ 1. リソースを特定する

　他者やさまざまな活動に目を向けなければ得られない感覚を、代わりに自分自身から得るとしたら、どんな感覚を得たいと思うか？　支え、理解、愛、確信などのリソースが考えられるが、自分は何を得たいと思っているのか？

▶ 2. モデル化する人を特定する

　いつでも頼りにできる人はいるか？

　もしいなければ、いつでも頼りにできる人を本当に知っているようなふりをすることはできるか？

　そういう人を知っているふりをしながら、信頼と信用のリソースを備えたその人をイメージする。その人はどこにいるように見えるか？　あるいは、どこにいると想像しているか？　自分から見て、どういう位置にいるか？　横か、背後か、前か、上か？　どこだろう？

　イメージのサイズ、あるいは内的な映画のサイズはどのくらいか？

　信頼、安定、堅実、その他どんなリソースであれ、それらを備えた人の映画的特性で、ほかにどんな特性が自分の表象として重要な役割を果たすか？

▶ 3. リソースを受け取る

　つづいて、このモデル化された人が、自分を有効に働かせる能力と自信を得

第5章 アイデンティティ

るためのあらゆるリソース(あるいは、リソースならなんでも)を与えてくれるところを想像する。どんな感じがするか？

望んでいた情動的なリソースを得ているところを鮮やかに想像する。その様子はどう見えるか？ そうしたリソースを得られたら、どう楽しめるか？

▶ 4. 自分の自己表象に重ねて地図を創る

次に、モデル化した人の中で見つけた重要な特性をすべて使って、自分の自己イメージを描く。自己イメージを同じ場所に置いたり、イメージや映画のサイズを同じにしたりする。そうしたリソースを備えた自分の表象がモデルの中で見つけたものと同じになると、自分にどういうことが起きるだろう？

それはどんな感じがするか？ そうしたリソースを備えて自分が理想的な自己になっていくのは、どんな感じか？

▶ 5. 新しいリソースに満ちたこの自分を間近に引き寄せる

自分が自らを愛する理想的な自己になっていくのを想像していると、安心感、支えがあるという感覚、その理想的な自己から来る連帯感を高めることができ、自分を頼りにできるという感覚を心から楽しむことができる。

自分が自らに向ける愛を充分に感じ取り、自分を愛しているという感覚を楽しめるようになると、どういういいことがあるか？

▶ 6. 新しい方向づけをして、テストする

ここで自分自身の中に戻り、愛にあふれたこの人を自分の中に取り込む。自分の自己イメージにこの支えを重ねて地図を創ると、どんな違いが生じるかに注目する。自分にはもういつでも頼りにできる内的な自己がいる——それを好ましく感じるか？ それを自分のものにしておくか？ それとは完全に連携しているか？

＃32 内的な賢者から知恵を授かる

◆コンセプト

「教育」という言葉の根底にあるのは、「内面にあるものを引き出す」という考え方だ。教育の真髄は、内的なリソース、理解、知恵を顕在化させ促進することである。ＮＬＰでは、話をしたり指示や命令を出したりして教育するのではなく、質問し、探求し、促進することによって教育する。**コーチング**はたぶん、その基本概念を示すもっとも新しい用語だろう。

本項のパターンは、内的な知恵やアクセスし忘れることのある学習した知恵、他の分野で得た学びで移送する必要のあるものを「引き出す」ときに役に立つ。ここでは「老賢者」という概念を使い、この賢者と会話をし、知識を得るという形でワークする。このメタファーを使うと、驚くほどうまく内的な知恵の使い方や促進方法について考えることができる。そうすることによって、行動する前に考える時間をもてるようになる。考えてから行動するというのは、この世界を生きていく方法として非常に賢明なやり方である。

◆◆パターン

▶ 1. リラックスした状態を誘導する

どういう過程をたどれば、もっともうまく充分かつ完全にリラックスできるか？

「これまでの人生で、本当に気持ちよくリラックスして、これなら夢を見ながらすばらしい内的な旅に出かけられると思ったのはいつですか？ その時点に戻って、リラックスする過程を楽しみましょう。心からリラックスする過程をただ楽しんでください」

▶ 2. 賢者を想像する

「深呼吸して全身の筋肉を緩めると、賢者を想像できるようになります。賢者はあなたの目の前の椅子に座っているかもしれませんし、目の前に浮かんでいるかもしれません。想像できますね？ じっと見ていると、この賢者はあなたに優しく微笑み、愛と受容の眼差しであなたを見ます。それに、この賢者に

は多くの知恵があり、それを分け与えようとしています。見てのとおり、その知恵は、気品と喜びと健康に満ちた賢者の物腰にあふれています」

▶ 3. 賢者と会話を始める

「今この賢者はここに来て、あなたが意思を決定する際の助言者として役立とうとしています。ですから、自分は受け入れられている、理解されていると感じながら、この内的な賢者に質問を開始することができますね？ 自分が重要だと思うことを訊ねてください……そして質問をしたら、自分の生き方にもっとも大きな変化をもたらしてくれるどんな洞察が心に浮かんでくるのか、考えましょう。よく考えてください……わたしは、あなたがどんな質問をしたかを考えてみましょう」

▶ 4. 賢者と共に見きわめる

「この知恵の前でものを見、交流し、話し、思い浮かんだ言葉を口に出していると、次第にこの賢者に惹かれていくのを感じ、そこにある知恵があっさりと潔くあなたの中に流れてくることがわかってくるはずです……それこそが知恵のすることだからです……知恵はわたしたちを豊かにしてくれます。それに、知恵があなたの中に流れてくるときには、あなたが知恵の中に流れていくこともできます。知恵そのものの中を漂って知恵と結びついているところを想像することで、それをどんどん体験できます」

▶ 5. 感謝して統合する

「自分の視野を広げてくれたこと、これまでより豊かなリソースを備えた状態になれたことについて賢者の知恵に感謝し、その知恵が毎日自分の中で直観としてますます活躍しつづけてくれるよう頼みましょう」

まとめ

・ここに紹介したパターンを活用することによって、自分にも他者にも、誠実に自分を創り直す力をつけることができるようになる。
・心の中で構築している「自己」に関する地図（アイデンティティ、自己定義、自己感覚など）は、自分に関する理解を地図にする際に自分の体験をどう使うかで、異なるものができ上がる。自己概念を不適切に地図化しているせいで苦しんでいる人が数多くいる。毒性のある破滅的な定義を受け入れて、苦痛の世界に自らを閉じこめている人もいる。
・メタ・レベルの構成概念としての「人格」はひとつの内省的傾向として存在し、それはきわめて柔軟なため、変更や創り直しが可能であり、したがって、異なる価値観や信念を連携させ、複数の視点のバランスを取ることで、上位レベルの理解に基づいて変化できるようになる。こうしてわたしたちは自分を向上させ、やる気にさせ、保証する自己を産みだし、確固たる自己感覚を与えてくれる自己を創り出す。

第 6 章

心理状態

神経言語的状態を管理する方法

　感情にはいろいろある。いとおしく思う感情もあれば、いやでしかたのない感情もある。リソースに満ちあふれた創造的な状態をもたらすものもあれば、人生を生き地獄に変えてしまうものもある。一般的には、おそらく感情ほど、わたしたちを救いを求める気持ちにさせ、いや、救いを求めて駆けずり回らせるものはないだろう。人生が「みるみるうちにダメになる」かもしれない。しかし、多く（たぶん大半）はなんの手も打たないまま、やがてなんとかしなくてはと感じるときが来る。そうなっても、たいていは成り行きに任せ、効きもしないこれまでどおりの解決法を使いつづけるため、問題は大きくなる一方で、しまいにはどうにも手に負えない状態になる。ここに至って、ストレスや心痛、恐れ、怒り、葛藤、恥、罪責感、落胆、抑うつといった状態が発生する。こうなると、わたしたちは自己増幅するきわめてネガティブな感情の状態、すなわち心理状態に陥る。どこかで聞いた話だなとは思わないだろうか？

　本章で紹介するパターンは、心理状態という課題に取り組むものである。特に焦点を絞っているのは、否定的な感情と呼ばれるもの（ストレス、怒り、恐れ、後悔、罪責感など）だ。こうしたプライマリ心理状態に関する問題が大きくなりすぎると、わたしたちは完全に参ってしまう。「逃げるか／闘うか／立ちすくむか」という生き残りのプログラムが稼動して、充分に考えたり、創造的な解決法を生み出したり、平静な精神状態にアクセスしたりといった行動がもっとも必要とされるとき、それができなくなる。つまり、こうした心理状態は、リソースに満ちた状態の対極、リソースを欠いた状態を示しているのである。しかし、リソースを欠いた状態を発生させるのは、そうした心理状態の存在だけではない。それらをどう管理するか、どう管理に失敗したかも大きく関わっている。

ＮＬＰおよびニューロ・セマンティックスでは、「感情」を、単なる「感情」以上のものと考えている。「心‐身‐情動」系の「心‐身」を切り離して感情を抱くことはできないと理解している。感情は意識の状態、すなわち「心‐身‐情動」の状態である。そして、**状態**は生理や神経の中で具体化する「思考‐感情」双方を包含しているため、一方だけを取り出すということはできない。神経言語状態、ニューロ・セマンティック状態と呼ぶほうがはるかに便利であり正確だというのは、こういう理由からだ。これはまた、状態に至る「王道」が２本あることを思い出させてくれる。わたしたちには心（および心の言語）という道があり、体（神経と生理）という道がある。本章では、心理状態を認識し管理し変化させる、ある最先端のヒューマン・テクノロジーをご紹介する。この問題に関しては、『感情的知性に至る７ステップ』（Merlevede, Bridoux and Vandamme, 2001）、『平静な心の状態を保つ』（Burton, 2003）、『メタ・ステート』（Hall, 2000b）でさらに詳しく説明している。

＃33　視覚と触運動覚を使って分離体験する／映画を巻きもどす

◆コンセプト

　情報処理には、主にふたつの方法がある。分析に基づく処理法と経験に基づく処理法である。経験に基づいて何かを「考え」たり読んだりするとき、まるでそのストーリーの中に入っているように感じる。ストーリーの中に入ったり、心の映画の中に入ったりすると、自分がその場にいるような気分になる。経験に基づいた処理をするためには、自分の考えを表象を使ってコード化するが、そのとき、神経言語的にそれを体験するよう自分自身に指示を出すという形が取られる。

　逆に、分析に基づいて何かを「考え」たり読んだりするときには、分析の対象とある距離を置く。映画やストーリーの外に出て、それについて考える。そうすることによって、それを分析し、それについて考え、観客の視点でそれを見ることが可能になる。最初の例では、内容（コンテンツ）を実体験しているのに対し、ふたつめの例では分離体験している。

　注意していただきたいのは、表象を「実体験」する／「分離体験」するというこの用語が不誠実な点である。表現方法としてベストではない。わたしが「分離体験」という用語を大いに躊躇しながらも使うのは、これがＮＬＰの歴

史の一部だからだ。ほかに理由はない。実際、わたしたちは自分の体の外に出ることはない（し、出られない）。現実の「分離体験」というものはない。それは一種の感じ方——感覚を失った感じ、体外にいる感じ、体験とつながっていない感じ——をいうための単なる方便である。わたしたちは常に何かを感じている。常に自分の体内にいて、呼吸し、動き、存在しているからだ。

「分離体験」と呼んでいる状態やプロセスにも、わたしたちの体は関わっている。それは体の内部で発生し、したがって、分離体験しているさなかでも、感覚はある。体の感覚を感じている。一般的には、接続が途絶えた感じ、あるいは感覚を失った感じというような、非常に風変わりな「感覚」を体験する。もっと正確にいえば、自分の感情および表象から概念的に距離を置き、メタ・ポジションからそれらについて考えているのである。わたしたちは肉体を与えられた神経言語的存在として、自分の体から現実に、あるいは文字どおりに分離することはできない。すべては説明のための方便である。

実際、わたしたちはある感情や心理状態を分離体験するたびに、別のものを実体験している。喜びを分離体験し、抑うつを実体験しているとき、分離体験と実体験双方を同時に行なっている。これらは相対的な用語であって、絶対的なものではない。絶対的な実体験、絶対的な分離体験というものはない。用いられる質問は以下のようなものである。

・どんな状態を実体験しているか？　（どんな状態の中に入っているか？）
・どんな状態を分離体験しているか？　（どんな状態の外に出ているか？）
・その状態の中へはどの程度まで入っているか？　どのくらいの強さでそれを体験しているか？

これらの知覚の型は、いずれにも長所と短所がある。実体験では、知覚の第1ポジションを取り、ストーリーの中に入ってそれを体験し、中からそれを理解できるようになる。分離体験では、知覚の第2、第3ポジションを取り、科学的な分析や個人的な分析をしてそれから学び、それが初期の情動的反応を活性化させることがないようにし、外側から、すなわち観察者の位置からそれを理解できるようになる。実体験が過剰になると情緒障害が起き、おそらくヒステリー状態にもなり、「考える」ことができなくなり、感情的に反応するようになる。分離体験が過剰になると、やたらインテリぶるようになり、感情を表

に出せなくなり、情動的かつ個人的な関係が結べなくなって、感情的知性がいきなり低下する。

　苦悩やトラウマ、不快な現実に関しては、多くの人々がそれらについて考えることさえできず、それらを情報として取り扱うことができなくなっている。心を傷つけられた古い出来事について「考える」だけで、まるでそれを再経験しているかのように打撃を受ける。そして、それが解決の鍵である。彼らは内面でそれを再体験しているのである。

　典型的なのは、そういう人たちがやがてつらいことを考える意欲も失ってしまうという点だ。とにかくもう話すのもいやだという気持ちになる。救いを仕事にしている人たち（カウンセラー、セラピストなど）が、クライアントといっしょにトラウマを体験しつづけるせいで情動的に燃え尽きてしまうこともよくある。ＰＴＳＤ（外傷後ストレス症候群）やその変種になる者もいる。そういう人たちは「考える」と必ず苦痛を伴う否定的な心理状態になるために、「考えること」そのものを苦しくて不快なものとして体験する。その結果、重要なリソースを奪われる。不快な出来事についてゆったりとした気分で考えるスキルを奪われる。それほど「現実」は彼らに苦痛を与えるのである。こうして彼らは、自分は従来の防衛機制をすべて制圧し、抑制し、否定し、避けるなどして、大きすぎる「心－情動」的苦痛から自分自身を守っていると信じるようになる。

　以上のすべてに対して、本項のパターンはリソースに満ちた代案を提供している。ＮＬＰの文献では、これは視覚と触運動覚を使って分離体験するパターンもしくは急速恐怖症治療と呼ばれている。わたしは『ムービーマインド』（Hall, 2003a）の中でそれを名づけ直し、パターンの中で実際に起きることを説明し強調した。つまり、映画を巻きもどすパターンと名づけたのである。映画を巻きもどすパターンはトラウマや恐怖症だけでなく、あまりに強烈だったり、圧倒的だったり、受け入れ難かったりする感情や情動的反応にも対処する。そういうものとして、このパターンには思考から情動の重荷を取り除く効果がある。

　このパターンは30年以上にわたって、人々がトラウマ状態から回復し、恐怖症を克服し、感情的な反応を軽減し、ＰＴＳＤすら解決するのを助けてきた。そして、その中で吟味されてきた。わたしはこれを使って、戦争のトラウマに苦しむベトナム戦争の退役軍人、レイプや性的虐待を受けた男女、あらゆる種

第6章 心理状態

類のトラウマ的記憶に悩まされている人々に対処してきた。映画を巻きもどすパターンを使うことで、不快なことについて「考え」ても、その状況を実体験したり再体験したりせずに済む力がつく。「再びトラウマの中にいるかのように、『考え』に反応せよ」という体への合図を止めることができるようになる。そして、進行中の再トラウマ化をストップさせることによって苦痛を解消し、気持ちを切り替えて生活し、そもそも好きではなかったそうした古いB級映画を廃棄できるようになる。

このパターンのテクノロジーは、わたしたちを精神的・概念的に別の準拠枠に移動させることによって有効に働く。知覚のポジションを変えれば、同じ情報を距離を置いた位置から眺めることができる。そうすると、その心理的な距離を保ったまま心の映画の中に入り、否定的な心理状態を実体験できるようになる。自分の思考から距離を置き、視野を広げることで、新しく持ち込んだリソースをその状況に与えることもできる。これができたとき、変化が始まる。

映画を巻きもどすパターンでは、心の傷やトラウマを受けたときに自分で発生させた一般化を強化するのを止めて、別の準拠枠、観察者の視点の中に入る。これによって、かつては見られなかったものを「見る」ことができるようになる。ゆったりした気分のままでつらい情報を眺められるようになる。こうしてトラウマ思考は中断され、否定的な心理状態の中にくずおれるようなやり方で行なっていた情報処理は行なわれなくなる。

これはすべて、主観的体験は「心-身-情動」系にある考えや映画をどうコード化するかによって決定されると解釈しているのである。わたしたちは情報をコード化しながら、コード化したように体験する。主観性は主に、物事のコード化の仕方から発生する。そのコード化の仕方を変えれば、神経レベルでの体験が変わる。その考えをどう感じるかについて、神経系に送られるメッセージが変わるからだ。

わたしたちは今や経験に基づく考え方も分析に基づく考え方もでき、中に入って実体験することも、外に出て分離体験することもできる。意識の柔軟性が高まっている。そうなった今、実は、いずれをいつ使うかを選択する位置に立っている。情報をどうコード化して体験するのか——分析に基づいて客観的・理知的に行なうのか、経験に基づいて主観的・「情動的に」行なうのか——を決めることができる。過去の出来事を、映画の中の俳優として思い出すのではなく、その体験の観客として——映画ファンとして——思い出すことができる

のである。

　映画を巻きもどすパターンが役に立つのは、自分の感情を効果的に管理して、過去を不快の原因にするのではなく、過去から学ぶことができるからだ。このパターンを使って、内なる映画館で上映する必要のなくなったシーンはすべて「スイッチを切る」ことができる。最後にご注意いただきたいのは、このパターンを楽しい経験に使うと、それを中和することになり、あなたの不利になるように作用するという点だ。いきいきとした感覚を奪い、いい感じ、やる気、情緒的な理解などを消してしまう。

◆◆パターン

▶ 1. 心の傷やトラウマの表象を特定する

　まず映画館に座っているところを想像する。今回がその古いB級映画を観るのは最後だとしたら、どのあたりに座ってそれを観たいと思うか？

　居心地のいい位置に座ったら、嫌っている出来事が起きる前の若い自分を写した白黒のスナップ写真を、この心の映画館のスクリーン上に置く。そのトラウマ的な出来事が起きる15分前にはどこにいたか？　どんな服装をしていたか？　何歳だったか？

　次に、映画以前のこのシーンをスナップ写真として見られるように、ストップモーションにする。そのままゆったりと椅子に座り、若い自分を眺める観客の位置から、そのシーンを見つめる。映画の外に出ることによって、それについて新しい感覚を抱くことができる位置を取る。

　自分の記憶からいくらか心理的な距離ができたのを感じ始めているか？　もしそうなら、距離を置くことができた喜びの感覚をアンカーする。自分の古い記憶に対してこの観客の位置を取ることで、これまでとは違う有用なやり方でその記憶から学び始めることができるはずだが、どうか？

▶ 2. 映写室まで漂っていくことによって、再び距離を置く

　今度は、10列目の席に座って映画を観ていた自分の体から抜け出し、映写室まで漂っていくところを想像する。この視点からだと、スクリーン上の若い自分を見ている自分の後頭部が見えるはずだ。

　この段階で、もし落ち着かなくなり、「自分は映画の中にはいない、ただ映

第6章　心理状態

画を見ているだけだ」と念を押さなくてはならなくなったときは、いつでも距離を取る。映写室で安心していられることを思い出せるように、両手を上げてプレキシガラス〔訳注　硬質アクリル樹脂で、飛行機の風防や窓ガラスなどに用いられる〕に置いておく。

　ゆったりと腰を下ろし、大人の心でひたすら映画を観る。今どのくらい楽に観ることができているか？　これまでとは違う新しい視点はどれくらい得られたか？

▶ **3. 映画の推進力となっている映画的特性を特定する**

　自分の映画の観客として、自分がどういう感覚を使ってコード化しているか、コード化されたものに自分が抵抗できなくなっている主要因は何かに注目する。どんな映画的特性のせいで、自分は抵抗できないのか？

　映画的特性を自由にいろいろいじってみて、それらが自分にどういう影響を及ぼしているかを見きわめる。

　すでに自分の若い自己に対して新しい立場を取っているので、自分がその記憶を内的にどう表現しているのか、今は見ることができる……そこで、自分の脳が記憶をコード化するときに使っている映画撮影の技術に注目する。

　最初は視覚系をチェックする。

　そのイメージはフルカラーか、白黒か？　それは映画か、スナップ写真か？
　鮮明か、ぼんやりしているか？　近くにあるか、遠くにあるか？

　こうした区別がつくと、どのコード化を選べば、その記憶について楽な気持ちで考えることができ、その結果、リソースに満ちた状態を保ち、リラックスして余裕のある状態でじっくり考えられるようになるのかがわかり始める。

　次は、聴覚系のサウンドトラックをチェックする。

　サウンドトラックがあるか？　どんな音がその映画から聞こえてくるか？
　どんな音質か？　どのくらいのボリュームか？　音の高さはどうか？
　メロディはついているか？

　つづいて、言語系をチェックする。

　その若い自分から、どんな言葉が聞こえてくるか？
　その言葉はどこから聞こえてくるか？　その声質やボリューム、位置をチェックする。

　さらに、触運動覚系をチェックする。

スクリーン上のその人は体にどんな感覚を感じるか？
どこでそれを感じるか？　どのくらいの強さ、重さ、圧力でそれを感じるか？

こうしたコード化の何を変えたら、その古い記憶について楽な気持ちで考えることができるようになるだろう？　コード化にいろいろな変更を加えると、それによって生じる距離感やコントロール感覚が次第に増大していく中で、リラックスすることができる。例えば、不快な記憶のイメージをぼんやりさせると、自分にどんな効果が生じるかに注目する。まず明るさを絞る。どんどん絞って、自分の邪魔にならないようにする。そして、そのイメージをずっと遠くのほうへやり……サウンドトラックの音質を和らげる。

▶ 4. 古い映画を最後まで上映する

映写室から、最初のスナップ写真を白黒映画として最後まで上映し、それを楽な気持ちで観る。最初から最後まで……続けて観る。通常の速度で回しても、早送りにしてもかまわない。映画が進行しなくなったら、早送りする。そういうふうにして映画の最後まで観るが、最後に到達してもそのまま上映しつづけ、自分がもう大丈夫だという気持ちになり、心地よくなったら映写を止める。楽しい気分になるまで続けてもかまわない。トラウマが通過するのを眺めたあとも観つづけて、安心感が得られるシーンまで行く……そのシーンはトラウマの通過と同時に出現したかもしれないし、未来まで記憶を早送りしないといけないかもしれないが、いずれにしても、その場所に着いたら映像の動きを止め、そのイメージをストップモーションにする。

（もし体験がひどく強烈になってきたら、もう一度距離を取る。）

▶ 5. 中に入って巻きもどす準備をする

巻きもどしの段階はあっという間に進行するので、何をどうするかについて指示をすべて受けてから始める。ちょうど映画やビデオを逆回しで観るのと同じように、しかし一瞬のうちに、この記憶の映画を高速巻きもどしモードで巻く。しかも今度は、その映画の中に入って高速で逆回しする。その場所から観ていると、すべてが最後から最初まで後ろへ高速で飛んでいくので、場面が混乱して見えたり、音がごちゃまぜになったりするかもしれない。

準備はできただろうか？　OKなら、例えば以下のように続ける。

「では、映画の最後にある、安心感や楽しさの得られるシーンの中に入って、充分かつ完全にその感覚を感じてください。安心感のシーンを感じていますか？　けっこうです。では、巻きもどしボタンを押して、それが巻きもどるのを体験します……ビューーーン！　はい、最初まで戻りました。この高速巻きもどしにかかる時間は、ほんの1～2秒です。どんな感じでしたか……映画の中に入って巻きもどされるのは？」

高速巻きもどしをしているときは、人もその動きもすべて後ろに向かって動く。周りの人々は後ろに向かって歩き、逆さにしゃべる。自分も逆向きに歩き、逆さにしゃべる。映画を巻きもどすように、何もかもが逆向きに進む。

▶ 6. このプロセスを5回繰り返す

ここで最初に戻り、スクリーンをいったん消す。消したら、目を開ける。どのくらい奇妙に感じただろうか？　少し休憩して、意識を変える。目を開けて、周りを見回してもいい。

さて、再び映画の最後にある安心感のシーンへ行くが、今度は、その中に入ってそれを完全に感じ、眺め、聞いたらすぐ……前回より速く映画を巻きもどす。これを繰り返すうちに、脳はどんどん上達し、巻きもどしはぐんぐんスピードを上げ、毎回1秒で済むようになる。ビュン！

▶ 7. 結果をテストする

再び状態を中断し、1～2分待ってから最初の記憶を思い出し、いつもの感覚が戻ってくるかどうかチェックする。そのシーンの中に入り、その感情の全重量を感じるように、できるだけやってみる。

その他の編集用ツール

二度距離を取って映写室に入ったあと、コード化を変えるためにできることは実にたくさんある。選択肢はいくつくらいあるのだろう？　それらを使えば、自分の脳をプログラミングし、広範囲の視野が得られるようなやり方で映画を処理し、記憶をリフレーミングすることができる。以下にいくつか例を挙げよう。

▶ 1. リソースに満ちた記憶を実体験する

　かつてとりわけ創造的で自信に満ち、たくましいなどと感じた時の記憶を思い出す。その映画の中に入っていくと、それはどんな感じがするか？　そのときに見たものを見る。次に明るさを上げていく。このリソースに満ちた状態を充分に実体験したら、その場面に、自分が恐れている否定的な刺激（犬、クモ、高所など）やトラウマ的な記憶を持ち込み、ふたつの記憶を混ぜ合わせて統合し、自分が自らのリソースでその状況を処理しているところを眺める。これは状況の同時点火である。

▶ 2. サウンドトラックを変更する

　自分や他者がその映画の中で話しているのを聞くときの聞き方を再コード化するというのはどうだろう？　自分の声をどう変えたいと思うか？　他の人の声についてはどうか？　どんな声質なら、その記憶の強烈さを減らすことができるだろう？　どんな声が聞こえたらよかったと思うか？　内なる声をインストールして、この状況を切り抜けるのに役立てる。

▶ 3. さまざまな音質を加えて、サウンドトラックを改良する

　不快な記憶を取り出し、そのバックに、にぎやかでステキなサーカスの音楽をつけて、もう一度映画を観る。今度はどう感じるだろう？　怒りや不快感にまつわるその他の記憶に、サーカスの音楽をつけてみよう。

▶ 4. 信仰を使う

　もし信仰があるなら、守護天使や情愛深い神などを映画の中に持ち込んでもいい。リソースそのものであるその存在は、問題のシーンに入ってきて何をしてくれるだろう？　守護天使はどんな洞察を与えてくれるか？　どんなリソースを与えてくれるか？　その霊的な存在が問題の記憶の中にいるのを見、知り、あるいは感じたら、それはどんなふうに自分を支え、助けてくれるか？

▶ 5. 記憶を象徴的にコード化する

　記憶の中の人物を透明にすることもできる。その人たちについて自分がどう考え、どう感じているかに従って、着色する。記憶の中にいる3次元のその

人たちの周囲に線を描いて2次元にし、おのおのに対する自分の評価に従って着色する。

▶ 6. 記憶をユーモラスなものにする
　笑いは距離を置くためのすばらしいスキルを与えてくれる。ユーモアでこの心の痛みを笑い飛ばそう。ある記憶を振り返ってそれを笑えるようになるには、どのくらい遠い未来まで行く必要があるか？　笑ってしまえる記憶とそうでない記憶との違いは何か？　自分はそのどちらかだけにいるのか？　一方をスナップ写真としてコード化し、もう一方を映画としてコード化しているか？　色やサイズ、明るさについてはどんな違いがあるか？　自分を傷つけたその人がドナルドダックのように話しているのを想像したり、敵を風刺漫画に出てくるようなタイプに変えて、唇や目や顔や手などを誇張するなどのやり方もある。

＃34　リソースに満ちた状態にアクセスしてそれを管理する

◆コンセプト

　状態の管理は、リソースを活用した生き方の基本を成すものだ。もし自分が自分の状態を支配（所有、コントロールなど）しているのではなく、状態が自分を支配しているのなら、すぐにも自分が支配者になるためのスキルを育て、それらを管理できるようにならなくてはならない。本項のパターンを使えば、まさにそれができるようになる。自分自身の人生を引き受けることができるようになる。以下に、自分の状態を変化させる基本ツールをいくつかご紹介する。
　心と生理は状態に取り組むツールを含んでいる。

▶ 1. 心
　わたしたちはどうやって「考える」のだろう？　心という劇場で感覚に基づいた情報を表現することによって考えるのである。つづいて、この内なる映画は自分が考えていることや言及していることをコード化する。内なる映画のコンテンツは自分が上映する映画から成り、自分が見、聞き、嗅ぎ、感じ、味わうものでできている。映画を構成し終わると、そのイメージや音や感じについて言葉で表現して、それらを区別し、分類し、解釈する。このプロセスがわたしたちを心のレベルの上へ引き上げ、意味体系（マトリックス）の中に引き入れる。

▶ 2. 生理
　わたしたちはこの「映画」を自分の「心-身」系の中で上映する。それによって、表現活動はすべて具体化した思考活動になる。それゆえに、健康や体や神経系の状態はきわめて重要であり、また、生理的存在であるわたしたちを構成し左右するあらゆる要因もきわめて重要である。非常に強烈な状態が発生すると、その状態は、いわばそれ自身の生命をもつようになる。生理があるおかげで、呼吸や姿勢、動き、しぐさなどを、状態に至る第2の王道として利用できるのである。

　わたしたちはこれを状態依存性（state-dependency）と呼んでいる。状態依存性とは、強烈な状態において、その状態自体が学びや記憶、知覚、コミュニケーション、行動を支配し、コントロールする事実をいう。ほかにも、「情動的予期の構え」（emotional expectation sets）「概念形成の構え」（conceptual sets）「ムード・ステート」（mood states）という言い方をする。

◆◆パターン

▶ 1. 記憶にアクセスする
　［X］をリソース（自信、率直に自己主張する話し方（アサーティブネス）、落ち着き、優しさなど）として活かして「考え-感じ」たとき、話したとき、行動したときのことについて考える。その記憶にアクセスしたら、ひたすら自分がかつて見たものを見、聞いたことを聞き、その体験で起きたことを味わい、感じたことを感じよう。充分かつ完全にそこに戻って、しっかりその中に入ってみる。どんな感じか？

▶ 2. 想像してアクセスする
　もし……［X］をリソースとして体験できたとしたら、それはどんな感じだろう？　このリソースの中に充分かつ完全に入ったら、いろいろなものがどう見え、どう聞こえ、どう感じられるだろう？　……じっくりそれを想像して、心が満たされたつもりになり……思い切ってそれを体験してみる。どんな感じか？　好感がもてるか？　それがあったら、何が改善されると思うか？

▶ 3. モデリングしてアクセスする

　［X］をリソースとして体験したことのある人を、誰か知っているか？　知り合いでも、名前を知っているだけでもかまわないし、映画で見たり聞いたりした人でもかまわない。とにかくそのリソースをもっている人のことを考えながら、その状態を体験しているその人を、ひたすら眺め、聞き、感じる。つづいて中に入って知覚の第 2 ポジションを取り、その人の目と耳と体を使って、見たり、聞いたり、感じたりする。その具体的な体験から世界を眺めると、どんな感じがするか？　すばらしい状態ではないか？　人間の卓越性が感じられる状態か？

リソースに満ちた状態をアンカーする

　いったんリソースに満ちた「心‐身」状態を体験したら、アンカーを設定するパターンを使ってその状態をアンカーし、一部または全部に再アクセスできるようになる。これは自分ひとりでもできる。どうやればいいのか？　その状態のために自己アンカーを準備し、その状態になったときにそれを設定するだけでいい。自己アンカーはその状態を呼び起こすトリガー、すなわち手がかりであり、その状態と相関関係にある思考、感覚、生理を顕在化させる。わたしたちは自己アンカーによって、思いのままに状態を繰り返し発生させることができる。

♯ 35　状態を自覚する

◆コンセプト

　「心‐身‐情動」状態の気づきが充分でないと、自分がどう変化するのかに気づかないし、さまざまな状態を引き起こすコンテクスト内の手がかりにも、どう「考え‐感じ」て生理を使うとどういう状態になるのかにも気づかない。こうなると、自分の状態を効果的に管理する能力や自分が反応の主導権を握っていることを感じ取る能力は徐々に衰えていく。この場合に優先しなくてはならないのは、状態の管理や状態の支配よりも、状態の気づきである。心理学者でありトレーナーであるわたしの場合、こういうケースは自己認識を高め拡大するための宿題として、あるいは、ワークショップのツールとして利用するこ

とが多い。

　状態は、習慣になると、無意識に起きるようになる。そうなると、それを体験していても気づかなくなる。状態を意識して注視するには、まず進んでそうしようという気持ちが必要であり、つづいてそれに全力を傾けること、最後にそれをするための方法、つまりプロセスが必要になる。これをやり遂げる方法はたくさんある。

▶ 1. 状態をモニターする

　まる1日、15分ごとに自問して、自らの状態を規則的にモニターする。
　今自分が体験している心の状態、感情の状態、生理の状態は何か？
　これは、どういう状態と呼べるだろう？

▶ 2. 説明責任を果たす

　誰か（ひとりでも複数でも可）に頼んで、状態をモニターする合図を出してもらう。
　例えば、「今どんな状態を味わっていますか？」「今、何を感じていますか？」「今、心の中にどんな考えが浮かびましたか？」と訊いてもらう。

▶ 3. 日記に記録する

　30日間、毎日自分の状態を日記に記録する。
　図6-1はそのフォーマットのひとつだが、記録には毎日5分しかかからない。

▶ 4. 状態を分析する

　1日の終わりに自分の状態を分析する。
　図6-2は、状態の詳細を整理するためのフォーマット例である。これを使うと、自分がもっとコントロールしたいと思っている特定の状態を日記に残すことができる。

第 6 章　心理状態

使い方

　円を描いて、今日1日、朝起きてから現在の時間までに体験した状態を表現する。その状態の内側（円内）には、笑顔もしくはしかめ面を描き、状態の情動的特質がプラス（＋）かマイナス（－）かを示す。強度を表わす数字（0〜10）も記す。状態の下（円の下）には、内的表象の内容と重要な役割を果たした生理的要因を特定して書く。「＊」を使って、その状態を引き起こしたトリガー（自分の世界の自然なアンカー）を示してもいい。このデザインは、状態の気づき、状態の変化、状態の構成などを強調するためのものである。

↑きわめて肯定的な状態↑

快適ゾーン

6	7	8	9	10	11	12	1	2	3	4	5	6	7	8	9	10	11	12
起床						正午			午後				晩				深夜	

↓きわめて否定的な状態↓

図6-1　状態日記（吹き出し式日記）

＃36　アズ・イフ・フレームを使う

◆**コンセプト**

　アズ・イフ・フレームを使うパターンは、ある状態や感情、行動、この世界での動き方を体験していると想像したり、体験しているふりをしたりしようというものだ。アズ・イフ・フレームを使うことで、新しい可能性や新しい地図の描き方を試すことができる。ファイヒンガーが開発したアズ・イフ・フレーム（Vaihinger, 1924）はひとつのプロセスであり、ある特定の「現実」がどう見え、聞こえ、感じられるかなどについて、想像作用による構築スキルを活用して自分の「脳－体」に指示を与える方法を提供している。なぜこのプロセスは効果を上げられるのか？　現実と直接取り組まないで、地図もしくは土地のモデルを介して間接的に取り組むからだ。わたしたちは地図を広げるとき——心の中で、あるいは実際にでも、ごっこ遊びででも——選択肢の範囲を広げている。そして、アズ・イフ地図を使い、それに基づいて行動するとき、自分の神経を条件づけして、その新しい可能性を感じ取り、学んでいるのである。

第Ⅰ欄：この１週間に体験した状態をすべてリストアップする
第Ⅱ欄：これらの状態の強度を0〜100で評価する
第Ⅲ欄：その状態がプライマリ・ステート（PS）かメタ・ステート（MS）か、正常な状態か、心に怪物がいる状態（ドラゴン・ステート）か、究極の状態（ジーニアス・ステート）かを評価する。ドラゴン・ステートは、自分にはどう感じられ／作用したか？
第Ⅳ欄：状態のコンテンツを具体的に書く。どんな内的表象がそれを動かしていたか？　どんな信念？　意味は？　もしMSなら、「状態に関する状態」の構造を特定する。
第Ⅴ欄：映画と映画的特性を使って状態の構造を具体的に書く

Ⅰ 状態の特定	Ⅱ 強度0〜100	Ⅲ プライマリ・ステート メタ・ステート ドラゴン／正常／ジーニアス	Ⅳ コンテンツ 考え／内的表象 ／信念	Ⅴ 構造 映画的特性

図6-2　状態の特定と分析用チャート

第6章　心理状態

　ある体験を想像することさえできないという人には、そのスキルや信念、心理状態を行動で示している人をモデルにするよう勧めている。自分自身にせよクライアントにせよ、リソースがもっと完全に構築されインストールされるまで、そうなったふりをして練習する必要があるという場合、アズ・イフ・フレームはもってこいである。本項のパターンはきわめて生成的であり、したがって、新しい行動を発生させているときには必ずその中核部分に見出されるものである。

◆◆パターン

▶ 1. 希望する体験を特定する
　考え方、感じ方、話し方、行動の取り方、関係の結び方などで、これから初めて体験したい、あるいは、もっと完全に体験したいと思っているのは何か？
　希望するこの体験に関する詳細を感覚（視覚、聴覚、触運動覚）に基づいた表現で説明しているとき、それはどのくらい鮮明でリアルに見えるか？

▶ 2. 希望するその枠組み（フレーム）の中に入り、それをたっぷり体験しているふりをすることを、自分に完全に許可する
　自分の「心 – 情動」の力を使ってそのふりをする許可は得ているか？
　ふりをするという行為は、禁じられていたり、タブー視されていたり、心理的な苦痛と結びついていたりするか？（「ふりをするなんて、幼稚っぽい」、「いいかげん大人になって、非現実的なことをいうのは止めなさい」、「ふりをするんじゃ、ただのやらせですね」など）
　あと何回自分に許可を与えれば、新しい地図作りと反応を試そうと思えるか？
　「奇妙だ」、変だ、不快だ、快適ゾーンを出た、と感じても大丈夫か？
　「自分ではない」ふりをして遊んだり、「自分ではない」と感じたりすることについても、許可を得ているか？
　これまでとは違う新しい感情を感じるとき、それはどのくらい自分の支えになるか？

▶ 3.「アズ・イフ」フレームを構築して、その中に完全に入る

その体験を題材にした心の映画はもうでき上がっているか？

その体験の中に入っているふりをする。何が聞こえ、何を感じ、自分自身になんといっているか？

その状態を、生理的にはどう体験しているか？

誰かが自分を見るとしたら、その人（たち）の目には何が映るか？

その体験の中で管理運営を行なっているのは、どんな映画的特性か？

▶ 4. 評価し点検する

その体験は、内側からだとどんな感じがするか？　有用か？

それによって、自分のスキルや反応は向上するか？

それによって、人としての力がつくか？

それによって、新たな可能性が開けるか？

その体験の外に出て、以下のような質問をして品質を管理する。

人間関係、健康、健全さなどに関して、エコロジーの問題はないか？

▶ 5. 未来ペースする

この考え方、感じ方、行動の取り方などをもって、未来の１年後、５年後へ行ってみる……それはどんな感じがするか？　好感がもてるか？

この体験から得られるはずの恩恵や結果が気に入っているか？

それを使って実験し、その中に入ってそうすることについて、あと何回自分に許可を与えれば、ふりをしていることを忘れ、自分の反応スタイルに習慣がつくか？

＃ *37* 状態どうしを連鎖させる

◆コンセプト

　意識の状態は１日中移動し、変化し、変質している。しかし、ときには、ある特定の状態から別の状態に行くのがとてつもなく大きな転換になることもある。意気消沈した状態から幸せに移動するのは、「心‐身‐情動」系の変更

第6章　心理状態

箇所があまりに多い。もっと段階的に状態から状態へ転換しなくてはならないこともある。本項のパターンは、こうした場合に使う変化のツールだ。

　わたしたちは毎日何度もある状態から別の状態へ移動する。そうした状態の変化は自然に、やすやすと、優雅に発生する。そうした変化には、通常は注目することもない。どんな1日を取っても、どこにいても、わたしたちはたいてい8種類から30種類の個別の「心‐身」状態を体験している。状態日記をつけると、この状態の変化に対する気づきを育てることができる。状態から状態へ移動するのは常のことだから、「心‐情動」を適切に方向づければ、リソースに満ちた状態への道を拓くツールが手に入る。状態どうしを連鎖させるこのパターンでは、何度かテストを伴う準備用ワークを行ない、頻繁に状態を中断する。

　わたしたちは、限定的な状態や落ち込んだ状態からリソースに満ちた状態へ続く道がないせいで、行き詰まったり、行き詰まりを感じたりすることもある。例えば挫折感を味わっているとき、もっと深い感情の穴――怒り、憤怒、復讐心、闘争／逃走など――に向かう地図しかないということもありうる。ここで本項のパターンを使えば、リソースに満ちた状態へ橋を架ける（道を拓く）ためのテクノロジーを入手できる。

◆◆パターン

▶ 1. リソースを欠いた状態を特定する

　特に問題になっている状態はあるか？

　もっとも回復が難しい状態としては、どんな状態があるか（挫折感、自己卑下、過重ストレスなど）？

　体験後にはたいていリソースを欠いた状態が悪化する、という状態はあるか？

▶ 2. 新しい方向づけを発達させるための計画を練る

　そうした否定的な状態を体験したとき、最終的にはどういう状態に到達したいと思うか？

　もちろん、挫折感から純粋な歓喜に移動できたら、それはすばらしいだろうが、途中で行き詰まるようなたいていの状況（「挫折感」）では、いきなり歓喜

を感じても、スキルやリソースを発達させる役には立たず、効果的に行き詰まりを処理できるようにはならない。

何を感じたいと思っているか？

例としては、平常心、落ち着き、問題解決、好奇心、創造力などがある。

▶ 3. 具体的に道を見きわめる

否定的な状態（挫折感など）と希望する状態（平常心など）がわかったら、途中に2〜4段階設けることを考える。それによって、問題の感情から、常にリソースが増加しつづける状態へ転じることができるようになる。例えば、挫折感から忍耐、落ち着き、受容を経て平常心に至るという計画を立てることができる。

どんな状態から初めて、最後はどんな状態に到達したいと思うか？

途中にどんな段階を設ければ、道ができ上がると思うか？

▶ 4. 各状態にアクセスしてアンカーする

最初と最後の状態のために、手の甲を使って実体感のあるアンカーを設定する。まず手の甲の親指と人差し指の間の皮膚に、最初の限定的な状態（挫折感など）のアンカーを設定する。できただろうか？　これは、設定するときに指の付け根の関節に「触れる」という、触運動覚を使ったアンカーだ。

つづいて、最後の状態（平常心など）のアンカーを小指付け根の関節に設定する。できただろうか？

次に、中間にある状態のアンカーを設定する。例えば、忍耐のアンカーを人差し指付け根の関節に、落ち着きのアンカーを中指付け根の関節に、受容のアンカーを薬指付け根の関節に設定する。各アンカーをテストする。

▶ 5. 状態を連鎖させる

これらのアンカーをすべて連鎖させて、方向づけする準備は整ったか？

準備をすべて終えたら、最初の状態から始める。それにアクセスするよう、相手をゆっくり誘導する。最初のアンカーを点火して、手助けする。

相手がその状態のピークに達したら（達していたらうなずくよう、相手に頼む）、そのあと、最初のアンカーをつないだまま、次のアンカーを点火する。ひとつめのアンカーは、ふたつめのアンカーをつないでいる間もほんのしばらくつな

いでおくが、やがて解除して、ふたつめをつないだ状態にする。

これを5回繰り返す。

つづいて、ふたつめを点火し、相手がピークに達したら、3番目の状態のアンカーを点火する。先ほどと同じやり方をするが、ここでは、ふたつめと3つめをつないだら、ひとつめを解除する。これを5回繰り返す。こうして連鎖を作りつづける。

▶ 6. 連鎖をテストする

最初のアンカーを点火すると、何が起きるか？

相手（自分自身であれ他者であれ）は迅速かつ自動的に目標の状態へ移動していくか？

もしそうなら、連鎖の作成がうまくいき、神経学的な道が拓けているため、相手は挫折感から平常心へ移動することができる。

▶ 7. 未来ペースする

いつこの連鎖を役立てたいと思うか？

返事があったら、例えばこう続ける。「来週のどこかで挫折感を味わう（アンカーを点火する）体験をしているところを想像しましょう。そして、順調にすらすらと……［希望する状態］に達する間、あなたはこれを感じることができます（アンカーの連鎖に点火し、平常心をつなぐ）。どうですか？」

＃38 「サブモダリティ」をオーバーラップさせる

◆コンセプト

ある感覚の代表システムを使うと、ある特定のリソースをうまく生成できないことがある。そういう場合は、まずスキルをたくさん備えているお気に入りの代表システムから始めて、弱体化している代表システムへオーバーラップさせるといい。それによって、あまり気に入っていない代表システムを発達させ、自分のレパートリーを広げることができる。

演説家やテレビ・ラジオの司会者は、代表システムをすべて使い、それらを順に交替させることによって、ひとつの映画的特性から別の映画的特性へオーバーラップさせる作業に携わっているといえる。偉大な文学も、代表システム

をすべて使い、あるシステムで始めたものを次々に別のシステムと交替していくという作業を行なっており、同様のパターンが認められる。このパターンに先行するのが、効果的なコミュニケーションやトランスワークで用いるメタ・パターン、「ペース合わせ、ペース合わせ、リード」である。

◆◆パターン

▶ 1. 対象とするモダリティを特定する

例えば、内的なイメージをうまく描けなかったり、自分の描いたイメージに満足できなかったりする人が、ほっとするシーンの視覚化や他の瞑想的な方法を使ってリラックスする力を伸ばしたいと思ったとしたらどうだろう。以下のような展開が考えられる。

では、心の中に明確なイメージや鮮明なイメージをうまく描けないのですか？　［はい、描けません］

それで、うまく描けるようになりたいと思っていますか？　［はい］

動機はありますか？　なぜそうすることが重要なのか、理由はありますか？　［はい］

どの代表システムを好んで使いますか？

▶ 2. 気に入っている代表システムから始める

もし聴覚なら：　わかりました。では、秋の日に、梢の葉を揺らす風の音を聴いているところを想像しましょう。優しく吹いている風の音が聞こえますか？　［はい］　けっこうです。

もし触運動覚なら：　わかりました。では、木々の間を渡っていく優しい風の感触を楽しみながら、風が立てるさらさらという音を聴いてください。それから、その木の大枝が動くようすを、ぼんやりとでもいいですから、一瞬でも捉えるようにしてみましょう。どうですか？　感じることができますか？

▶ 3. つづいて目標のモダリティへオーバーラップさせる

聴覚を使って処理している場合：　風の音を聴いていると、茶や赤や黄に色づいた葉が木々から舞い落ちるところが見えてきます……

触運動覚を使って処理している場合：　風の感触を楽しんでいると、風の音

が聞こえ、茶色になった葉っぱが見えてきます……

▶ 4. 未来ペースしてテストする
あと何回オーバーラップを繰り返したら、弱いシステムが強化され、もっと影響力をもつようになるか、訊ねる。
夢中になって各システムでスナップ写真を撮っているところを想像させ、さらに、この先何日も何ヵ月も強力なものから微力なものへオーバーラップさせるところを想像させ、そうすることによって、以前よりどれくらいリソースが豊かになるか、訊ねる。

＃39　閾値を越える／抑えがたい衝動を爆発させる

◆コンセプト

たいして役に立っていない「考え方-感じ方」が、放ってあるばかりに働きつづけていることがある。おそらく、時間をかけて熱心に取り組みさえすれば、いつかまた役に立つはずだと、どこかでまだ信じているのだろう。このせいで、正常に機能しない関係にはまりこんだまま、有害なパターンを繰り返し、人間性を奪う構造にはまってしまうなどということがよくある。そうしたパターンでは、概してその機能障害にまともに取り組んでいなかったり、それに伴う痛みを充分に感じていなかったりする。また、仮に痛みは感じていても、なんらかの方法でそれを弱めたり骨抜きにしたりしつづけているために、「もうたくさんだ！　これ以上はごめんだ！」と口走ってしまう閾値には到達していなかったりする。

閾値というのは、体験が変化する点、何か別のものになる境界点、その体験の変え方・味わい方をこれまでとは変える境界点をいう。思考であれ、感情表出であれ、語りであれ、行動であれ、閾値に至らないものはない。それは、以下のようにごく自然に発生する。長い間に苦しみ、痛み、挫折感、怒りなどをためこむうちに、やがて、もうたくさんだと思うときが来る。「たくさんだ！」「もういやだ！」という内的な感覚に気づき始める。それに対する我慢の限界が来て、「堪忍袋の緒が切れる」。こうなると、いっきに「限界を越える」。まるで何かがいきなりパチンと折れて、取り返しのつかない状態になるようなものである。金属片を何度も前後に曲げていると、しまいには金属疲労の内的閾

値に達してパチンと折れるのに似ている。何かが内部ではじける。そして、ハンプティ・ダンプティではないが、それを以前の状態に戻すことはできなくなる。

ときには、喫煙、飲酒、悪口、配偶者に対する我慢、仕事に対する辛抱などといった習慣的なことで閾値に達することもある。そして、何かがプツンと切れる。かつてのパターンをもはや受け入れられなくなる。もうタバコは匂いすら耐えられない。アルコールの味になんの魅力も感じなくなる。ある人のことを考えただけで不快になる。閾値を越えたのである（典拠：Andreas and Andreas, 1987）。

◆◆パターン

▶ 1. 抑えがたい衝動が起きる状態を特定する
　どんなことについて、がまんできないと感じるか？
　精神面、情緒面、行動面で、どういうことがやたらと気になるか？
　問題だと感じるために、解決したいと思っていることは何か？

▶ 2. 衝動が起きない状態を特定する
　衝動に似ていても、強迫とは感じないこと、強迫観念にはなっていないことは、何か思い当たるか？
　例えば、ピスタッチオには抵抗できないけれど、普通のピーナツは我慢できるとか、アイスクリームは食べずにいられないけれど、ヨーグルトはそうでもないというようなこと。

▶ 3. 対照分析を行なう
　こうしたふたつの事柄を比較した場合、違いは何か？
　衝動が起きる事柄はどうコード化しているか？
　衝動に似ていても、強迫とは感じない事柄はどうコード化しているか？
　それぞれを異なる表象でどう表わしているか？
　推進力のある衝動、すなわち臨界に達している衝動にはどんな映画的特性があるか？

▶ 4. それを爆発させる

　その衝動を引き起こしている表象（映画的特性、「サブモダリティ」と呼ばれているもの）の特質（サイズ、目の詰み方、色など）を取り上げて、それを増大させ（どんどん大きくする、どんどん目を詰ませる、どんどん鮮やかにするなどして）、爆発させる。これをできるだけ速くやる。

　爆発させると、どんな感じか？

　その体験は、特質をどこまで増大させると元形では存在できなくなるか？

　これを行なうと、まず衝動が増大するように感じ、それがどんどん強まっていき……閾値を越えると同時にポンッとはじけ、ボキンと折れ、爆発するはずだが、どうか？

　（ここでは、スピードが鍵になる。素早く行なうことによって、強度が上がっていく体験に順応する暇がなくなるからだ。）

▶ 5. テストする

　ここで問題の状態について考えてみる。どんな感じか？

　それは爆破されたか？

▶ 6. 体験を吊り上げる

　体験に閾値を越えさせる方法としては、ほかにも、車をジャッキで持ち上げるように体験を吊り上げて、高度を上げていく方法がある。これをするためには、体験と、それを強化している推進力のある映画的特性あるいは特質を、上へ上へと吊り上げていく。

　いつ、それは閾値に達してはじけたか？

　これを繰り返して、閾値を越えたら数分休み、テストする。

▶ 7. スイッシを使って、リソースに満ちた新しい自分へ移行する

　衝動を変化させたあと、そうしたコンテクストが問題にならない自分を想像するのは、どんな感じか？

　スイッシを使って、衝動を引き起こしていた古い手がかりから、リソースに満ちた新しい状態へ移行する。

＃40 過ちを学びに変える
（2種類ある効果的な過ち対処法のひとつめ）

◆コンセプト

　さまざまな強迫衝動と同じように、繰り返し「いつもと同じパターン」に陥ってしまうことがある。何かを学ぶということはなかったのだろうか？　おそらく、なかったのだろう。たぶんそれこそが問題なのだ。間違いから学ぶ代わりに、それと闘うために「心－情動」的エネルギーを費やしたのだ。必要なのは、過ちを喜んで受け入れ、それから学び、そののちにそれを手放すことだろう。それは可能だろうか？　わたしたちは自分の思考や感情表出、行動を組織化して、目標を達成しようとするが、その後、ただ漫然とそれを繰り返すだけになってしまうことがある。それがいくらかでも効果を上げていたりすると、その後はうっかり更新をしそびれる。現実と突き合わせてテストしようとしない（典拠：Dilts, Smith and Hallbom.［これは同じ課題に対処する2種類の方法のうちのひとつである。他のひとつは＃74のパターン参照］)。

◆◆パターン

▶ 1. 使い古されたパターンを特定する

　自分に繰り返し発生している否定的な反応には、どんなパターン、パターン群があるか？

　自分に繰り返し起きていることで、必要ないと思っているのはどんなことか？

　どんな自己防衛的行動やパターンが繰り返し起きているか？

　例：再婚相手に元配偶者と同じタイプを選ぶ。なぜかアル中を好きになる。繰り返し解雇される。人を怒らせる。自分の望むものを追求するが、危機に陥るとやり遂げることができない。

▶ 2. そのパターンの稼動を支えている限定的な信念を特定する

　このパターンに貢献したり、それを支えたりするどんな限定的な信念を発達させてきたか？

保存の正当性をそれほど信じているせいで、コンテクストを考慮しないことが多いのか？

愛や人間関係、相手にもう一度チャンスを与える行為などの価値を心から信じているせいで、結局は、同じ過ちを繰り返すことになるのか？

▶ 3. 同じような構造をもつ体験を特定する

この体験と構造がよく似た不快で否定的な体験は、何かあるか？

どんな否定的な体験を選び出せるか？

▶ 4. 最悪のケースを想定して比較する

その否定的な体験よりひどいことが起こると想定して、それとその体験とを比較したら、その体験はどう見えるか？

自分が体験したのはその程度のひどさのものだったこと、それ以上ひどいことが起きなかったことを感謝する気持ちになるか？

▶ 5. 肯定的な副効用を探る

その否定的な体験は、実際どうやって、のちに何か肯定的なことが起きる原因になったり、それに貢献したりしたか？

自分が生きていく上でとりわけ有用なことのいくつかは、一見否定的に思えるこの出来事が起きなかったら絶対なかっただろうと思うか？

▶ 6. 否定的な出来事の裏に肯定的な意図を見つける

その否定的な出来事の裏にはどんな肯定的な意図があったのだろう／あるのだろう？

それに関わっている他の人にはどんな肯定的な意図があったのだろう／あるのだろう？

その人たちは自らにとって価値のあるどんなことをしようとしていたのか

▶ 7. 否定的な出来事に肯定的な意味を見いだす

出来事というのは、あるレベルでは否定的なことを意味し、別のレベルでは肯定的なことを意味している可能性があるので訊ねるが、これのもつ肯定的な意味はなんだったのか？

あるレベルで体験している問題をすでに解決してしているということはありえるか？

別のレベルですでにそれを解決しているとしたら、どうやってそれを解決したのか？

▶ 8. 再編集する

そうした否定的な出来事が起きる前まで戻り、このプロセスで手に入れた肯定的な洞察と、すでに自分のものにしているその他の肯定的な洞察とを使って、それらの出来事を追体験しているところを想像する。そうした洞察とリソースとを使ってそれを再編集すると、どうなるか？

▶ 9. 保存して、未来ペースし、終了する

自分の内面にある情報や洞察の保管場所へ行ったところを想像しながら、今回の学びを保存し、それを新しい学びとして目立つようにして、これから先いつでもすぐに使えるようにする。自分のものになっているか？

タイムライン上で未来ペースを行なったか？

＃41　意図的に強制する／ゴディバ・チョコレートを使う

◆コンセプト

本項のパターンは、きわめて強力な感覚、強制力さえある感覚を、継続したいと思っている行動やもっと強い動機づけを必要としている行動とリンクさせるもので、特に効果を発揮するのは、やらなくてはいけないとわかっているのにその気になれないことをやりたいという気持ちにさせるときだ。このテクノロジーを使うと、自分のモチベーションや感覚を変えることができる（典拠：Richard Bandler）。

◆◆パターン

▶ 1. 衝動を見きわめる

心に思うだけでひどく興奮したり、否応なしにやりたくなったりすることは何か？

有無をいわせず心に食いこんでくるものは何か？

　例：美味しいチョコレート（ゴディバ・チョコレート）を食べること、自分の一番の楽しみを満喫すること、1000ドル紙幣が地面に落ちているのを見つけることなど。

▶ 2. その衝動を味わう

　その体験を充分かつ鮮やかに思い出し、その記憶をしっかり実体験して、その映画の中に入りこむと、どんな感じがするか？

　それがどう心に食いこんでくるせいで、どうしてももう一度味わいたいという気持ちになるのか？

　この記憶を思い出し、すぐにその状態に戻って強い強制力を感じたとき、第1の絵が手に入る。

▶ 3. 希望する体験を特定する

　どんなことについて、もっと強い強制力のある感覚をさらに欲しいと思うか？

　どういう体験であれば、もっと否応なしに体験したいと思うか？

　どのくらい簡単にそれを想像したり、それをしている自分を想像したりすることができるか？

　この分離体験のイメージを描けたとき、第2の絵が手に入る。

▶ 4. エコロジーをチェックする

　「この活動を強制されていると感じること」は役に立つか？　生活を向上させるか？

　それによって、リソースが豊かになり、効果や生産性が上がるか？

　人としての力がつくか？

▶ 5. 2枚の絵を結びつける

　第1の絵のうしろに第2の絵を置き、第1の絵を見る。その状態で、それが第2の絵（希望する活動の絵）の背後にあるようなつもりになって、強制力のある活動を見つめる。

　そうすることで、2枚の絵が相互に結びついているところを視覚化できてい

るか？

▶ 6. 2枚の絵の結合状態を利用する

　手前に第2の絵があり、その背景に第1の絵がある。第2の絵の中央に素早く小さな穴を開けると、その穴を通して第1の絵が見えるようにすることができる。見えているか？

　次に、第2の絵の穴を第1の絵が通るくらい大きくして、第2の絵が見えなくなるようにする。これを超高速で行なう。すると、強制力をもつ第1の絵の自然な興奮を感じることができる。

　どんな感じか？

▶ 7. 元に戻して、繰り返す

　つづいて、その肯定的な感覚をすべてしっかり保持したまま、できるだけ早く穴を縮める。

　これを最低3回は繰り返す。どんな感じか？

　その活動について考えることによって希望する感覚を完全に実体験できるようになるまで、必要なだけ繰り返す。

▶ 8. テストし、エコロジーをチェックして、未来ペースする

　ここで、欲求や強制力、モチベーションを高めたいと思っていた事柄について考える。何が起きるか？

　それを好ましく思うか？　エコロジーに問題はないか？

　これと完全に連携しているか？

♯ 42　意思を決定する

◆コンセプト

　わたしたちはときには何かについて決定を下さなくてはならなくなる。そういうとき、決心が固まるまでのプロセスで苦しむことが多い。決断力のなさを実感する。ある部分はイエスだが、別の部分はノーである。行ったり来たりを繰り返す。しかし、意思の決定は自分の表象と枠組みを使ってするものであるから、より良い意思決定をするには、適切な表象と感覚システムを使い、もっ

とも有効な順序でそれを行なう必要がある。一般的にいえば、たいていの人が難しいと感じるのは、選択肢を視覚的に比較しないまま、適切な選択を「察知し」たり適切な意思決定をしたりしようとするときだ。

　言語学的には、決定は、選択肢の中からひとつを選ぶプロセスの名詞化である。しかし、選択肢の間を行きつ戻りつするには、上位の「ロジカル・レベル」へ移動しなくてはならない。すなわち、視野を広めるためにメタ・ポジションを取らなくてはならない。有効な意思決定にはメタ・レベル、メタ・ステートが必要になるという点が重要である。本項のパターンは、質の高い決定を生み出すために設計されている。

◆◆パターン

▶ 1. 決定の範囲を特定する

　どんな決定を下したいと思っているか？　どんな決定を下さなくてはならないのか？

　どの範囲で決定するのか？　どんな選択肢があるか？

　その決定の結果、どんな目標に達したいと思っているか？

　その目標は適格か？

　適格な目標を設定するために、進んで適格な目標を立てるパターンを使おうと思うか？

▶ 2. 可能性をひとつ視覚化して、アクセスする

　まず、選ぶ可能性のある決定をひとつと、その決定の結果生じる解決の様子を見てみる。

　（これを提案するときは、相手の視線が右上に向くような動作をして、相手が確実に視覚化を続けるようにする。）

　選ぶ可能性のある決定が見えているか？　その選択はどのくらい鮮明か？

▶ 3. 選択についてメタ・コメントする

　選ぶ可能性のあるものについて考えるとき、どんな思考や感覚が心に浮かぶか？

　この選択には、どういう印象を受けているか？　それについてどう思うか？

それは、自分の価値観や信念、理解などとどう適合しているか？

（これを訊ねるときは、相手の視線が右下に向くような動作をして感覚を顕在化させ、高次の概念的な考えを訊ねるときは、メタ・ポジションに向けて相手が上を向くような動作をする。）

▶ 4. 触運動覚の反応にアクセスする

その選択が気に入っていたり、適切だと考えていたりする場合、どのくらいその感触があるか？

それについてどう感じているか？

▶ 5. 別の可能性について、視覚的な表象およびメタ・コメントにアクセスし、触運動覚の反応もチェックする

選ぶ可能性のあるふたつめ以降の決定について、それぞれの反応を顕在化させる。

そういった可能性、選ぶ可能性のある決定について考えるとき、視覚的にはそれをどう表現するか？　それについてどう考えるか？　それについてどう感じるか？

重要な選択肢すべてについて検討し、それ以上選択肢を考えつかなくなるまで、これを繰り返す。

▶ 6. さまざまな選択肢から距離を置き、最善のものを選ぶ

これまでに検討した選択肢の上位にあるメタ・ポジションに移動する。そこから見て、決定を下す際の判定基準は何か？

自分の基準には、優先順位がついているか？

判定基準のほとんどに合致するものを選択する準備は整ったか？　整ったら、選択する。

▶ 7. 未来ペースする

もっとも望ましいと思われる解決法を選んだら、その中に入る。そして、それを携えて未来へ移動するところをしっかり想像し、同時に、それを使っているところを思い浮かべる。どんな感じがするか？

それと完全に連携しているか？

自分の中のいずれかのパートが、その選択に従うのを反対していないか？
反対意見はすべてその選択の中に完全に統合できるか？
これを選択したら、どんな犠牲を払うことになるか？
もし別の選択をしたら、どんな犠牲を払うことになると思うか？

▶ 8. トラブル・シューティング
　自分の解決法がいずれも適切だと思えない場合は、創造的なパートとコンタクトを取り、新しい選択肢をいくつか考え出してもらう。

＃43　快楽を味わう

◆コンセプト

　快楽は幸せや喜びとは違う。これは、プライマリ・ステートがメタ・ステートとは違うのと同じことである。プライマリ・ステートの体験としての快楽は、ひとつの感覚機能——視覚、聴覚、触覚、運動覚、嗅覚、味覚の楽しみ——として作動している。わたしたちはそこから上位のレベルへ移動して、その快楽についての喜びや幸せ（快楽の快楽）を味わう。

　プライマリ・ステートの快楽を感じるには、目や耳、鼻、皮膚などの感覚装置がありさえすればいい。わたしたちはその快楽を、純粋に単純に感覚受容器への刺激として感じている。これとは対照的に、楽しみを味わうには、意識、すなわち「心」が必要だ。自分の見たもの、聞いたもの、触れたもの、嗅いだもの、味わったものに、それを実証する気持ちのいい「思考－感覚」を注がなくてはならない。楽しみが人それぞれ大きく異なるのはこのためだ。感覚的な体験に関する思考は人によってさまざまだ。あなたが楽しいと感じたことを、別の人は退屈だと感じたり、うっとうしいだの、不快だの、胸が悪くなるだの、鼻持ちならないだのと感じる。

　幸せを構築するには、あるプライマリ・ステートの快楽に「幸せな思考」を注ぐ必要がある。わたしたちはこの種の思考を他の思考にも応用する。だからこそ、ほとんどすべてのことに関して「幸せ」だと感じられるようになるのである。幸せはプライマリ・レベルの体験から生まれるのではなく、評価する力から生まれる。すなわち、価値を見出し、意味を与え、あるものにより大きな意義を見出す能力から生まれるのである。ある体験に見出す意義が大きければ

大きいほど、その体験は心地よい楽しいものになり、わたしたちはそれをそういうものとして味わう。本項のテクノロジーは、人生の体験——殊に楽しいはずの体験——を楽しめていないように見える人に効果を発揮する。

◆◆パターン

▶ 1.「お楽しみ」リストを作る
　どんなことで幸せだと思うか？　心から楽しめること、快楽を感じることを全部リストにする。
　そのリストには、楽しみや幸せ、ぐっとくる感動、快感の感じられるものが含めてあるか？
　「実行し、体験し、見るなどして楽しいのは……」

▶ 2. その中からひとつ選ぶ
　自分の快楽の構造を探るに当たって、使ってみたいと思うのはどれか？
　幸せの構造を顕在化させるためにそれを使いたいので、まずテストをして、それが感覚に基づいたものであるのを確認する。自分はそれを見たり、聞いたり、触れたり、嗅いだり、味わったりできるか？
　例：熱い風呂に入ること、夕焼けを見ること、子猫と遊ぶこと、読書をすること、ダンスをすること、歌を歌うこと、美しい景色を見ること、音楽を聴くことなど。

▶ 3. 快楽を感じるときの自分のマトリックスを発見する
　いったんプライマリ・ステートの「快楽」を感じたら、体の力を抜き、以下の質問に対してできるだけたくさんの答えを思い浮かべる。
　この快楽に、どんな肯定的な意味の価値観や重要性を与えているか？
　それは自分にとってどう重要か？
　この快楽からどんな快楽を得ているか？
　その快楽について、自分が与えている意味のメタ・レベルを図に表す。円を使って、プライマリ・ステートの快楽とそれに関する各層の快楽のあらましを示す。

第6章　心理状態

▶ 4. メタ快楽のレベルを上がりつづける
　いろいろな訊ね方で質問を繰り返し、快楽を与える上位レベルの意味を見きわめていく。
　どんな肯定的な意味をそれに与えているか？
　それは自分にとってどう価値があるのか？
　それは、自分にはどういう意義があるのか？
　この快楽からどんな上位の快楽を得ているか？

▶ 5. ゲシュタルトを評価する
　ここで快楽のマトリックスから距離を置き、最初のその快楽について自分が生み出した意味、信念、状態のすべてに注目する。そこには自分にとって快楽だと感じられることがたっぷりあるということを、充分に評価しているか？
　自分には快楽を促進する意味がたくさんあるということを認識しているか？
　これで、なぜその快楽にそれだけのエネルギーやモチベーション、パワーがあるのか、わかったか？
　なぜそれには自分にとって快楽と感じられることがそんなにたっぷりあるのか、今はもう理由がわかっているか？

▶ 6. 最上位の快楽の味わいを広める
　最上位のメタ快楽の状態に入り、それに充分アクセスして、それをさらに完全に味わうよう自分の体にコーチする。好感がもてるか？
　これら上位の快楽の意味をしっかり意識し、この知覚の状態を別の日常の活動に取り入れているところを想像する。これによって、日常の活動はどんなふうに変わるか？　それを好ましく思うか？
　何か他の感覚に基づいた日常の活動で、この上位レベルの状態をアンカーするのに使える活動はあるか？
　［X］を実行中のあるコンテクストにおいて、この状態の中にいるところを想像する。もしこの状態を自分の望みどおりの形でもっているとしたら、これは自分の……［仕事、人間関係、学びなど］の体験にどう影響を与え、それらをどう変化させるか？
　それによって、快楽の味わいを広め、それを他の行動に結びつけることがで

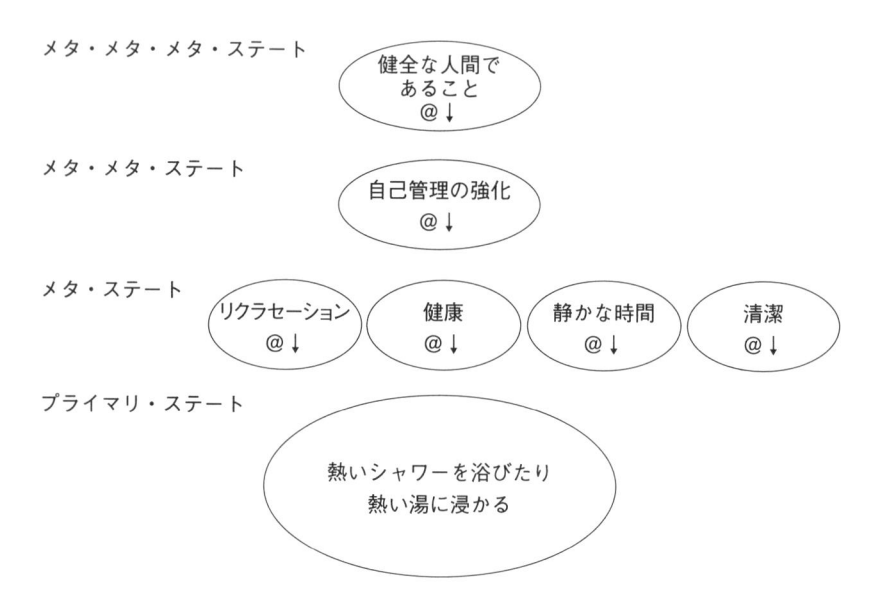

```
メタ・メタ・メタ・ステート        ( 健全な人間で
                                   あること
                                    @↓ )

メタ・メタ・ステート              ( 自己管理の強化
                                    @↓ )

メタ・ステート        (リクラセーション)  (健康)    (静かな時間)  (清潔)
                        @↓           @↓       @↓         @↓

プライマリ・ステート
                     ( 熱いシャワーを浴びたり
                        熱い湯に浸かる )
```

図6-3 「快楽」の構造に見られるメタ・レベル

きるようになるか？

＃44 快楽を減らす

◆コンセプト

　快楽の状態にアクセスし、それらをメタ・ステートもしくは枠組みとして他のものに添える能力があるなら、いかなる状態もメタから楽しむことができる。マゾヒズムに見られるように、痛みを楽しむのは人間の可能性のひとつですらある。さらに、さまざまなことについての楽しみを過剰なまでに増大させて、それを味わうこともできる。わたしたちの神経に組み込まれた意味、すなわちニューロ・セマンティックスはバランスを崩すことができるのである。これが起きるのは、喫煙や飲酒、食事、ギャンブル、買い物、仕事、その他もろもろに過大な意味をもたせるときだ。このとき体験には意味が積み込まれる。その後、そうした行動や体験が引き金となって「幸せ」がもたらされる。たとえ、いずれさまざまな不幸という形で代償を払わなくてはならなくなるとしても。

本項の快楽を減らすパターンは、前項の快楽を味わうパターンを使い、乱用されている快楽とその構造を見つけ出す。感覚に基づいた快楽のプライマリ・ステートを使ってワークを開始するのは、快楽を味わうパターンと同じだが、ここでは、前項とは逆に、減少させたいと思っている快楽を使い、体験を過剰に楽しむのをストップできる設計になっている。効果があるのは、嗜癖や妄想がある場合、強迫的な欲求のせいで過剰に快楽を追求し、そのために生きていく上で大切な他の価値観が損なわれる場合である。

　このパターンを使うことで、プライマリ・ステートの快楽とメタ・ステートの快楽とを区別し、分離することができる。自分の行動を促しているそうしたニューロ・セマンティックスの意味を発見し、その構造を変化させて、もっと自分の役に立つものにすることができる。これを活用して、喜びを味わう幸せな状態を増幅し、活力を回したくないと思っている快楽へのエネルギーを断っていただければと思う。

◆◆パターン

▶ 1. 好ましくないと思っている快楽を特定する
　少なくともあるレベルでは快楽として味わっている活動、行動、体験の中で、自分の健康や幸福を損なっているとわかっているのは何か？
　例：喫煙、過食、飲酒、もっとも楽な方法を取ること、怒り、買い物など。

▶ 2. メタ・ステート・レベルの意味を見きわめる
　どんな意味がそれを促進しているか？
　どんな肯定的な意味の価値観や重要性をこの快楽に与えているか？
　プライマリ・ステートの快楽とメタ・レベルの快楽を表わす図を描く。上位の状態を順に積み上げていき、メタ・ステートの梯子を表わす図にする。

▶ 3. メタ質問を繰り返しつづけ、完全な構造を見つける
　それは自分にとってどんなふうに大切か？
　それは自分に何をしてくれるか？　それから何が得られるか？
　その快楽を得たとき、何を感じるか？　何を考えるか？
　その快楽からどんな肯定的な意味を得ているか？

▶ **4. 快楽のゲシュタルトを評価する**

ここで距離を置き、この望ましくない快楽を促進しているあらゆる意味、信念、状態に注目する。その結果、この快楽がここまで強く自分を捉えるようになった経緯について、どんな洞察が得られるか？

この望ましくない快楽の構造と働きを感じ取っているか？

▶ **5. それをメタ快楽にしている意味と価値観を取り除くことによって、快楽として味わえなくする**

メタ・ステートの梯子をひとつ覆いながら、「わたしがメタ・レベルの意味をひと組、こうして手で覆うと快楽はなくなりますか？」と訊ねる。

この列のメタ快楽はどうか？　この列のメタ・ステートを覆うと、快楽は減るか？

この快楽の力を減らすには、どの列のメタ・レベルの意味を取り除く必要があるか？

いくつ意味を取り除いてやれば、それがプライマリ・レベルの「あるがまま」のそれとして存在できるようになるか？　例えば、慰めを得、怒りのストレスをなくし、孤独に耐えるなどのために食べるのではなく、健康と栄養摂取のために食べられるようになるか？

それがこれを意味していなかったとしたら、どうか？

▶ **6. 快楽が快楽でなくなったことを未来ペースする**

プライマリ・レベルの快楽にすっかり浸っている自分を想像して——例えば食事——自分が以下のようなことをいっているのを聞く。

「これは食べ物にすぎない。体に栄養を与えてくれるし、今こうして食べているのは楽しいけれど、もう要らない。これに余計な意味を与えることは拒否する。これに夢中になりすぎると、腹回りに醜い脂肪がどんどんつく羽目になる」（自分にとって効果のある不快要素を加えること）

▶ **7. 最上位のメタ・ステートの快楽に充分アクセスする**

思い切って最上位の意味の中に入る。完全に中に入ったか？

この状態の中に入ってそれを充分に体験しながら、もうその行動を取らなく

ても同じ状態になれることを実感する。そして、自分の創造的なパートに、日常生活の中でこのメタ・レベルの意味を体験できる別の行動を見きわめてもらう。

▶ 8. 未来ペースして、テストする
こうして未来へ向けて新しい方向づけを想像したが、気に入っているか？
それをもっていたいと思うか？
それによって、健康や生活や活力などが向上するか？
それと完全に連携しているか？

♯ 45　限定的な共感覚を分離する

◆コンセプト

　わたしたちは情報を表現するときに、いくつかのモダリティを合体させたり、混同したり、結びつけたりすることがある。複数の感覚を合体させることを、共感覚の同化、結合、統合などと呼ぶ。これは、見る、聞く、感じる、嗅ぐなどの感覚が重なり合うことをいっている。共感覚は創造性や天分を表現した数多くのものの中核に見出される反面、問題を発生させることもある。例えば、血を見ると自動的に恐怖を感じるような人には、「V－K（視覚－触運動覚）」の共感覚がある。共感覚はトラウマ的な記憶を増幅することもある。

　本項のパターンはそうした共感覚を分離する方法を提供している。目的は、新しい反応パターンを創り出すことによって、そうした状況における行動の選択肢を追加することだ。選択肢が追加されれば、その人の柔軟性が増し、基本的なリソースを迅速かつ簡単に追加できる。このテクノロジーによって、現存する共感覚にさまざまな神経学的特徴を追加することができる（典拠：Hallbom）。

◆◆パターン

▶ 1. 問題のコンテクストを特定する
どんなコンテクストで問題が発生するのか？
誰といっしょか？　いつ発生するのか？　どこで発生するのか？

▶ 2. 問題にアクセスし、アンカーし、キャリブレーションを行なう

問題の行動と状態にアクセスしたら、それを床の特定の位置にアンカーする。

アンカーしたとき、その問題の状態の生理、息遣い、目の動きによるアクセス状態、声調などに注意したか？ 確実にキャリブレーションを行うこと。

▶ 3. リソースを特定し、そのリソース空間に入る

その問題を不要にするのはどんなリソースか？

その問題の発生を妨げるのはどんなリソースか？

そのリソースにアクセスしたら、その中に入り、床の別の場所にそれをアンカーする。

ここでもまた、この状態の要因を明らかにする変化について、キャリブレーションを行う。

▶ 4. 再び問題の場所に戻る

再び問題の状況を思い出しながら、リソースに満ちた状態の生理を——声や息遣いや姿勢も含めて——完全に取り入れる。生理的な変化が生じる間、問題のイメージを抱いたままでいる。

▶ 5. 選択肢を追加する

左足でコツコツと足拍子を取りながら、右の指をあご先に当て、同時に右上を見上げて、何か深遠なことでも考えているかのように「ふーむ」ということによって、このリソースに満ちた状態にデジタル聴覚と視覚の構造を追加する。そうしながら、リソースの場所に戻る。

▶ 6. すべての表象をチェックする

今度はその問題について考えながら、眼球を「8」の字型に動かしてアクセスの全位置を通過させる。そのとき、目は必ず中心から上に動かして1周し、再び中心から上へ逆周りに1周する。

▶ 7. テストをして、エコロジーをチェックする

状態を中断して、その問題に対してこれまでとは異なる反応が起きるかテス

トする。
　リソースが豊かになったこの選択肢の利用に反対するパートがないか、エコロジーをチェックする。

♯ 46　記憶をファイリングして保存する

◆コンセプト

　記憶の内容や記憶の仕方が原因で、問題が発生することもある。記憶のコード化の様子によっては、その記憶のせいで不快感や罪責感、喪失感などが甦り、不快なイメージや音にいつまでも苦しめられることがある。そうした記憶のエネルギーを奪う方法として、そこから肯定的な学びを引き出し、それらを内なる資料図書館に新しい参考事項として保存するというやり方がある（典拠：Dr. Maralee Platt）。

◆◆パターン

▶ 1. 記憶を特定する
　いつまでも自分を悩ませているトラウマ的な体験もしくは記憶は何か？
　どんな記憶が自分の内面に障害物を創っているか？

▶ 2. 映画的特性（「サブモダリティ」）を特定する
　映画的特性という点で、その記憶をどうコード化しているか？
　その思い出し方で、鍵となっている「サブモダリティ」は何か（フルカラーか白黒か、静止画像か動画かなど）？

▶ 3. 象徴となる表象を創り、それに取り組む
　その記憶の全コマを見渡して、中のひとコマに全体を代表させるとしたら、何が浮かんでくるか？
　全体を代表しているのはどんな象徴的表象か？
　そのコマを象徴的表象にしたら、そのイメージを自分の知覚の水平線まで押しやって、白黒画像にする。そして、そのイメージの中にいる「若い自分」を眺める。つづいて、眺めながら画像をどんどん縮めていき、スライドくらいの

大きさにする。そうなったら、その周囲にフレームを取りつける。できただろうか？

▶ 4. それを、学びを得るための記憶として扱う

　フレームを取りつけたら、左手を伸ばしてそのスライドをつかみ、自分の左側にもってきたところを想像する（もし記憶を右側に保存していたら、左右を逆にする）。
　スライドを左側に置いた状態で、そのスライドが将来のためになる学びとして提示しているものをそこから引き出し始める。そうした学びが何を意味しているのかは、意識して知る必要はない。ただそれらを隠喩的、象徴的に表現してかまわない。引き出した学びは、自分の内なる図書館にしまい始める。

▶ 5. それを、有益な記憶として保存する

　今度は左手でそのスライドを取り、自分の背後に押しやる。そうすることによって、「心－身－情動」系はその体験がすでに過ぎ去り、もう存在しないと理解する……これでその過去を葬り去ることができると理解する。

▶ 6. このプロセスを広範囲に適用する

　今や自分の無意識に頼み、苦痛を伴う出来事のあらゆる記憶から同様のスライドを作ってもらうことができる。作ってもらったら、自分の左側に置いて学びを保存する。
　このプロセスを繰り返して普遍化し、これを、苦痛を伴う古い記憶を処理するときのテンプレートにしたか？

▶ 7. 幸せな記憶と入れ換える

　苦痛を伴う記憶とは対照的に、サウンドトラックつきのフルカラー・ビデオに収めることができるのは、どんな幸せな体験か？
　特定できたら、それらを自分の右側に置き、その後、「それらはもう終わったことだが、そのままそこにあってもかまわない……アクセスしたいと思ったらいつでも簡単にアクセスできる場所に留まっていてもいい」と理解したら、右手を使って自分の背後に押しやる。

心理状態に対処するための他パターン

＃21　再刷り込みをする
＃64　許す
＃11　アンカーを同時に点火する

まとめ

・認知行動モデルの立場を取るＮＬＰでは、感情を、根本的なもの、基本要素的なものとして捉えるのではなく、派生的なもの、全体的なものとして捉えている。この観点は、感情療法のものとは大きく異なっている。感情は体の触運動覚（感覚）と評価の思考（上位レベルの信念、価値観、評価、判断など）とが結びついたものである。思考と感情のゲシュタルトが心理状態（「心‐身」状態）を発生させる。

・感情は行動と同じように、意識という「心‐身」状態から発生する。ＮＬＰは、内的表象（触運動覚も含む）のコンポーネントに取り組むことによって感情を変化させ、増幅させ、減少させるパターンを提供している。このモデルを使えば、感情の構造を直接分解することができる。克服できるまで繰り返し「その感情を感じる」よう、相手に要求しなくて済む。ＮＬＰでは、感情の歴史を突き止めなくても、効果的にそれを処理できる。

第 7 章

言葉を使う

自信をもって正確で明快なコミュニケーションを
実践するためのパターン

　物事についてどう話すか、また、どのような言語形式で自分の体験を定義し、説明し、象徴するかによって、人生の体験の仕方は大きく変わってくる。こうした要因は、体験の質や体験全体の有効性の質も決定的に支配している。
　なぜ言葉はわたしたちの生活の中でこれほどまでに強く広く影響を及ぼす役割を担っているのか。どうすればこれを説明できるだろう？
　なぜ言葉を使うことによってそうした影響が発生するのだろう？
　どうすればそうなる理由を説明できるのだろう？
　そうなる理由はいくつかある。特に重要なのは、わたしたちは言葉を使うとき、枠組みを設定しているという事実である。自分の「現実」を確立する準拠枠——世界モデル、パラダイム、世界観、意味体系（マトリックス）など——を設定しているのである。
　一般意味論の創始者であるアルフレッド・コージブスキーはエンジニアとして受けた訓練とそのスキルを活用して、人間の「心-身」系を分析した。そして、言葉は人間の神経系内で地図や青写真のように機能していると結論した。ひとつの象徴的なシステムとしての言葉は土地そのものでもなければ、土地と同じものでもない。それは土地を表現し、象徴しているにすぎない。コージブスキーは人間の脳と神経系が行なう神経学的な地図化を要約だといった。換言すれば、わたしたちは世界に対処するために、世界を要約し、その複製、すなわち地図を創っているのである。そして、その地図を使って世界を航行しているのである。
　わたしたちは自分の神経系を使うとき、まず**神経学的な地図**を創り出す。このレベルの地図化は、認知に関する無意識を作成する。もっと上位のレベルに

第 7 章　言葉を使う

は、感覚に基づいた視覚的・聴覚的・触運動覚的な地図がある。わたしたちは要約を続けながら、こうした地図から言葉——真の記号体系である、感覚に基づいた表象から成る地図（内なる心の映画）——を発達させていく。このレベルでは、言葉はそれ以前の要約を象徴し、それらを参照しやすく配列している。

　それが何か問題なのだろうか？　わたしたちは直接世界に対処しているのではなく、さまざまなレベルで心の地図を作りながら間接的に対処している。そればかりか、事実に不誠実な（事実を正確に描き出さない）地図化と言語構造のせいで、あらぬ方向に導かれ、エネルギーの使い方を誤り、現実に順応できずにいる。もしそうだとして、それがどう問題なのだろう？　コージブスキーは現実にうまく順応できないこうした状態を言い表すのに「不健全」という用語を使った。彼はまた、人間の不健全さの直接の原因は、何世紀も何千年もに渡って受け継がれてきたアリストテレス派の言語構造に端を発しているとも感じていた。この欠陥に取り組むために、著書『科学と正気——非アリストテレス的体系と一般意味論への手引き』（Korzybski, 1933/1994）では、物事を言語化する方法として、まったく新しい非アリストテレス派の機能的でダイナミックな方法を紹介している。ここに、やがて**神経言語訓練**と呼ばれるようになるものが始まった。

　コージブスキーによる最初の公式化以降、多くの書き手によって、その言語テクノロジー（すなわち「外延的手段」）は一般の人々にも認識されるようになった（そうした書き手には、S・I・ハヤカワ、グレゴリー・ベイトソン、ノーム・チョムスキー、アブラハム・マズロー、カール・プリブラム、ジェローム・ブルーナーなどがいる）。バンドラーとグリンダーも、もっとも基本的な一般意味論の公式を利用している。ふたりの最初の本『魔術の構造』では、コージブスキーの認知の基礎を引用している。

> 地図はそれが表わす土地そのものではないが、もし正確なら、その土地に似た構造をもっている。だからこそ、役に立つ。[……]自分が使っている言葉についてつらつら考えれば、それはせいぜい地図にすぎないと思わざるをえないことがわかる。言葉は、それが表わす対象物そのものではない。そして、言葉は固有の自己再帰性も明らかにしている。すなわち、それは言語学的手段を使って分析できるのである。[……]時代遅れになった地図言語を使えば、当然、意味的災害に見舞われるに違いない。その不

215

自然な構造を押しつけ反映するからだ。［……］

　言葉は、それが表わす対象物そのものではない。したがって、構造が、いや構造のみが、言語的な処理と経験的なデータとを結ぶ唯一のリンクになる。［……］いかなる言葉遣いにもなんらかの構造があり［……］わたしたちは無意識に自分の使っている言葉の構造を世界の中に読み込んでいる。［……］（原書58-60頁）

話をすることによって健全への道を歩む

　わたしたちが心理療法(サイコセラピー)と呼んでいるものは、本質的に会話を必要とする。体験（プライマリ・レベルもしくはプライマリ・ステート）について話し、体験を描いた心の地図（メタ・レベル）について話すことで、どうにか治療効果を引き出したり生み出したりしている。心理療法では、自分の心をはっきりさせ、自分の感覚を表現し、問題の解決に取り組み、洞察や理解を育て、自分という人間の正当性を立証するといったことをする。効果的に言葉を使うことで、これらすべてを、さらにそれ以上のことをやり遂げる。

　1世紀前、ジークムント・フロイトの患者アンナ・Oは、心理療法を「お話治療（トーキング・キュア）」だといった。以来、治療のための会話は、クライアントが心の痛みから回復してもっと完全に人生を生きられるよう手助けをする場で重要な役割を果たしてきた。ジョージ・ミラーが出て、認知心理学運動が起きると（Miller, 1956）、わたしたちは言葉を使って人を癒すこともできると認識するようになった。しかし、言葉は一方で、人を傷つけ、人に損害を与え、トラウマを与えることもわかってきた。エリスとベックは、不合理な言葉の使い方──「べき」思考、悲観、ささいなことを大惨事のように騒ぎ立てる物言い、個人化、感情的な決めつけなど──に現れる**認知のゆがみ**の力を一般に知らしめた。

　ＮＬＰは当初、治療効果をもつ言葉の使い方の力に注目し、バンドラーとグリンダーはセラピーに携わるふたりの重要人物（フリッツ・パールズとヴァージニア・サティア）を観察した。この治療の魔術師たちは「ただ話す」だけで、言語的にも非言語的にも実に絶妙なコミュニケーションを取っていた。そうしながら、「マジック」と思しきことをやってのけていた。クライアントは自分と向き合っているふたりの話し方や交流の仕方から新たな理解を育てていった。

そして、クライアントの感情は次第に健康で活気のあるものになり、その行動や活動は効力を増して、クライアントを達成目標に向かわせたのである。

　バンドラーとグリンダーはこのふたりの言語行動、および、その他にも高い成績を上げているセラピストの言語行動を分析し、モデル化すると同時に、セラピーにおける言葉遣いのメタ・モデルを開発して、著書『魔術の構造』に体系化した。メタ・モデルには 12 の言語学的特徴があり、バンドラーとグリンダーはそれらを使って、言葉遣いがいかに不適格な地図を露呈するかを明らかにした。ふたりは治療の魔術師たちをモデル化するうちに、魔術師たちが、自分のことを話すクライアントのどんな言語学的特徴に注意を払い、どんな言語学的特徴に反応するかに気づいた。魔術師たちには、クライアントの歪曲や一般化、省略を問題にしたり質問したりする方法もあるらしく、クライアントはその質問に助けられて大切な情報を取り戻し、より正確で明確な理解を地図に表わしていくのである。

　メタ・モデルは、サティアとパールズが治療の場でクライアントと交流するときに使っていた重要なパターンを、単純な形に要約したものである。ふたりが使った言語学的な構造を明らかにし、クライアントの地図の作り方を問題にする際にどんな質問をしたらいいかを具体的に紹介している。こうした質問を使って、クライアントの体験やそれを言語化するときの方法について訊ねると、クライアントはそれらに関する内的なものの「中に戻り」、自分の理解をもっと正確で有用な形にして、地図を描き直すことができた。また、クライアントを本人が覚えている体験とつなぎ直すことによって、向上につながるより完全な地図を創るコンテクストが生まれた。クライアントはそうしたコンテクストで地図を創りながら、自分の認知に関わる心的世界が拡大するのに気づいた。この心的世界の拡大がやがて感情や行動を変えるのである。

　言葉や言葉遣いは、心理療法において明らかに本質的な役割を果たしているが、ビジネスや人間関係、交渉、健康、法律、教育などでもやはり中心的な役割を果たしている。本章のパターンは、ＮＬＰの言語学的パターンを要約したものだ。ここに紹介しているのは、まさに「魔術の構造」(Bandler and Grinder, 1975) であり、マジック (Hall, 2001a) の極意の一部である。この言語テクノロジーを使うことによって、心の地図をより正確かつ明確に描くことができるようになる。言葉の使い方について、もっと熟練し自覚できるようになる。そして、自分自身や他者を言葉で表現する強化ツールを入手できるようになる。

♯ 47　メタ・モデルを使う

◆コンセプト

　わたしたちは話をするとき、言語学の変形生成文法モデル（Chomsky, 1965）が「表層構造」と呼ぶものを作り出している。それは発言として表現されるもののことで、それに先立つ数多くの抽象概念から得られたもっと深層の外延的な「意味」を変形させて生まれるものである。その意味は、「深層構造」と呼ばれている。深層構造は表層構造よりも完全な神経言語学的モデルであり、表層構造はこの意味を伝えようとする。

　コージブスキーは、地図と土地そのものとの根本的な区別に基づいて一般意味論を確立したとき、わたしたちがどのようなプロセスをたどって世界という土地を抽象化し、抽象概念の層を次々に重ねていくのかを特定した（Korzybski, 1933/1994）。まず、インプットされたデータを電磁場から変換するときには神経学的メカニズムを使い、そうした信号を神経学的な抽象概念として神経系内で内在化する。そこから繰り返し抽象化を行ない、要約、省略、一般化、歪曲などを通して、最初に神経学的な地図を創り、つづいて現実を表わす言語学的な地図を創る。こうして、神経がどう情報を処理し、地図化によってどう現実を存在させているかを理解したことによって、どうすれば地図作りのスキルをうまく活用し操作できるかについての理解が発達したのである。

　概念的にはまず、中心的問題が地図作りにからむ問題であることを理解しなくてはならない。わたしたちはよく問題や悩みを抱えるが、それはこの世界にリソースや機会が欠けているからではなく、自分の地図にリソースや機会が欠けているからだ。自分の行きたいところへ連れて行ってくれる地図が手元にないのである。自分にはリソースがたっぷりあると思わせてくれる地図を欠いているのだ。しかし、たいていはこれに気づいていなかったり、問題は地図作りのレベルにあって、世界のほうにはないことを忘れていたりする。この世界や自分の体験、身の回りで起きた出来事についての発言は自分にとってあまりに「リアル」であり、疑う余地などなさそうに見える。それが現実でないなどということがありえるだろうか？

　コージブスキーはこれを**同一化**と呼んだ。最初の不健全な同一化が発生するのは、自分の考えや表象、言葉などはすべて記号にすぎないということ——そ

れらは土地を表わす記号であって、土地そのものではないということ——を忘れたときである。しかし、わたしたちは言葉を使いながら、これをいとも簡単にあっという間に忘れてしまう。

　本項のメタ・モデルを使うときは、まず人が話しながら提示する世界地図に取り組む。表層構造の発言をよく聴いてから、その世界の中に入って探検する。つまり、好奇心や関心や敬意を示しながら、さまざまな質問をするのである。その際、その人が認められ理解されたと感じられるよう、最初にペース合わせをする。これが信頼やラポール、変化を引き出す。その後会話を進めながら、詳細に関する質問をしていくが、このプロセスを通じて双方が共同で協調状態を創り出し、その人は自分の地図を拡張するよう励まされる。

　メタ・モデリングとは、地図——自分のものであれ相手のものであれ——をよく聴き、それについて質問するプロセスをいう。このプロセスは地図の不適格な部分を明らかにすると同時に、モデルの拡張をも引き起こす。セラピーでメタ・モデリングを用いても、たいていのクライアントは気づかない。なぜか？　単に「話」をしているだけにしか見えないからだ。おおかたは、話の内容(コンテンツ)に囚われすぎていて、言葉遣いの構造にはほとんど注目しない。

　図7-1（222-223頁）にまとめた12の特徴は、ＮＬＰにおける言語学的メタ・モデルである。このモデルは、3種類の地図作製上のプロセス——省略、一般化、歪曲——を取り上げている。最初の特徴は、主に省略されたり削除されたりした重要な要素や特質によって発生するものだ。ふたつめの特徴は一般化で、これによって極端に包括的かつ一般的な地図ができあがる。3つめの特徴は改変もしくは歪曲だ。ここで明らかになるのは、わたしたちが世界モデルを作るときに、さまざまな特性を削除（省略）し、要約もしくは普遍化（一般化）し、改変もしくは変形（歪曲）しているという事実である。

◆◆パターン

▶ **1. 表現の中に不適格な部分や曖昧な部分がないか、よく聴く**

　表層構造の発言をよく聴きながら、感覚を研ぎ澄ませた状態を保つよう、自分自身に指示を出す。その状態を保つために、相手の言葉そのものから、相手が伝えようとしていることを見、聞き、感じ、味わい、嗅ぎ取ることができているかどうかに注意する。引きつづき、相手の言葉をすみずみまで追跡して表

象を創り出し、相手が伝えようとしていることを心の中で映画として上映できるようにする。

すみずみまで追跡し終えたら、「相手の伝えようとしていることや意味を自分は完全に理解しただろうか？」と自問する。

相手の発言は、何かを削除していないか（省略）？　しているとしたら、何を削除しているのか？　不特定名詞や不特定動詞、不特定関係などはないか？　もしあるなら、それについて質問する。

つづいて、他の問題（一般化、歪曲）をチェックする。

相手の発言には、一般化のせいで具体性を欠く部分はないか？

なんらかのプロセスが歪曲されているために、それがどう作用しているのか（因果）がわからない場合は、「それはどういう意味ですか？　どうしてそういう意味になるのですか（等価の複合観念）？」、「別の人についての情報が入っていませんか（読心術）？」などと訊ねる。

メタ・モデルに対しては、常に感覚を研ぎ澄ませた状態を保ち、自分自身の意味や考慮、定義などを相手の言葉に投影しないようにしなくてはならない。そのためには、相手が実際に話したことを自分が表現するとき、「何も知らない」という準拠枠を採用して、自分自身の考えをほとんど入れずに心の映画を地図化しなくてはならない。

▶ 2. 不適格性を問題にする

相手の現実を表わす内的な地図がどういう作用をしているのかわからないときは、いつでもそれについて質問する。

この「拒絶」はどう説明するか？

その情報はどこで手に入れたのか？

それは常にそのように作用するのか？

何を前提にしているのか？

それ以上の具体性、正確さ、明確さが要求するメタ・モデルの質問を知っているか？

いつもそれらを使って正確性を引き出そうとしているか？

▶ 3. 明確な表象が得られるまで続ける

不明瞭な部分は残っていないか？

第7章　言葉を使う

さらに質問を続けてもっと正確にする必要があるか？
相手が伝えようとしている意味に関して、充分な表象を得たか？

メタ・モデルに関する最新情報は、『コミュニケーション・マジック』(Hall, 2001a) を参照していただけたらと思う。これは、メタ・モデルの進化と発展に関する25年に及ぶ歴史を概観したもので、新たに一般意味論から9つの区別も追加して説明している。言語学の最新の発展状況や、チョムスキーの変形生成文法が終焉を迎えたことによる影響、その他多くの事柄に触れている。

♯48　メタ・モデルⅢを使う

◆コンセプト

タッド・ジェイムズはメタ・モデルの具体的な活用法を開発し、明確な結果を得るための詳細な質問法として、それをひとつにまとめている（「トレーニング・ノート」James, 1987）。彼がこの開発を手がけることになったきっかけは、以下の疑問を抱いたことである。

質問は本来それ自体に前提を含んでいる。ほかでもないその性質を活かし、その前提を受け入れることによって、当人が大きく変化できるような質問をしたいものだが、では、どんな質問をしたらいいのだろう？

本項のパターンはひとつの問題から出発して、以下を行なうことになる。

1. 問題のコンテンツを言葉で表現する
2. その原因を言葉で表現する
3. 解決しようとして失敗に終わった試みを特定する
4. 解決の可能性を見きわめる
5. 解決法をひとつ提示し、解決した状態を顕在化させる
6. ここで方向転換し、これ以降の質問によって当人がその解決法について考えられるようにする。変化のコンテンツを具体化するよう促す
7. 変化する時期を特定する

（224頁に続く）

パターン／特徴	反応／質問

省略

1. 不特定名詞もしくは指示指標（単純な省略）

・あの人たちはわたしの話を聞いてくれない。	・具体的に誰が話を聞いてくれないのか？
・わたしは行くつもりだ。	・どこへ行くつもりなのか？　いつ行くつもりなのか？

2. 不特定関係（比較による省略）

・彼女はましな人物かもしれない。	・誰よりましなのか？
	・何に関してましなのか？
	・誰の、何と比較して、ましなのか？
	・どんな判定基準を想定しているか？

3. 不特定指示指標

・彼はわたしを拒絶する。	・具体的に誰が拒絶するのか？
・みんながわたしをいじめる。	・具体的に誰がいじめるのか？

4. 不特定動詞

・彼女はわたしを拒絶する。	・具体的にどう拒絶するのか？
・いいように操られているような気がする。	・どんなやり方で、どんな具合に操られているのか？

5. 名詞化：（動詞を隠したりうやむやにしたりする、曖昧な単語を使う）

・コミュニケーションを改善しよう。	・誰のコミュニケーションのことをいっているのか？
	・どんなふうにコミュニケーションを取りたいと思っているのか？
・今朝どんな状態で目覚めたか？	・等位語句を使って指示する。具体的に何が？　いつ？　誰が？　どこで？　どれを？　どう？　など。
	・名詞化を無効にして、隠された動詞を見つける。

一般化

6. 普遍的数量詞（普遍性、例外を排除する一般化）

・彼女はまったくわたしの話を聴いてくれない。	・ただの一度も聴いてくれないのか？
	・もし聴いてくれたら、何が起きるか？

7. 叙法助動詞（在り方を表わす動作モード）：（必要性、可能性、不可能性、希望）

第 7 章　言葉を使う

・わたしは彼女の世話をしなくてはならない。	・もし世話をしたら、何が起きるか？
・彼に本当のことはいえない。	・もし本当のことをいわなかったら、何が起きないか？
	・……あるいは、もし本当のことをいったら、何が起きるか？

8. **判断**：（判断者が省略されていて確認できない判断）

・一貫性がないのはよくない。	・誰がそれをよくないと判断したのか？
	・どんな基準に従っているのか？
	・どうしてこう「よくない」と決めつけるのか？

省略

9. **読心術**：（他者について、その特性や因果を決めつける）

・あなたはわたしを嫌ってる……	・どうしてわたしがあなたを嫌っているとわかるのか？
	・どんな証拠があって、その結論に達したのか？

10. **因果**（出来事の因果関係、刺激／反応関係を決めつける）

・あなたのせいで悲しくてたまらない。	・私の行動のせいでどうして悲しくなるのか？
	・どんな証拠があって、その結論に達したのか？

11. **等価の複合観念**（同一性、同一化の「is」）

・彼女はいつもわたしに怒鳴っている。わたしを嫌ってるんだ。	・どうして彼女が怒鳴っていると、あなたが嫌いだということになるのか？
	・自分の好きな人に向かって怒鳴ったときのことを思い出せるか？
・彼は、仕事に関しては敗者だ。ビジネス・センスに欠けている。	・どうしてこのふたつがそこまで絶対的に同じだといえるのか？

12. **前提**（暗黙の仮定）

・夫は、わたしがどんなに苦しんでいるかを知ったら、それはしないだろう。	・この場合の前提は、妻が苦しんでいるということ、夫の行動がその苦しみの原因であるということ、妻が苦しんでいることを夫が知らないということ、もし夫がそれを知ったら、夫の意向は変わるだろうということ。どうして苦しむほうを選ぶのか？　夫はどう反応しているか？
	・どうして夫が気づいていないとわかるのか？

図7-1　言葉遣いに関するメタ・モデル

8. 時制を変えることによって暗示を与えながら、変化するための指示を埋め込む
9. 最後に、変化の開始が確認できるものを呼び起こす

(典拠：この短縮版特別フォーマットはボブ・ボーデンハマーから引いたもので、ボーデンハマーは、このパターンには「深いラポール」が必要だとしている)

◆◆パターン

⟶

1. 間違っていると思ったり、そう判断したりしていることは何か？

2. この問題の原因は何か？

3. 現時点まで、この問題を解決しようとしてどう失敗してきたか？

4. もし時間の中を進んで、その問題が解決した状態も通り越したとしたら、それはどう見え、どう聞こえ、どう感じられるか？

5. **方向転換**

⟵

6. 何を変えたいと思うか？ 具体的に何が変わると思うか？

7. いつ、それが自分への制約として機能するのを停止させるつもりか？

8. すでにこの問題は解決したと判断する方法は、いくつあるか？

9. 自分がすでに変わり始めていて、物事をこれまでとは違う見方で見ているとわかったら、どんな感じがするだろう？

＃49　名詞化を無効にする

◆コンセプト

　メタ・モデルの中に、名詞化と呼ばれる言語学的特徴がある。一連の行動に名前をつけると、名前はそのプロセスを、まるで動かない「物」のように取り扱う。命名や名詞化は、こうして動き（動詞）を静物（名詞）に変えてしまう。名詞化はプロセスを省略し、一般化もしくは要約を行なって、動きに静的な名詞形を与える。これが、名詞化という用語が示す内容である。このように動きに名前をつけると、当然物事を歪めることになる。「心－身」系に誤った信号を送る名詞化を行なうからだ。誤った信号というのは、動きを動きのないもので表現しているということだ。動詞は名詞に似た言葉によって隠される。

　例えば、名詞化を使うとき、わたしたちは脳に、今言及しているのは静的な事柄であって、動的なプロセスではないと知らせている。わたしたちが与えられるのは「決定」であって、動詞が意味する「決定するプロセス」ではない。「やる気」であって、「やる気にさせるプロセス」ではない。この名詞化の構造は、わたしたちがそのプロセスに参加していないということをそれとなくほのめかしている。もし自分がそのプロセスで重要な役割を果たしていないとわかったら、それをやり遂げるスキルを育てることもないだろうし、活用することもないだろう。これは、複数の名詞化が結びついたとき明らかになる。自分は今プロセスに取り組んでいるのではなく、静的な永遠なるもの——ひたすら受け入れるしかないもの——と取り組んでいるという印象が生まれるのである。例えば以下の文について、考えてみよう。

　「わたしは人間関係でずっと苦しんできた。そのせいで自尊心はぼろぼろだ。やる気もすっかりなくしてしまった」

　上記の「人間関係」には、**関係をもつ**という動詞が隠されている。「自尊心」は、正確には**自己を尊重するプロセス**であり、「やる気」は、正確には自分を**やる気にさせるプロセス**である。
　体験を語る言葉には名詞化が氾濫しているため、名詞化を無効にする方法を身につけると、名詞化によって創りあげた「凍りついた宇宙」を、元どおりの

プロセスと動きに変えられるようになる。世界は再びいきいきと活気づく。そうすることによって、わたしたちはプロセスの中で反応できるようになり、入手可能な選択肢を見わけられるようになる。ウィリアム・グラッサーは、現実療法を開発する中でこの重要性に言及している（Glasser, 1983）。現実療法では、クライアントは名詞を使って感情や心身反応について語ることを許されない。動詞を使ってそれらを翻訳するように、と彼は強調する。すなわち、怒る、自分を責めとがめる、気がめいる、頭が痛むという言い方を強調するのである。

◆◆パターン

▶ 1. 名詞化を特定する

「これが見え、聞こえ、感じられますか？」と訊ねる。なぜなら、本当の名詞（人や場所、物など）はビデオに撮ることができるが、名詞化した動詞はビデオに撮ることはできないからだ。

「やる気」や「自尊心」などを絵に描けるだろうか？

進行中のプロセスをいう「名詞化した動詞」は、絵に描くことはできないはずだ。

その言葉に「進行中の」という言語学的語幹をつけた場合、意味を成すか？

この質問をすることによって、名詞の形を取った本当の動詞を明らかにすることができる。つまり、「進行中の人間関係」は意味を成すが、「進行中の椅子」は意味を成さないということだ。

▶ 2. 内部に潜んでいる隠された動詞を見つける

その名詞化の内部に潜んでいる隠された動詞は何か？

その言葉は、「進行中の〜」という構造に適合するか？

隠された動詞が見えているか？　見つかったか？

「やる気 motivation」の中には「やる気にさせる motivate」があり、その中には「心を動かす move」という動詞がある。「自尊心 self-esteem」の中には「尊重する esteem」という動詞がある。名詞化の中には、その名詞の源まで戻ったり、それが発生した状況にまで戻らなくてはならないものもある。そこまですると、「宗教」や「宗教的」という言葉の中には「拘束し直す」という動詞があり、「魂」の中には「呼吸する」という動詞があるのがわかる。

▶ 3. 動詞を復活させて、考えを言い直す
　その言葉を動詞に戻し、活動、動き、プロセスの表象を復活させたか？
　誰が誰に関わっているのか？
　気持ちを駆り立てられて、何をする気になっているのか？
　どのくらいそれを成し遂げたいと思っているか？
　ほかには何が自分に訴えかけているか？

＃50　問題を明確にする

◆コンセプト

　概念的に出口が見つからない「問題」を構築しているとき、あるいは、問題の形成の仕方のせいで現実的な解決ができなくなっているとき、本項のパターンを使って、そうした限定的かつ拘束的で不健全な地図を変えることができる。結局のところ、どんな問題も言葉が構築しているのである。「問題」を見たことのある人間はいない。問題という表現もまた名詞化だ。そして、この名詞化によって、わたしたちは「問題」をものとして考えたくなるのではないだろうか？　地図の言葉では、どんなプロセスの詳細も、見ることも聞くことも感じることもできない。その結果、それが堅固で永遠で不変なものに見えてしまう。さらに、そういう考え方をすると、それに対して活発に反応できるという気持ちにはなかなかなれない。わたしたちがてこずることの多くは、こういった状況にある。

　名詞化が関係しているのは、この世界のことではなく、すべて心の中のことだ。したがって、まずは「知覚－聴覚－触運動覚」が指示しているものを発見しなくてはならない。詳細を発見したら、意味から成る概念の世界から、活動とエネルギーから成る現実の世界へ移動する。どんな「問題」に取り組んでいるにせよ、そこで初めて自分の行動の等価の複合観念を見つけることができる。

　例えば、ある人が「自尊心」の低下を訴えて、「仕事で失敗ばかりしていて、もう自尊心のかけらも残っていません」といったとしよう。これに対する返答の仕方としてまずいのは、「ええ、おっしゃりたいこと、よくわかります」などということだ。これはその地図が正しいと認めて、それと自分の地図との比

較を促すことになる。ＮＬＰでは、その代わりに、当人がこの抽象概念（「自尊心」）を引き合いに出すのに、「知覚－聴覚－触運動覚」を使って何を示しているのか、その結論に至るのにどんな判定基準や規則、価値観を用いているのかを質問する。これによって、稼働中のプロセスを探し、特定することができるようになる。もし自らの判定基準を満たしていれば、自分のことをさまざまな形で「価値のある存在、成功した存在、正しい存在」などと表現するだろう。満たしていなければ、「価値のない存在、尊厳や敬意とは縁のない敗者」などと表現するはずだ。

　結局のところ、人（個々人という意味で）は、自己を尊重するか軽蔑するかを自分で決めている。「新車を運転している自分を誇らしく思う」、「成績が悪いと情けなくなる」、「昇進すると、鼻が高い」など。

　いずれにせよ、この意味的現実を構築するために、その人は特定の体験を定義し、同一視し、それには意味があると考えている。そこで本項の戦略を使えば、古いフォーマットを解体して、もっと向上に役立つ新たなフォーマットを作り直すことができる。

◆◆パターン

▶ 1. メタ・モデルの特徴に基づいて「問題」を調べる
　表現は適格か？
　コード化の仕方や問題の表現の仕方に適格でない部分があるとしたら、どんな点か？
　正確な表現を欠いて、ひどく曖昧になっている部分はあるか？
　過剰な一般化、つまり、抽象語や抽象表現はあるか？
　意味、因果、前提などに歪曲はあるか？
　例に挙げた人は、「乏しい自尊心」という言い方で、その問題を「もの」として、自分が「もって」いないものとして語っている。これは問題を自分のコントロール圏外、反応圏外にあるものとしてフレーミングしているのである。したがって、名詞化を無効にして、自己を尊重するプロセスを発見し、それを探求しなくてはならない。「どんな理由で、自分をろくに尊重することができないのか？」「もし自分を尊重したら、どんな感じか？」「何が原因で、前進できないのか？」

▶ 2. 問題の構築に関して、エコロジーをチェックする

それは自分の役に立っているか？

自分をろくに尊重することができないでいるのは、有用だと思うか？　どのように？

それは自分の体験をどう損なうだろう？

それによって生活は楽しみが増えるか？　減るか？

▶ 3. 問題の前提を調べる

明確になったその問題には、何か解決法を示すものがあるか？　それとも、その問題のせいで窮地に陥っているか？

その問題を、何か静的なものとして、自分の影響やコントロールを超越したものとして表現しているか？　つまり、自分をコントロールするものとしてフレーミングしているか？

距離を置いて、機能障害を起こしている前提の正当性を疑ってみたことがあるか？

もしそうしたら、その問題に関する自分の理解と感覚には何が起きるか？

▶ 4.「アズ・イフ」フレームを使って、問題を別の形に形成できないか調べる

自尊心にあふれているかのように行動しているとしよう。そうすると、生活にはどんな影響があるか？

もしそうしたら、成功の可能性を高められると思うか？

絶対的な価値のある貴重な存在として自分自身を高く評価しているかのように行動するとしたら、これについてどう「考え‐感じる」か？

まとめ

・ＮＬＰは、体験の構造に具体的なコンテンツを与えるさまざまなモデルのモデルである。心理療法に適用すると、「お話治療」と呼んでいるものの構造が明らかになる。ＮＬＰはこうして、言葉がどれほど決定的かつ集中的に人間の意識（考える、感情を表出する、体験するなどのプロセス）に影響を及ぼすかを強調する。さらに、その中心的な始発モデル——メタ・モデルによって、心理言語学分野の重要性も強調する。

・メタ・モデルが提供する説明的枠組みを活用すると、言葉がどう働いているかがわかり、さらに重要な点として、話し合い、論理的に考え、ブレインストーミングしながら、言葉の使い方とどう取り組んで問題を解決したらいいかがわかる。ＮＬＰはメタ・モデルをその中心的な方法として始まった。ＮＬＰのテクノロジーのほとんどは、この中心的モデルから発生したものである。

・このモデルは、わたしたちが言葉を使って心的な世界地図を創り出す仕組み——および、ときに発生する地図作製上の問題——を教えてくれる。こうした地図作りのプロセス（省略、一般化、歪曲など）を認識することによって、自分の世界モデルの変化を促す道、コミュニケーションを取っている相手の世界モデルの変化を促進する道が拓ける。

・さらに重要なのは、このモデルがわたしたちの内面に言葉に関するためらいをインストールするという点だ。これによって、自分自身が言葉や考えにどう「意味的な反応」を示すのかを把握し、気づくことができるようになる。そして、あわてて反応しないようになれば、それだけよく考えよく心して反応するようになる。そうなったとき、言葉は象徴的なものであり、意味的な現実であるということを体で知り、感じるようになる。その結果、言葉を現実ではなく単なる地図として使えるようになる。

・本章のパターンのほとんどは、言葉のメタ・モデルを理解しているかどうかによってその有用性が決まる。人間に関する諸事でマジックが起きるのは、話をしているときだ。これは殊に治療のコンテクストでいえることだが、他の多くの分野にも当てはまる。親密な人間関係——自分たちにとって本当に大事なことを話し合えるような関係——の中で発生するコミュニケーションにも当てはまる。話し手、書き手、指導者などにも当てはまる。このモデルを活用する

ことによって、コミュニケーションを取るときの言葉遣いに対して、これまでより方法論的かつ体系的に取り組めるようになる。

・一般意味論の発達を活かしたマジックについてさらに知りたい場合は、『コミュニケーション・マジック』(Hall, 2001a, *Secrets of Magic* を改題)を参考にしていただけたらと思う。これは、最初の1975年版メタ・モデルの最新版であり、「欠けていた」特徴を、一般意味論および認知心理学から丹念に拾い集めて補足した拡大版である。

付記

　メタ・モデルが開発されてからすでに長い歳月が過ぎ、その間に言語学の分野は大きく変化した。グリンダーとバンドラーは当初、まずフリッツ・パールズとヴァージニア・サティアが使っていた言語パターンを、のちにミルトン・エリクソンが使っていた言語パターンを聴き取り、モデル化して、メタ・モデルを開発した。それには変形生成文法（ＴＧ）のツールが用いられたため、ふたりの著書『魔術の構造』(*The Structure of Magic, Vol. I.*) には、ＴＧに関する長々とした付録Ａが添えられている。ふたりは当時一般意味論に発生していた新たな展開についても触れている（原書109頁、注6）。

　1975年にその初版が出る以前、実は、ＴＧはハリスが**言語戦争**と呼んだもの (Harris, 1993) に苦しんでいた。ハリスはその著書の中で、新たな「学派」が勃興してチョムスキーの解釈、すなわちＴＧ (Chomsky, 1957, 1965) を問題にし、結局は打ち負かしてしまった経緯を、言語学における戦争として詳述している。ほかにも、1980年代初期における一般意味論の終焉について触れている。

　レイコフはのちに、なぜＴＧが言語学のモデルとして失敗に終わったかを説明している (Lakoff, 1987)。彼は、定型的で数学的なモデルと、人間が実際に思考し情報を処理する方法——構成主義的な統合文法——との哲学的相違の観点から、それを説明している。それより先、レイコフ、マッコーリー、ロス、ポスタルらは、ノーム・チョムスキーのモデルを取り上げて、その深層構造における意味を見つけようとした。しかし、その方向に進めば進むほど、変則、異例、例外が見つかった。そして、その方向に進めば進むほど、チョムスキーか

ら離れ、攻撃を続けることになり、結局はＴＧを再公式化することになったのである。レイコフは徐々に説明手段としての深層構造を排除し、あらゆる変形規則を表層構造を使ったものだけで説明しようとするようになった。

ＴＧの問題が深刻化するに従って、ＴＧも一般意味論も、他の理論やモデルに道を譲るようになった。フォコニエのスペース文法（のちに「メンタル・スペース」に変更。『メンタル・スペース』Fauconnier, 1985）、ラネカーの2巻から成る大部『認知文法の基礎』（Langacker, 1987, 1991a）などがそれである。

これによって、ＮＬＰとメタ・モデルはどこに置き去りにされるのだろう？

メタ・モデルはどれくらいＴＧを頼っているのだろう？

メタ・モデルは深層構造・表層構造という型をどの程度必要としているのだろう？

興味深いことに、メタ・モデルは実はＴＧをまったく当てにしていない。バンドラーとグリンダーは確かにメタ・モデルのテクノロジーの多くをＴＧから取り入れている（叙法、言語の普遍的特徴、名詞化、誘導探索などはすべてＴＧ言語学由来のものである）。深層構造と表層構造という一般的な2段階モデルも取り入れている。しかし、その後ＮＬＰについて著した書き手たちは誰ひとりとして、『魔術の構造』のようにＴＧ関連の付録を添えるようなことはしていない。これはＮＬＰがいかにＴＧを当てにしていなかったかを物語っている。

メタ・モデルは、コージブスキーが主張するように（Korzybski, 1933/1994）、運営上、抽象化のレベルという概念を必要としているだけである。コージブスキーは自らのヒューマン・テクノロジーの研究から抽象化のレベルを構築した。彼のいう抽象化のレベルとは、神経系が世界に関するエネルギー的な表現を変化させ、それをさまざまな神経学的プロセスへとコード化しながら、まず、感覚受容器レベルで抽象化を行なっていることを指している。しかし、神経系はそこに留まらない。末端の感覚受容器における細胞の活性化によって再び抽象化を行ない、その「情報」を生物学的な電気刺激に変質させ、それを中枢神経の中核（大脳）へ送る。つづいて、そうした神経学的プロセスから抽象化を行ない、さまざまな神経伝達物質を使ってその電気刺激を翻訳する。

メタ・モデルはこうした抽象化のレベルを前提としている。その表層表現と深層表現あるいは先行表現との違いは、抽象化のプロセスによって発生する。こういうわけで、メタ・モデルは実際のところＴＧとは一度も結婚したことはなく、いわば、ちょっとした関係があったにすぎない。そのロマンスの中で、

言語学の専門用語を借用したにすぎないのである。

　今日、認知言語学は新たに多くの発達を遂げた。それらの中には、表象やロジカル・レベル、枠組み、コンテクストを駆使するＮＬＰモデルにふさわしいものがはるかにたくさんあるとわたしは思っている。ラネカーの『概念、イメージ、記号』(Langacker, 1991b) は、心的表象の３つの中心的プロセスについて語ったものである。

第8章

思考パターン

思考を支配するパターンを分類する

「メタ思考の瞬間なら、もっと高次の心の状態にまで上昇できたのに！」
　思考そのものより前の、目に見えないメタ領域で発生した問題に苦しんだり、そういう問題を他者との間で経験したりすることがある。言い換えると、緊張、葛藤、不和の舞台に、思考パターンそのものが巻き込まれる場合があるということだ。何を考えているのかではなく、どう考えているのかが問題になる。この場合、この次元の人間の体験に関して、いくつか疑問が湧いてくる。以下にそれを列記する。

- そもそも何が自分の考え方をコントロールし、決定しているのか？
- 実際に考える以前の段階で、考え方の様式を支配しているものは何か？
- 思考や分類の型はいくつあるのか？
- この目に見えない思考スタイルは、どう学び、どう見わけることができるのか？
- 存在する可能性のある思考と分類の型を類別する最善の方法は何か？
- いったんそれらを特定できたとして、それをどう処置できるのか？

　思考スタイルとしての思考の型や構成は、思考そのものより上位のメタ・レベルに存在する。ＮＬＰではこの思考スタイルを**メタ・プログラム**と呼んでいる。つまり、こうしたプロセスを内容（コンテンツ）の上位にある「プログラム」と認めているのである。わたしたちは成長しながらこの世界を理解しようとするが、それに伴って「認知‐情動」が発達し、その過程で、そうした思考スタイルができ上がっていく。それは、わたしたちが物事を分類し、物事に注意を払い、情報を処理するときに使う「プログラム」に相当する。

例えば情報のサイズだが、ごくささいな詳細から全体レベルの意味まで（詳細から全体）、さまざまに注目することができる。普段から体系的に詳細モードを使っている人は、まず詳細から入って次第に全体を理解しようとする帰納的な思考を行なう（詳細特性から抽象概念への段階を「チャンク・アップ」する）。主として「大局」(全体の意味)について考える人は、概念的に全体から詳細へと考えていく。つまり、帰納的にではなく演繹的な論理思考をする。抽象概念から詳細特性への段階を「チャンク・ダウン」するのである。
　さらに、マッチしているか、ミスマッチかと考える思考パターンもある。情報を処理するとき、マッチするものを選び出すタイプ（マッチャー）は、「適合するのは何か？」「これは、すでに自分が知っていることと、どう適合するか？」と考える。他方、ミスマッチなものを選び出すタイプ（ミスマッチャー）は、「これは、すでに自分が知っていることと、どれくらい違っているか？」「ここに適合しないものは何か？」と考える。このメタ・プログラムにはふたつの異なる思考スタイルがあるが、これは、この世界で自分の立場を調整するときのふたつの型につながっていく。では、それぞれのタイプの男女が結婚したとき、これらふたつの思考スタイルの接触面がどうなるかを想像してみよう。コミュニケーションを取るとき、計画を立てるとき、言い争うとき、対立を解決しようとするとき、マッチャーはミスマッチャーをどう感じるだろう？　話し合ってはいるのに、おそらく、話を聞いてもらえない、理解されていないと感じるだろう。相手に認めてもらっていないと感じるだろう。きっと、「同じ波長」、同じチャンネルで話していないと感じるに違いない。
　喩えていうなら、人間の意識内で稼動するメタ・プログラムは、まさにコンピュータのオペレーティング・システムである。したがって、インプットされた同じ情報が、そのコンピュータのオペレーティング・システム（ウィンドウズ、ＤＯＳなど）によって別の事柄を「意味し」たり、呼び起こしたりする。このメタファーから、わたしたちの情報処理や物事の感じ方、行動に関して、次のような疑問が湧いてくる。

・この人は、通常どんなオペレーティング・システムを使っているのか？
・この人は、ほかのどんなオペレーティング・システムに戻ることがあるのか？
・どんなオペレーティング・システムがこの人を動かしているのか？

・この情報には、どんなオペレーティング・システムのほうが適しているのか？

　メタ・プログラムが発達するのは、わたしたちがいくつかの異なるレベルでものを「考える」ことができるからだ。コンテンツ思考とは、「今年の休暇はどこへ行こうか？」というように、何を考えているか──関心事の詳細と状況（コンテクスト）──ということである。プロセス思考とは、思考に関する上位の「ロジカル・レベル」──思考の仕方や思考スタイル──のことである。図8-1にメタ・プログラムを網羅した。

さらに上位のメタ・プログラム

　本書では、メタ・プログラムの特徴、およびその特徴の重要性に関して、きわめて簡単にしか触れていないが、本書よりもはるかに詳しい重要な研究がいくつか発表されている（James and Woodsmall, 1988; Shelle Rose Charvet, 1997; Woodsmall and Woodsmall, 1999; Hall and Bodenhamer, 1997b）。また、最近わたしもボーデンハマー博士と共にメタ・プログラムに関する重要な著作を仕上げ、これまでの項目を拡大して51項目にまとめた（Hall and Bodenhamer, 1997b）ので、以下にそれらをご紹介しようと思う（図8-2）。

＃51　相手のメタ・プログラムを見きわめてペース合わせする

◆コンセプト

　メタ・レベルのさまざまな分類のメカニズム（すなわち、メタ・プログラム）は誰にでもあり、わたしたちはそれを使って情報に注意を払い、情報を処理している。コミュニケーションを取りながら相手のメタ・プログラムに気づいてマッチングできるようになるだけで、「周波数を合わせる」ための特別な方法を入手したことになる。より効果的に「相手の世界に入り」、「相手の言葉を話す」ことができるようになる。これによって、理解と共感とラポールは間違いなく高まる。

　教育、プレゼンテーション、トレーニング、販売、他者の説得などといった
（242頁に続く）

チャンク・サイズ
__全体像： ゲシュタルト； 演繹的思考——大局、一般原則
__詳細特性： 詳細； 帰納的思考——ある事柄の具体的な詳細

マッチ／ミスマッチ
__同一性： それは何とマッチし、何に似ているように見えるか？
__差異： それはどう違っているのか？ 自分がすでに知っていることと、どうミスマッチするのか？

代表システム
__視覚： 絵、映画、イメージ
__聴覚： 音、音量、音質、音の高低
__触運動覚： 気持ち、感覚、動き、温度、圧力
__デジタル聴覚： 言葉、言葉遣い、具体的な発言
__味覚／嗅覚： 味、におい

価値観の方向
__向かう： 未来の可能性、惹きつけられると感じる価値
__離れる： 過去の確実性、拒否されると感じる否定的価値

情報収集の仕方
__感覚的： アップタイム、経験主義、実用主義、感覚に基づいた情報（感覚によるアクセスが可能）
__直観的： ダウンタイム、空想的、理性主義、意味、価値観、内的な知識

適応の仕方
__判断型： 生活や出来事を自分に適合させたい、主導権を握りたい
__感知型： 生活や出来事に自分を適応させたい、ゆっくり流れていきたい

作動の仕方
__選択： 代案、他の方法　取捨、無作為
__手続き： 適切に行なうための規定や手順、連続的

反応の仕方
__消極的： 何かに反応して活発に行動することがない
__内省的： 反省し、想像し、熟考して行動する
__活動的： 行動を起こす、素早く何かをやる

準拠枠（拠りどころとする分類法）

__自己指示（内的指示）：　自分が考え、感じ、望んでいることを基準にする
__他者指示（外的指示）：　他者が考え、感じ、望んでいることを基準にする

叙法助動詞（作動の仕方）
__必要：　　　〜しなくてはならない、〜すべきである、規定と強制の世界
__可能：　　　〜できただろう、〜しただろう、〜したかもしれない、〜するかもしれない、
　　　　　　　〜するはずだ、選択肢の世界
__希望：　　　〜したい、〜を望んでいる、欲求に従って作動する
__不可能：　　〜できない、〜すべきではない、〜してはいけない、強制の世界、強制され
　　　　　　　て作動する
__選択：　　　〜したい、〜するつもりだ、〜を選択する、自分の選択と意思で作動する

感情／身体の体験
__実体験：　　情報を情動的に体験する、状態内、１人称
__分離体験：　情報について考える、２人称、客観的、コンピュータ・モード

納得の仕方（信用の仕方）
__視覚：　　正しく見える（見て納得する）
__聴覚：　　正しく聞こえる（聞いて納得する）
__触運動覚：　正しく感じられる（感じて納得する）
__デジタル聴覚：　理解する（考えて納得する）
__経験的：　経験して納得する（実践して納得する）

優先を決めるフィルタ（主たる関心事）
__人（誰）：　　人を楽しむ　人と共に過ごしたい
__場所（どこ）：　環境を求める
__物事（何）：　物や仕事を志向する
__活動（どう）：　業績や成果を求める
__時（いつ）：　時間を強く意識する

目標に対する姿勢
__楽観的：　　　できるだけのことをして、それで良しとする、自分のミスに寛大
__完全主義的：　さらに上を求めてがんばる、満足することがない
__懐疑的：　　　目標設定を拒み、その価値を信じない

価値の買い方
__経費：　　金銭
__利便性：　くつろぎ、快適さ
__時間：　　速さ

時制
__過去： かつて
__現在： 今
__未来： いつか

時の体験の仕方
__時の中にいて体験する： 行き当たりばったり、自然発生的、時間に無頓着
__時の流れを通じて体験する： 連続として捉える、上位レベルの時間認識

人との接し方
__外交的： 人と交わったり、人に囲まれて活気を取り戻す
__内向的： ひとりになって活気を取り戻す

協力関係を決めるフィルタ
__自立的
__依存的
__多数派に同調する
__仕切る

サティア・カテゴリー（コミュニケーション・モード）
__非難する（責任を問う）
__懐柔する（喜ばせる）
__超合理的に対応する（分離して考える）
__気をそらせる（ばかなことをする）
__率直に対応する（意見をはっきり述べる）

反応の仕方―A
__一致： 刺激に適合する
__不一致： 刺激になじまない

反応の仕方―B
__競争： 勝とうとする、勝つこともあれば、負けることもある
__協力： 全員が勝つ方法を探す

反応の仕方―C
__メタ： メタ・ポジションを取る、刺激に順応する
__対立： 対極へ行く、ミスマッチを完成させる

図8-1 NLPのメタ・プログラム（処理／分類スタイル）

情報処理	感覚	選択
認知／知覚	情動的／身体的	意欲的／消極的な同意

情報処理 認知／知覚	感覚 情動的／身体的	選択 意欲的／消極的な同意
#1 チャンク・サイズ 全体像／詳細特性 詳細／包括	#13 情動的対処 無抵抗／攻撃／分離	#20 モチベーションの方向 向かう／離れる 近づく／避ける
#2 関係 マッチ／ミスマッチ 同一／差異	#14 準拠枠 内的／外的 自己指示／他者指示	#21 意欲の向け方 選択／手続き
#3 代表システム VAKOG言語	#15 心理状態 実体験／分離体験 感じる／考える	#22 適応の仕方 判断／感知 主導権を握る／ゆっくり流れる
#4／#5 情報収集 感覚的もしくはアップタイム 直観的もしくはダウンタイム	#16 身体的反応 活動的／内省的／消極的	#23 叙法助動詞 必要／可能／希望
#6 知覚カテゴリー 両極端／連続体	#17 納得の仕方（信用の仕方） 見て／聞いて／感じて／理にかなっていると考えて、納得する	#24 優先させるもの 人／場所／物
#7 シナリオ思考 最良／最悪 楽観的／悲観的	#18 感情の方向 一方向／多方向	#25 予想への適応の仕方 完全主義的／楽観的／懐疑的
#8 耐久性 透可性／不透可性	#19 感情のあふれ方 反激情性／激情性 小心／大胆	#26 価値の買い方 経費／利便性／質／時間
#9 集中の質 選別／非選別		#27 責任の取り方 過剰／過少／バランスが取れている
#10 思考の方向づけ なぜ／どう生じたのか／解決法		#28 人の信用の仕方 疑う／信用する
#11 現実の構築の仕方 アリストテレス派／非アリストテレス派（静止／プロセス）		
#12 コミュニケーションの手段 言語・デジタル／非言語・アナログ／双方のバランスが取れたもの		

反応 産み出す／行動する	概念化／意味化 カント学派のカテゴリー
#29 活気の取り戻し方 外向的／両向性格／内向的	#40 価値観 価値観のリスト
#30 協力関係／管理 自立的／多数派に同調する／仕切る	#41 指示に対する性向 きわめて意欲的／迎合的
#31 コミュニケーションのスタンス 非難する／懐柔する／気をそらせる／超合理的に対応する／率直に対応する	#42 自尊心 高い自尊心／低い自尊心
	#43 自信 具体的なスキル
#32 一般的な反応 一致／不一致 競争／協力 対立／メタ	#44 自己体験 体／心／感情／役割／選択肢
#33 身体的反応 活動的／内省的／活動的かつ内省的／消極的	#45 アイデンティティ 葛藤があり一致していない／統合されて調和している
#34 仕事上の優先事項 物／組織／人／情報	#46 時制 過去／現在／未来
#35 比較 数量的／質的	#47 「時」の体験の仕方 時の中にいて体験する／時の流れを通じて体験する
#36 知識の取り入れ方 モデリング／概念化／経験／認可	#48 「時」へのアクセスの仕方 連続的／行き当たりばったり
#37 完成／終了 終了／非終了	#49 自我の強さ 安定／不安定
#38 社会に対する自分の見せ方 抜け目がなく巧み／気取りがなく自然	#50 道徳性 強い超自我／弱い超自我
#39 序列を支配するもの 力／協力関係／業績	#51 原因の求め方 原因不明／直線的因果／複合的因果／個人的な因果／対外的な因果

図8-2 メタ・プログラム、およびメタ・メタ・プログラム

コンテクストにおいて、メタ・プログラムを特定してペース合わせをすると、コミュニケーションを最大限に効果的なものにすることができる。なぜか？本質的に相手の思考の型や判断の型を使って自分のメッセージを包むことになるからだ。その結果、相手はこちらの話を聞いたり理解したりしやすくなる。こちらは相手の「理解」の仕方に順応できるようになる。

◆◆パターン

▶ 1. メタ・ポジションへ移動し、相手の情報処理の構造や型に注目する

　メタ・プログラムのリスト（図8-1）を使って、相手の情報処理の型を診断解析する。その人が「考え-感じる」ときの方法を支配しているのはどんなメタ・プログラムか？

　特に際立っているメタ・プログラムを3つ挙げるとしたら、何か？

▶ 2. 相手のメタ・プログラムを使って自分の言葉や考えや提案を包みこむ

　相手が大局から整理していくタイプであることに気づいたら、具体的なことや詳細に触れるのではなく、包括的で一般的な言い方をしてマッチさせる。もし視覚に周波数を合わせていたら、視覚的な言葉や用語、叙述語などを使う。

　相手のメタ・プログラムに合わせて反応できているか？

▶ 3. 自分自身のメタ・プログラムを考慮に入れる

　自分の推進力となっているメタ・プログラムは、いずれも自分の強さとスキルを支えているだけでなく、弱さと盲点の土台にもなっている。そうした推進用メタ・プログラムは過剰に使われる傾向があるために、意識の柔軟性が失われて、連続体の反対側へ移動しにくくなるからだ。

　自分の推進力となっているメタ・プログラムは何か？
　自分が見、気づき、聞き、理解していることは、どのメタ・プログラムの影響を受けているか？
　こうしたフィルタに対して、自分の意識はどれくらい柔軟性があるか？

＃52　限定的なメタ・プログラムを見わけて問題にする

◆コンセプト

　会話を通した交流が問題を含んでいて非生産的だと思われる場合、互いのメタ・プログラムにミスマッチがあるか、なんらかの認知のゆがみがあることを示唆しているのかもしれない。認知のゆがみについては、メタ・モデルの12の特徴を見ていただければと思う。それは、表現や構成、意味の「不適格性」として現れる。そして、一般的には、過剰に使用されたとき、特に非生産的になる。メタ・モデルの「違反行為」については、認知のゆがみのリストにまとめてある（256頁、図8-3参照）。

　メタ・プログラムとは、わたしたちが物事を考える（分類する）ときの方法、すなわち思考の型をいう。これを過剰に用いたり、不適切なコンテクストで用いたりすると（つまり、これが推進力となるメタ・プログラムとなった場合）、問題が発生する。

　メタ・ポジションに移動して、コミュニケーションの構造や、それを設定しているメタ・プログラムを確認しよう。これはかなり難しいことだと思う。誰しも、まずコンテンツに関わらないでいるということがうまくできない。もしそうなったら、落ち着いて、これは自分の人間らしさを表わしているのであって、自分のメタ思考スキルに何か問題があるということではないと認識するだけでいい。コンテンツに興味をそそられない人はいないだろう。つい目を奪われる。しかし、それには優雅に抵抗し、コンテンツの上方を漂うようにしよう。あなたが特に惹きつけられるのは、どんな刺激的なコンテンツだろう？

　大切なのは、メタ・プログラムは常に等しく影響を及ぼすわけではなく、コンテクストによってその影響力が増減するという点を忘れないことだ。音楽を鑑賞するには聴覚のモダリティを使わなくてはならないが、絵画を鑑賞するには視覚のモダリティへ移行しなくてはならない。品質管理のための分析を行なうときは、ミスマッチのメタ・プログラム、あるいは差異を選別して分類するメタ・プログラムを使っている。差異を選び出し、適合しないものをミスマッチとして見きわめているのである。しかし、このメタ・プログラムは、大切な人との絆を結ぼうとするときにはあまり役立たない。

◆◆パターン

▶ 1. メタ・ポジションへ移動して、誰か——自分自身でも他者でも——の思考の型と構成に耳を傾ける

　自分が聞き、受け取り、送っているメッセージのコンテンツの上位へ意識をもっていくと、どんなメタ・プログラムが使われていることに気づくか？

　「メタへ行き」、メタ・プログラムのリスト（図8-1）を使って、稼動中のメタ・プログラムを特定する。

　コンテンツから距離を取り、支配的なメタ・プログラムにたどりついたか？

　メタ・プログラムはいくつ見つかるか？

▶ 2. そのコンテンツやコンテクスト、テーマを前提として、そのメタ・プログラムの有効性を評価する

　［X］のコンテクストでもっとも強力に作動するのは、どのメタ・プログラムか？

　自分の仕事でもっともうまく作動するのは、どのメタ・プログラムか？

　今［Y］のコンテクストで使っているメタ・プログラムの品質管理はしてあるか？

▶ 3. メタ・ポジションを呼び起こし、メタ・プログラムの使用に関する品質管理を行なう

　トラウマ的な記憶について考えるとき、この実体験のメタ・プログラムはどのくらいうまく使えると思うか？

　自分の価値観や信念に集中しなくてはならないとき、他者指示の準拠枠はどのくらい効果的に使えるか？

メタ・プログラムを顕在化させる

　ごく一般的、かつ、きわめて強力なメタ・プログラムの活用法のひとつに、さまざまな質問をして、その人のメタ・プログラムを顕在化させるというのがある。以下のリストは、『人を理解する』（Hall and Bodenhamer, 1997）に収めた顕在化の質問をコピーしたものである。

第8章　思考パターン

1.「本を選ぶとき、あるいは、ワークショップへの参加について考えるとき、最初に注目するのは何か？　全体像とかブックカバーか？　それとも、その価値についての具体的な詳細か？」「あるプロジェクトにいっしょに取り組むことになった場合、まず何をするかを包括的に知りたいと思うか？　それとも、詳細をたっぷり聞きたいと思うか？」	**チャンク・サイズ** __全体像 __詳細特性
2.「初めて経験するものをまず理解しようとするとき、どう『自分の脳を運営する』か？」「最初に類似点を探して、すでに自分が知っているものとマッチさせようとするか？」「それとも、まず異なる点をチェックするか？」「あるいは、まず一方のやり方をし、その後、もう一方のやり方をするか？」	**関係の分類** __マッチ／同一 __ミスマッチ／差異
3.「何か新しいことについて考えたり学んだりするとき、どの感覚を好んで使うか？」	**代表システムの型** __視覚 __聴覚 __触運動覚 __言語／デジタル聴覚
4 & 5.「人の話や会話を聴くとき、具体的なデータを聞こうとするか？　それとも、直観を働かせて、話し手がいおうとしていることや意図していることを見つけようとするか？」「それについての自分の直観のほうに興味があって、証拠を聴き取ろうとするか？」「現実性と可能性では、どちらのほうが重要だと思うか？」「普段決定を下すとき基準にするのは、実用的な可能性か？　それとも抽象的な可能性か？」	**認識の分類** __感覚的／アップタイム __直観的／ダウンタイム
6.「物事を考えたり決定を下したりするとき、白か黒かを決めようとする傾向があるか？　それとも、2者間にある段階を考えようとするか？」「どちらのほうを尊重するか？」	**知覚の型** __両極端 __連続体
7.「問題を見るとき、まず最悪のシナリオを考えるか？　最良のシナリオを考えるか？」「窮地に陥って大変だと考えるか？　それとも、好機と捉えて前向きな手ごたえを感じるか？」	**特性の捉え方** __楽観的 __悲観的
8.「自分の心の構造——成功と失敗、愛と許し、人間関係と仕事、自分の性格特性といったことをどう捉えているか——について少し考えてみよう……自分が理解していることの表象は永続的だと思うか？　不安定だと思うか？」「どうしてそういえるのか？」「自分には確かにこういうところがあると思う点を考えてみよう」「次に、確信はないし、むしろ疑問も感じているけれど、自分にはこういうところがあるだろうと思う点を、何か考えてみよう……」	**耐久性** __透過性 __不透過性

9.「勉強や読書ができる場所について考えてみよう。どんな場所でもできるか？　それとも、ある場所は騒がしすぎるとか、別の刺激が多すぎるなどと考えるか？」「何かに集中するときの場所として好むのはどういう環境か？」「日常生活の中で自分は通常どのくらい注意力が散漫だと思うか？」	**集中の質** __選別 __非選別
10.「何かあること——問題でも、そうでなくても——について考えるとき、まず因果や由来、起こり（なぜwhy）を考えるか？　それとも、利用法や機能、方向づけ、必然性（どうhow）を考えるか？」	**思考の方向づけ** __原因／なぜ __解決法／どう
11.「現実について考えるとき、物事から成る永続的で堅固なものと捉える傾向があるか？　それとも、プロセスから成る電子のダンスであり、流動的で変化しつづけるものだと捉える傾向があるか？」	**現実の構築の仕方** __アリストテレス派／静止 __非アリストテレス派／プロセス
12.「誰かとコミュニケーションを取るときのことを考えてみよう。相手の話の内容と話し方とでは、どちらに重きを置く傾向があるか？」「コミュニケーションを取るとき、自分が使う言葉や表現に注意を払うか？　それとも、声の調子や速さ、大きさ、アイ・コンタクトなどに注意を払うか？」「誰かの話している内容が、その言い表し方と一致していないように聞こえて、どちらのメッセージに同意したらいいのかわからないとき、『本当の』内容を知りたいと思うか？　それとも、『本当の』言い表わし方を知りたいと思うか？」	**コミュニケーションの手段** __言語／デジタル __非言語／アナログ __双方のバランスが取れたもの
13.「なんらかのストレスに脅かされている、課題を与えられていると感じることがあると思うが……そういうとき、心理的に即座に思うのは、それから逃げたいということか？　それとも、それに立ち向かおうということか？」強いストレスを受ける状況に陥ったときどういう反応を取るか、いくつか具体例を挙げてもらう。そこから、「立ち向かう」タイプか、「逃げる」タイプかを感じ取る。感じ取れただろうか？	**情動的対処** __無抵抗 __攻撃
14.「自分自身と他者（あるいは自分にとって外因となるもの）とでは、主にどちらに注意を払ったり、参照したりするか？」	**準拠枠** __自己指示 __他者指示
15.「かつて自分にトラブルをもたらした仕事上の出来事を考えてみよう……」「仕事をめぐる体験で、大きな喜びや楽しみを感じたといえるものを挙げるとしたら、どんな体験を挙げるだろう……」「普段仕事中はどんな気分か？」「決定を下すとき、理性や論理に多く頼るか？　それとも、自分の価値観に頼るか？　あ	**心理状態** __実体験 __分離体験

第8章　思考パターン

るいは、それ以外の何かに頼るか？」

16.「新しい状況になったとき、通常、状況を見て取ったらすぐ行動に移るか？　それとも、どういう結果になるか細かいところまですべて調べてから行動するか？」

身体的反応
__活動的
__内省的
__消極的

17.「物事の信憑性をどう納得するか？　正しく見えるものがあるからか（V⁺）？　正しく聞こえるものがあるからか（Aᵗ）？　理にかなっていると考えるからか（Ad）？　正しいと感じられるからか（K⁺）？」〔訳注：V⁺はポジティヴな視覚、Aᵗはトナル聴覚、Adはデジタル聴覚、K⁺はポジティブな触運動覚〕

納得の仕方
__正しく見える
__正しく聞こえる
__正しく感じられる
__理にかなっていると考える

18.「ある心理状態――肯定的なものでも否定的なものでも――を体験したときのことを考えると、考えるだけで心が動いて、他の心理状態に影響を与えるか？　それとも、ほとんどそのことに集中したまま、他のことに結びつけることはないか？」

感情の方向
__一方向
__多方向

19.「仕事上の状況や個人的なことで、危険を感じたり公の目があると感じたりするケースを考えたとき、すぐ心に浮かぶのは、どんな『思考‐感情』か？」

感情のあふれ方
__反激情性
__激情性

20.「仕事（人間関係、車など）に関して、何を望んでいるか？」「自分の人生をどうしたいと思っているか？」

モチベーションの方向
__価値観に向かう
__価値観から離れる

21.「その車（仕事、町など）を選んだのはなぜか？」

意欲の向け方
__選択
__手続き

22..「気の向くままのびのびと人生を送りたいと思うか？　それとも、計画的に生きたいと思うか？」「プロジェクトを共同で進めるとき、まず概要をつかみ、綿密な計画を立てようと思うか？　それとも、とにかく取りかかり、ことを進めながら柔軟に調整していきたいと思うか？」

適応の仕方
__判断
__感知

23.「今朝どう起床したか？」「起きる直前、自分になんといったか？」

叙法助動詞
__必要
__可能

24.「2週間ある次の休暇の過ごし方を決めるとき、本当に重要だと思うことは何か？」「どんな物、人、活動などと接したら、本当にすばらしいと評価したくなるか？」「お気に入りのレストラン

優先させるもの
__人
__場所

247

について話してください」 __物
__活動
__情報

25.「設定した目標について話してください。それを実現させる　　予想への適応の仕方
ために、どう行動しましたか？」「何か重要なことをやり遂げるた　　__完全主義的
めに、今日目標を設定するとしたら、どういうふうにそれに取り　　__楽観的
かかりるか？」 __懐疑的

26.「買い物を考えるとき、主に何に関心をもつか？ 値段？　　価値の買い方
利便性？ 時間？ 質？ これらの組み合わせ？」 __経費
__利便性
__質
__時間

27.「仕事や自分の人間関係で何かの責任を負うときのことを考　　責任の取り方
えると、どんな思考や感情が湧いてくるか？」「ことがうまく運ば　　__過剰
ず、そのことで誰かに責任を負わされ、それが自分にとって非常　　__過少
にマイナスになったと感じた経験はあるか？」「責任をもたされた
ことでプラスになった体験は、何か思い出せるか？」

28.「初対面の人と会ったとき、その人をすぐに信用したり受け　　人の信用の仕方
入れたりしているか？ それとも、不信や疑い、問題、嫉妬、不　　疑う／信用する
安などを感じるか？」

29.「元気を出さなくてはと思ったとき、ひとりで復活したいと　　活気の取り戻し方
思うか？ それとも周りに人がいたほうがいいか？」 __外向的
__両向性格
__内向的

30. (1)「仕事でうまくやっているという気持ちを高め、実際に　　協力関係の結び方
もっと結果を出すために、自分には何が必要なのか、わかってい　　__自立的
るか？」 (2)「仕事でうまくやっているという気持ちを高め、実　　__多数派に同調する
際にもっと結果を出すために、自分以外の人には何が必要なのか、　　__仕切る
わかっているか？」 (3)「相手にそれを伝えるのは簡単だと思う
か？ 難しいと思うか？」

31.「通常のコミュニケーションの取り方は、懐柔するタイプ　　コミュニケーションのスタンス
か？ 非難するタイプ、超合理的に対応するタイプ、気をそらせ　　__非難する
るタイプ、率直に対応するタイプか？」 __懐柔する
__気をそらせる
__超合理的に対応する
__率直に対応する

32.「ある状況にいるとき、一般的にどう反応するか？ （1）自分の『思考-感情』に一致した感じ方や行動の取り方をしていると感じながら反応しているか？ それとも、そういう感じ方や行動の取り方をしていないと感じながら反応しているか？ （2）その対象と協調していると感じながら反応しているか？ それとも、食い違いがあると感じながら反応しているか？ （3）あるいは、目前のコンテクストを見渡せる位置に行き、その状況について考えるか？」

一般的な反応
__一致
__不一致
__競争
__協力
__対立
__メタ

33.「ある状況になったとき、状況を見て取ったらすぐに行動に移るか？ それとも、どういう結果になるか細かいところまですべて調べてから行動するか？ あるいはそれ以外に、通常どのような反応を示す傾向があるか？」

身体的反応
__活動的
__内省的
__活動的かつ内省的
__消極的

34.「仕事の状況（あるいは環境）で、もっとも幸せだと感じた状況、もう二度と起きないのではないかと感じた出来事について話してください」

仕事上の優先事項
__物
__組織
__人
__情報

35.「今日一日を振り返ってみて、自分の仕事をどう評価するか？」「人間関係についてはどう評価するか？」「どうやって自分の仕事の質を知るか？」「どういう根拠に基づいてそういうのか？」

比較
__数量的
__質的

36.「どんな知識源なら、権威があり信頼できると考えるか？」「信頼できる確実な情報を集めるとしたら、どこから集めるか？」「何かをしなければならないと心を決めたとき、それを実行するのに必要な情報はどこから入手するか？」

知識の取り入れ方
__モデリング
__概念化
__経験
__認可

37.「何かを調査している最中に、いったん中断してそのままにしておかなくてはいけなくなった場合、うまく切り替えられるか？ それとも、ひどくイライラするか？」「誰かが話を始めておきながら、それを完結させないとき、それをどう思うか？」「あるプロジェクトに参加するとき、もっとも関心があるのはその始まりか？ 途中経過か？ 結末か？」「一番楽しいと思うのは、プロジェクトのどの部分か？」

終了
__終了
__非終了

38.「つき合いの集まりや公の場に出ることについて考えよう。そういうとき、通常、自分をどう扱っているか？ 社会的なイメージに特に注意を払い、周りに否定的なインパクトを与えない

社会に対する自分の見せ方
__抜け目がなく巧み
__気取りがなく自然

249

ようにして、機転が利く、礼儀正しい、人の興味をそらさないなどと思われるようにしているか？　それとも、そういうことにはあまり頓着せず、『ありのままの自分』でいればいい、自然体で、率直で、ざっくばらんで、気どらないでいたいなどと思っているか？」

39.「他者との交流の動機を、力（支配、競争、政治）と協力関係（人間関係、礼儀、協力）と業績（結果、目標、目的）の観点から評価する。その際、自分の動機が何を優先しているのかを見るために、100点をこの3種類の制御『力』に割り振る」	**序列を支配するもの** ＿力 ＿協力関係 ＿業績
40.「この［X］（物、人、出来事、体験など）について考えるとき、これに関して、何が貴重で重要だと評価するか？」	**価値観** ＿価値観のリスト
41.「誰かに何かを『命令』されるのは平気か？」「『指示』されると、どう考え感じるか？」「どれだけうまく自分に向かって何かするよう、『指示』や『命令』を出せるか？　あまり内的な抵抗を感じることなく、それをやってのけられるか？」	**指示に対する性向** きわめて意欲的／迎合的
42.「自分の人間としての価値は、条件つきだと思うか？　それとも絶対的か？」「自分のことを尊厳などを備えた価値のある存在だと評価するとき、何かを基準にしてそう評価しているのか？　それとも、自分が人間であるという事実、神が自らの姿に似せて創った存在であるという事実に基づいてそう評価しているか？」	**自尊心** ＿絶対的 ＿条件つき
43.「自分がうまくできること、間違いなくうまくできるだろうと思っていること、うまくできることに誇りさえ感じることを思い浮かべて、そのリストを作ろう」「こういったことができる自分のスキルについて、どのくらい自信があるか？」	**自信** ＿自信に満ちている ＿自信に欠けている
44.「自分の心、感情、体、役割について、自分ではどう感じているか？」	**自己体験** ＿心 ＿感情 ＿体 ＿役割
45.「理想に向かい、理想の自己を実現しようとする人生を、自分はどれくらい順調に送っているか、あるいはどれくらいそうした生き方ができていないかを考えよう。かなりよく統合されていて不一致もなく、自分の価値観やヴィジョンに忠実に生きつつ仕事で成果を上げていると感じるか？　それとも、精神的に参っていて、葛藤があり、統合も一致もしていないと感じるか？」	**アイデンティティ** ＿葛藤がある ＿統合されている

第8章　思考パターン

46. 「現在、過去、未来のうち、もっとも注目するのはどれか？それとも、時間に影響されない姿勢が身についていて、『時』にはまったく関心がないか？」

時制
__過去
__現在
__未来

47. 「『時』を表現するとき、自分の中に入ってきて、自分の体と交差するものとして表現するか？　それとも、自分自身や自分の体の外側にあるものとして表現するか？」

「時」の体験の仕方
__時の中にいて体験する
__時の流れを通じて体験する

48. 「『時』を表現するとき、自分の中に入ってきて、自分の体と交差するものとして表現するか？　それとも、自分自身や自分の体の外側にあるものとして表現するか？」

「時」へのアクセスの仕方
__連続的
__行き当たりばったり

49. 「日常生活に生じるなんらかの問題──前進できなくなるような失望、問題、いらだたしい困難など──について考えるとき、通常何が心に浮かぶか？」「内的な必要や外的な困苦に対して、通常どう反応するか？」

自我の強さ
__不安定
__安定

50. 「自分が関わってしまったなんらかの不正行為について考えよう。合法的な価値を侵害するような不適切な行動を取ってしまったことに気づいたとき、どんな『考え‐感情』が湧きあがってくるか？」「めちゃくちゃなことをしたり、人があきれるような社会的に不適切な愚かなことなどをしたりすることについて考えるとき、どんな『考え‐感情』が浮かぶか？」

道徳性
__弱い超自我
__強い超自我

51. 前提となる原因のようなものを引き出せる質問をする。「今取り組んでいる仕事をしなくてはならなくなった原因は、どう説明するか？」「自分の生活が現在のような状況になったのはなぜか？」「人間は、どうしてこんなふうに行動するのだろう？」「あの人たちの関係がそんな状態になったのはなぜか？」「なぜ離婚したのか？」

原因の求め方
__原因不明
__直線的因果
__複合的因果
__個人的な因果
__対外的な因果
__魔法のようだと感じる
__相関関係を感じる

＃53　メタ・プログラムを変える

◆コンセプト

　メタ・プログラムは「石に刻まれた」ものではない。それどころか、生涯成長し発達しつづける正常なプロセスの中で、間違いなく変化する。したがって、わたしたちはそれを変えることができるし、実際変えてもいる。この思考安定

法（メタ・プログラム）は長い時間をかけて人生のさまざまなコンテクストの中で発達していくために、習慣化する。ゆえに、わたしたちはそれらを学ぶ一方で、それらの誤りに気づいて、もっと効果的な思考の型を発達させることもできる。

ロビンズは、メタ・プログラムを変える方法のひとつは「意識的にそうしようと決意する」ことだといっている（Robbins, 1986）。変わろうと決意するだけなら、ときにはできているではないか。なぜもっと頻繁にそうしないのだろう？　おそらく、自分の心のソフトウェアについてじっくり考えることがほとんどないからだ。メタ・プログラムはたいてい意識の外にある。それを変えられないのではなくて、変えていないというだけのことだ。ただ、変える前にまず、自分のオペレーティング・システムを見分けて正体を明らかにしなくてはならない。そして、その気づきを足がかりにして、新たな選択をするのである。

メタ・プログラムは、何を見るべきか、何に気づくべきかに意識を集中させるだけではない。何を削除すべきかについても脳に情報を与える。いずれのメタ・プログラムも、削除と集中の機能を双方とも含んでいる。ある価値のほうへ移動しているときには、置き去りにしてきたものについての気づきは削除している。詳細を分類しているときには、大局を削除している。手順を分類しているときには、選択肢を削除している。これはつまり、普段削除していることに意識を向けることによって、焦点を移動させ、オペレーティング・システムを変えることができるということだ。本項のパターンは、『人を理解する』(Hall and Bodenhamer, 1997b) から取ったものである。

◆◆パターン

▶ 1. メタ・プログラムを特定する

現在自分の分類や情報処理、関心を管理しているメタ・プログラムは何か？
重要なメタ・プログラムに名前をつけているか？
そのコンテクストで役に立っていないメタ・プログラムは、具体的にいつ、どこで、どう使っているのか？
自分の有効性のどこかしらが、それによってどんなふうに損なわれるか？

▶ 2. 希望するメタ・プログラムを説明する

　どんなメタ・プログラムを、その状況における分類法の初期設定として使いたいと思うか？

　どのメタ・レベルの情報処理法を使って、自分の理解脳を運営したいと思うか？

　どのメタ・プログラムなら、自分にもっと力を与えてくれると思うか？

　いつ、どこで、どう、このメタ・プログラムに自分の意識を管理してもらいたいと思うか？

▶ 3. メタ・プログラムを使って実験する

　想像でその新しいメタ・プログラムを採用し、分類や知覚、関心の管理に使ったふりをしてみると、どんな感じがするか？

　そのメタ・プログラムを実験してみると、生活やその体験はどんな感じか？

　そのメタ・プログラムならきっと以前より役立つだろうといっていたコンテクストにおいて、それはどんなふうに働くか？

　最初少し「変な」感じがするか？　それは、その特別な知覚のフィルタを使って世界を見るのに不慣れなために生じる違和感として受け入れよう。これを使っている間にどんな感覚が生じるかに注目すること。

　このメタ・プログラムを使っている人を、誰か知っているか？　その人といっしょにその人の体験を探りながら、その体験に対して知覚の第2ポジションを取れるようになろう。取れるようになったら、そのポジションの中に完全に入り、その人のメタ・プログラムの目で世界を見ながら、その人が耳にしているものを聞き、その人が自らに向かって話す言葉を話し、その人が感じることを感じられるまで、そのポジションに留まる。

▶ 4. メタ・プログラムの変更に関してエコロジーをチェックする

　メタ・プログラムから距離を置き、メタ・ポジションに移動する。そうすると、そのメタ・プログラムの価値や有用性を評価することができる。

　知覚や評価、信用、行動などの点で、それは自分にどんなことをしてくれるか？

　それを使ったら、自分はどんなタイプの人になるだろう？

それは生活のさまざまな面にどんな影響を及ぼすだろう？

▶ **5. 自分に対して、しばらくの間それをインストールすることを認める**

新しいメタ・プログラムのフィルタを採用してもいいと思っているか？ 自分にそうすることを認めて、試しにインストールする。つづいてそれを使っているところを想像する。しばらく実験したら、それを1日なり1週間なり使ってみてもいいと思っているか、チェックする。

どのくらいそれと連携している感じがするか？

自分のパートの中に、それに反対している者がいるか？

その反対に対しては、どんなリフレーミングが使えるか？

例えば、準拠枠（#14参照）として普段は他者指示のメタ・プログラムを使っているところを、自己指示のメタ・プログラムへ変更することを自分に認めたとしよう。そうすると心の中で母親の声によく似た声が母親と同じようなリズムで以下のようにいうのが聞こえる。

「自分のことを考えるなんて、わがままだわ。そんなふうに自分本位じゃだめ。友だちをなくすわよ」

この声はふたつの判断に基づいて反対している。自分本位になる恐れと、友人に非難されてひとりぼっちになる恐れのふたつである。そこで、この反対を考慮に入れ、言い方を変えて自分に同意する。

「自分自身からの指示——自分の価値観や信念、欲求など——を中心にして世界を見てもいいと思っている。自分が人を愛し、気づかい、尊重することを大切にしたいと思っているのは承知しているし、そういう価値観があれば、自分の選択が人にどういう影響を与えるかを考えることによって、バランスを取ることができるとわかっているから」

▶ **6. メタ・プログラムを未来ペースする**

自分の想像の中で、このメタ・プログラムを使って練習を続け、それを使っていてもリラックスしていられるようになり、なじんできたと感じられるようになったら、練習を終了する。どんな感じか？

トラブル・シューティング。うまくいかない場合は、これを自分のタイムライン上で行なう。自分自身と自分のタイムラインの上方にあるメタ・タイムラインへ漂っていき、このメタ・タイムライン上を過去に遡って、古いメタ・プログラムを使い始めた重要な体験の時点まで行く。そこで自分にこう訊ねる。

「最初に他者指示の準拠枠（変えたいと思っているメタ・プログラムの名称をいう）で動こうと決めた時期を知っているのなら、教えてほしい。それはわたしが生まれる前？　あと？　それとも誕生のとき？」

タイムライン上の具体的な位置を特定できるまで、時間枠を狭めつづける。

タイムラインを使って、古い感情や考え、信念、決定などを中和する（＃33 映画を巻き戻すパターン、＃26 決定を無効にするパターン）。そうして古いメタ・プログラムを処分すれば、新しいメタ・プログラムをインストールできるようになる。

＃54　認知のゆがみを見きわめ異議を唱える

◆コンセプト

思考パターンのもうひとつの特徴は認知心理学に由来する。アルバート・エリス（論理情動行動療法、ＲＥＢＴ）とアーロン・ベック（認知心理療法）が思考のエラー、すなわち認知のゆがみについて詳しく述べている。こうした非生産的で特有な論法（プロセス・レベルでの論法）は、必ず問題反応を引き起こす。図8-3は認知のゆがみを一覧にまとめたもので、各々には簡単な説明が添えてある。

認知行動心理学の分野では、こうした認知のゆがみの特定に多くの注目と関心が集まっている。以下に挙げた認知のゆがみの一覧（図8-3）を見ると、それらがなんらかの点でメタ・プログラムに似た思考パターンであり、メタ・モデルにおける思考の不適格性に似た思考パターンであることがわかる。ただ、いくつかの重要な点で、これらは互いに異なっている。エリスとベックは、こうした認知のゆがみがいかにして**地図化による無知と機能障害**を生み出すかを強調した。ここでもまた、わたしは充分な時間を割いて各パターンを完全に説

一般化
1. 過度の一般化： 証拠が乏しく、事実もないのに、あわてて結論を出す
2. 全か無か思考： 白か黒かという極端な分極思考、選択肢は真偽の二値のみとする二者択一思考
3. レッテル貼り： 過度の一般化による中傷

認知のゆがみ
4. 非難： 問題の責任を負わせて非難する
5. 心の読みすぎ： 自分の「直観」を過信し、本人に確認しないで他者の考えや感情や直観を推定する
6. 先読み： 否定的な結果を未来に投影し、前向きに介入する代替法やその可能性のある方法を見ようとしない
7. 感情的な決めつけ： 事実の情報源として感情に助言を求める
8. 個人化： 周囲の事情や他者の活動は自分に向けられたものだと考え、自己中心的なフィルタを使って世界を理解する
9. 悲観： 最悪のシナリオを想像し、「そりゃひどい！」などという場合の「ひどい」という非指示的な言葉でそれを増幅する
10. べき思考： 「〜すべき」、「〜しなくてはならない」という言い方で自分自身（および他者）にプレッシャーを与え、規則に従わせる
11. 心のフィルタ： 物事の一面だけに過度に集中して他をすべて排除するために視野狭窄に陥り、「ひとつのこと」しか見えなくなる思考パターンで、一般的にこの思考パターンでは肯定的な面が排除されるため、否定的な認識が残ることになる
12. できない思考： 「〜できない」という言葉を使って自分自身や他者に言語的・意味的な制限を押しつける
13. 割引き思考： 解決法になる可能性のあるものをけなして不適格とみなす

図 8-3　認知のゆがみ：力を奪う思考パターン

明しているわけではない。詳細については、『理性的な生活を送るための新たな指針』(Ellis and Harper, 1976)、ベックの論文 (Beck, 1963) を読んでいただけたらと思う。図 8-3 の認知のゆがみは、ほかにもこうした特徴があるということを示唆するものとしてリストアップしてある。これらが思考プロセスを汚染している場合、それを認識して問題にするのに役立つはずだ。

第 8 章　思考パターン

力がつく思考パターン

　認知（思考）が迷子になり、ゆがみが生じる（不適格になる）と、その土地を表わそうにも、不正確で使い物にならないお粗末な地図を作ることになる。そうならないために、以下のリストを参考にしてもっと力のつく認知の管理をしていただけたらと思う。メタ・モデルの基礎作りと訓練を徹底すれば、こうした思考パターンを身につけることができる。以下のパターンを活かせば、考え方をさらに科学的にすることも可能である。

◆◆パターン

▶ **1. 困難や制限として現れている認知のゆがみを特定する**
　認知のゆがみのリストを使って、自分の思考をチェックする。
　自分あるいは相手に問題や困難をもたらすものをすべて特定する。

▶ **2. クライアントが自分の認知のゆがみをチェックできるよう、該当するゆがみをクライアントに示す**
　「これに関する考え方は悲観パターンのように聞こえます」などという形で示す。
　それから距離を置いて調べてみると、正確に捉えられそうか？
　自分なら、この思考パターンにどんな特徴があると思うか？

▶ **3. メタ・ポジションへの移動をクライアントに勧める**
　この思考パターンは、普段使っている思考パターンを反映しているか？
　どれくらい以前から、この認知のゆがみを物事の分類に使っているか？
　それはずっと役に立っていたか？　どう役立っていたか？
　それはどんなふうに幸福の感じ方や的確な情報処理を損なってきたと思うか？
　もっと有用などんな方法をこの情報処理に使いたいと思うか？

▶ **4. 認知のゆがみを問題として取り上げ、それに異議を唱える**
　もし個人化、悲観、べき思考などに異議を唱えるとしたら、どういう言い方

力がつく思考パターン／心の枠組み

思考がゆがむ（不適格、不正確になる）のを阻止しよう。以下のリストを活用してもっと力のつく認知の管理をしよう。

1. **コンテクストを考える：** 情報のコンテクストについて調べ、何が、いつ、どこで、何を、どう、誰に、なぜしたのかを示す。不特定の名詞、動詞、関係を表わす言葉などは、メタ・モデルを使ってその正当性を問題にする。
2. **双方とも考慮する：** その状況が本当に二者択一の選択しかできない状況か、現実検討を行なって見きわめる。もし該当しないなら、連続体の観点から情報を処理する。対立するように見えるふたつの選択肢が実際に存在するかどうかを調べる。それらは異なるやり方や、異なる時期、異なる事情などを表わしているのではないか？
3. **現実検討を行なう：** 現実検討を行なう。その人が、どの程度、どんなふうに、それを「望ましくない、望まれてもいない悪い」ことだとみなしているか、など。メタ・モデルを使って、判定基準や価値観を表わす言葉をチェックする。名詞の名詞化を無効にして、隠されている動詞を見つけ出す。
4. **名詞化を無効にする：** ラベルがどう――正確に、有用に、生産的に、過度に一般化して――機能しているのか、現実検討を行なって見きわめる。思考や言葉遣いを曖昧にしている名詞や偽の名詞の名詞化を無効にする。
5. **体系的に考える：** 現実検討を行なって因果を見きわめる。直線的な因果と、多面性のある体系的因果とを区別する。
6. **情報を収集して考える：** 自分の思考や感情や直観を使って情報を収集し、事実を明らかにしたのち、結論をチェックする。
7. **試験的な先読みをして考える：** 要因や原因、影響力、動向などについて高品質の情報を集め、それらを合わせて出来事や現象を創ってみる。その運命に介入してそれを変化させる方法に対して、先入観をもたない。なんらかの行動などを起こし、結果を観察する。
8. **批評眼をもちメタ思考をする：** 人間の感情がもつ複合的因果関係について批判的かつ分析的に考え、その感情の発生源である思考まで遡る。目下のコンテンツの上に位置して、そのコンテンツのパターン、プロセス、構造を考える。
9. **「べき思考」について現実検討を行なう：** どのような規定や規則や要請がそうすることを命令しているのかを突き止めることによって、「～すべき」という言葉の正当性を問題にする。規則が見つからない場合は、そう考えている人

に、「できれば〜するほうがいい」「〜したい」といった願望思考に移行するよう勧める。
10. **個人化を無効にして考える**（分離体験して考える、考え方に対して責任をもつ）：そのコンテンツあるいはコンテクストが、本当に個人的に自分と関わっているのか、現実検討を行なう。関わっていなければ、1人称ではなく3人称の視点で情報をコード化する。同調することなく共感することを学習する。
11. **可能性を考える**：「〜できない」という言葉の現実検討を行なって、物理的にできないのか、心理的にできないのかを見分ける。見分けがついたら、可能性を考える。メタ・モデルを使って制限の内容を訊ねる。「なぜ前進できないのか？」「もしできたら、どんな感じがするだろう？ どう見えるだろう？ どう聞こえるだろう？」
12. **評価する**： 何が重要か？ どう重要か？ その価値はどう評価できるか？

図8-4 力がつく思考パターン

をするか？

これらの考え方は、どういうふうに正確ではないのか？

こうした認知パターンを特定して異議を唱えていく。こうしてそれらを明るみに引っ張り出すだけで、どれくらいそれらと取り組む力がつくか？

それによって、認知のゆがみの力はどれくらい無効になるか？

▶ **5. 認知のゆがみを、力がつく新たな思考パターンと入れ替える**

力がつく思考パターンのリストを使って検討する。そのリストの中のどれを使えば、もっと力がつく考え方や認識の仕方ができるようになるだろう？

どれを使えば、心と感情が変わるか？

どれを使って始めようと思うか？

まとめ

・わたしたちは皆「思考」の問題を抱えている。それは人間の条件である。過ちを犯す存在として生き機能している限り、思考や判断のスキルに過ちは生じ、制限や無分別なども発生する。生まれながらに肉体と感情の存在である以上、感情や欲動、衝動がしばしば明晰な思考や問題解決、意思決定のじゃまをするのはしかたがない。

・まさにこうして自分が過ちを犯しやすい存在であることに気づくことによって、わたしたちは自分を鎮めるたしなみを身につけ、自分の思考から距離を置き、上位レベルの思考──メタ思考──に取り組むことができるようになる。わたしたちは自分の思考について考えることができるのだ。この知覚の上位ポジションに立てば、エコロジーをチェックすることも、現実検討を行なうことも、思考の品質を管理することもできる。わたしたちはこうして思考を支配する力をつけていく──何も思考に自分を支配させておくことはない。

第9章

意味と意味論(セマンティックス)

神経意味論(ニューロ・セマンティックス)的な現実を向上させるパターン

> 人間は内なる心の態度を変えることによって、生活の外面まで変えられるということがわかった。これはわたしたちの世代が体験したもっとも偉大な革命である。
> ——ウィリアム・ジェームズ

前章までは、性格特性(パーソナリティ)と呼んでいるものの中に現れる非常に多くの様相を探ってきた。心や感情の中にいるさまざまな「パート」、アイデンティティ、意識の「心‐身」状態、それらを動かしている言葉を探ってきた。今や、意味という自由奔放で滑稽、かつ驚嘆すべき神経症的世界へ移動する準備は整った。だからといって、まだ意味と出会っていないということではない。すでに出会っている。しかし今度は、曖昧な部分を残さないようにそれを探索し、意味の多層構造を発見しようというのである。

意味的な部類に属する生物として（Korzybski, 1933/1994）、わたしたちは意味ゆえに生き、感情を表わし、体験し、喜び、苦しむ。しかし、意味は、そのようなものとして世界に存在しているのではない。意味は世界に属するものではない。「あそこ」にはない。将来も存在することはない。存在しえないのである。意味はひとつの名詞化であり、わたしたちの心とさまざまな事物や世界との相互作用から発生する。それは心に属するものであり、言葉と記号の中でのみ生き、動き、呼吸する。これはつまり、意味が出現するには「心」が必要だ——意味は「心が作動する」結果生じる——ということである。人間の諸事においては、心もしくは意識がなければ、意味を創り出せないのである。意味を指す英語 meaning の原型はドイツ語で、考えや表象のようなものを「心の前でもちつづける」ことを意味していた。

ＮＬＰおよびニューロ・セマンティックスは、認知行動モデルとして、意味

の構造と変化に焦点を絞っている。なぜか？　それがわたしたちのコントロール・センターだからだ。紀元1世紀、ストア派の哲学者エピクテトスはその著書『提要』の中で、「人間はものに混乱させられるのではない。それに関して抱いた考えに混乱させられるのだ」と主張している。体験、心痛、喜び、過度の不安、有頂天などはどこから生まれるのだろう？　たいていは、意味を構築することによって生まれてくる。それは、単に何かわたしたちに起きたこと、わたしたちが体験したことではなく、それについてわたしたちが考えていること、すなわち、それをいかに解釈したかであり、どんな意味をその属性だと考えたかなのである。わたしたちは自分自身のこと、他者のこと、この世界のことなどについて、ものには意味があると考え、そのプロセスを介して自分の意味的な現実——神経意味論的な現実（ニューロ・セマンティックス）を生み出している。

　本章では、特に注目すべき点として、意味の次元を分けている。意味をコード化している地図は変更とリフレーミングを必要としていることがある。わたしたちは枠組みを与える（フレーミングする）ことによって意味を創り出し、枠組みを与え直す（リフレーミングする）ことによって、新たに別の意味を創り出す。実はこれが、リフレーミングを使ったパターンの力であり、マジックなのである。

♯55　内容（コンテンツ）をリフレーミングする

◆コンセプト

　意味とはなんだろう？　意味はどう発生するのだろう？　何がそれを創るのか？　それは変えられるのか？　それを変えたらどんな結果が得られるのか？　体験の構造およびニューロ・セマンティックスとＮＬＰの焦点を探っていくと、こうした疑問が湧いてくる。

　実際には、意味はきわめて無邪気に発生する。わたしたちの「心-身」系の性質を与えられて発生し、わたしたちがこの世界を動くにつれて毎日発生する。経験に基づいた「視覚-聴覚-触運動覚」的なものや出来事に遭遇すると発生する。これらの出来事や状況を心の中で表現するせいで発生する。つまり、わたしたちは自分が見、聞き、感じることを心の中で映画にするのである。感覚に基づいた表象を使って世界を録画し、その世界を自分の構築物として、どこへ行くにももっていく。それが意味——心の中にもっているもの——であ

る。そんなふうにして、心の中に表象をもっているために、わたしたちはその表象から成る映画をさまざまな体験と結びつける。ここに第1レベルの意味が発生する。しかし、それをそのままにはしておかない。そこから、もっと重要なことを行なう。上位レベルの抽象概念を創り出すのである。抽象概念は言葉と上位レベルの記号を使ってコード化されるが、わたしたちはこの抽象概念を使って、表象から成る自分の映画をフレーミングする。そして、そうしながら、準拠枠、すなわちメタ・ステートを創る。

　この準拠枠は、第1レベルの意味に与える意味──意味の意味──を創る。わたしたちには、定義、意図、決定、理解などを行なうときの準拠枠がある。ここから神経意味論(ニューロ・セマンティックス)的な現実が始まり、わたしたちはそれを体内で感じ取る。意味は、レベルの階段を上がりながら何を意味しているのだろう？　意味はこの世界で発生するのではなく、人間の「心−身」内でのみ発生する。したがって、意味とは、外的な（あるいは内的な）ものと、自分の内なる「思考−感情」の状態とが結びつくことをいう。枠組みの意味体系(マトリックス)のことをいう。では、例はなんでもいいが、なんらかの事柄は何を意味するのか？　それは場合によるだろう。以下に挙げたようなさまざまな要因に左右されるはずだ。

・その結びつきを作る人
・その結びつきを作るときの状況(コンテクスト)
・その結びつきで呼び起こされる「心−感情」
・その人の学習暦
・その環境において他者から届いた意味やメッセージの文化的な枠組み
・その人が直前にいた状態

　このすべてが意味の複雑さを強調する。意味がこれほど多くのことを意味し、これほど多くの偶然性やコンテクストの違いに左右されることがあろうとは、誰が想像しえただろう？　普通なら、こうしたことについては考えることさえしない。わたしたちは自分のマトリックス内に生きているのであり、これは意味的な雰囲気のようなものであって、自覚の外側にある。さらに、物事には「元々意味するところがある」と考えてしまうことも多い。これについてすっかり説明してくれた人はいまだかつていない。悪くすれば、意味の作り手は別として、ともかくも「意味」は辞書の中にあると思い込んでいたりするかもし

れない。

　しかし、意味は、わたしたちが無数のコンテクスト（文化的、個人的、身体的状況など）の中で思考し、評価し、説明し、属性を考え、信じ、解釈することによって（神経言語にコード化されて）生じるものであるため、きわめて流動的なプロセスである。これはわたしたちにとってどんな意味があるのだろう？　以下にいくつか挙げてみよう。

・あらゆることが、ほぼどんなことも意味する可能性がある
・それ自体が単独で何かを意味することはない
・何かにどんな意味があると考えようとも、その意味は唯一無比であり、特異なものであり、まさに誰とも共有できないものである
・意味を保存するには、それを言葉やなんらかの記号グループを使って成文化しなくてはならない
・何に対しても完全に同じ意味は二度と与えることができない
・意味を変化させられるのは、それまでとは異なったやり方でそれをフレーミングするときである

　何かに意味を与えるとき、わたしたちはそれを「神経学的－概念的」に行なっている。外界と、自分の意味および連想を結びつけている。それはまた、何事も本質的には何も意味していないということでもある。このように仮定すると、リフレーミングの基本原則は、単に、行動すなわち外的行動（ＥＢ）と、ものの見方（内的表象）を取り上げて、それらをまとめるだけのことになる。これによって準拠枠、もしくは関連性が発生する。この公式を変えると、意味が変わる。そして、意味が変わると、反応や行動、感情が変わる。これが、リフレーミングによって意味が変わる仕組みである。式を使ってこれを考えると、以下のようになる

$$EB = IS$$
外的行動（External Behavior）＝内的状態（Internal State）
「見、聞き、感じる」ことのできる刺激　　内的思考、記憶、連想、感情、枠組み

第9章　意味と意味論

　このように意味を理解することによって、**枠組みを設定する者が、事を取り仕切る**（あるいは、「現実」を決定し創り出す）ことを認識できるようになる。これは、心の中の枠組みにも、誰かとのコミュニケーションで自分が使っている枠組みやそこに作用している枠組みにも当てはまる。

　外の世界を変えられない場合でも、その世界に関する自分の意味は変えられる。そうすることによって、これまでとは異なる内的体験をする力がつき、その結果、これまでとは異なる反応と感情を発生させる力がつく。リフレーミングはものの見方を広げ、選択肢を増やし、柔軟性を高め、コントロール感を促進する（典拠：Bandler and Grinder, 1982）。

枠組みを特定する

　まず対象を特定し、それからそのコンテンツを特定する。その対象の詳細はどうなっているか？　次にその詳細から距離を置く。それはどんな構造になっているか？　心の中で上映されている映画はどういうものか？　映画の上映中、何が見え、どんなサウンドトラックが聞こえ、どんな感じがしているか？　つづいて、距離を置いた状態で、以下のようなメタ認知に関する質問などをして、前提となっている点を訊ねる。

・これが意味を成すためには、どんなことを真実だと仮定しなくてはならないか？
・これは、どんなものの見方から出ているか？　どんなことを前提としているか？
・どんな信念が前提になっているか？
・どんな価値観が前提になっているか？

　コンテンツをリフレーミングする際は、まず納得がいかないことや問題、厄介な考えや感情、心配事を特定し、その後、内容に関する質問をする。

・どうすれば、「これは役に立つ、これには価値がある」と思えるか？
・どうすれば、これが前向きな機能や価値をもつようになるか？　どんな方法があるか？

265

◆◆パターン

▶ 1. 好きになれない行動、評価していない行動（習慣、精神面、感情）を特定する
どんな行動が好きになれないのか？
いつ、どこで、その行動を取ってしまうか？
何がきっかけで、その行動を取るのか？
それは、人としての自分や自分のしていることに、どう役立っていないのか？　人としての自分をどう高めてくれないのか？　自分のしていることをどう向上させてくれないのか？
何が見え、聞こえ、感じられるか？

▶ 2. どのパートがこの行動を発生させているのか？
この行動を発生させているパートあるいは様相があるとしたら、それは何か？
それについてどう思うか？

▶ 3. そのパートの肯定的な意図を探る
どんな肯定的なことをやり遂げようとしているのか？
この行動を取ることによって、どんな肯定的な目標や有用な目標を達成しようとしているのか？

▶ 4. 枠組みを特定する
そのパートを動かしている準拠枠は何か？
この行動もしくは反応は、自分にとってどういう意味があるか？
なぜそれを尊重するのか？
何を達成したいと思っているのか？

▶ 5. デフレーミングする
心の映画に注目しながら、考える。その映画の映画的特性にどんな変化が起きたら、それを効果的に変えてくれるだろう？
言葉をどう変えたら、それが変わると思うか？

▶ 6. コンテンツをリフレーミングする

どうすれば、この行動を自分にとって価値のあるものだと考えられるか？
このパートとその意図に関して、何を評価できるか？

▶ 7. コンテクストをリフレーミングする

この行動を価値のある反応として使うとしたら、どこで使うか？
どういう場合なら、それを有用だと思えるか？

▶ 8. この新しい枠組みを統合する

その中に入り、「この行動について自覚して考えるために、思い切って新しい理解の仕方や新しい意味の取り方を使おうと思う……」といったら何が起きるか？
内的な反対を何か感じるか？

▶ 9. テストする

好きになれないでいた行動の原因となっている状況やパートについて考えると……内面で……何が起きるか？

♯56 状　況(コンテクスト)をリフレーミングする

　コンテクストのリフレーミングも、コンテンツのリフレーミング同様にまず、行動、感情、信念、状態、体験で、自分が好きになれないものや反応したくないものを特定する。それから、以下のような**コンテクストに関する質問**をする。

・どこでなら、これを肯定的な価値として使えるか？
・いつなら、これを有用だと思うか？

　コンテクストを特定したら、つづいて、適切なコンテクストでその行動を取っている自分を鮮やかに想像する。これは、ＮＬＰの伝統的なコンテクスト・リフレーミング法である。本項のパターンはそれに留まらず、ある反応を取り上げて、その柔軟性を大きく増進させることもできる。そのためには、その反

応を普段の枠組みから移動させ、これまでとは異なる新たな未知のコンテクストに置いて、その効果と結果を強い好奇心で探っていくことだ。

　例えば、ちゃめっ気を発揮するという反応を取り上げて、それを仕事のコンテクストに移動させたらどうなるだろう？　あるいは、人間関係、交渉、学習のコンテクストなどに移動させてみる。異なるコンテクストでは、反応はこれまでとは違う意味を帯びるようになる。通常人間関係や宗教のコンテクストと結びついている愛やスピリチュアリティに満ちた態度を取り上げて、対立の解決というコンテクストに置いてみたらどうなるだろう？　事態を変えるだろうか？

＃57 「サブモダリティ」をリフレーミングする

◆コンセプト

　本書には数多くのパターンを収めてあるが、もっとも簡単なリフレーミングはすでにご紹介した。**表象のリフレーミング、映画的特性のリフレーミング**である。これは、内面やその周辺に生じる感覚に基づいた様相や、心の映画に出てくる「視覚−聴覚−触運動覚」の表象を変化させるものだ。コード化の仕方の質や特性を変化させると、まさにその準拠枠も変わることが多い。

　例えば、心的なイメージをひとつ取り出して、それをパノラマで見る代わりに黒い枠をはめて見ると、準拠枠は変化する。あるいは、鮮やかなフルカラーで見る代わりに、白黒のスナップ写真として見たときに生じる変化に注目してもいい。表象のコード化に関するなんらかの質や特性を変えると、その情報の構造そのものが変わってリフレーミングしたように見える。そして、どんなリフレーミングでもそうだが、そうすることによって、その後の考え方、感じ方、反応の仕方が変わるのである。

　心の映画の映画的特性をフレーミングするのは、きわめて簡単だ。その映画の質について考えながら、テレビモニタや映画のスクリーンについている調節用のつまみを操作するようにして、視覚効果を調節・変更し、サウンドトラックや感触や匂いや味の特徴を調節・変更していけばいい。画像をまずカラーにしてから白黒に切り替える、いったん明るくしてから暗くする、拡大してから縮小する、サーカスの音楽をつけたあとでクラシック音楽に変え、さらにホラー映画のような音楽に変える、社長の声をドナルド・ダックの声にする、いっ

たん映画の中に入ってから監督として外に出る、といったこともできる。これらは、「サブモダリティ」（映画的特性）を変更する方法のほんの一部にすぎず、ほかにもわたしたちができる方法はさまざまある。そうした方法を使って、自分の表象をフレーミングしたり、コード化したりし、さらにそれらをリフレーミングすることもできる。ＮＬＰのマジックはほとんどがこれを基盤にしている。これに関するさらに詳しい情報は、『ムービー・マインド』（Hall, 2003a）をお読みいただきたい。

＃13　6段階リフレーミングを使う（第4章から）

◆コンセプト

　伝統的なＮＬＰのパターンである6段階リフレーミングは、意識的な気づきや意識的なコントロールの外側にいると思われるパートや心の様相と取り組むためのものである。長く続いている習慣に対処する場合や、習慣化してそれ自身の生命を育んでいるかに見える古い「プログラム」や枠組みに対処する際、役立つパターンである。ときに、意識的には止められない行動を発生させているパートが自分の中にいるのに気づくことがある。「禁煙するぞ」とか「もうおどおどしたりするもんか」などと決心するだけでは、どんなに強くそう思ってもうまくいかないというような場合だ。

　そういうときには、しっかりインストールされたパートが意識的な気づきの外側で作動していると仮定することができる。そのパートが意味を形成し、その中でわたしたちの感情や行動を変えているのだ。もしそのパートがその意味を意識的にリフレーミングするのを拒む場合には、以下に紹介する無意識的にリフレーミングする方法を使う必要があるかもしれない。

　6段階リフレーミングは、あるパートがすでに役立たなくなっている行動を発生させている場合に、そのパートを再編成するための方法を提供する。そして、そのパートを他と連携させ、向上につながるもっと有用な行動を自動的かつ体系的に発生させるようにする。6段階リフレーミングによってわたしたちが身につけるテクノロジーは、新しい行動の選択肢を発達させるためのものだが、どうやらそれは意識的な理解によって生まれるものではないようだ。

　意味が習慣化すると、無意識的になることが多い。そうした意味は長い時間をかけて合理化され、気づきから抜け落ちる。そのとき、それは無意識の準拠

枠——初期設定の枠組み——になる。これによって時間やエネルギーなどが節約され、手間は軽減する。しかし、これは問題を発生させることもある。とりわけその意味が時代遅れになり、要領を得ず、冗長で、非生産的であったり、すでに不要になってしまったりした場合に、問題になる。

　もし自分はどうしてこんなことをするんだろう？　とか、自分の……なところは大嫌いだと思うことがあるなら、このモデルを使って全パートを連携させ、統合を改善し、自己評価できる新しい特性を増やし、内的な調和を創り出していただきたいと思う。意味はうまく更新されないこともあり、そういうときには変化しつづける時流についていけなくなる。バンドラーとグリンダーは、セラピストに催眠を使ってもらおうと思ってこの6段階リフレーミングを開発したといっている（典拠：Bandler and Grinder, 1979, 1982）。

◆◆パターン

▶ **1. 問題だと思う行動を特定する**
　以下の型にあてはまるどんな行動や反応パターンがあるか？
　［X］をするのを止めたい。
　［X］をしたいのに、何かがさせてくれない。

▶ **2. この行動を発生させている「パート」とコミュニケーションを確立する**
　自分の内面に入り、「この行動を発生させているわたしの『パート』は、意識の領域に来て、わたしとコミュニケーションを取ってくれるだろうか？」と自問する。
　心を鎮め、自分の「心‐身」系がどう反応しているかに注意しながら、どんな内的な反応——感じ、イメージ、音——にも注目する。何が見つかったか？
　そのパートに、「もし『はい』といいたいなら、明るさや音量や強度を上げてください。もし『いいえ』といいたいなら、それを下げてください」と頼む。
　ある指を動かすと「ノー」、別の指を動かすと「イエス」を表わすというやり方をする観念運動信号法を使ってもいい。

▶ 3. その肯定的な意図を見つける

内面に入ってこう訊ねる。「あなたはこの行動を発生させることによって、あなたにとって肯定的なことを成し遂げようとしています。何を成し遂げようとしているのか、意識の領域に来てわたしに教えることに同意してくれますか？」これは2項選択法なので、答えが返るのをただ静かに待つ。

「はい」という返事が返ってきたら、問いかける。「わたしは意識の領域でこの意図を受け入れられると思っているだろうか？　わたしはこの機能を実行するパートをもっていたいと思っているだろうか？」そして、パートに訊ねる。「もしこの肯定的な意図を成し遂げるのに、この行動と同程度かそれ以上に効果を上げられる方法がほかにあるなら、あなたはそれを試してみることに同意してくれますか？」

「いいえ」という返事が返ってきたら、訊ねる。「現時点ではわからなくても、あなたの無意識があなたに良かれと思って肯定的な目的を抱いていると信じることに同意してくれますか？」

▶ 4. 創造的なパートにアクセスする

新しい考えをもって浮上してきたパートがいるが、そのパートに気づいているか？

望ましくない行動を取らせているパートは、その肯定的な意図を創造的なパートに快く伝えてくれるだろうか？　肯定的な意図が創造的なパートに伝わったら、創造的なパートに頼んで、その意図を活かした新しい行動の選択肢──あの望ましくない行動より有用で、もっと価値のある行動──を3つ作成してもらい、それらを望ましくない行動を取らせているパートに伝えてもらう。

▶ 5. パートを委ねる

古い行動を作動させていたパートは、今、この3つの新しい行動の中から状況にふさわしいひとつを快く選んで使うだろうか？

新しい選択の引き金を引く手がかりを無意識の心に見きわめさせ、新しく選択した行動をそのコンテクストの中で無理なく自動的に起こすのはどんな感じがするか、充分に体験させる。

▶ 6. エコロジーをチェックする
　この3つの新しい選択肢の中からひとつを選ぶことに反対しているパートはいるか？
　これと完全に連携しているか？

＃58　6段階リフレーミングをメタ・ステートとして使う

　　　　　　　　　　　　　　　　　　◆コンセプト

　メタ・ステートにおけるもっとも重要なプロセスは、ひとつの「心－身」状態を別の「心－身」状態に適用して、メタ関係を設定することだ。つまり、上位の「ロジカル・レベル」に「思考－感情」状態をひとつ設定し、これが最初の「思考－感情」状態を調べるようにするのである。上位の思考はこのプロセスによって、最初の思考のためのまさに枠組みとなり、上位のカテゴリーとなる。そして、わたしたちが最初のプライマリ・ステートを超越し、それらをリソースの豊かな上位の状態に取りこむ間に、その枠組みは心理ロジック——わたしたちが内的世界のマトリックスを創りながら発生させている内的論理——の構造そのものを変化させる。以下のパターンは、積極的にメタ・ステートを活用し、6段階リフレーミングをリモデリングしたものであり、メタ・ステートの気づきの関与を促している。

▶ 1. 問題を発生させているメタ・パートを特定する
　以下の型にあてはまるどんな行動や反応パターンがあるか？
　［X］をするのを止めたい。
　［X］をしたいのに、何かがさせてくれない。
　どんな上位の状態が望ましくない行動を発生させているのか？
　どのパートが、［X］（率直に自己主張すること、仕事を仕上げること、やる気になることなど）を許可するのを拒んでいるのか？
　［Y］（自己防衛過剰、立腹、結論を急ぐ性向など）が妨げになって［X］ができない場合、どのパートが［Y］を発生させているか？

▶ 2. メタ・ステートのパートがもっている肯定的な意図を特定する

　心を鎮めて自分の内面に入り、「この行動を起こしているメタ・ステートのパートは、意識の領域に来て、わたしとコミュニケーションを取ってくれるだろうか？」と自問する。

　心を鎮めた状態で、自分の「心－身」系がどう反応しているかに注意しながら、どんな内的な反応――感覚、イメージ、音――にも注目する。何が見つかったか？

　そのパートに感謝する。

　このパートが自分のためにずっとしていたことで、なんらかの点でプラスなこと、価値のあることだと思うのは何か？

▶ 3. 創造的なパートにアクセスして、働いてもらう

　新しい考えをもって浮上してきたパートがいるが、その存在に気づいているか？

　そのパートにアクセスして、それを感じ取り、新しい選択肢と解決法を生み出す役目をそれに委ねる。

　「わたしの創造的なパートが肯定的な意図を受け取り、わたし自身のために新たなより良い選択肢を創り始めることを認めます」

　この望ましい目標を達成するためにどんな選択肢を用意できるのか、それについて創造的に「考え－感じ」ながら、ただ創造性のなすがままに任せて、より良い解決法が得られたと感じるまで待つ。

▶ 4. 新しい解決法と継続中の創造的な状態を未来ペースする

　自分の創造的な状態は、枠組みを設定して未来の中に入り、現在の徴候を手がかりにして新しい選択肢を探してくれるだろうか？

　決定を下すパートは、未来の中に入って創造的なリソースを使うことを認めてくれるだろうか？

　望みどおりの反応を生み出すためにこの新しい理解をどう使ったらいいか、これから探り始めようと思うか？

▶ 5. エコロジーをチェックする
新しい反応と完全に連携しているか？
リフレーミングが必要な反対意見を何か感じるか？

＃59　信念における共感覚を解体する

◆コンセプト

　自分にせよ他者にせよ、いくつかの代表システムに問題をはらんだ状態が発生し、それらがまるで「一挙に発生した」ように感じられるとしたらどうだろう？　こういう状態が発生し、それを発生させている戦略に見当がつかない場合には、共感覚がその推進力となっている可能性がある。つまり、ふたつの感覚システムが結びつき、ひとつの刺激によってふたつが同時に発火しているように感じるということだ。共感覚は「曖昧な機能」であり、クロスサーキット型に作動する。例えば、血を「見て」、恐怖を「感じる」。ひきつった声を「聞いて」、罵られていると「感じる」。

　ロバート・ディルツは、信念における共感覚の働き方を分子にたとえて説明している（Dilts, 1990）。信念と信念体系は迅速かつ自動的に変化する。その変化の最終結果（共感覚）を、多くの元素が集まってできた分子にたとえた。ディルツはこの説明に、ＶＡＫ（「視覚‐聴覚‐触運動覚」の表象）やＡ𝑑（言葉）など、ＮＬＰ用語を数多く使っている。そして、クライアントがこの構造物を分離したりデフレーミングしたりするのを手助けするために、構成要素（コンポーネント）をばらばらにして、それらをＮＬＰの眼球のアクセシング・キューのスペースに戻すことを提案した（66頁「眼球の動きによるアクセシング・キュー」参照）。本項のパターンを使うと、構造をデフレーミングして選択肢を増やすために、ある体験の表象のコンポーネントを分離して整理することができる（Dilts, 1990）。

◆◆パターン

▶ 1. 共感覚のように機能している信念を特定する
どんな信念のせいで、すぐさま自動的にある状態に陥るか？
どんな刺激を受けると、あるＶＡＫ表象群を体験することになるか？　つま

り、どんな刺激を受けると、心の中の映画館で映画の上映が始まるか？

▶ 2. コンポーネントをひとつひとつ特定し、眼球のアクセシング・キューの各位置にそれらを分類する

「この信念を体験しているとき、何か見えますか？　わかりました。では、こちらのほうを見上げて（想起的視覚もしくは構築的視覚の位置。その共感覚のコンポーネントを置く位置を手で示す）、それがそこにあると思って見てください」

「何か聞こえますか？　けっこうです。その音をこちらに置いてください……」

「今どんな感覚がありますか？　それをここに置いてください」

▶ 3. 状態を中断する

例えば「人類が最初に月に降り立ったのはいつでしたか？」「月に第一歩を記したのは、なんという宇宙飛行士でしたか？」など。

▶ 4. エコロジーをチェックする

その体験のことを考えて、何が起きるかに注目する。
どんな感じがするか？
自分のためになる何が起きるか？
今は、かつてのトリガーのことを考えても、共感覚は起きないか？

♯60　価値観の序列を確立する

◆コンセプト

判定基準とは、物事や出来事、考え、人々、体験の重要性を決定する際の評価基準である。そういった価値観や判定基準はわたしたちに原動力を供給するだけでなく、生活に組織構造も与えるが、どんどん数が増えていくために、互いに対立し始めることがある。そうなると、わたしたちは自分自身と対立することになる。また、いくつかの判定基準を過大評価したり過小評価したりもする。その結果、内的な葛藤が生じて、バランスが崩れる。

価値観や判定基準の変換にはアナログ変換が必要になる。つまり、それらをそっくり受け入れたり拒絶したりする代わりに、それぞれの相対的な重要性を

調整しなくてはならない。本項のテクノロジーが役立つのは、自分がどっちつかずだと感じるとき、心を決められないとき、混乱やアンビバレンス、内的葛藤にさいなまれているときである。これは対人関係の問題を解決する場合や、意思決定の戦略を改善する場合、合意枠を作成する前にも役に立つ（典拠：Andreas and Andreas, 1987）。

◆◆パターン

▶ 1. 領域を特定する
　自分の価値観のいくつかが生活のどんな領域――人間関係、仕事、健康、子供、友人など――で混乱しているような気がするか？

▶ 2. 判定基準の序列を顕在化させる
　しようと思えばできるのに、するつもりのないささいなこと（椅子の上に立つ、部屋の向こうにチョークを投げるなど）について考える。
例：「皿洗い」
　これをしないことによって、何が達成できるか？　時間を節約できる。（必ず肯定的な言い方の判定基準――その人が望んでいること――を見つけること）
　そうした判定基準に反しても（時間の節約という判定基準に反し、時間の無駄遣いになるが）、これをしなくてはならなくなるのはなぜか？　もし誰かが訪ねてきたら？
　では、それについては何が重要だと思うか？（さらにコンテクストを追加しながら、その人がそれにどんな価値を感じているのかを見つけていく）

行動	コンテクスト	判定基準
（－）皿洗いはしようと思えばできるが、しない	汚れた皿が数枚あるだけ	時間の節約
（＋）皿洗いをする	＆　初対面の人が訪ねてくる	ニュートラルな印象から始めること
（－）皿洗いをしない	＆　料理を作る	腕を振るうこと
（＋）皿洗いをする	＆　不衛生な皿がたまる	衛生的な状態の維持
（－）皿洗いをしない	＆　建物に危険が発生する	人の安全を守ること

上記のように特定の行動を取らなくてはならないコンテクストと、取らなくてもいいコンテクストを加えていき、プロセスのチェックを続ける。そして、それぞれの段階で、その行動が示している判定基準を特定する。
　「前段階の判定基準に背かなくてはならないほど重要なこととは、なんですか？」
　これを行なうことによって、達成目標の連鎖を引き出すことができる。最初の判定基準［A］に取り組むには、「どうして変われないのですか？」と訊ねる。こういう訊き方をすると、逆の判定基準や否定的な判定基準［B］が明らかになる。次に、「たとえ［B］の原因になるとしても、［A］をしようと思うのはどういうときですか？」と訊ねる。こう訊ねると、さらに上位の判定基準［C］が明らかになる。このプロセスで否定的な例を検討すると、さらに高い価値を置いている判定基準が明らかになる（例：「たとえ［B］や［C］という結果を招いても、［A］をしないのはどういうときですか？」）。

▶ **3. 最上位の判定基準を明らかにして、序列を構築する**
　もっとも重要な判定基準が明らかになるまで続けたか？
　重要度の一番低いものから一番高いものまでを順に並べる。

▶ **4. 価値観の「サブモダリティ、もしくは映画的特性」を特定する**
　重要度が最高の判定基準と最低の判定基準とでは、その映画的特性はどう違うか？
　「時間の節約」、「料理の腕を振るうこと」、「人の安全を守ること」などをどう表現しているか？
　「視覚 - 聴覚 - 触運動覚」による表現の仕方を明らかにし、特に、変動するアナログの「サブモダリティ」を明らかにする。

▶ **5. 判定基準の序列を決める**
　ある判定基準をどれくらいまで低めたいかを決めるとき、序列のどのあたりに置きたいと思うか？
　その判定基準の映画的特性を変化させ、低い位置の判定基準にふさわしい質にしてみると、どんな感じがするか？
　その判定基準が自分の望みの重要度にコード化されるよう、映画的特性を調

整し終えたか？　そうなるまでこの作業を続ける。

▶ 6. エコロジーをチェックする

　ここでメタ・ポジションを取り、自分の価値観の序列を評価する。これは自分に役立つか？

　適切な決定を下したり、内的な調和を生み出したりできるような序列になっているか？

　この新しい配列について、なんらかの問題やアンバランスを感じるか？

　変えたいと思う判定基準を特定する。

▶ 7. 判定基準を変える

　変えようと思う判定基準を特定して、最終的にそれをどういうものにしたいかを決める。

　価値観をどういう順序に並べたら、望むところに到達できるか？

▶ 8. 映画的特性を変える

　その判定基準が序列の適切な位置に収まるまで、ゆっくり変えていく。

　望みの重要度に応じた映画的特性（「サブモダリティ」）を使って、それを再コード化する。つづいて、それによって内的な諸事がどう変わったかに注目する。好感がもてるか？

▶ 9. テストする

　自分の価値観の序列は、今、どう見えているか？

　適切な行動や決定に導いてもらえそうか？

▶ 10. 未来ペースする

　新しい判定基準に従うことによって差異が生じるような状況を考え、そのコンテクストにいる自分自身を眺め、感じてみる。いろいろなことをどう味わっているか？

　これからもこのやり方で行こうと思うか？

#61　判定基準の序列を触運動覚的に規定する

◆コンセプト

わたしたちには心や感情の状態を空間的にアンカーする能力があるので、この能力を利用して自分の判定基準を整理することもできるし、それに働きかけることもできる。本項のパターンを使うと、判定基準の触運動覚的な序列を創り出すことができ、それを使って元の序列を変化させ、エコロジーの面でさらに健全なものにすることができる。

▶ 1. 問題をはらんだ状況や状態をアンカーする場所［1］を定める

自分であれ相手であれ、どのような行動を取りたいと思いながら、取れずにいるか（禁煙、食べ方の改善など）？

行動を特定したら、それを空間的にアンカーできる場所へ移動する。

▶ 2. メタ目標をアンカーする場所［2］を定める

少しの間［1］から距離を置いてこの位置［2］に退き、この望ましい目標をもつ気にさせてくれた判定基準やメタ目標を明らかにする。

なぜその目標（例えば、咳を止める）を達成したいのか？　なぜそれは自分にとって重要なのか？

これを重要なものとして、どう評価しているか？

このメタ目標の場所を空間的にアンカーする。

▶ 3. 目標に対する障害をアンカーする場所［3］を定める

どうして変われないのか？

何が原因で目標を達成できないのか？

原因がわかったら、この場所［3］の中に入る。中に入ったら、自分の変化を阻止している判定基準を特定していく。阻止されているという感覚をアンカーする。

こうした価値観は上位レベルの目標を示しているため、場所［2］の目標を妨害する。この段階の判定基準およびメタ目標を特定する（リラックスしていると感じたい、いたわられていると感じたいなど）。

▶ 4. さらに上位の価値観をアンカーする場所［4］を定める

再び距離を置く。この4番目の場所で、前段階の限定的な判定基準を無効にするさらに上位レベルの判定基準を見つける。

たとえ喫煙によってリラクセーション感覚が生まれ、いたわられている（家族に尊敬されているなど）と感じられるとしても、やはり禁煙しようと思うほどの重要な判定基準とは何か？

それよりもはるかに重要な価値観として、どんな価値観をもっているか（自分の命を大切にするなど）？

▶ 5. 最上位の価値観もしくは判定基準をアンカーする

場所［4］にいる間、それをたっぷり感じ取る。最上位の価値観と判定基準の場所を味わいながら、それを完全に増幅してアンカーしたことを確認する。できただろうか？

▶ 6. 最上位の価値観を移送する

「わたしがこうしてこのアンカーをつなぎますから、場所［3］へ戻り、何を「考え‐感じる」かにひたすら注目しながら、リソースとしてこれを感じてください（アンカーを点火する）」と指示する。「どうですか？」

つづいて、場所［2］に戻って同じようにする。「これを感じてください」さらに、同じこのリソースを携えて場所［1］に戻る。リソースを完全に感じることができるはずだが、どうか？

自分の最上位の判定基準にアクセスし、それを本当に必要としているそれ以前の状態に適用するのは、どんな感じか？

こうした最上位の価値観やものの見方を知り、感じ取って、それを日々の生活に取りこむやり方は、好感がもてるか？

▶ 7. 映画的特性のコード化をプライマリ・ステートまで移送する

最上位の判定基準はその映画的特性と共に各場所（［3］［2］［1］）に取り入れているので、各場所を次々と歩いて最上位のリソースを感じながら、望ましい目標に到達するための新しい方法について自問すれば、答えを見きわめられるはずだが、どうか？

ほかにどうすれば、リラクセーションを感じ、いたわられていると感じ、なおかつ禁煙できるのか？

各状態の映画的特性に気づいたら、もっともリソースの豊かな最上位の体験のコード化を使って、自由にそれらを微調整なり調整なりしてかまわない。そして、何が起きるか、ただ注目する。

▶ **8. 増幅を続ける**

駆動力のある最上位の映画的特性や最上位の価値観を各下位レベルに適用したとき、変化を体験できたか？ それによって、各下位レベルの強制力はどんどん高まっていったか？

そうなるまで続ける。

最初に設定した各場所に戻ったとき、最上位の判定基準がもつ駆動用メタ・プログラムのいずれかが活性化したのに気づいたか？

▶ **9. 未来ペースして、エコロジーをチェックする**

これと完全に連携しているか？

リフレーミングを必要としている反対意見はあるか？

これを自分のものとして、仕事や人間関係などに持ち込もうと思うか？

♯62　思考ウイルスの予防接種をする

◆コンセプト

信念であれ、概念であれ、理解であれ、まったく機能しないものが頭の中に入り込むことがある。いや、その可能性はかなり高い。頭が思考ウイルスに汚染されるのである。自分を制約し、秘かに傷つけ、破壊し、裏切り、道を誤らせるそうした思考を思考ウイルスと考えれば、自分の心に埋め込む考えについては、テストを行ない、品質を管理しなくてはならないということがよくわかる。

ロバート・ディルツは、健康、フィットネス、ウェルネス、医療といった保健分野にＮＬＰを適用する中で、以下のパターンを開発した。向上につながらない限定的な信念を、「心－情動」的生活を毒して病気にする思考ウイルスとみなしたディルツは、どうすればそれに対する予防接種ができるかを考え始め

た。現在では、本項のパターンのテクノロジーによって、有毒な信念を変化させ、病んだ考え方を防ぐ予防接種を打つことができるようになっている。

◆◆パターン

▶ 1. 以下に挙げた7つの「場所」を床に定めて、空間的なアンカーを創る

　以下を体験するために用意した以下の各状態にアクセスし、それを増幅してアンカーする。それぞれにはどんな感覚的表象があるか？　それぞれをどのくらい完全に感じるか？

　　1. 中立的なメタ・ポジションの場所

　　　ここに立ち、ひたすら部屋の色に注目する。どんな感じか？
　　　6日前の朝食には何を食べたか？
　　　ここに立つと、プロセス全体を眺めて、リソースに満ちた創造的な考えにアクセスできるか？

　　2. かつて信じていた限定的な信念の場所

　　　かつて信じていたことで、今はもう信じていないことは？
　　　例えばサンタクロースなどのように、かつて信じたことはあったが、今はもう分別がついて信じなくなったものは何か？

　　3. 自由に疑っていい場所

　　　何を疑っているか？
　　　つい疑ってしまう、何かが理解できない、何かが信じられないというとき、それはどんな感じか？
　　　これまで生きてきた中で、それまで信じていたことを疑い始めた時期があるか？　例えばサンタは本当にいるのだろうかと思い始めたときのように。

　　4. 過去の信念を収集した博物館

　　　完全に引退させた古い信念には、どんなものがあるか？
　　　かつて信じていて、今はもう信じていないことには、どんなものがある

か？
すでに卒業した信念には、どんなものがあるか？
かつては信じていたが、今は「それは間違いだ！ 筋が通らないだろう？」といっていることには、どんなものがあるか？

5. 新しい信念の場所
どんなことを信じたいと思うか？
ほかの人が自分の有効性を高められると信じていることで、自分はそう信じていないが、頭ではたぶん承知していて、信じられるものなら信じたいと思っていることには、どんなことがあるか？
この信念は、自分がやる気になっていることに関して適切で、エコロジーの問題もないか？
これを本当に手に入れたいという点で、内的に一致しているか？
信念を数回言ってみたあと、言い回しを工夫して、それを強力に感じられるようにし、ぴったりの表現に収まるようにする。
もう新しい信念をもてたか？

6. 自由に信じていい場所
過去には信じていなかったことで、今はいつでも信じられると思っていることは何か？
それはどんな感じか？ 自分が自由に信じようとしていることは、どうやってわかるのか？

7. 聖なる場所
自分の人生の使命は何か？
意味のある人生を送ることができたと思えるように、どんなことをしたいと思うか？ あるいは、どんなことに貢献したいと思うか？
今、内的に一致した自信を感じているか？
自分にとって絶対的に聖なるもの、けっして冒涜することのないものとは？

▶ 2. 各場所をテストして増幅する

　異なる体験をそれぞれの場所にアンカーしたが、自分にとって、これらの状態はどれくらいうまくアンカーできているか？

　各場所に入ると、その感覚や思考が蘇ってくるか？

　蘇ってこない場合は、ある場所から次の場所へ移動する間にメタ・ポジションへ移行して、各状態をはっきり区別できるようにする。

▶ 3. プロセス内の有毒な思考を追跡する

　自分のどんな意図、考え、信念が思考ウイルスになっていると思うか？

　自分にとって有毒な考えを、何かもっているか？

　これらの場所からその有毒な思考を動かして、過去の信念を収集した博物館に保管したいと思うか？

▶ 4. 新しい信念を使って、設定したすべての場所を移動する

　順調に進んでいることを確認したら、かつての有毒な信念を片づけてメタ・ポジションへ移行し、力のつく思考や信念を完全に特定して、それを空いたところに置く。

　その新しい信念を使って、残りの全スペースを移動する。

　混乱を感じたら、いつでもすぐにメタ・ポジションに移動して、自分が今いる場所と、今していることを明確にする。

▶ 5. 未来ペースして、エコロジーをチェックする

　それに好感がもてるか？

　それと完全に連携しているか？

　それに対して、すぐにも自信をもって「イエス」といえるか？

まとめ

・意味は完全にわたしたちの生活を支配している。日々の体験のあらゆる面を支配し満たしている。意味的な部類に属する生物として、わたしたちはそれから逃れることはできない。それは殊に感情と、意識の「身－情動」状態とを

支配している。と同時に、意味はきわめて流動的で、作り直しが利く。心と神経系の創造物として、かなり容易に変化する流動性を備えている。
・意味は物ではなく、したがって、外界にある現実ではない。意味はわたしたちが創り出している。思考し、評価し、判断し、結びつけるなどして、意味を創っている。**望めば、いつでも、これまでとは異なる新しい意味を創り出すことができる。**本章で紹介しているパターンは、向上につながらなくなった機能不全の限定的な意味をリフレーミングする方法である。
・意味を変化させる方法としては、ほかにも、♯19の「サブモダリティ」を使って信念を変えるパターンや、♯26の決定を無効にするパターンがある。わたしたちは皆、意味の作り手として強力な意味を増やしつづけ、それらを人生の指針とすることができるようになる。

第 10 章

戦略

力がつく行動計画を立てるためのパターン

> 自分がどう感じていようとも、わたしたちは常に自分のすることをなんらかの形でコントロールしている。
> ——ウィリアム・グラーサー医学博士

> やり方がわかっていれば簡単そうに見えることも、やり方を知らない人にはマジックのように見える。
> ——L・マイケル・ホール博士

　物事はどう働くのか？　「人間の主観」を構成する要素（動機づけ、意思決定、媚（こび）、交渉、親としての役割、食習慣、フィットネス、学習など）はどう働くのか？

　自分の「心‐身」系の中でまず何を行なわなくてはならないか？

　そのあとは？　さらにそのあとは？　手順、プロセスとは何か？

　ある公式を作るには、どんな感覚的な表象が必要か？

　どんな映画的特性を使えば、イメージや音や感覚をもっとも適切に体系化できるか？

　体験を支えるには、どんなメタ・プログラム、どんな知覚パターンが必要か？

　どんなメタ・レベルの反応や状態がそれを定着させるか？

　どんな信念や価値観がそれを支えるか？

　こうした問いかけをすることによって、わたしたちは戦略の領域に第一歩を踏み出すことができる。ＮＬＰがいう**戦略**とは、「主観的体験の構造における表象的段階」のことだ。ミラー、ギャランタ、プリブラムが『計画と行動構造』（Miller, Galanter and Pribram, 1960）に発表した認知行動に関する研究を土台として、ディルツ、バンドラー、グリンダー、カメロン・バンドラー、ディロー

ジャは、ミラーらの開発したＴＯＴＥ（トート）モデルを取り上げ、感覚の代表システム（ＶＡＫ）を使ってその質を向上させた（Dilts, Bandler, Grinder, Cameron-Bandler and DeLozier, 1980）。

「ブラックボックス」内で起きていることを表わすモデルであるＴＯＴＥは、「テスト」（Testing）、「作業」（Operating）、「テスト」（Testing）、「終了」（Exiting）という段階を経る意識の流れを図式化したもので、認知行動的な情報処理を説明した初期のモデルである。

このモデルの前身は、行動主義の中で始まったパブロフおよびワトソンによる刺激反応（ＳＲ）モデルだ。ここまでさかのぼると、刺激と反応の単純な結びつきしか説明していない。このモデルでは、人間の「心」と反応について、外的な出来事（刺激）によって反応が発生し、それが感覚や感情、理解、行動などになると考えている。

刺激（Ｓ）→反応（Ｒ）

これは、わたしたちがどう行動を起こすのかを説明した最初のモデルである。わたしたちは外界から刺激を受けて行動する。行動主義は20世紀初頭、もっとも深遠な哲学的疑問に答える実証主義的説明になると期待されて始まった。しかし、20世紀も半ばあたりまで来ると、この**刺激反応（Ｓ→Ｒ）モデル**では次第に人間の機能を充分に説明できなくなってきた。やがて、行動主義心理学者のエドワード・トールマンがこのモデルに**認知の次元**を追加した（Tollman, 1923）。刺激反応（Ｓ→Ｒ）では説明モデルとして不十分だと判断して、**Ｏ**（他の変数 Other Variables）を加えたのだ。これによって、公式は**Ｓ→Ｏ→Ｒ**という形に更新された。行動主義者にとって、これは当時、「心」という禁句を使うよりもはるかに役立った。

ＴＯＴＥモデルが出現したとき、現在**認知革命**と呼ばれている動きが起きていた。この革命の口火を切ったのは、ジョージ・ミラー（Miller, 1956）、ノーム・チョムスキー（Chomsky, 1956）、ナイザー（Neiser, 1967）であり、これに脳生理学者カール・プリブラムの洗練が加わった。Ｓ→Ｏ→Ｒを洗練させてでき上がったのが、ＴＯＴＥモデルである。ＴＯＴＥモデルによれば、対応有機体はなんらかの感覚的刺激（Ｓ）をインプットすると、作業（Ｏ）として、コード化された望ましい状態や判定基準の表象に照らして内的なテストを行なう。

テストを進めると、そうした状態や判定基準がテストしているものに合致する場合としない場合が出てくる。外的な表象と内的な表象がマッチすれば（例えば、外界に流れるステレオのボリュームが、内的に好む音量とマッチすれば）、一致が発生する。外的な表象と内的な表象がマッチしなければ、不一致が発生する。マッチしない場合には、内的表象を変更したり、外的な刺激に作業したり（ボリュームを下げるなど）して、テストをやり直すこともある。インプット、情報処理、アウトプットから成るこうした「プログラム」を終了すると、なんらかの反応もしくは行動が発生する。

バンドラー、グリンダー、ディルツや、その他の初期のＮＬＰ共同開発者たちはＴＯＴＥモデルに立ち返り、その体裁を整えて、人間の戦略について考えるための構造的公式として役立てられるようにした。こうして、表象的段階を使って体験の構造を考えられるようになり、人間の意識の流れをプロセスの中で追うことができるようになると、そこから記号言語と戦略の公式を創り出し、ひとつの体験（文字を正しくつづる、やる気になる、決定を下すなど）がどう配列されているのかを示す「戦略」を特定していった。

これは、実質的にはどういう意味だろう？　戦略モデルによって、人が憂うつや希望、販売、パニックなどをどう体験するのかを明確に説明できるという意味だ。生活の中で体験する問題は、ハウツーに関する戦略的な疑問を中心に展開することが多い。つまり、何をしたいのか（委任、販売、交渉）はわかっていても、それを勝ち取るためのノウハウがないのである。自分が効果的に行動し反応したいと思っていることは自分でわかっている。はっきりと率直に自己主張し、大勢の前で自信をもって話し、お互いが納得できる形で対立を解決し、許し、不快な仕事を完遂するためにやる気を出し、規則正しくエクササイズを行ない、もっと分別のある食事をし、動く前に考え、常に目標を見据えていたいのだ。

・しかし、それをどうやってやるのか？
・どんな戦略（内的表象の配列）なら、「心－身」を方向づけて訓練するための公式として使えるのか？

つまり、戦略を自覚して、それにアクセスし、それを発達させて活用することがいかに重要かということだ。戦略というカテゴリーの本章で紹介するＮＬ

Pのパターンは、上記のような分野で効果的な行動を取れるようにする公式（もしくはプロセス）を提供している。戦略を明らかにして特定するのはモデリングの基礎のひとつであり、この作業によって、その人がある行動を取るときに使っているモデルを把握することができる。百人も対象に調査すれば、ある体験がどう稼動するかを表わす一般的なモデルを創ることもできる。戦略に取り組んでいると、さまざまなパターンが見えてくる。親としての勤めを果たすためのパターン、これまでにない行動を取るためのパターン、人を許すためのパターン、アレルギーを改善するためのパターン等々。ようこそ、すばらしい戦略の世界へ。

♯ *63a* これまでとは違う行動を取る

◆コンセプト

　どうしたらいいかわからないとき、何をしたらいいのだろう？　体重を減らすにはどうしたらいいか、分別のある食べ方をするには、給料の値上げを交渉するには、強情な子供にうまく対応するには、希望が潰えてもくじけずにいるには、人生に打ちのめされてもはつらつとしているにはどうしたらいいか等々、方法がわからないときには、戦略が必要になる。どうしたらいいかを教えてくれる戦略が必要になる。目的の達成に不可欠な区別を学ぶための段階的な方法を与えてくれるパターンが必要になる。

　批判されたとき、それを前向きに受け止めて、建設的に活用するにはどうしたらいいか、わたしたちはわかっているだろうか？　自分に気合を入れるにはどうしたらいいか、わかっているだろうか？　何かをしようとするとき、戦略がなければ、それをすることはできない。あなたには、互いを尊重して対立を解決する方法はあるだろうか？　相手が曖昧で中立的な発言をしたとき、上質の情報を集めるのに欠かせない思慮とスキルはあるだろうか？　大切な人に対して、率直に自己主張しながら愛情を示しているところを明確にイメージできるだろうか？　場合によっては、そういったことを首尾よくやり遂げるための戦略を学び、あるいは創り出す必要があるかもしれない。

　わたしたちは体験や学習や発見を通して戦略を発達させていく。そうした学習の中で、目的を達成するための戦略は、それに不可欠な区別についての気づきを増やしていくことによって、より正確で適切なものになっていく。わたし

たちは学習しながら、感覚に基づいた抽象的な表象を組織化し配列して、望みのスキルを創り出す。こうした戦略を構築するときは、それが何を行なうかという機能面から説明し、どう行なうかという行動面からは説明しない。言い換えれば、戦略は、ある目的を達成するために構築する。学習するいずれの戦略についても、わたしたちは自分自身のパートを創り出し、作動させて、特定の行動的結果を出す。あなたには、率直に自己主張するパートがいるだろうか？ 許しを与えるパートは？ 創造的なパートは？ もちろん、パートを創るに当たっては、他のパートや達成目標に干渉しないながらも油断ならないパートが見つかったりする。エコロジーのチェックが役立つのはそういうときだ（Bandler and Grinder, 1979）。

◆◆パターン

▶ **1. 自分が必要としている機能を特定する**

どのような具体的な目標を達成したいか？ どのような具体的な結果を体験したいか？

例えば、率直に自己主張できるパートを創りたいと思うか？ それとも、対立を前向きに処置するパート？ リソースに満ちた状態で拒絶に対応するパート？

▶ **2. この反応の構成要素(コンポーネント)にアクセスしてアンカーする**

この反応の主なコンポーネントは何か？

これまでにこうしたコンポーネントの一部または一面を、たとえわずかでも体験したことがあるか？

それはいつ？ どこで？ どんな様子だった？

コンポーネントの一部を経験した過去の体験にアクセスして、望んでいる様相を全代表システムで味わうために、その状況を追体験する。

この新しい行動の各コンポーネントをアンカーする。

▶ **3. 想像上のシナリオを作成する**

この新しい行動を取っている自分を細かい点まで想像する。どんな様子か？ その行動を取っている自分自身が見えるか？

ゆったり座ってドキュメンタリ番組を見るように全編を見られるようになるまで、希望する行動を描いた内的な映画の編集を続ける。

▶ 4. エコロジーをチェックする
この行動を取ることについて、完全に連携しているか？
この新しい行動に反対しているパートはいないか？
この映画の内容を実現することになった場合、自分の健康や人間関係や仕事などの点で、エコロジーの問題は発生しないか？
反対意見が感じられないか、全代表システムをチェックする。

▶ 5. リフレーミングやリソースの追加によって、反対意見を完全になくす
映画の再編集について、どんな反対意見があるか？
どんなリソースを戦略に追加する必要があるか？
もう一度エコロジーをチェックする。まだ反対意見が残っているか？
反対意見が完全になくなるまで、このプロセスを繰り返す。

▶ 6. 映画を味わう
すぐにも新しい行動の柔軟性を楽しんでみたいと思ったら、スイッチを入れて映画の中に入り、映画全体を実体験する。
首尾よく新しい行動を取っている自分をじっくり味わってみて、この状態や感覚を強力に自己アンカーするには、何を利用できると思うか？

▶ 7. 受け入れてインストールするよう、大きな無意識に勧める
創った映画の分析を無意識の心に依頼し、内面に留めておきたいと思うこのプロセスの本質的な要素を取り出してもらう。無意識はこの情報を使ってパートを創り、それを行動させることができる。知らなくてはならないことは想像した心象から入手し、必要なときにはいつでもこれを軽々と適切にやってのけるパートを創ろう。

▶ 8. テストして未来ペースする
ここで、この新しい行動を未来へ持ち込んだところを想像する。この行動と完全に連携しているか？

この新しい反応が完全に適切なものになるために、何かほかに考慮しなくてはならないことがあるか？

63b これまでとは違う行動を取り、その日1日を振り返る

◆コンセプト

1日の終わりに少し時間を取り、その日うまくいったこといかなかったことを振り返ってみてはどうだろう？ 1日の終わりを、その日を振り返って学びを得るための時間とし、さらに、うまくいったこといかなかったことから得たフィードバックを利用して、もっと有効に働くパターンを未来のために未来ペースする時間としてはどうだろう？ 以下に紹介するパターンは、使い勝手の良い最新式「これまでとは違う行動を生み出す方法」で、アレクサンダー・ファン・ビューレンが設計している（『アンカー・ポイント』*Anchor Point*, Nov. 1997)。

◆◆パターン

自分自身の内なる知恵、力、愛を確認することから始める。そうすることによって集中力が高まり、自分のリソースと能力を仮定できるようになる。

▶ 1. その日の活動を描いた映画を上映する

心の中でその日1日の活動、出来事、会話、出会った人々を映画にして、最初から最後まで上映する。

▶ 2.「まずい場面」をストップモーションにする

その日、計画どおりにいかなかったことがあるか？

何か順調でなかったこと、的確でなかったこと、強力でなかったこと、効果的でなかったことなどがあるか？

周りの反応が気に入らない場面や、自分の行動が気に入らない場面に来たら、映画を止める。

問題の状況だと思っているのは何か？

▶ 3. 適用するリソースを特定する

とてもうまくいったことは何か？

その日は、どんな活動、感覚、考え、反応、在り方がうまくいったか？

他の状況から別のリソースを持ち込むとしたら、どんなリソースを使えたと思うか？

どういうふうにしたら、もっといい1日を送れたと思うか？

▶ 4. これから取り組む問題を特定する

思っていたとおりにできなかったことは何か？

何か問題を特定できたら、神経学的レベルを利用して、以下の質問をする。

どう他者に影響を与えたいと思っていたか？（スピリット）

この状況において、どういう人でありたいと思うか？（アイデンティティ）

この状況において、何が一番重要だと思うか？（価値観）

何について確信があるか？ あるいは、何について確信がほしいと思うか？（信念）

何ができるか？ あるいは、何ができるようになりたいと思うか？（能力）

どんな感覚を得たかったか？ あるいは、どんな行動を取りたかったか？（行動）

▶ 5. 新しい現実を創る

こうした質問に答えたら、映画を編集し直して再度上映し、想像したリソースをすべて備えた自分が行動する様子、感じる様子、存在する様子、ふるまう様子を見る。その創造的な新しい映画に対して肯定的な情動反応を起こせるようになるまで見つづける。リソースを発達させる段階を繰り返す。

それを好ましく思うか？

自分のレパートリーに新規に加えられるような新しい情報や反応が得られたか？

▶ 6. その日の映画の修正を終了する

この新しいスキル、思慮、リソースなどを使いたいと思う日のことを想像する。

それは自分に合っているか？
それにはエコロジーの問題はまったくないか？

♯ 64 許す

◆コンセプト

　誰かや何かを許せない気持ちを抱えたままでいると、恨み、怒り、つらさ、悪意といった感情を味わうことになる。このような神経言語学的な状態が自分の役に立つことは、いっさいない。わたしたちは誰かのせいで受けた傷（あるいは、誰かのせいで受けたと思い込んでいる傷）を、重要な記憶もしくは参照事項として心の中にインストールする。そして、それを手放すことも消散させることも受け入れることもしないでいるために、傷ついた時点で動きが取れなくなる。以後、それは傷に関する不適切な信号を「心－身」に送りつづけ、その結果、傷は内部に閉じ込められる。わたしたちは許さなくてはならない。許して、それを手放さなくてはならない。しかし、どうやって？　どうやって許すのだろう？

　許しは、ひとつの神経言語学的状態として、きわめて強力で有用な主観的体験である。本項のパターンが提供するプロセスをたどることによって、許しを体験することができる。その許しの戦略へアクセスする能力を支えるのも限定するのも、許し以上に複雑な主観、つまり、さまざまな信念である。

・許しについて、どんなことを信じているか？
・許すことができずにいるのは、どんな考えがあるせいか？
・許しを育むにはどれくらい長くかかると思うか？
・許すことと、再び許せない状態になることとの間の関係について、どんなことを信じているか？

　許せない状態から許す状態へ変化するとき、わたしたちの知覚と意味も変化している。人物と出来事とを区別することなく陰険だ、邪悪だ、残忍だなどと考えていたのが、双方を切り離して考えるようになり、それぞれに対する「思考－感情」を整理して、行動に対しては怒っても、その人に対する思いやりは失わないようになる。本項のパターンはわたしが開発したもので、許しを促

すための他パターンは、アンドレアスとハルボムが開発したものである（図10‐1参照）。

◆◆パターン

▶ 1. 許しのプライマリ・ステートにアクセスする
恨み、つらさ、怒りなど、許しを必要としている否定的な感情があるか？
誰を許さなくてはならないのか？
どういうことについて、その人を許さなくてはならないのか？
快く許して、その古い感情を手放そうと思うか？

▶ 2. 人物と行動とを区別する
自分自身と他者とを明確に区別できているか？
その違いを感じているか？
人物と行動との区別を、どのくらいはっきり理解し、感じているか？
人は行動で自分を表現するが、その人自身、つまりその人の内的な在り方は表に現れているもの以上であり、また、表に現れているものとは異なっている。自分がそのことをどう思い描いているかに注目する。
それはどんな感じか？
自分の中のこの気づきを支え、強化しているのは、どんな信念か？

▶ 3. 強固な自己感覚と自尊感覚を確立する
自分の価値観、基準、信念、尊厳には、どのくらい主体性があるか？
もっと主体性を感じるには、どんなリソースが必要か？
尊重の状態にアクセスして、それを自己感覚に適用する。

▶ 4. 人間の尊厳という強い感覚にアクセスして、それをすべての人に適用する
人間には当然尊厳が与えられていると信じているか？
子供は生まれながらにして価値がありスピリチュアルか？
その感覚と心の状態にアクセスして、それをすべての人に適用しているところを想像する。
人間は誤りを犯しがちながらも、神聖であり、特別であり、価値があり、貴

傷	怒り	動揺/ストレス	人物と行動の区別	新しい理解	楽しい記憶	平静な心	相手の評価	謝罪
分裂	呆然	拒絶	混乱と恐怖の区別	傷の背後の	区別	祈り	和解	友情
心の乱れ		強いこだわり		肯定的な意図	意図	回復		
否定/忌避		復讐				感覚		

悪意 つらさ/憎しみ 行動///人物
傷ついたという感覚

図10-1 許しの連続体

重であると心から信じているところを想像する。

▶ 5. 人を傷つける行為に対して怒る

これから許さなくてはならない行為や活動に対して、怒りをぶつける許しを得ているか？

もう怒りをぶつけたか？　もしまだなら、少し時間を取り、人を傷つける行為に対して怒りをぶつける。

その怒りにアクセスし、人を傷つけなければ受け入れられないような行為は、境界線を引いて区別する。

人を傷つける行為に対して、もっと怒り、叫び、怒鳴りつける必要があるか？

あるとしたら、その傷もしくは損失を深く悲しんだのちに手放すには、体の中でどれくらい強くそれを感じる必要があるか？

▶ 6. 人を傷つける行為をした人でも、愛し、認める

その人がそういう行為をしたのは、その人にとってどういう肯定的な意図があったからだろう？

加害者はそうしながら損害を受けているということが、自分にはわかっているだろうか？

誤りを犯しがちな人間という存在を相手にしているのだと納得して、その人とその人の限界に思いやりを感じたら何が起きるか？

▶ 7. 人を傷つける行為を手放す

何かを「手放す」、あるいは「解き放す」感覚というのは、どんな感じだろう？　深く吸い込んだ息を吐き出しながら、その感覚を感じ取る。

解放の状態にアクセスし、その状態を使って、これまで人を傷つける行為に与えていた意味とエネルギーを引き上げる気はあるか？

傷の問題における自分の対応力にすでに気づいているはずだ。そんな今、物事を手放すときに支えとなるどんな信念にアクセスできるか？

この気づきによって、事態は穏やかになる。

▶ 8. 思いやりと解放との境界を統合する

　効果的な境界を確立してそれを伝え、性格の強固さを示し、思いやりを込めて傷やつらさを手放せる自分を想像すると、どんな感じがするか？

　人を傷つける要素はすべて手放したか？

▶ 9. 未来ペースして、委ねる

　自分の未来へ移動し、過去の傷から自由になった感覚に注目する。

　好ましく思うか？

　これから先、自分はどんな人間になり、どんな新しいエネルギーを手に入れるだろう？

＃65　アレルギー反応を取り除く

◆コンセプト

　アレルギー反応には、くしゃみ、咳、皮膚反応などに見られるとおり、犬や猫の毛、花粉などといった無毒のものに対する免疫系の適応が関わっている。また、批判されることに対するアレルギー、特定の人に対するアレルギー、折り合いをつけることができない考えに対するアレルギーなど、情動的なことに対するアレルギー反応が生じることもある。概念的には、アレルギーは免疫系に生じた誤りに伴って発生する。免疫系は連携し、あるいは学習して、危険のない物質をまるでそれが現実の脅威であるかのように取り扱うようになる。その結果、無害な抗原を、本当に危険な物質であるかのように攻撃する。この条件づけ（無害なものと過剰反応との結合）では、免疫系は単にそのコード化と反応の合図において誤りを犯しているにすぎない。こうした誤りは通常、日常の出来事の中で発生するが、心理的なトラウマが原因で発生することもある。その場合は、映画を巻き戻すパターン（＃33）を使ってトラウマを処理してから、本項のパターンに戻っていただければと思う。

　本項のテクノロジーには本質的に免疫系の再教育が含まれているので、無毒のものや無害な物質への攻撃を止めることができる（典拠：Andreas and Andreas, 1989; Dilts, Hallbom and Smith, 1990）。

第 10 章　戦略

◆◆パターン

▶ 1. アレルギー反応に対してキャリブレーションを行なう
　猫の毛であれなんであれ、トリガーとなるアレルゲンに出会うと、それはどういう感じがするか？　あるいは、どう聞こえ、どう見えるか？
　自分にアレルギーがあることは、どうしてわかるのか？
　この質問をしたら、相手の生理や、眼球の動きによるアクセシング・キュー、呼吸などをじっくりと観察して、相手の状態や反応に対するキャリブレーションを行なう。どの程度のアレルギーがあるのか、そのことを考えるだけでどのくらい反応が出るのかについて、キャリブレーションを行なう。
　今それを何かしら感じているか？　どのくらい？　どこで？　体の内部はどんな感じか？
　ここでアレルギー反応をアンカーし、テストする。これで、このプロセスのどの段階でもこれを利用することができる。

▶ 2. アレルギーを誤りとしてフレーミングする
　免疫系は誤りを犯すことがあり、そう反応せざるをえない状況ではないのに、その反応が発生することもあると知ったら、どう感じるか？
　例えば、こう説明する。「この場合、猫の毛（あるいは他のトリガー）はご承知のとおり危険なものではありません。ただ免疫系が誤りを犯し、どういうわけか実際にはなんの危険もないのに危険だと考えているだけです。何を攻撃すべきで、何を攻撃すべきでないかを間違えただけなのです」
　つづいて提案する。「ここで免疫系の再教育や再訓練をすれば、免疫系はもっと効果的に機能する方法をすぐに身につけることができます。これについて、どう感じますか？　わかりました。用意はいいですか？」

▶ 3.「心‐身‐情動」系に関するエコロジーと、二次的利得をチェックする
　もしこの反応がなかったら、日常生活の過ごし方はどうなるか？
　このアレルギーがあると、二次的利得になるようなこととして、何が生じるか？
　このアレルギーがあると、どんな利点があるか？　ある点で肯定的なものと

299

して、何を手に入れるのか？

▶ **4. 適切な反証となるリソースを特定してアンカーする**
　このアレルギーのトリガーに対して、適切な反証になりうるものは何か？ アレルゲンに非常によく似ているように思えるのに、免疫系が正しく反応するものを選ぶこと。例えば、猫の毛にアレルギー反応が起きるのに、犬の毛には反応しないという場合の、犬の毛など。
　ここで、完全に安全だと感じているこの類似物質が目の前にあるのを想像する。
　この安全な感覚をアンカーする。

▶ **5. トリガーから距離を置き、安全な場所に移動する**
　つづいて、自分のすぐ目の前に貫通できないプレキシガラス〔177頁訳注参照〕のシールドがあるのを想像する。左右の壁から壁へ、床から天井へと張ってあって、完全に安全だと感じることができるものを想像すること。「では、これを感じながら（アンカーを点火する）、プレキシガラスの向こうに免疫系を適切に機能させている自分がいると思って見てください。向こうにいる自分を眺めながら、あなたは記憶することができます。これは効果的な免疫系を備えた自分であり、その自分はアレルゲンのある場所に入っても反応を起こさないでいられると……どうですか？」

▶ **6. ここで徐々にアレルゲンを導入する**
　プレキシガラスのシールドの向こう側にいる自分を眺めながら、自分に問題を起こしていたアレルゲンをゆっくり導入していく。アレルゲンをシールドの向こう側へ徐々に移動させ、免疫系がそれに慣れる機会を与える。
　このとき、たぶん生理的な変化を確認できるだろう。その変化は、免疫系が順応し始めているのを示している。ここで免疫系に、新しい情報を吸収したら合図してほしいと頼む。それは、内的な視覚的イメージ、聴覚的な音や言葉、触運動覚的な感触などとして現れる。この反応は本質的にこう合図している。「はい、了解しました。信号の出し方を変更して、それがT細胞のいずれともマッチしないようにします」

▶ 7. アレルギー反応を起こした古いトリガーと再び結合する

つづいて、こう指示する。「では、わたしがこの安全とリソースのアンカーをつないでおきますから、あなたは思い切ってプレキシガラスの向こう側にいる自分の中に入り、かつてアレルギー反応を起こしていたアレルゲンをしっかり味わってください。その間、何かしようとしてはいけません。何が起こるのか、見るだけにします」

▶ 8. キャリブレーションを行ない、未来ペースする

自分の生理、眼球の動きによるアクセシング・キュー、呼吸などに変化が生じたのを感じるか？

アレルギーのない自分といっしょに未来へ入ったところを想像する。何が見え、聞こえ、感じられるか？　これによって、以前よりどれくらいリソースが豊かになると思うか？

つづいて、未来のどこかで、かつて問題を起こしたアレルゲンのある場所に入ったところを想像する。そこで、アレルゲンが無効になっているのに気づく。そうした場面にいくつか入ってみて、自分がどんなに快適だと感じているかに注目する。

▶ 9. テストする

実地テストが可能なら、充分注意してそうする。実地テストが無理なら、アレルゲンを想像し、再度キャリブレーションを行なって生理が変化した状態を維持していることを確認する。

＃66　悲嘆を消散させる

◆コンセプト

誰かや何かに身を入れるというのは、それに打ち込むことであり、それを自分の中に取り込むことである。のちになってその人や物を失うと、深い悲しみに襲われる。そして、そういう悲嘆はしっかり味わわなくてはならない。悲嘆は悲しみや喪失感を訴えるのにもっともふさわしい感情だ。心を和らげ、ものの見方を人間らしくし、人生そのものの驚異と美しさを深いやり方で教えてく

れる。

　しかし、自分にとってかけがえのない人や物を失ったとき、過剰に悲しんだり、悲しむ必要がないのに悲しんだりして、その状態から抜けられなくなることもある。大切な人、仕事、子供時代などを失うことの意味を思って悲嘆し、喪失感を訴えるだけでなく、いつまでもそれを繰り返し、悲しみや憂うつや絶望の中で暮らし始める。こうなると、次第に毎日を前向きに暮らせなくなっていく。

　何がうまくいっていないのだろう？　単に、喪失感に幕を引き、それを成長の糧にして生きつづけるための適切な戦略がないだけかもしれない。あるいは、ループにはまりこんで、出口がわからないだけかもしれない。いずれの場合にも、もっと良い生産的な戦略、悲嘆を消散させ、その幕を閉じる戦略が必要だ。

　悲嘆に関して、重要な質問をいくつか挙げておこう。

　その喪失を乗り越えるためには、どのくらいの期間それを嘆く必要があるか？
　ごく自然な悲嘆の時間枠は？
　治療効果のある悲嘆のプロセスでは、何を考え感じるのか？
　どんな有害な考えや信念が悲嘆の解消を妨げるのか？
　どうすれば悲嘆や喪失の体験の価値は高まるか？

　文化的に見ると、悲嘆を処理するパターンは無数にある。悲嘆や喪失の味わい方が文化によって非常に異なるという事実は、人間の主観にはこの問題に関する広範囲な選択肢があるということを示している。嘆き方に唯一の正しい方法などない。方法はいくらでもある。有用性や有効性もそれぞれだ。生産性に優れないものもある。ある文化では、喪失が引き金となって、あきらめたり、怒ったり、復讐しようとしたり、自殺したりする。別の文化では、嘆き悲しむことによって、喪失を祝い喜びさえする——喪失に「別の命への移行」という意味を与えるのである。また、何年も悲嘆が続く文化もあれば、数日間あるいは数週間の出来事として味わうだけの文化もある。こうしたことに関する信念には、通常、文化的な構造が関係している。

　これで明らかになるのは、意味の柔軟性だ。喪失を嘆くのに、一定の型は必要ない。主観的な体験は常にその喪失の思い描き方と、それに付与する意味か

ら発生する。喪失という土地に関する心の中の地図が鍵になる。そして、使える地図は複数あり、各地図はそれぞれ別の感情や行動を発生させる。

　人生を航行するのに、どんな地図を選びたいと思うか？
　喪失感をどう味わいたいと思うか？
　失った体験や失った人を大切に敬い、今後も学びながら生きていくには、何を信じ、何を考える必要があるか？
　このような悲嘆を処理するのに、もっとも向上につながる枠組みは何か？

　悲嘆には、外的な喪失だけでなく、内的な喪失も関係している。わたしたちは、物事に関する意味や価値、可能性、重要性を失なったときにも、悲嘆に暮れる。悲嘆の深さと程度は、その物や人に与えていた意味の深さや程度によって決まる。何かに対して意味を投入すればするほど、自分にとってそれの意味するところは大きくなり、それを失ったときの影響が大きくなる。悲嘆体験は喪失そのものから発生するだけではなく、その喪失の理解の仕方や解釈の仕方からも発生する。意味が体験を決定するのである。そして、情動的な意味をコントロールするのは、喪失の思い描き方、構成の仕方である。つまり、悲嘆の解消には、結びつきと価値観の再建が必要なのである（Andreas and Andreas）。

◆◆パターン

▶ **1. 悲嘆の表象を特定する**
　失った（もしくは失う可能性のある）人や物について考えるとき、その人や物をどう描くかに注目する。
　それはどんな感じか？
　それをどう思い描いているか？
　その大切な人は「そこにいるけれども、実際はそこにいるわけではない」と感じるか？
　あるいは、「それらは見える」が、実体はなく、「ぼんやりとしか見えない」か？
　悲嘆にはたいてい未完の表象、非現実的な表象が含まれているため、思い描くものに現実感が乏しいという特徴があることに気づくはずだ。そこで、喪失

感と結びつけている映画的特性（「サブモダリティ」）を特定する。よくある特徴としては、その人がぺしゃんこに見える、透き通って見える、遠くに見える、地面から浮き上がって漂っているように見える、ぼんやりと見える、などがある。

▶ 2. 行き詰まりを感じる原因になっている悲嘆の表象を特定する

悲嘆に暮れて行き詰っていると感じるか？　どうしてそれがわかるのか？
悲嘆の表象に関して、行き詰っている感じを与えているのは何か？
「行き詰っている」と感じる悲嘆の表象に注目する。それらはどんな感じか？
ある男性は「小さな静止画像に収まっている彼女が見えます。とても暗くて重苦しい感じがします。見たくありません」といった。なぜ見たくないのか、その画像は何に関するものかと訊ねると、「ぼくが最後に彼女に会ったとき――ぼくたちが別れた日――のものです。だから見たくないんです」と答えた。このケースでは、コンテンツが表象をコントロールしている。もちろん、大切な人と過ごしたつらい時間――楽しかった時間ではなく――を思い出せば、苦しみの感覚は増大する。

▶ 3. 「特別な思い出」の表象を特定する

その人と結びついた特別な思い出を振り返る。そのとき、自分にとって価値のあること、非常に重要なこととしては、どんなことを体験したか？
こうした思い出や連想は自分にとって何を意味していたか？
それらは自分にとってどう大切だったか？
その中で、ずっともっていたいと思うものはどれか？
特に価値があると評価したのは何か？　（この状態をアンカーする）

▶ 4. 「過去のものとなった悲嘆」をリソース体験として特定する

かつて誰かや何かを失って悲嘆に暮れたが、今はその人やその物のことを思うと安らぎを感じるという経験はあるか？
その人はすでに自分の生活の一部ではなくなったが、その人を思い出せば気持ちが楽になり豊かになる、そんな人のことを思い返してみる。そうして思い返すと、その人の存在と価値とが感じられることがわかるはずだ。そのまま、

自分がその人のことをどう思い描き、どう考えているかに注目する。
　この感覚を生み出している感覚モダリティと映画的特性は何か？
　自分がこれらの表象に与えている意味で、その好感を生み出しているのは何か？

▶ 5. 表象を再びコード化する
　失ってしまった人のことを考えたときに、その人について好感がもてるよう、さらにリソースに満ちた方法を創ろうとしているが、何か反対意見が出ると思うか？
　他人であるこの人から受け取っている好感をもちつづけることや、それによって自分の生活を豊かにすることについて、パートのいずれかが反対しているか？
　悲嘆を手放して、好感を歓迎してもいいという正式な許しを得ているか？

▶ 6. その人といっしょに価値のある体験にアクセスする
　少しの間、この人と過ごしたもっとも特別な時間を思い出すことにしよう。等身大のその人が向こうのほうからやってきて、自分の左に来るところを想像する（その人の推進力となっている映画的特性を使う）。
　その場にいなくなった友人について考えるのと同じように、この人について考えるとき、たとえこの人をすでに失っているとしても、好感を感じつづけられると思うが、どうか？　感じつづけられることを確認したら、この感覚をひたすら歓迎して、しばらくそれを味わうように指示する。

▶ 7. 価値観を特定する
　つづいて、その関係の恩恵を保存し、それを使って未来へ移動するために、この人といっしょに体験したすばらしい体験を思い切ってすべて見直しながら、この人について評価することや、自分がもっていたいと思うこと——温かさ、親しさ、自発性、多様性、安定性、陽気さ、冒険心など——に注目する。
　この人物から失いたくないと思う価値観を特定したら、それらの価値観すべてを象徴するひとつのイメージを作り、そのイメージを自分の中に取り込み……心臓の近くに保存する。

▶ 8. エコロジーをチェックして、未来ペースする
　その人から受け取った価値観を携えて自分の未来へ行ったところを想像し……これらの価値観に自分を豊かにしてもらう。また、これらを、その人からの遺産として持ち続けていくことにしてみる。
　それはどんな感じに収まっているか？　好感がもてるか？
　それは、これからの自分の人生に —— 人間関係や仕事や健康などの面で —— どう影響するか？

▶ 9. 状態を中断してテストする
　その人のことを考えてみて、その人に関してどんな「思考 - 感情」が湧き上がってくるかに注目する。以前と同じようにいやな気分や絶望的な気分になれるかどうか、確認する。

＃67　未来の悲嘆に先手を打つ

◆コンセプト

　悲嘆の戦略を採ることによって、効果的に嘆き悲しむことができるようになり、喪失の痛みを手放して人生に対処できるようになるが、できるのはそれだけではない。「未来」には失ってしまっているかもしれない大切なものを想像力で予想し、その喪失によって自分を苦しめたり、自分をリソースの乏しい状態に追い込んだりといったことをしないで済むようにもできる。本項のパターンによって、わたしたちは不可避の喪失に立ち向かう力と、人間の死すべき運命を否定しないでいられる力をつけ、自分の愛する人々と共にいる時間をもっと大切にすることができるようになる。

◆◆パターン

▶ 1. 未来に実際に発生する喪失、もしくは発生する可能性のある喪失を特定する
　もし長生きしたら多分失うだろうと思うものは、何か？
　人間の死すべき運命や死などについて、どのくらい受け入れているか？
　結局のところ、わたしたちははかなくも誤りを犯しやすい人生を送っている。

ときに病気にかかり、人生のさまざまな局面をくぐり抜けて、やがて死を迎える。健全な自我の強さがあれば、現実を正面から見据えることができ、震えることも、愚痴をこぼすことも、八つ当たりすることも、あきらめることも、「闘争／逃走反応」に入ることもない。現実をそういうものとして歓迎することができる。

どんなものを、いつか失うもの、失う可能性のあるものだと認めているか？

▶ 2. 人生の制約や限界に向き合ったときに支えとして信じられる価値の枠組みを特定する

そうした出来事が一時的なものであることを思い出すためには、それらをどう表現する必要があるか？

自分も他者も人生も時間に制約されるものだと理解するには、どのような思考パターンを使うことができるか？

「それもまた過ぎ行く」とわかっていても価値があると評価するものには、ほかにどんなことがあるか？

この考え方に力を与えて支えているのは、どんな信念、どんな価値観か？

▶ 3. 未来の損失をコード化する

価値のある体験や人物を描いている自分の表象を使って、「受容できる損失」の感覚的表象と映画をコード化すると、何が起きるか？

将来失うかもしれない人や物や出来事、必ず失う人や物や出来事に、そのコードを使うと、何が起きるか？

▶ 4. そうした損失に対処するためのリソースにアクセスする

将来、これまでとは違う新たなやり方で、これまでとは違う新しい人々と共に、そうした貴重な特質をどう味わうことになるだろう？

その様子を思い描いてみる。そして、リソースに満ちた自分が喜びに満ちて、創造的かつ生産的に人生と取り組んでいるところを想像する。どんな感じがするか？

▶ 5. エコロジーをチェックする

リソースに満ちたこのイメージを自分の未来の一パートとすることに反対し

ているパートはいるか？
　そうした反対意見に与える新しい枠組みや意味としては、どんなものが必要か？
　それは表象を充分に修正してくれるか？

▶ **6. タイムライン上でインストールする**
　自分のタイムラインにアクセスして、これらの表象を未来にインストールしたら、何が起きるか？

＃68　健康的な食事をする

◆コンセプト

　健康的な食事ができていないために、望みどおりのはつらつとした生活にふさわしい健康やエネルギーや体力を得られないことがある。あなたには健康的な食事をするための良い戦略があるだろうか？　たいていの人にはない。健康的に食べるためには多くのことが必要だ——適切な食べ物を選ぶこと、体の知恵に耳を傾けて、おなかが「いっぱい」なのか「空いている」のかを見きわめること、体力にふさわしい量を食べること等々。健康的な食べ方をすることによって、心理的な価値（安らぎ、しつけ、リラクセーション、愛、充足感、ほうびなど）のためにではなく、栄養を摂取するために食べることができるようになる。
　健康的に食べるためには、意思決定の戦略も必要になる。短期的な楽しみだけを考えるのではなく、幸福や健康、体力、体重、エネルギーなどといった長期的な楽しみや判定基準を考慮して、適切な選択をしなくてはならない。信念の変更も必要になる。限定的な信念を力のつく信念に変え、子供時代の古い食事プログラムを克服して、自己や体のイメージなどの支えになる信念を作り上げなくてはならない（Andreas and Andreas, 1989; Hall, "The Naturally Slender Eating Strategy," *Games Fit and Slim People Play*, 2001c）。

◆◆パターン

▶ **1. 食事時間の表象を特定する**
　どうして食事の時間が来たことがわかるのか？

自分に合図する何かが見えるのか？　聞こえるのか？　感じられるのか？
まる1日働いたときのことを想像する。どうして夕食の時間が来たことがわかるのか？

▶ 2. おなかの中の感じをチェックする

実際には何を感じているのか？
どんな触運動覚の特徴をおなかに感じるか？
自分のおなかは、満腹感、空腹感、その中間の段階を感じるか？
体は今、緊張あるいはリラクセーションから来るどんな感じを味わっているか？

▶ 3. いい感じの可能性を探る

今おなかに何が入っていたら、いい感じになるだろう？
まず上記の質問を自分の体の知恵に訊ね、返ってくる反応に注目する。つづいて、簡単に手に入る健康に良い食べ物（ターキー・サンドイッチ、野菜スープ、サラダなど）について考え、それを食べているところを想像する。最適なものが見つかるまで、いろいろなものを試してみる。その食べ物が引き起こす感覚を思い出す。

▶ 4. 感覚を比較する

好みの食べ物から得られる感覚と、何かを食べているのを想像する前のおなかの感覚とを比較する。どちらがいい感じか？
今後2〜3時間の間に自分の体がどう感じるかを想像する。
もし、「いい感じにはならない」と感じたら、その食べ物は辞退する。
もし、「いい感じになる」と感じたら、その食べ物を受け入れる。
時間が経過したときにどの食べ物がもっともいい感じを与えてくれるかによって決定する許しを得ているか？　もし得ていないなら、自分で自分にその許しを与える。

▶ 5. 健康に悪い食べ物を使って、感覚を探り、比較する

健康に悪い食べ物を何かひとつ視覚化する（チョコバー、脂っこいフライなど）。それを食べたら、おなかの中でそれをどう感じるかを想像する。今どう感じら

れるか、2～3時間後にはどう感じられるか、明日はどう感じられるかを味わう。時間の経過と共にそれについて考えることや感じることを想像する。そのときの感覚と、ステップ3と4の感覚とを比較し、どちらの感覚のほうが快く感じられるかに注目する。どちらを選ぶほうが気分がいいか？

▶ **6. 未来ペースする**

さまざまな可能性を充分に検討したら、もっともいい感じになる食べ物に注目し、それらを自分の未来へ持ち込んだところを想像する。

どんな感じか？

もしそれがいい感じで、それによってエネルギーも湧いてくるとしたら、今後はそれを選ぶか？

＃69　共依存を解決する

◆コンセプト

人間関係は、**関わりをもつプロセス**の観点から分析し、理解することができる。つまり、関わりをもつプロセスには重要な要素／コンポーネントがあるということだ。それらを明らかにするには、以下のような質問をするといい。

・誰が誰に関わっているのか？
・その関わりをもつ趣旨もしくは目的は何か？
・当事者間を何が行き来することで、関わりが生じているのか？
・その関わりのもち方の特質は？
・その関わりの中で、各人は何について責任があるのか？

健全な大人の人間関係、対等な者どうしの間で結ばれる関係が前提としているのは、各人には、互いが約束したものを与えるために相手に関わりながら、自分自身について責任を引き受ける能力があるということだ。ここでは2種類の責任、つまり何かについて負う責任と、誰かに対して負う責任とが明確に区別されている。前者は個人が負うべき責任を、後者は人間関係をいっている。これは、関係が複雑にならないよう明確にしておきたいと思う人にとっては、きわめて重要なことである。

責任能力のある人が自分自身について全責任を引き受けると、その人は依存を脱して自立し始める。しかし、上記の区別がついていない場合には、**共依存**と呼ばれるものを体験する。相手の思考や感情、話、行動についての責任が自分にあるとする地図、もしくは、自分が考え、感じ、発言し、行なうことについての責任が相手にあるとする地図を創るのである。

　共依存の関係では、相手に過度に関わるようになり、自分が相手の反応について責任を引き受けるようになる。共依存の人は、相手がどう考え、感じ、行動するのかについて自分に責任があると「考え‐感じる」。そして、たいてい最後には、相手の責任領域に侵入し、自分自身について引き受けるべき責任を引き受けることには失敗する。どうしてこういうことが起こるのだろう？　なぜ共依存が発生するのだろう？　健全な自立心の欠如、自分自身の自己との結合感覚の欠如、何かについて負う責任と、誰かに対して負う責任との区別ができていないことが原因である。

　本項のパターンを使うことによって、自分の自己と再結合し、共依存という関わり方を止め、何かについて負う責任と誰かに対して負う責任とをしっかり区別して、健全なもちつもたれつの人間関係を促進できるようになる。

◆◆パターン

▶ 1. 自分が過度に関わっている人物を特定する

　自分には誰について責任があると感じているか？

　自分は、自分と関わりのある何について責任があり、誰に対して責任があるか？

▶ 2. つながりを表わす表象を特定する

　自分の体をスキャンして、自分から相手へのつながりを体のどの部分で感じているかに注目する。何が見つかったか？　そうした表象は通常、ロープ、ネクタイ、エプロンの紐など、つながりを表わすさまざまなメタファーの形を取っている。

　自分のつながりの表わし方がどんなメタファーを使って示されているように感じられるかについて、何がわかったか？

▶ 3. そのつながりを絶つ

ここで、少しの間、こうしたつながりから完全に自由になったところを想像する。

自分の中のパートでこれに反対している者がいるか？

なんらかのパートが反対している場合は、そのつながりを創ったり保持したりすることについて、そのパートがどんな肯定的な意図をもっているかを探る。

自分がその関係から得る二次的利得（肯定的な意図）を見きわめる。

▶ 4. 達成目標とメタ達成目標を特定する

この人物とのつながりを維持しようとする目的を特定する。

この関係から何が得られるか？

この関係に何を与えるか？

何を与えなくてはならないのか？　何を得たいと思うか？

▶ 5. 自分らしくあるための自立心と責任を備えた理想的な自己を構築する

自分自身や他者と健全な関係をもつために必要なリソース、資質、能力をすべて備えた理想の自分を描くとしたら、どんなイメージになるか？

この理想的な自己は、どのくらい明確に見え、聞こえ、感じられるか？

すぐアクセスできるところにこのイメージを置くとしたら、どこがもっとも適切か？

この理想的な自己は、何かについて負う責任と誰かに対して負う責任を区別する方法を身につけているか？

この区別をどう思い描いているか？

▶ 6. スイッシュを使ってリソースに満ちた自分になる

今はもう、他者からのつながりをすべて断つ許しを得ているか？

他者からの各つながりを断ったのち、自分の理想の自己とつながっているのを感じ取り、自分について全責任を負うことから来る力を感じ取る。どんな感じか？

これをもっと強制力のある強力なものにするには、どんな調整が必要か？

困窮を感じている自分を思い描くのではなく、この理想の自己となった自分

が、目ざした達成目標を叶えるところを想像する。どんな感じか？　その快感に浸って、数分そのままでいよう。

▶ 7. 他者を、リソースに満ちた彼ら自身の自己に結びつける

　他者は他者自身について責任があると思うか？　他者自身について、精神的、情動的、言語的、行動的に責任を負えるのはその他者自身であり、その他者自身だけだと思うか？

　自分の生活に登場する他者にこれを伝え、彼らが彼ら自身の理想的な自己と結合するところを想像する。また、彼らが適切な境界を維持する能力をもち、適切に反応しているところを想像する。

　つづいて、これを全部携えて自分の未来へ入り……他者と適切に関わっているところを想像する。

＃70　率直に自己主張する

◆コンセプト

　「率直に自己主張する」態度（アサーティブネス）のもっとも基本的な定義は、相手を思いやりながらはっきりものをいうということだ。この話し方と大きく異なるのが、ストレス――消極性と攻撃性――から生まれる2種類の話し方である。これらふたつは不安感と恐れが推進力となっていて、それゆえに、おおむね防御的な話し方になる。これらは「心－身」系が危険や過負荷を感じると、神経が「闘争／逃走反応」を起こすために作動する。対照的に、アサーティブネスはリラックスした穏やかな状態で作動する。わたしたちはその中で、物事について考え、語り、検討しながら、同時に相手の状態を思いやる。

　自分の考えていること、大切に思っていること、信じていること、感じていることを、思いやりのある明確な話し方で主張するための戦略とは、どんなものだろう？　あなたにはそれをうまくやり遂げられるような優れた戦略があるだろうか？　あなたは、自分の意見や評価や感じ方などについて率直に自己主張することは、基本的人権のひとつだと考えているだろうか？　話すことは人間としての基本的な能力のひとつであり、したがって、簡単にいえば、自分自身の思考や価値観、感情について責任をもって主張するということである。

　中には、そのハウツーに関する戦略と訓練がすっぽり欠けている人がいる。

そういう人は優れた役割モデルに恵まれなかったのである。一方、はっきりものをいう許しを取り消されたせいで、今は自分の感じたことを思い切って表明することができないという人もいる。こういう人は、自分が率直に自己主張するような行動に出た場合にそれが引き起こすことを恐れている（恐れのメタ・ステート）。「思っていることをはっきりいったら、みんなはわたしが嫌いになるだろう。わたしは拒絶されるだろう。わたしのことをいばっていると思うだろう」と考えるのだ。このようなアサーティブネスの欠落には、機能障害を起こしている信念が数多く関わっていて、それらは処置を必要としている。

概念的に、率直な自己主張は「闘争／逃走反応」とは別のもので、後者は、わたしたちが恐怖や威嚇、不安、侵害を感じたときに発生する反応である。一般的な覚醒反応である「闘争／逃走反応」のうち、逃走反応が起きるのは、不安やストレスの症状として主に恐れを意識したときだ。闘争反応が起きるのは、不安やストレスの症状として主に怒りを意識したときだ。したがって、攻撃性も消極性同様に、アサーティブネスの特質とリソースを欠いている。本項のパターンによって、相手を思いやり尊重しながら率直に自己主張できるようになる。そしてそれは、コミュニケーションを取り、人間関係を築くときのリソースとなる（Andreas and Andreas, 1989; Bolstad, 2002）。

◆◆パターン

▶ 1. どうして率直に自己主張しなくなったのかを発見する

何が原因で、率直に自己主張しないのか？

はっきりものをいったり、自分の意見を表明したりする許しを得ているか？

自分の気持ちを率直に主張したいと思ったのに、やはりできそうにないと感じたときのことを考えながら、少し時間をかけて自分の思い描くイメージに注目し、どこでそのイメージを見ているのか、イメージはいくつあるのかなどをチェックする。自分をどう思い描いているかにも注目する。自分は自分に何を語りかけているか、誰の声を使っているか、その声がどこから聞こえるかにも注目する。

これに注目しているとき、どんな感覚を味わっているか？　その感覚をどこに置いているか？

▶ 2. アサーティブネスと結びついている信念を発見する
　自分自身の考えや感情をはっきりいうことについて考える。これについて、どんな考えや信念をもっているか？
　率直に自己主張する話し方について、否定的な考えはあるか？
　率直に自己主張しないのは、どんな有用な目的があるためか？
　自分の意見を無視したり、率直に自己主張する権利を低く評価したりするのは、それを支える信念があるからか？　もしあるなら、それはどんな信念か？

▶ 3. アサーティブネスにもっと価値と意味を加える
　もし率直に自己主張することが増えたら、どんな恩恵を受けることになると思うか？
　話をしたり人と関わったりするときに、もっと率直に自己主張するようにしたら、どんな効果があるかを考える。その中でもっとも重要な価値だと思うのは何か？
　相手を尊重しつつ明確な態度で自分の意見を述べる人たちのことをどう思うか？
　このリソースを自分に取り入れたら、それは自分にどんなことをしてくれるだろう？

▶ 4. アサーティブネスを完全に思い描いて、強制力のあるものにする
　自分にとってアサーティブネスのリソースを支えるのは、どんなイメージ、音、感覚、言葉か？
　自分の中にアサーティブネスの最善の感覚を呼び起こすのは、どんな内的な映画か？
　率直に自己主張しているとき、自分の内なる声にはどんな特徴があるか？また、その声はどこから聞こえるか？
　率直に自己主張するとき、自分の支えになるのは、どんな内的な言葉か？
　自分の声は、ベストな状態のときにはどんな声調、どんな速度か？　また、その声をどこに置いているか？
　自分がもっと率直に自己主張するには、どんな感覚が支えになるか？
　これまでにもっともうまく率直に自己主張できたのはいつか？

現在および未来で率直に自己主張しながら反応している自分のイメージと、これらとを統合する。

▶ 5. イメージをスイッシする

率直に自己主張しながらコミュニケーションを取っている自分のイメージと表象の背後に、非アサーティブネスを表わしている自分のイメージと表象を動かして、この非アサーティブネスのイメージにアサーティブネスのイメージの特性をもたせると、どんな感じがするか？

非アサーティブネスのイメージを現在の位置から動かして、率直に自己主張している自分のイメージの背後に移す。そこで、非アサーティブネスのイメージを変化させ、アサーティブネスのイメージと同じ色や印象、動きがあり、アサーティブネスのイメージと同じように率直に自己主張する自分を映し出す。自分の話す内容も変化させ、内なる声に支えられて、率直に自己主張できるようにする。

非アサーティブネスを感じるきっかけになるイメージを見るたびに、なんの問題もなく明確な話し方をする自分に変化しよう。

▶ 6. 未来ペースする

アサーティブネスがリソースとして尊重される状況で、率直に自己主張して対応している自分の姿が、今、未来にはっきり見えるか？　見えたら、その中に入り、相手を尊重しつつ率直に自己主張することによって得られるいい感じを、すべて完全に味わう。

これと完全に連携しているか？　それに好感がもてるか？　自分のものとして大切にしようと思うか？

＃71　批判に応える

◆コンセプト

　批判を受けても、傷ついたり非難されたと感じたりしないでいられるのは、ひとつの重要なスキルであり、おおいに育成する価値のあるスキルであると、広く認められている。本項のパターンを使うことによって、批判を情報のフィードバックに変えられるようになり、それによって批判を受けても安心していられるようになる。批判のメッセージは、真実であってもなくても、また正確な内容であってもなくても、不快で好ましくないものと感じることがある。本項の方法によって、相手の口と心が生み出したもの（言葉、声調、声の大きさなど）はその相手のものとして取り扱うことができるようになる。その結果、すぐに個人攻撃だと考えて気分を害するというような反応が起きなくなる。

　批判に対して肯定的に反応するスキルが身につくかどうかは、「言葉は現実ではない」という考え方を信じて、それを自分のものにできるかどうかにかかっている。言葉は現実に関するただの記号もしくは地図であり、けっして現実そのものではないことを本当に理解していれば、言葉を記号として処理することができる。感覚レベルでこれを認識することによって、情報やコミュニケーション、批判にうまく関わる力がつく。言葉は送り手の心の中に記号として存在しているにすぎないと認めることによって、「批判」（ひとつの名詞化）は心の中に存在するだけで、この世界には存在しないと理解でき、呼吸も楽になる。

　「批判」という表現はひとつの名詞化であり、その内部や背後には「批判する」という動詞が隠されている。これは、それが評価であり、評価を下している者がいるということだ。これがわかれば、自分にこう訊ねることができる。

　人間の心は、必然的にそれがもっともうまくできることをする——吟味する、比較する、評価する、批判するなど——ものだが、わたしはこの事実に順応できているだろうか？
　わたしはこの事実にどのくらいうまく順応できているだろうか？

　本項のパターンによって入手できる戦略は、どんな批判的なコミュニケーションにもリソースに満ちた状態で対応し、心の平静を保つのはもちろん、自分

自身の価値観や尊厳をも保持するためのものである。

◆◆パターン

▶ 1. 安全な状態にアクセスする
　批判を耳にし、批判を受け、批判に応じるとき、どのくらい安らかな気持ちでいられるか？
　あとどのくらい安心感が必要か？
　批判に直面したとき感じる恐れとは何か？
　安らかな気持ちでいるには、どのくらいの心理的な距離が必要か？
　メタファーとして、入ってくる情報から身を守るために自分の周囲にプレキシガラスを張り巡らせたところを想像すると、どのくらい安全だと感じられるか？　この感覚を増幅させて、アンカーする。
　安全と強さの感覚を強化し増幅するために、少し時間をかけて生理的に強力な姿勢を取る。立つか座るかして胸を張る。心を集中させ、左右どちらかに力が偏らないようにして、深呼吸する。

▶ 2. 相手に感謝し、相手を認める
　「ボブ［相手の名前を使う］、この問題についてわたしと話し合う時間を割いていただき、ありがとうございます」

▶ 3. 情報をより完全に顕在化させる
　明確なイメージを描けるよう、具体的で定量化できる情報を求める。
　「正確には何がいいたいのですか？　あなたが心配していることを理解できるよう、力を貸してください」と頼む。
　質問をすることによって会話の主導権を掌握できることはわかっているか？　相手の心の枠組みや感情の状態を理解しようと思うなら、詳細についてどんどん訊ねよう。

▶ 4. 相手が提供した詳細を完全にイメージする
　相手が話すのを聞きながら、その批判を表わすイメージを心のスクリーンに映し出す。その内的なイメージから快適な距離を維持するのは、どのくらい簡

単か？
　イメージはどの程度完成しているか？
　心の映画に他の詳細を追加する必要があるか？

▶ 5. 自分の理解したことを表現する
　その状況について自分自身が理解したことを表現する準備はできているか？
　相手がわかってもらえたと感じられるよう、相手の理解していることにペース合わせし、マッチさせることから始めたか？　ペース合わせとマッチングを行ないながら、相手からの批判を詳細に繰り返して述べ、評価を求める。
　「では、あなたが具体的に反対しているのは、これとこれですね。わたしは正しく理解していますか？」

▶ 6. 合意枠を作る
　映画を完成できたと感じたら、相手に何か追加することはないか訊ねる。いったん批判に関する合意を結んだら、後戻りしてはいけない。問題や詳細を追加してもいけない。

▶ 7. 自分自身の理解したことをチェックする
　心のスクリーン上の左上部分に、この問題を自分がどう見ているかを表わす映画を（音声や感覚などもつけて）映し出す。
　この問題について、自分自身は何を考え、信じ、尊重し、感じるなどしているか？

▶ 8. 比較分析を行なう
　ふたつの映画を比較する。比較しながら、合意できる部分と合意できない部分を探す。自分を批判した相手をどれだけ支持し、どれだけ支持しないか？

▶ 9. 円満に自分の理解を伝える
　ラポールを築くために、「〜について合意します」という合意部分から始めたか？
　自分がどの部分に合意しているかを、相手に完全にわかってもらう。相手に感謝の意を表し、「あなたのおかげでこれに気づくことができて嬉しく思いま

す」といい、つづいて、「〜については合意できません」という言い方で、異なる見方をしている部分を正確にわかってもらう。

▶ 10. 理解から意思決定に移る

もし相手が批判を伝えようとしているだけなら、感謝すると共に、「あなたのご意見について考えてみます」といい、そこで止めてかまわない。

なんらかの行動を取って処理したり対応したりしなくてはならない場合は、相手が具体的に望んでいることを訊ね、その批判に関して自分が何をするつもりかを伝える。

▶ 11. 人間関係について交渉する

人間関係を進展させるために、相手が望んでいることで、この問題に関して自分に肯定的な変化をもたらすことを調べる。

批判に対して何もしないことにした場合にも、以下の言い回しを役立てよう。

「わたしは［X］をするつもりですが、それは、自分に対して誠実でありたいし、自分の価値観を守りたいと思うからです。ですから、どうか拒絶されたと思わないでください。お互いのつながりが感じられるようなことで、ほかに何かわたしにできることはないでしょうか？」

▶ 12. 感じよく異議を唱える

批判の内容とは完全に意見を異にしていて、それに関してはいっさい行動を起こさないつもりでも、できるかぎり感じよく同意できないことを伝えるようにしよう。

「これについて、ご意見を聞かせてもらったことには感謝しています。ただ、あまりに考え方が違うので、これ以上はどうにもならないように思います。ほかに何かご意見はありますか？」

話し合いを終了するときは、具体的な批判にもまして、こうして率直に別の考え方を伝えてくれたことにとても感謝していると相手に伝える。

＃72　適切な境界を設ける

◆コンセプト

　他者に関わりすぎると、共依存の関係が発生する。共依存は、相手に任せておくべき事柄について責任を引き受けたときに起きる。自我の境界がきちんと定まっていないために、適切に責任を負うことができないのである。このタイプの「考え方－感じ方」をする人は、きちんとした境界を発達させてきていない。本項のパターンを使うことによって自己の境界を設けることができるようになれば、自らの力や安心、中心性をいっそう感じられるようになる。

　自我の境界という概念における境界は、「他」に対する「わたし」の感覚を与えてくれる。わたしたちはその境界の内側で、自分の価値観や信念、思考、感覚、自己認識を体験している。

◆◆パターン

▶ 1. 境界の問題を特定する

　適切で堅固な境界がないために生じる問題として、どんな問題を抱えているか？

　相手がどう感じるかについて、責任を感じたことがあるか？

　相手を本人が発生させている問題から救っていると感じたことがあるか？あるいは相手の生活の中の何かについて、本人よりも心配したことがあるか？

▶ 2. 自己スペースとその境界という感覚を生み出す

　自分の領有「スペース」を感じる身体感覚を使い、そのスペースを想像する。そして、それが両腕を伸ばした範囲であるのを感じ取り、その範囲内にあるスペース全体を感じ取る。これが自分のパワー・ゾーンだとしたら、どんな特性やリソースでこれを埋め尽くしたいと思うか？

　このスペースを、自分だけに属する特性や思考、感覚、リソース、価値観など（アサーティブネス、自信、尊厳、愛、信頼性など）で埋めていく。

　色、言葉、物を添えてそれをアンカーする。

▶ 3. 境界を堅固にする

自分のパーソナル・スペースの限界部分に、目に見えない境界があるのを想像する。『スタートレック』に出てくるような力場(りきば)でも、プレキシガラスでもいい。その向こうにいるどんな人からも切り離された「わたし」、その誰ともいっしょでない「わたし」を感じさせてくれる境界を想像する。

知覚の第1ポジションからこの個別的存在をたっぷり味わう。それに説得力があると感じたら、それをアンカーする。

▶ 4. 知覚の第2ポジションを取る

少しの間、自分自身の外へ出る。そして、自分を大切に思い、自分の境界を尊重してくれる誰かと共に知覚の第2ポジションに立ち、その人の目を通して、健全でエコロジカルな境界をもつ自分自身を眺める。その人の考え方の中に入り、そこから、この境界を評価し認める声を聞く。どんな感じか？

リソースを改善しなくてはならないものが何かあるか？

▶ 5. 再び第1ポジションを取る

自分を他者と区別する自分だけの価値観や信念、理解をすべて特定して、増幅する。これらを正当なものとして認める許しは得ているか？　それらを認めると、どんな感じか？

世界の中の自分の位置を確認するこの方法を未来ペースする。どんな感じか？

それはうまく収まっているか？　これに好感がもてるか？

▶ 6. トラブル・シューティング

ここで、自分の境界を尊重しない人に出会ったところを想像する。その人は、境界を越えて侵入してきそうな話し方やそぶりをする。

相手がそういった行動に出ても、リソースに満ちた自分の自己は健全な境界を維持しようとする。それはどんな感じか？

▶ 7. エコロジーをチェックして、未来ペースする

自分の未来に入り、この境界を使っているところを想像する。これで、この境界を携えて世界に出て行くとどんな感じがするかを想像できるはずだ……

#73 魔法の親をもつ

◆コンセプト

　世の中には、望みどおりの親、必要としている親に恵まれなかった人もいる。**ペアレンティング101クラスをさぼったり落第したりした親**との関係に行き詰まった人々は、大人として生活するようになってからも、不充分な親業^(ペアレンティング)から来る不足感に依然として苦しめられている自分に気づくことが多い。どうすればこれを解決できるだろう？　どうすれば何年も前に発生した不備に踏ん切りをつけられるのだろう？

　親業をやり直してもらって解決するというのは、一見不可能のように思われる。しかし、今自分が親として成長し、成熟度を増して愛情も豊かになり、率直に自己主張もできるようになった等を実感するようになると、そうは思わなくなる。不充分なペアレンティングは発育の妨げになることが多く、いわば、さまざまな発達段階で行き詰まりが生じる。本項のパターンは子供時代に味わった不足に取り組み、創造的かつ生産的に自己を養育する方法を提供する（典拠：Sally Chamberlaine and Jan Prince, 1992）。

◆◆パターン

▶ 1. 不足とリソースを特定する

　子供の頃どんなことが満たされなかったと感じているか？

　そうした不足を満たすとしたら、どんな特性や状態が必要だろう？

　黒板を想像するなり、実際に紙片を用意するなりして、子供時代に満たされなかった情動的な不足をリストアップし、反対側に、それらを満たすために必要な特性をリストアップする（理解→共感、など）。

▶ 2. 親のモデルを特定する

　子供の不足を満たすのに必要な特性を備えている模範的な親を、心の中に構築していく。そのとき、何が見え、聞こえ、感じられるか？

　その親はどんなふうに行動し、どんなふうに関わってくるか？

　実際に見たり、本で読んだり、観察したりしたことのある親をモデルとして

使い、無条件の愛と気遣いで応えてくれる親を想像する。このリソースをアンカーする。

▶ 3. 具体的な詳細をたっぷり与えて、親のモデルの質を高める

　模範的な両親を視覚化しながら、ふたりが互いにどう関わり合っているか、子供に対してはどう関わっているかを検討する。

　効果的なペアレンティングを完全に行なえるモデルが得られるまで、これを続ける。

▶ 4. 自分のタイムライン上を誕生の日まで遡る

　タイムライン上に浮かび上がり、誕生の日まで遡る。その体験の中に入り、あらゆるリソースを備えた大人の自己の立場から両親に感謝した上で、ここで新しい魔法の親が以後を引き継ぐことを両親に説明する。つづいて、魔法の両親に子供の誕生を歓迎してもらい、愛のこもったメッセージを子供に与えてもらう。子供には、この先の世界にどういう違いが生じるかを伝えるが、そのとき必ず、子供が「自分は守られている、気遣われている」と感じられるようにする。

▶ 5. タイムラインを未来へ移動しながら、子供時代を余すところなくたどる

　魔法の親がどうやってリストアップした情動的な不足をすべて満たしていくのかをよく理解して、映画の中に入り、そうしたリソースを味わいながら時間をたどる。映画は最後まで上映する。

　どんな感じがするか？

▶ 6. リソースに満ちた状態で、かつての否定的な体験をタイムライン上で体験し直す

　時間の中を移動する最中、子供が記憶の中の否定的な出来事を体験しているときには、魔法の親は特に子供の求めに応じるようにする。有能でリソースに満ちた子供は、今や思いやりのある賢明な親に恵まれて、新たにリソースに満ちたものの見方ができるようになっている。その子供の観点から、かつての否定的な状況を再生させる。そして、潜在意識の心に、子供が支えになる親を必要としていた別の時間へ移動するよう頼み、かつてとは異なる結果が出ることに注目する。子供と親のリソースを加え、これらの状況を再生する。

第 10 章　戦略

▶ 7. タイムラインを現在まですばやく戻る
　タイムライン上のこれらの体験をリソースに満ちた状態でたどりながら、親から無条件の愛を感じるためのアンカーに点火し、「時間の中を通って、速度をぐんぐん上げながら現時点までもどると、これを普遍化できる」ことを自分の潜在意識に理解させる。

▶ 8. 終了し、統合して、未来ペースする
　「このアンカーはわたしがつなぎつづけるので、無意識の心に今回の学びと感じたことを完全に統合してもらい、それらを携えて明るい未来の中を移動してください」

＃74　過ちを学びに変える
（2種類ある効果的な過ち対処法のふたつめ）

◆コンセプト

　あなたは過ちを犯したとき、どう反応するだろうか？　一般的には、自分を否定的な心理状態に追い込むことが多い。恥ずかしいと思ったり、自分はバカだ、ダメだ、間違っているなどと思ったりする。そして、その体験と結びついた恥と罪の意識は、学べたはずのことをすべて見えなくする。過ちを学びに変える本項のパターンを使うことにより、否定的な感情を避けて学びを受け入れるための戦略を入手できる。過ちは、自分のスキルと知識を形成し、磨きをかけ、卓越性を高めるための方法として活用することができるが、本項の方法は、そうした形で過ちを活用する能力を育成する。［過ち対処法のひとつめは、第6章の＃40で説明している。］

◆◆パターン

▶ 1. 過ちを特定する
　どうも頻繁に犯しているようだと思う過ちはあるか？
　二度と犯したくないと思うのは、どんな過ちか？
　罪や恥の意識などの否定的な感情と強く結びついている過ちはあるか？

▶ 2.「過ち」に関する自分の理解を明確にする
　どうやって、それを「過ち」だと判断するのか？
　どうやって、これを「過ち」だと決めるのか？
　そうした決定を下すときに使う判定基準は何か？
　それらは自分の判定基準か？　それとも、誰か別の人の判定基準か？
　何かがおかしい、何かが過っているという感覚を発生させる状況に対して、どんな信念や価値観を適用しているか？

▶ 3. 否定的な感覚を増幅する
　戦略とプロセスを発見するために、まず過ちに対する否定的な反応の強さを増幅していく。それが閾値に達して、二度とそれを味わいたくないという気持ちになったら、増幅するのを止める。
　どのくらい増幅したら、もうたくさんという気持ちになるか？

▶ 4. 過ちから学びを取り出す
　その過ちを形成している因果の構造はどうなっているか？
　それを発生させた要因は？
　どんな要因が過ちの発生を助長するか？
　そのプロセスの背後にある重要な肯定的意図は何か？
　自分の中のどのパートがこの過ちを発生させたのか？　またそのパートは、自分にとって価値のあるどんなことをしようとしているのか？
　これを行ないながら、何を学び取っているか？
　その過ちから、どんな二次的利得が得られるか？（誰かが助けてくれた、多くの注目を集められた、大事にしてもらえた、など）

▶ 5. 感情と教訓を分離する
　とても重いふたのついた箱を想像し、過ちから学んだ教訓の中から否定的な感情を分離して、自分の役に立たなくなった感情には、すべてその箱の中に入ってもらう。
　ここで、自分のタイムラインの上に浮かび上がり、過ちが発生した場所まで戻って、学んだ教訓をそこに置き、簡単にそれを思い出せるようにする。

▶ 6. テストする

かつてのその体験を思い出してみる。何を感じるか？

何か否定的な感情がまた湧いてきたか？　それとも、かつての否定的な感情は中和されているか？

否定的な感情がまだ残っている場合は、楽しみに満ちた状態にアクセスして、その出来事を映し出す映画を最後から最初まですばやく巻き戻す。過ちから学び取った教訓が、将来の成功と幸福を支えてくれるものだけになるまで、これを繰り返す。

＃75　賢くじっくり考える／評価する

◆コンセプト

ある状況や問題、体験について、じっくり考えるための戦略や、完全な情報を収集するための戦略があなたにはあるだろうか？　その戦略はどのくらい効果的に作動するのだろう？　原因や寄与因子、体系的プロセスについて多面的に思考する姿勢に、「賢明さ」は現れる。これと対極にあるのが、速断、考えるより先の反応、視野狭窄、二者択一思考による過度の単純化などだ。こうした思考パターンでは、問題をじっくり考えることができない。

ＳＣＯＲＥ（スコア）モデルは、効果的な問題解決とデータの「心‐情動」的な整理を行なえるよう、それに通じる基本要素の多くを検討する方法を提供している。このＳＣＯＲＥという名称は、あらゆる体験や問題を構成する以下の特徴の頭文字を並べたものである。

徴候（**Symptoms**）：　問題の存在を警告する目前の困難、不快な感情、思考、成り行き。

原因（**Causes**）：　結果的にその感情や発話パターン、行動、反応の仕方を引き起こすことになった考え方、解釈の仕方、説明、意味。ある出来事を示す地図と、その出来事とを混同しないよう注意すること。「原因」はそもそも歴史上実在するものではなく、自分が構築する地図である。その地図が徴候を発生させる。

達成目標（**O**utcomes）：　達成したい、達成したほうがいいと思っている目標。
リソース（**R**esources）：　現在の状態と希望する状態とのギャップを埋めてくれる考え、信念、価値観、感情など。
結果（**E**ffects）：　自分が選択した、第1段階の達成目標に続く結果。

　ＳＣＯＲＥモデルはロバート・ディルツが開発したもので、これが提供する枠組みを使うと、良い決断を下して効果的な変化を生み出すのに必要な最小限の情報を特定することができる。これは単なるテクニックというより、ひとつのひな型であり、したがってこの型から生まれるパターンは数種類ある。ＳＣＯＲＥモデルの中核にあるのは、ギャップを埋めるためのリソースを使って現在の状態から希望する状態へ進む大きなメタ・パターンである。

　本項のパターンは、まずＳＣＯＲＥモデルを使って状況や問題に関する重要な情報を収集し、つづいて、その情報から構想を練っていく。

◆◆パターン

▶ **1. 徴候（Ｓ）について訊ねる**
　どんなことが徴候として気になるか？
　現在の状況もしくは問題で、どんなことがもっとも目立っていたり気になったりするか？
　どんな徴候が表面化しているか？
　自分では気づいていない徴候がほかにはないだろうか？
　この状況では、どんな長期的な徴候が発生する可能性があるか？

▶ **2. 原因（Ｃ）について訊ねる**
　何が原因でこの状況が発生したのか？
　この徴候が出るきっかけとなったのは、どんな内的表象か？
　発生原因にはどんな意味があると思うか？
　どんな寄与因子が働いて、その問題が発生したのか？
　自分ではあまり注意していない寄与因子がほかにはないだろうか？

第10章　戦略

▶ 3. 達成目標（O）について訊ねる

何を望んでいるか？
最終的な達成目標は何か？
どういう方向に自分をもっていきたいと思うか？
方向づけとしては何に焦点を絞っているか？
このまま進むと自分はどこに到達するのだろう？
そうした達成目標から発生する可能性のある達成目標が、ほかにもあるか？
最終的な達成目標として、どんな状態に向かっていきたいと思うか？

▶ 4. リソース（R）について訊ねる

自分にはリソースとして、どんな構成要素(コンポーネント)をもった思考、感情、記憶、想像力などがあるか？
自分にはリソースとして、どんな意味、信念、行動などがあるか？
現在の状態から希望する状態へ進むには、どんなリソースが必要か？

▶ 5. 結果（E）について訊ねる

自分の選択した目標を達成したら、どんな結果が待っているか？
目標の達成は何につながっているか？

▶ 6. これまでにわかったことを材料にして構想を練る

自分の状況および達成目標について、充分に明確になったか？
充分なリソースにアクセスできているか？
ほかにどんな情報を収集する必要があるか？
現在の状態と自分を達成目標へ進めてくれるリソースとを描いた全体像のどこに、自分は立っているか？
どのような決定を下し、どのような行動を取ってきたか？

SCOREダンス

SCOREダンスでは、ロバート・ディルツはまず、「過去」から「現在」を経由して「未来」までを示すライン上に、SCOREの各構成要素を空間的にアンカーさせる（Dilts, 1996）。つづいて、SCOREラインと平行に走るメ

タ・ラインを設置させ、各メタ・ポジションに入って、リソースや知恵やこれまでとは違うものの見方を備えた自分になるよう指示する。触運動覚のモダリティだけを使ってこれを行なう——つまり、それについて語らず、「各メタ・ポジションに入ってただそれを理解する」——ことで、「身体的な系統的配列(シンタックス)」にアクセスすることができる。

　ＳＣＯＲＥの各ポジションではまず最初のラインのスペースに入り、つづいてメタ・ラインのスペースに入るようにして、すべてのポジションを一度歩き終えたら、同じことを次第にスピードを上げて行ない、触運動覚の全スペースをダンスをするように進んでいく。そうしながら、あらゆる直観的な気づき、無意識的な気づきが生まれるようにする。非常に優れた楽しい方法だ。

＃76　ディズニーの戦略で創造的になる

◆コンセプト

　あなたには創造的になるための優れた戦略があるだろうか？　新しい考えや斬新な代案、革新的なものの見方を提案しなくてはならなくなったとき、難なく創造的な状態になれるだろうか？　あるいは、苦労するだろうか？　自分自身や他者に対して新しい反応をしたいと思うとき、どんな戦略を使って創造性の状態にアクセスするのだろう？

　ロバート・ディルツは"ディズニーの戦略"を使って創造的になることを思いついた。彼はウォルト・ディズニーがアニメのキャラクターやらビジネス、映画、テーマパークやら、その他にもいろいろあるが、そういったものを創り出すときのプロセスをモデリングした。そして、ディズニーの才能をモデリングしながら、こう書いている。「[……]実は、3人のウォルトがいた。夢想家、現実主義者、批評家の3人だ。次の会議に出てくるのがどのウォルトなのか、誰にもわからなかった」

　夢想家、現実主義者、批評家という三様の状態は、創造的に感じ、考え、その創造性を翻訳して実際の改革に移すことを可能にするプロセスだ。以下の戦略を使うと、これら3つのプロセスの中を移動できるようになる。「批評家」という言葉には含みを感じる人が——ほとんどだ、とはいわないが——多いので、以下では「批評家」を「検査官(テスター)」と言い換えている。

第10章　戦略

◆◆パターン

▶ 1. 3つの状態にアクセスし、それぞれを増幅して、空間的にアンカーする

　創造的になるためのディズニーの戦略を構成する3つの状態にアクセスし、充分にそれを表現して、しっかり味わう。これには時間をかけること。つづいて空間的なアンカーを使い、各状態を表わす各スペースの中に入る。卓越性の円にアクセスしてそれをアンカーするときの要領で、各状態に入り、それぞれにアクセスしてそれをアンカーする。3つのスペースで小さな3角形を作り、簡単に各状態を行き来できるようにすること。

夢想家

　何か新しい考えを、ためらいや抑圧を感じることなく創造的に思い描いたことはあるか？

　それはいつのことか？　それは何についてだったか？

　それを完全に思い出すなり想像するなりして、その体験の中に入ると、どんな感じがするか？

　夢想家の状態に入っているとき、呼吸や動き、立ち方、話し方はどんなか？

現実主義者

　何か現実に即したことに完全に集中しているとき、現実主義の状態になったことはあるか？

　現実主義的に考え、具体的な計画を立てていたとき、どんな感じだったか？

　何のおかげで、その現実主義の状態に入れたのか？

　その状態に入っているとき、どう動き、どう見て、どう話すか？

　ある考えを現実主義的に実施する準備が整ったとしたら、どんな感じがするか？

検査官(テスター)

　これまでに、ある考えをテストできるような「批評的な考え方」をしたことがあるか？

　ある計画が現実世界で実際にうまくいくかどうかを見るために、建設的な検

査をしたのはいつか？

それを行なったとき、心や感情はどんな状態だったか？

自分の計画を評価し分析して、それに磨きをかけ、改善したとき、どんな考えや信念がこの状態を支えてくれたか？

▶ 2. メタ・ポジションへ移動する

どのくらい手際よく、これらの状態すべてから距離を置くことができるか（物理的に、あるいは想像の中で）？

これらの状態から距離を置き、メタ・ポジションからそれぞれに注目すると、どんな感じか？

これらの状態に関する考えや感覚を味わいながら、それぞれの価値を評価する。

▶ 3. 達成目標を特定し、「それをこのパターンを使ってリハーサルする」

何についてもっと創造的になりたいと思っているか？

夢想家

その考え、もしくは関心をもって夢想家の状態に入り、それをもっと完全に視覚化する。心のスクリーン上で何が上映されているのが見えるか？　絵コンテはどんなふうになっているか？　その目標について、途方もないこと、すばらしいことをふんだんに思いつくよう、より完全に夢想する。

現実主義者

今度はその夢をもって現実主義者のポジションに入り、自分の目標をもっと現実的にするには何をしなくてはならないかに注目する。

どんな行動を取る必要があるか？　このビジョンをどう実行に移すか？

第1段階は？　第2段階は？　第3段階は？　など。

このポジションに夢を持ち込んだら、映画を編集・再編集して、この夢を実現するための行動計画を立てられるようにする。

検査官（テスター）

次にテスターのポジションに入る。ここではその計画をテストし、評価する

第 10 章　戦略

ことができる。
　何か欠けていることはないか？　何が役に立ち、何が役に立たないか？
　その計画やプロセスには、あと何を加える必要があるか？
　どんなリソースがあれば、あるいは、どんな点を改善すれば、その質を高められるか？

▶ 4. ディズニーの 3 つの状態を再び循環する
　新しい夢を携えて、再び、夢想家、現実主義者、検査官(テスター)の状態を循環する。
　循環するたびに、夢はどう洗練されていくか？
　あと何回くらい循環する必要があるか？
　自分の全身がその新しい夢／行動計画に「よし、これだ！」というまで、この循環を続ける。

＃77　アイコンを回転させる

◆コンセプト

　アイコンを回転させるこのパターンは、非命題的なプロセスに取り組むものであり、ふたつの対照的な体験や対立する体験から、ひとつのアイコンを発生させる方法である。その目的は、上位レベルの一般化やメタ・ステートを生み出すことだ。
　このプロセスでは、改良型ヴィジュアル・スカッシュを使うパターン（＃18）と同様、互いに対立するふたつの体験の感覚的表象を顕在化させる。そこから、その人の二面を象徴するふたつの抽象的なアイコンを明らかにする。これによって、問題解決のプロセスは上位レベルに移行する。次にふたつのアイコンの位置を入れ替えるが、この入れ替えを繰り返して回転が始まったら、そのスピードを次第に速めていく。このアイコンの高速回転によってデフレーミングが引き起こされ、新たなメタファーや新たなアイコンが発生するのである。新たに発生したアイコンは対立を象徴的に統合する。それを上位レベルのストーリーに翻訳することによって、解決策は命題的な記号化を免れる。アイコンを回転させるパターンを開発したのは、ネルソン・ジンクとジョー・マンショーで、元の名称は**統合による一般化**である。

◆◆パターン

▶ 1. ふたつの状態を特定する

　自分の現在の状態と到達目標との間には、ずれがあるか？　あるいは、ずれがあると感じるか？

　自分のいる場所と、いたいと思っている場所との間には、どういう不一致があるか？

　どんな内的な対立が自分の成功や有効性の妨げになっていると感じるか？

▶ 2. ふたつの視覚的表象を明らかにする

　自分の中で対立しているふたつの様相は、何と何か？

　ひとつめのパートについて考えるとき、どんな視覚的イメージや表象が浮かんでくるか？

　それはどう見え、どう聞こえ、どう感じられるか？

　もしそれが手の中に現れるとしたら、何が現れるか？　また、それは左右どちらの手に現れるか？

　そのパートに関して見えていることを話す。

　それと対立しているもう一方のパートは何か？　あるいは、どんな状態（結果）を希望しているか？　それはどう見えるか？　それを説明する。

▶ 3. 表象を抽象化して、シンボルかアイコンを作り出す

　ここで自分の無意識の心に許可を与え、最初のイメージを抽象的なシンボルか、アイコンのような視覚的表象に変えてもらう。何が現れるか？

　そのアイコンは何に似ているか？

　（相手の言葉や体験に特に注意すること。アイコンがうまくいかないようなら、棒線画、漫画、風刺画について話す方向にもっていく）

　ふたつめのイメージについても同じプロセスを繰り返し、それを対立するパートもしくは目標に関するアイコンに変える。

▶ 4. 激しくスピンするまでアイコンを回転させる

　ふたつのアイコンが見えるか？　見えるのを確認したら、それぞれのアイコ

ンを反対の手に移動させる（短い中断）。

　最初はきわめてゆるやかに回し、再びそれぞれを元の位置に戻す。

　さらにもう一度位置を入れ替える。こうしてふたつを回しつづけ、アイコンが次第に速く回るようにする。

　最終的には、ふたつがどんどんスピードを上げてぐるぐる回るようにする。ふたつのアイコンから、ふたつのパートを統合した何かが現れるまで、高速で回転させつづける。

▶ 5. 回転しているアイコンをよく混ぜ合わせる

　ふたつのアイコンが高速で回転している間、それらを混ぜ合わせてひとつのイメージに変え、その新しいアイコン ── 双方に関するひとつのアイコン ── がふたつの上方に飛び出すようにする。

　どんな新しいアイコンが目の前に見えるか？　それを簡単に説明する。

▶ 6. ストーリーを話す、もしくは、別の非命題的な発言をする

　ここで、ふたつのアイコンを象徴する単独のアイコンの上に出て、すぐさま心に浮かんだストーリーなり出来事なりを話し始める。何が心に浮かんだか？

　ためらわないこと。どんな思い出でも物語でも、自分の無意識に選ばせる。どんなおとぎ話や神話が心に浮かんだか？

　とにかく話し始める。

▶ 7. ストーリーとアイコンを統合する

　もしこのストーリーとアイコンをもちつづけるとしたら、どこに置くか？

　自分の内側に置くか？　それとも、身辺に置くか？

　そのストーリーは自分に関係したものか？　どう関係しているか、わかっているか？

　わかっている場合、そのストーリーは自分の問題とどう関連しているか？

　わかっていない場合は、とにかく手元に置いて信頼し、何日間か何週間か、自分の役に立つよう、それ自身に自己管理してもらう。

まとめ

- ＮＬＰはそもそも、数人のコミュニケーションの達人の卓越性をモデリングするところから始まり、その作業の過程で、ふたつのものを生み出した。ひとつはＴＯＴＥ(トート)を充実させたＮＬＰモデルで、現在、「戦略モデル」と呼ばれているもの、今ひとつは、卓越性に関する数多くの具体的な戦略である。
- 主観的な体験の表象的コンポーネントおよび言語的コンポーネントとその構造の系統的配列(シンタックス)を特定することによって、わたしたちは戦略地図を創り、その卓越性を段階を追って複製することができるようになる。つまるところ、それが戦略のあるべき姿であり、わたしたちは戦略を使ってモデリングへの第一歩を踏み出すのである。
- 現在ＮＬＰには数多くの事柄に関する数多くのパターンや戦略があり、その守備範囲は、読み書き、ものの考え方、数学との取り組みに留まらず、親業(ペアレンティング)、経営、交渉、動機づけ、意思決定等々、ときわめて広大だ。いずれの体験にも構造があるのなら、戦略の顕在化は、その構造を見つけ出し、明確に示すための第一歩となる。
- もし自分が何をしたいのかわかっていて、それは他者にできることで他者がやっていることであり、それゆえに人間にできることだと理解しているのなら、それを体験するための戦略は存在する。その戦略を突き止め、解明し、簡素化して複製すること、これがＮＬＰのモデリングの真髄である。

さらにマジックは続いて……

　1997年に本書の初版が出たとき、ＮＬＰのパターンを1冊にまとめたものとしては、これ以上に包括的なものはなかった。この事実は2003年の今でも変わりはない。「自分自身の脳を運営し」、自分の生活を管理し、これまで以上にリソースに満ちた状態になり、変形力のある体験を発生させるには、それにふさわしいスキルがある。そのスキルを向上させようとするときに使えるＮＬＰの主要パターンを1冊にまとめたもの、それが本書である。

　しかし、このリストもけっして完全ではない。新たに生まれたパターンがほ

かにもまだ無数にあるだけでなく、それらを混合させたハイブリッドなパターンも続々と創り出され、健康、セラピー、スポーツ、ビジネス、個人の生活、趣味、宗教、法律、教育など、さまざまな分野に適用されている。現在、ＮＬＰにはいくつパターンがあるのだろう？　これは誰にもわからない。わたしの推定では、明確にできるパターンは200くらいはあろうかと思うが、これもあくまで推定である。

　本書の初版を執筆しているとき、ボブ・ボーデンハマー博士とわたしはほかにも2冊、共著に取り組んでいた。1冊はタイムラインに関するもの（Hall and Bodenhamer, 1997a）で、もう1冊はメタ・プログラムに関するもの（Hall and Bodenhamer, 1997b）だった。前者は16パターン、後者は6パターンを取り上げている。

　執筆当時は気づかなかったが、これらの書物はメタ・ステート・モデルのおかげで生まれている。さまざまなレベルの状態と再帰性を「時」とメタ・プログラムに適用することによって、ほかにも数多くのパターンと数種類のサブモデルを創り出せることにわたしたちは気づいた。「執筆当時は気づかなかった」というのは、のちにこれらを振り返ってやっと気づき、メタ・ステートの影響を認識したということである。

　しかし、気づいてからは、**メタ・ステート・モデル**をこれまでよりも注意深くＮＬＰの他の分野やパターンに適用するようになった。メタ・ステートを巧弁パターンに適用したときには、一般的なリフレーミングと特に影響力の大きい会話のリフレーミングをまとめるのに、まったく新しい方法を編み出した。それは『マインド・ライン』（Hall and Bodenhamer, 2002）という書物になり、すでに4刷まで版を重ねている。「サブモダリティ」と呼ばれる領域にメタ・ステートを適用したときには、それらがまったく「サブ」ではなく、「メタ」（メタモダリティ）であることに気づいた。これは、新たに6つの「サブモダリティ」と多数のパターンにつながった。これらについては、『卓越性の構造「サブモダリティ」というメタ・レベルの正体』（Hall and Bodenhamer, 1999）で述べている。

　どのようなモデルであれ、モデルの豊かさは、そこから得られる発見や洞察、パターン、テクノロジーなどに現れるといわれる。これを判定基準として述べれば、メタ・ステート・モデルの発見と発展はＮＬＰに多くの発見をもたらし、何十という新パターンを誕生させてもいる。そして、これらのいずれのパター

ンにも、メタ・レベルのポジションを創るか取るかしてなんらかの治療的変化や生成的変化を起こすプロセスが関わっている。

　本書では、ＮＬＰや急速に発展しているニューロ・セマンティックスにおいて新たに発展したものは、二、三しかカバーしていない。しかし、ＮＬＰやニューロ・セマンティックスに足を踏み入れ、これらを発見した皆さんには、ぜひ楽しみながら、意味を変化させるマジック、人生の新しい可能性を体験するマジックを見つけていっていただきたいと思う。

第3部
パターンの適用
マジシャンのように考える

第 11 章

パターン思考

方法とスキルとしてのパターン思考

　　　充分に進歩したテクノロジーは、いずれもマジックと見分けがつかない。
　　　　　　　　　　　　　　　　　　　　　　　　　——アーサー・C・クラーク

　何を考えるのか、どう考えるのかという点について、選択肢は無数にある。第 8 章でこれに触れた際、ＮＬＰで**メタ・プログラム**と呼ぶ思考パターンについて論じた。これは、わたしたちが情報を処理し、自分にとって本当に重要なことを分類するときの方法を特徴づけるフィルタのことだ。
　例えば、多くの具体的詳細から帰納的に考えて抽象化を進め、一般的な原則を導くパターンがある。一方、大原則や基本概念から演繹的に考えて具象化を進め、感覚に基づいた言葉で具体的な適用を導くパターンもある。さらには、グレゴリー・ベイトソンがいうように、**蓋然的三段論法**で隠喩（メタファー）や類推（アナロジー）を使い、ある事柄を論証して別の事柄を導くパターンもある。レイコフやジョンソン（Lakoff and Johnson, 1980）、そのほかにも多くの認知理論家が、物事を理解する際の認知に関して、隠喩的基盤を支持する主張をしている。
　また、イメージや音や感じを生み出す感覚システムを使って考え、言葉や言葉遣いというメタ表象システムに移行するパターンもある。イメージ、音、感じ、言葉、言葉遣いはすべていっしょになって、心の中で上映される映画を創り出す。それは、視覚に関するトラックもあれば、聴覚に関するトラック、すなわちサウンド・トラックもある映画であり、さらには、感覚もしくは触運動覚のトラック、嗅覚（匂い）のトラック、味（味覚）のトラックまである、きわめて特殊な、魔法のような映画である。
　ほかにも、マッチするものを選び出し類似点を比較して考えることもあれば、

第 11 章 パターン思考

ミスマッチするものを選び出し相違点を比較して考えることもある。これは、類似点／相違点を分類するメタ・プログラムだ。また、自分の考えることを参照し、それを根拠として考えることもあれば、他者の考えることを参照し、それを根拠として考えることもある（自己指示／他者指示、もしくは内的指示／外的指示）。自分に注目して考えることもあれば（自己注目）、他者に注目して考えることもある（他者注目）ということだ。いくつか例を挙げたが、ほかにも思考パターンは数多くあり、どう考えるかの選択肢はまさにさまざまである。

　では、本書が前提としている思考スタイルはなんだろう？　実際、どんな分類スタイルがここでは奨励されているのだろう？　より多くの選択肢を求めて創造的に考えるというより、手順を重視して戦略的に考えるというパターンではなかったか？　そのとおりである。しかし、これは正確にはどういうことだろう？　自分の脳の運営方法について、その主導権を握る方法を示すのに、段階的な構造——パターンを決定している手順——を提供しているということだ。そして、それから距離を置いてワークする場合には、パターンの観点から考えること、すなわちパターン思考が重要な意味をもってくる。

　本書のＮＬＰパターンでは、具体的なパターンを頼みの綱とし、パターン化したやり方を特定するプロセスを進めながら、自分の希望に関する気づきを変更し、概念的な地図を拡大している。では、クライアントや顧客、いっしょにワークに取り組む人たちについては、何を前提にしているのだろう？　ひとつは、わたしたちはパターン思考に移行できるということ、それもかなり簡単に移行できるということだ。パターン思考に移行すると、その結果として、自分の脳の運営方法に関する具体的な手順がわかり、自分自身や自分の状態をこれまでより効果的に管理できるようになる。また、特定のプロセスは他のプロセスよりも生得的にうまく働くということも前提にしている。さらに、わたしたちが関心を抱く特定の分野には、それを支配して効力を発揮する特定の戦略があるが、この戦略は学習が可能だということも前提にしている。戦略的パターンの観点から考える方法を学ぶことによって、もっとも効果的な戦略をより楽に取り入れることができるようになる。

　パターン思考は、戦略のワークおよび説明（第10章）と、蟻継ぎのようにぴったりかみ合っている。結局のところ、戦略とは、ある体験の構造を構成する表象の段階的な歩みである。これはまた、モデリングの基礎でもあり出発点でもある。それどころか、モデリングは特別な種類のパターン思考だと考えるこ

341

ともできる。したがって、主観的体験のモデリングに関わるこの特別な種類の思考に取り組もうとすると、以下のようなことを訊ねたくなる。

・パターン思考の核心とは？
・どうすれば、パターン思考のスキルを発達させ、新しいパターンを創り出せるのか？
・どういう考え方がパターン思考を妨害したり破壊したりするのか？
・パターン思考は創造的な思考や批判的な思考、直観的な思考を妨げないのか？

パターン思考

　認知行動心理学できわめて効果的かつ迅速に、しかも徹底的に作動するプロセスは、それがなぜ（why）にではなくどう（how）に重きを置くがゆえに、そのように作動する。このことから、人間の機能のなぜ（why）を探求するモデルとどう（how）を探求するモデルとは切り離して考えるべきだということがわかる。前者（精神分析、ユング心理学、アドラー心理学、自己分析、人間性実存心理学、トランスパーソナル心理学など）が焦点を絞るのは説明であり、原因と顛末の理解である。後者（ＮＬＰ、短期療法、ゲシュタルト療法、現実療法、ＲＥＢＴ、ナラティヴ・セラピー、ニューロ・セマンティックスなど）が焦点を絞るのは、プロセスおよび構造である。

　どう（how）を探求する思考は、原因や意味に関する「心理学的－神学的－哲学的」信念体系を飛び越して、構造へ直行する。

　戦略を立てる（世界モデルを創り出す）には、考え、信念、理解などの情報をどうコード化すればいいのか？

　仕事、友情、親密な関係、リクリエーションなどの場で、もっと情熱や喜びを感じて自分の役割を果たせるようになるパターンは、どうすれば創り出せるのか？

　あなたはどうやってこういうふうになったのか？（あなたはなぜこういうふうになったのか？　ではない）

　感情や反応、スキル、体験はどう発生するのか？

いったん体験の**構造**を見つければ（内容のいかんに関わらず）、言葉や表象、心の映画の映画的特性（「サブモダリティ」）、隠喩、枠組み、意味を使って、その構造を変えることができる。こうすることによって、抵抗や心理考古学を飛び越え、原因を理解しないで済む。その結果、これまでよりはるかに強力かつ優雅に、解決に焦点を絞ってワークできるようになる。神経における体験の構造レベル――わたしたちに考えさせ、感じさせ、話をさせ、行動を取らせている信念の意味体系など――でワークすることによって、コンテンツの多くを知らなくても、変化を起こすことができるのである。

理論家たちはこの方法をなんと呼んでいるのだろう？　**プロセス心理学**と呼んでいる。プロセスを探り、以下のようなプロセスに関する質問をするからだ。

・これまでにその問題の発生を防いだり、それに抵抗したりしたことはあるか？
・それをどうやってしたのか？
・その問題が起きるのをどうやって防いだのか？
・心や体のどんなリソースを頼りにしたか？

プロセスにアプローチする方法を使うと、稼動している内的な「心‐身」プロセスを特定することができる。「では、彼女が大声でわめいているのが頭の中で響くと、それをきっかけにしてフラストレーションが発生し、さらにそれが怒りになることもあるんですね？」　これを出発点にすると、クライアントに新しいプロセスを試してもらうのが容易になる。「そのイメージを小さくしましょう。そうすれば、いずれあっさり消えてもらえます」

コンテンツからプロセスに転換する

・もしパターン思考に、思考のコンテンツから、上位の「ロジカル・レベル」――思考の構造とプロセスについて考えるレベル――への転換が関わっているとしたら、わたしたちはこれをどう行なうのだろう？
・この転換を行なうには、どんな手順を踏めばいいのだろう？

第１に、わたしたちはコンテンツと構造の違いを認識する能力を発達させ

ることができる。これは、多くの人、いや、おそらくはたいていの人がもっているというスキルではない。しかし、このスキルは発達させることができる。コンテンツは人の気持ちを惹きつけ、たいていの人はすっかりその気になって詳細に没頭する。ところが、問題のコンテンツに没頭することこそが、実は問題の主要部分なのだ。

　コンテンツに没頭すると、問題や解決策についての視野が狭まり、ひとつのことしか見えなくなる。その問題が視界に巨大な姿を現すと同時に、例外や反証例、代替案、「またとない達成目標」を、フィルタをかけて除外してしまう。こうなると、視野狭窄に陥ったものの見方をしているために肯定的なものまで除外し、その結果、一般的には悲観的な未来を予言することになる。

　問題への没頭の度合いを深めるにつれ、つい個人化したり、ささいなことを大惨事のように騒ぎ立てたり、過度に一般化したり、白黒をつけたりしたくなり、しまいには未来を予言して、もう希望はない、自分は無力だと宣言する。

　セラピストやコーチなら必ずプロセスにアプローチする方法を使ってくるなどと期待してはいけない。彼らも使わない。他の人たちと同じように、全体像を見失い、コンテンツに没頭する。こういう事態になると、ふたりの人間が行き詰まりの状態に陥って、木ばかり見て森が見えなくなる。つまり、問題の詳細ばかり見て、解決法が見えなくなる。よく虚脱状態に陥るセラピストやコーチはこういう状態になっていることが多い。窮地について語るクライアントの言葉遣いを、催眠誘導として機能させているためだ。コンテンツの詳細につかまり、催眠誘導によってコンテンツに汚染されるのである。

　セラピストやコーチがクライアントのコンテンツの詳細につかまるのは、上記の場合だけではない。診断上のラベルはシンボルにすぎず、他の言葉と同じように現実ではないということを忘れたときにも、やはりつかまる。ラベルは単なる言葉の地図だ。せいぜい、なんらかの説明的体系から出てきた言語学的地図といったところである。ラベルがラベルにすぎないことを忘れたとき、ラベルの背後にいる人物を見失う。

　コンテンツと構造の差異は、レベルの差異だ。コンテンツとはプライマリ・レベルの詳細をいい、構造とはメタ・レベルの枠組みや構成をいう。そういうものであると認識するためには、コンテンツの上方に立ち上がってプロセス（体験の作動の仕方、その戦略）を見、それをまとめている枠組みを見なくてはならない。

第 11 章　パターン思考

　第 2 に、わたしたちはコンテンツから距離を置く能力を発達させることができる。コンテンツとプロセスの違いを認識することで、コンテンツから距離を置くことができるようになる。これは実質的には、自分の信念を保留にし、自分の感覚を脇に置き、それらをもっと一時的なものとして扱い、自分の言葉や話（あるいは、他者の言葉や話）を深刻に受け止めすぎない（つまり、外的な現実として扱う）ことをいう。

　神経系は世界からの情報を抽象化して、信念や理解の枠組みを創り出す。そのプロセスに関する地図と土地の区別を使えば、あらゆる人間の構築物をそういうものとして、つまり、人間の複合心象として扱うことができる。そうすれば、元気を出し、深刻になるのを止め、物事をもっとおもしろがって眺め、たいていの場合自分（そして他者）は単に自分が惨めになるような言葉遣いをしていただけなのだと気づくことができる。

　では、どうすれば距離を置くことができるようになるのだろう？　一般意味論由来のいくつかの整理方法の助けを借りれば、コンテンツから距離を置き、上位レベル——構造とプロセスを見ることのできるレベル——へ移動することができる。上記の区別が含んでいる以下の事実は、わたしたちの地図すべてに当てはまる。

第 1 の事実　地図と土地そのものとの区別
　「地図は土地そのものではない」。地図というのは土地に関する地図であって、したがって、土地そのものより上位のレベルにある。わたしたちは自分の地図に関する地図を創り、メタ地図をもつことさえできる。

第 2 の事実　抽象化、すなわち、地図化に関する気づき
　「主観的な現実は、情報を下位レベルから上位レベルへ抽象化することで生まれるものであり、その抽象化を反映するものである」という気づきを深めること。抽象化によってできる地図は、必ずしも地図に表わそうとする外的な現実とは一致しない。

第 3 の事実　地図の一時性
　どんなに良い地図も一時的なものにすぎない。つまり、わたしたちはある時点で、自分のスキルと知識を前提として最善の地図作りを行なっているにすぎ

ない。自分の地図や言葉、考え、感覚が伝える現実を一時的なものとみなして向き合うと、それらをいつでも改善し、更新し、訂正できることがわかる。一時性を伝えるには、「わたしにはどうも……と思われます」、「現時点では……」といえばいい。

第4の事実　地図に描く詳細のリストアップ

これは、地図に表わそうとする土地の明細をリストアップできるような質問——何が、いつ、どこで、誰が、どうやって、どんなやり方で、どんな原因でなどの質問——をすることをいう。こうして詳細を探ることによって、地図の条件や特徴を適格にし、曖昧な語句を運用可能なものにすることができる。

第5の事実　地図の不完全性

どんな地図も完全ではない。いつでも、もっと完全かつ充分に物事を地図に表わし直すことができる。どのようなことについてもすべてを言い尽くすことはできない。したがって、小さな「など、等」という言葉を追加して、この気づきを伝える。

さあ、これで上記の区別を理解できたと思うし、活用することができると思う。これらの助けを借りれば、コンテンツに没頭することなく、自分の複合心象に関して健全な状態を維持することができる。絶対的な意味での同一性(アイデンティティ)は存在しない。同一性というものはない。どんなものも、どんな人も、刻一刻変化している。あるのは、プロセスと変化だけだ。物事の間に同一性はない。あるのは、非同一性のみである。これによって、「同一性」という言葉は、実際には怪しげな言葉であることがわかる。論理や事実を表わす言葉がもつ何ものにも触れていない。どの一瞬を取っても、変化に次ぐ変化があるだけだ。これは、すべてのものが絶えず変化し、転換し、改まり、変形しているということである。

これらを認識すると、距離を置くことができるようになる。すなわち、コンテンツの**メタ**の位置へ行き、上位の「ロジカル・レベル」でそれについて「考え‐感じる」ことができるようになる。上位から眺めながら、自己再帰的な意識を活用して、高度な人間特有の思考——自分の思考についての思考——をするのである。メタ・ステート・モデルの根底にあるのはこれであり、これが

わたしたちの内的な枠組みとマトリックスの「心理－論理」を生み出している（『マトリックス・モデル』の「距離を置くスキル」参照。Hall, 2003b）。

第3に、わたしたちはコンテンツの構造的な要素に注目するために、メタ・ポジションを取る練習をすることができる。メタ・ポジションを取るプロセスは、コミュニケーションに関するＮＬＰの基礎モデルに組み込まれている。基礎モデルのどこにあるのだろう？　物事を思い描くときの方法や気づきの形態を特定するために、思考や感覚から距離を置かなくてはならない場所がある。そこにある。距離を置いて視覚的表象や聴覚的表象、触運動覚的表象に注目するとき、コンテンツよりも上位のレベルに移動しているのである。では、そうした表象の特性とは何か？　そうした特性を見きわめるには、再び別のメタ・レベルへ移動しなくてはならない。つまり、心の映画の映画的特性、すなわち「サブモダリティ」は、さらに上位の「ロジカル・レベル」にあるということだ。

戦略とは、体験を構成する表象の段階的な歩みをいう。したがって、戦略モデルを使うとき、わたしたちはコンテンツのレベルからプロセスのメタ・レベルへ移動する。これは、戦略モデルもやはり構造レベルで作動しているということだ。そのレベルへ移動したわたしたちは、体験がどう機能しているのか、自分はそれをどう発生させているのかに注目する。戦略を突き止めることで、体験の系統的配列（シンタックス）を理解しやすくなる。

メタ・ステート・モデルを使っても、構造に関しておおいに気づくことができる。メタ・ステート・モデルを使うときには、意識を「ロジカル・レベル」の上のほうへ移動させるからだ。このモデルによって、ひとつの「心－身」状態を別の「心－身」状態の上に持ち上げたときの構造的な効果を認識することができる。恐れに対する恐れを感じているとき、わたしたちは恐れを感じるために恐れをメタ・レベルに上げ、それによって分類を行なっている。

第4に、わたしたちは構造とプロセスに関する気づきを発達させることができる。概念的にコンテンツから距離を置き、構造を認識してプロセスに注目するとき、知っている構造的様相や理解している構造的様相が増えれば増えるほど、次のレベルに能力を注ぐようになる。ＮＬＰを使うことで、コンテンツから距離を置き、いくつかある構造的なプロセスに注目できる。そのプロセスには、以下が含まれている。

- 感覚的な代表システムのモード、すなわちモダリティ
- そうした感覚システムの映画的特性（すなわち「**サブモダリティ**」）
- メタ・プログラムの分類と思考の型
- 感覚システムの段階的な歩み、すなわち戦略
- 体験を分類する言語的なラベリングと構造化、すなわちメタ・モデルによる区別
- 「思考−感覚」状態に「思考−感覚」状態を重ねるメタ階層化、すなわちメタ・ステート

　変化のパターンにおいても、コンテンツよりも構造的なプロセスについて多くを考えさせられる。特にそうなるのは、さまざまなパターンに取り組んで、それらが構造レベルでどう作動して意味的な状況を創り出すのかを認識したときだ。いろいろな人とそうしたワークを行なうことは、パターンはどう作動するのか、何がそれらを作動させているのか、自分自身や他者にそれらをどう発生させるのか、その質をどうテストするのかについて、直観を発達させるのにも役立つ。

まとめ

- ＮＬＰは人間の卓越性と精神疾患のモデルとして、モデリングのプロセスを経て始まった。創始者たちはモデリングを開始するにあたり、以下の**プロセスに関する質問**をしている。
　この主観的な体験はどう作動しているか？
　どのような内的処理のパターンが作動して、これを発生させているのか？

パターンやメタ・パターンは、構造的にはどう説明されているか？
- どんな体験にも構造がある。したがって、ある才能を発揮するための戦略や、統合失調症のような精神疾患を作り出す戦略のモデリングは、構造を見つけるために行なわれている。このことから、ＮＬＰを駆使できるようになるには、パターンや構造、構造的プロセスに注目した思考が非常に重要である理由がわかる。
- 今、パターンに注目して思考することの重要性に触れたが、では、何がそれ

ほど重要なのか？　構造を作りだしているパターンを知りたいと思い、パターン分析の理解を深め、向上につながるパターンを複製するスキルを伸ばすことだ。パターンを受け入れて理解することによって、卓越性のパターンを認識し、特定し、複製できるようになる。そうすれば、「心‐身‐情動」の神経言語的システム、ニューロ・セマンティック・システムによって、「それらのパターンを運営できる」ようになる。

・次の2章では、この分析をさらに進める。まず、いつ、どんなマジックを使うかを知るための知恵を探る。つづいて、さらに詳しい説明として、卓越性のパターンを活かせる主な適用分野をいくつか挙げ、そうした分野でどうパターン思考をすれば、常に成長しつづける卓越性を生み出せるかを見きわめていく。これで、マジックをいつまでも起こしつづけることができるようになるだろう。

第 12 章

いつ何をすべきか

> 手持ちの道具がハンマーだけなら、どんな問題も釘のように思えるものだ。
> ——アブラハム・マズロー

　ロバート・ディルツは「ＮＬＰの統一場理論」について考え、指摘したとき、ある重要な問題を提起した。それは、ＮＬＰおよびニューロ・セマンティックスのマジックを起こすパターンの使用に関してしばしば浮上する問題であり、わたし自身、長年に渡る訓練の中で繰り返し取り上げられるのを聞いてきた問題である。実は本書の構成にも使っているその問題とは、以下のとおりである。

・いつ何をすべきかを、どう知るのか？
・どのパターンを使うかを、どんな判定基準で決めるのか？
・特定の人に特定のパターンを使う理由は、説明できるのか？
・どういう場合にはそのパターンを使用しないのか？
・これらの区別について、どうすればもっとも効果的に考えられるか？

　こうした質問はすべて、無数のパターンやプロセス、テクニックの入ったＮＬＰの道具箱を利用しようというときのメタ自覚について訊ね、探っている。

・個々のクライアントについて、いつ、どのような問題に、どのパターンを使えばいいのかをどうしたら割り出せるのか？
・これらを区別するには、どんな要因あるいは判定基準が使えるのか？

　1950年代、アブラハム・マズローは、「手持ちの道具がハンマーだけなら、

… 第 12 章　いつ何をすべきか

どんな問題も、釘に見えたりハンマーで粉砕できるように思えたりするものだ」といった。しかし、わたしたちにはもっと分別がある。すべての道具がすべての問題に役立つわけではないことを知っている。映画を巻きもどすパターン（「視覚-触運動覚」的分離体験のプロセス）は、恐れや恐怖症、意味的反応、強い否定的感情を処理するテクノロジーであって、他の種類の問題には役立たない。このパターンは、力をつける解決策を新規に創り出そうというものではない。6 段階リフレーミングも、個人間のコミュニケーションの問題を扱うパターンではない。一パターンとしてのコア・トランスフォーメイションも、特定できる問題すべてに適しているわけではない。

　こうした事情があるために、発展途上にあるメタ理解をガイドできるような重要な質問が要求されるのである。そうした質問に導かれて、わたしたちは問題やパターンを理解し、直観をより正確に働かせることができるような判定基準の決め方を理解する。

　そのパターンはいつ役立つのか？
　その同じパターンはいつ役立たないのか？
　どんな要因が、そのパターンの使用を必要としているのか？
　どんな要因が、そのパターンの使用を必要としていないのか？
　どんなメタ・レベルの理解に従って、どのパターンを選択すべきかを決定するのか？
　どんな理解に助けてもらって、いつそれを使うかを決定するのか？
　問題のどんな特徴をつかめば、それらの分類や整理に役立つのか？

　古典的なＮＬＰは、厳密な区別をつけるためのガイドライン、つまり、わたしたちが必要としている区別の仕方をほとんど提供していなかった。提供していたのはごく一般的なことで、それらは実際にはなんの役にも立たなかった。一般化されすぎたガイドラインの例をいくつか挙げておこう。

　もし今行なっていることが役に立たなければ、何か別のことをすること。
　何をすべきかを知るために、ワークする相手のキャリブレーションを行なうこと。
　誰もが皆それぞれの地図を使って動いている。したがって、相手の地図を尊

351

重すること。
　最初にマッチングとミラーリングでラポールを築くこと。

　確かにこうしたルールには、一般的な有用性はある。しかし、一般的には有効でも、何をすべきか、いつそれをすべきか、どうそれをすべきかについて、実際には具体的な指示をしていない。こうしたガイドラインにできるのは、せいぜい何か別のことをするように示唆するぐらいのことである。この問題にはこのパターンがマッチするというような区別はいっさいない。柔軟性のあるこうしたルールは、ほかの何を試すべきかについても定めていない。そういうものであるために、このガイドラインに従うと、むしろその柔軟性ゆえに四苦八苦する。**わかりやすい柔軟性**ではないからだ。キャリブレーションについても、他の地図の尊重についても、ラポールについても同じことがいえる。考え方はすばらしい。ぜひそうありたい。しかし、わたしたちが必要としている具体性と正確さを欠いている。

問題の区別

　ロバート・ディルツが提案しているのは、まず問題をよく見ること、次に、「問題」が意味する内容について何か他と区別できる特徴がないかを探ることだ（Dilts, 1995）。ディルツは 1995 年の「ＮＬＰの統一場理論」と題したセミナーと、1996 年に発表した『ＮＬＰ、自己の組織化、変化を管理する戦略』（NLP, Self Organization and Strategies of Change Management）という論文で、ふたつの軸を創るのに利用できるふた組の区別——安定／不安定と単純／複雑——を提案している。
　その問題は安定しているか、それとも不安定か？
　その問題は常に、規則正しく発生し、予測がつくのか？　それとも、一貫性なく変則的に発生するのか？

安定性という要因と軸
　安定した問題には規則性や信頼性がある。そういう問題を抱えている人は、同じ問題を常に規則正しく体験する。問題が発生するのを予定に入れることができる。周囲もそれを予定に入れることができる。例えば、ある男性はエレベ

ータに乗り込むたびに異常に興奮する。また、ある女性はあの手の声を聞くたびに、内的なパニックを感じる。

こういった問題には、安定した**S→R**（刺激→反応）構造がある。それを発生させる戦略には、単純で習慣的なパターンが関わっている。また、この構造の中では、**共感覚**がその問題を組織化し、駆動し、維持している。それで、本人は問題をいつまでも抱えつづけ、一貫性のある規則正しいやり方でそれを実現させる（再現する）ことができるのである。その男性がエレベータに乗り、上階へ行って会議室に入り、そこで、「しまった、パニックになるのを忘れてしまった」と思うことは絶対にない。こうした安定した問題は、通常、意識外の気づき（無意識のプロセス）から作動している。反応パターンはきわめて習慣的、典型的、規則的なために、当人はもはやそのパターンに気づいてさえいない。

不安定な問題はこれとはまったく異なるスタイルと構造をもち、そこから作動している。それらは定まらない。干満があり、まるでリズムも理由もなく作動しているように見える。普通は見当をつけることができない。なんのパターンもないように見えて、予定に入れられない。あることをしているときに発生することもあれば、発生しないこともある。行き当たりばったりのパターン、トリガー、変数がそれらを駆動し、組織しているように見える。今起きたかと思えば、今度は起きない。一貫性や規則性がない。それを予定に入れたり、予測したりすることができない。

ディルツは、この類の問題には「常に変わりゆく風景」が関係しているという言い方をしている。「風景」と「常に変わりゆく」という表現を使って、不安定な問題を鮮やかなメタファーで表している。例えば、ある人は鬱に苦しむときがあるかと思うと、躁に苦しむときもある。また、ある人はまったく決断を下せないときがあるかと思うと、きわめて独断的に物事を決めることもある。最初にある症状が出ても、次は別の症状が出る。

通常、不安定な問題は安定した問題よりも複雑だ。そのプロセスで役割を担っている「パート」や人格の様相（心、感情、意味、価値観、信念、コンテクスト、役割など）の数が安定した問題よりも多いからだ。不安定な問題の場合、その問題の要因となっているコンポーネントの数を訊ねるところから始める。すると、まず、要因をすべて特定したいと思うはずだ。要因の多くはわかるが、すべてはわからないというのは、その問題は気づきの外にある影響を受けて活性

353

化している可能性があるということだ。これで、問題は不可解の度合いを増す。そして、わたしたちはますます煙に巻かれた状態になる。

複雑性という要因

　安定／不安定の区別のほかにも、問題の複雑性を探って検討することができる。

・その問題はどう単純か？　あるいは、どう複雑か？
・その問題の構造を調べた場合、構造の作用はどう表現できるか？
・その問題は単純か、複雑か？
・その問題にはプライマリ・レベルの機能と操作のみが関係しているのか？　それとも、いったん出て行ったものが一巡して帰ってくるというような自己再帰的なプロセスが関係しているか？
・その問題には何層の層が組み込まれているのか？
・その問題にはいくつのシステム要因と力関係が含まれているのか？

　単純な問題には、直接的で即時的なプライマリ・レベルのプロセスが関わっている。恐怖症がこれに当てはまる。アレルギーも同様である。刺激が発生すると、それに対して直接的な反応が起きる。ここにもやはり、簡単な刺激→反応の構造がある。一般的に単純な問題には多くのコンポーネントは含まれない。コンポーネントは二、三あるだけだ。ディルツは先ほどのメタファーに続けて、これには「安定した風景」が関係しているという言い方をしている。
　一方、複雑な問題には多くのコンポーネントが含まれていて、関与の層もしくはレベルも多数ある。例えば、外傷後ストレス障害（ＰＴＳＤ）には、確かにＳ→Ｒ構造がある。何かに対する病的な恐怖反応がある。しかし、その他にも多くのコンポーネントがあり、例えば、恐怖反応はひとつのイメージ、音、感じに対してだけでなく、数多くのイメージ、音、感じに対して発生する。関わっているレベルも多数あるだろう。ＰＴＳＤに苦しんでいるある人は暗闇や足音、その他のプライマリ・レベルの刺激に対する戦略をもっているだけでなく、そうした記憶を思い出すことや虐待について考えること、支配されることの意味などに対してパニック発作を起こす戦略ももっている。これは、幾層にもわたって組みこまれた問題があることを示している。問題を維持する枠組み

を支配しているマトリックスがあるのだろう。そのために、あるレベルで問題を解決し、しばらくの間は問題から解放されてほっとしても、やがて同じ問題が再発するのである。

問題の象限

以上のふたつの要因を材料にして、4つの接触面をもつ象限を創ることができる。この象限を使えば、単純／複雑、安定／不安定の2軸から問題を検討できる。図に表わすと、以下の図12-1のようになる。

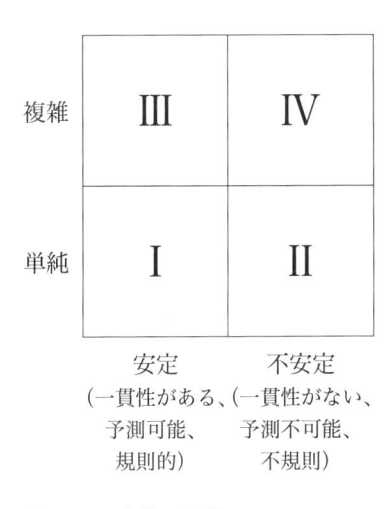

	安定 (一貫性がある、 予測可能、 規則的)	不安定 (一貫性がない、 予測不可能、 不規則)
複雑	III	IV
単純	I	II

図12-1　変化の象限

問題の分析

第Ⅰ象限：　図の第Ⅰ象限は、単純で安定した問題を示している（恐怖症、アレルギー、否定的な心理状態から抜け出せない状態、意思決定ができない状態、限界を感じて行き詰った状態、非生産的な戦略、優柔不断、抑うつ状態、学習性無気力など）。こうした問題は動かない。規則的かつ体系的に作動する。したがって、影響力のある肝心な点に大きな転換が起きると、深く激しい、驚くような変化が起きることが多い。その肝心な点を見つけることによって、マジック・トランスフォーメイションと呼んでいるものがしばしば発生する。しかし、このマ

ジックは、問題を不安定にすることによって起きることもある。

わたしたちはこのマジック効果を恐怖症治療で体験する。その効果は迅速で深い。規則的な戦略を使っている問題に出会って介入し、それがこれまでどおり機能できないように転換させたときも、同様の効果が現れる。それどころか、ＮＬＰによる介入で有名なもののほとんどはこの象限に属する問題を扱っている。

第Ⅱ象限： 図の第Ⅱ象限は、単純で不安定な問題を示している。ここに属する問題は、でたらめで予測不可能な出方をして、定まるところがない。いきなり燃え上がるコントロールの利かない怒り、「青天の霹靂」のごとくやってくるストレス過多、躁うつ状態、強迫神経症などがこれに当たる。この手の問題は、発生したりしなかったりする。あることが引き金になったかと思うと、別のことが引き金になる。いったん解決し、困難な状態が解消しても、やがて再発することもある。

この類の問題では、コンテクストが重要な役割を果たす。毎日起こるというものでもない。おそらくこの世界を渡っていくときの基本的な方向づけとして働いているものでもないだろう。こうしたこともあって、問題が起きたときに、それを理解できない。「わたしは凶暴な人間じゃありません」「人を相手にしてこんなに取り乱すなんて、自分でも信じられません」「どうしてこんな気分になるのか、わけがわかりません」

現在の状態を引き起こしたコンテクスト――ゆっくりいつの間にか構築され、とうとう別の地図が作動するまでに至ったコンテクスト――が、こうした問題では他の何よりもはるかに重要な役割を果たしている。ここではコンテクストを探らなくてはならない。時間に関するコンテクスト、アイデンティティのコンテクスト、意味のコンテクスト、その他にも数多くある変数を探らなくてはならない。ここではまた、枠組みに組み込まれた枠組み（ある体験や概念の周囲にある枠組みのマトリックス）も、問題を理解して明らかにする上で重要な役割を果たしている。

第Ⅲ象限： 図の第Ⅲ象限は、複雑で安定した問題を示している。これらは多くのコンポーネントや層を含んではいるが、予測が利き、予定に入れることができる。ＰＴＳＤ、向上につながらないメタ・ステート（自己卑下）、摂食障

害、同一性障害などがこれに当たる。
　複雑で安定した問題で難しいのは、問題を発生させている複雑さをすべて完全に特定することだ。

　この問題に関して、ほかにどんな「思考 – 感情」を味わっているか？
　ほかにどんな意味があるか？
　そうした意味にはどんな意味があるか？
　これらの意味は、いつ、どこで作動するのか？
　ほかにどんなコンポーネントがこの体験を妨害しているか？

　この類の問題では、どうすれば変化を、ＮＬＰのマジックを起こすことができるのだろう？　ここではまず、問題を単純化することだ。多くの変数をばらばらにして、第Ⅰ象限で発生する問題を処するのと同じように対処することによって、複雑さを軽減することができる。また、混乱させて不安定にする力を利用して、古い枠組みを緩めるのもいい。

　第Ⅳ象限：　図の第Ⅳ象限は、複雑で不安定な問題を示している。これに属する問題も定まらない。その複雑な問題がいつ起きるのかを予測できない。それらは体系的な戦略で作動しているようにも見えない。多重人格障害、統合失調症の形をもつ人格障害、統合失調症などがこれに当たる。
　第Ⅲ象限の複雑で安定した問題には、異なるコンポーネントをすべて特定するという困難があったが、ここには別の複雑な困難がある。問題が静止していないために、そのイメージを明確につかむことができない。安定性を欠くせいで常に転換と変化が起こり、そのために、明確かつ正確に説明できない。
　複雑で不安定問題では、それらを安定させ、複雑さを軽減して、一度にひとつのコンポーネントに取り組むための戦略を設定する。問題の不安定性に予見性をもちこむ方法として、予測テクニックやコイントスを利用してもいい。こうすることで、問題に対して別の知覚のポジションに立てるようになる。それに苦しむ立場ではなく、探求者の立場を取るのである。

問題の経過をたどる

　単純で安定した問題（Ⅰ）は、不安定になると（Ⅱ）どうなるのだろう？

恐怖症（Ⅰ）は、不安定になると（Ⅱ）、依存性の恐怖症として機能しなくなる。安定しなくなったために、固定的なS→Rのパターンを取らなくなる。この不安定化によって、変化するための空間が生まれる。問題を緩めることによって、枠組みを緩めて分解し、「問題」に新しい感覚と構造を与える。

単純で安定した問題（Ⅰ）は、複雑になると（Ⅲ）どうなるのだろう？

　恐怖症（Ⅰ）は、複雑になると（Ⅲ）、それまでより強力で堅固なものになる。ＰＴＳＤや広場恐怖症のように、これまでとは異なる、より複雑な形で発生するようになる。こうなると問題は新たな層やレベルをもつようになり、自分の恐怖を恐れ、時間を恐れ、自己を恐れ、上位レベルの恐れを恐れるようになる。

複雑で安定した問題（Ⅲ）は、不安定になると（Ⅳ）どうなるのだろう？

　堅固な共感覚を不安定にするとその構造が壊れ、ここにも変化や新たな再構築のための空間が生まれる。

単純で不安定な問題（Ⅱ）は、複雑になると（Ⅳ）どうなるのだろう？

　第Ⅳ象限の問題――複雑で不安定な問題――になる。

複雑で不安定な問題（Ⅳ）は、単純で不安定になると（Ⅱ）どうなるのだろう？

　いくぶん扱いやすいものになる。単純で安定したものになると、もっと扱いやすくなる。

介入パターン選択のガイドライン

規則的で一貫性のある安定した問題の場合は、まずそれを不安定にすれば、ほぼ間違いない。構造を不安定にされて枠組みが崩れた問題は、以前のままで

第12章　いつ何をすべきか

存在できなくなることが多い。また、ただ空間ができるだけのこともあるが、その空間にリソースを加えることによって変化を起こすこともできる。

　現実をデフレーミングして解体するときの強力な方法を4つ挙げよう。メタ・モデリング、戦略の分析、表象の映画的構造の探求（「サブモダリティ」を探り、それにいろいろ試すこと）、ある構造の原則や信念のフィードフォード〔訳注　フィードバックが過去の情報に反応することであるのに対して、未来への予期（希望、信念、不安など）に反応すること〕を行ない、その結果「心－身」系に生じるループ（メタ・ステートを成す原動力）を明らかにすること、の4つである。こうしたテクノロジーを使うと、問題の内的構造を変えることができる。

　多層から成る非常に複雑な問題の場合は、まずそのサイズと形を単純化して縮小するといい。これで、問題の断片化が可能になる。そして、問題を断片化しながら、基本的には「分割して克服する」戦略を使用する。問題が小さいほど、解決法を見つけるのも創り出すのも楽になる。混乱を軽減すれば、プロセスが明らかになる。こうした状態に到達してから、複雑な様相を整理し、そこで稼動している時間的要素を発見するなどするといい。

　不安定な問題の場合は、反対の方向に行こうとすることだ。まずは、問題を安定させるといい。問題を安定させると、不安定で扱いにくい問題が変化して、稼動の規則性が増す。そして、さらに安定させると、背後に潜んでいる戦略やそれを動かしているコンポーネントを見きわめられるくらいの時間は、「静止させておく」ことができるようになる。ところで、どうすれば不安定な問題をそのように安定させられるのだろう？　メタ・レベルからのその機能に関するフィードバックと自己再帰を増やし、それに名前をつけて説明することによって、「それを出現させ」、アンカーするのである。これはプロセスの安定化を促進する。解決法の上位レベルへの移行は、メタ・レベルの安定性を確立してプロセスを支援する。これは、対立における合意枠の機能と同じだ。

　焦点や方向づけを欠いているせいで不安定になっている場合は、とにかくまず、なんらかの目的、価値観、達成目標を特定することだ。

どういうレベルで、これを思っているのか？　あるいは、感じているのか？
どういうレベルで、この目標を達成したいと思っているのか？

問題のレベル

　ロバート・ディルツは、ＮＬＰに関する初期の著作では別の方法で問題を区別している（Dilts, 1983a）。そこでは、わたしが**プライマリ・ステート**の体験と行動と名づけた（Hall, 2000b）差異を、**メタ・レベル構造**を使って整理している。つまり、問題に含まれる「ロジカル・レベル」を使ったのである。

> 悪習慣、衝動強迫、恐怖症などといった深刻な反応は、コンテンツとなる行動を構成する傾向があり、デプログラミングとプログラム交換のための単純なアンカー設定テクニックを使えば、かなり簡単に処理できる。慢性的な抑うつ状態、精神疾患、神経症などには、状態を変化させるテクニック──中断、誇張、さまざまな言語的・非言語的追跡テクニックなど──が必要となるだろう。（原書第3部88頁）

　これが示唆するのは、メタ・レベルの構造に取り組む場合、複雑さや多層化が進んでいると予測されること、したがって、解決するのにかかる時間も長いだろうということだ。ディルツは、メタ・レベルの性質をもった信念との取り組みに時間がかかることをどう把握したかについて説明している（Dilts, 1990）。それに時間がかかるのは、それが「もともと長い時間のかかる複雑なもの」だからではなく、多層化する性質を帯びることがあるために、本当の構造を明らかにするのに長くかかるのだといっている。

　もしその問題の同一レベルにさまざまなメタ・レベルが関わっていれば、もっと時間がかかる。しかし、上位レベルに移動して、その位置から問題を**アウトフレーム**、すなわち、メタ・ステートすれば、ときには「一挙に」一瞬のうちに反応を変化させる**メタ・マジック**を起こすこともできる。これに関しては、『ＮＬＰ：メタへ行く──メタ・レベルを使う改良型モデリング』（Hall, 1999）で包括的に説明している。

　問題内部の多層化が進んでいる場合は、一般的に**自己再帰の構造**がある。これは、何かに対して恐れや怒りがあって、それが苦しみの原因になっているだけでなく、最初のその「思考‒感情」に対してもさまざまな「思考‒感情」があるという意味だ。枠組みのマトリックスの中で問題の多層構造を探るには、この自己再帰性が発生させた枠組みを解体して、再帰しようとする心的エネル

ギーのパターンを見つけなくてはならない。前段階の「思考‐感情」と概念が再帰する様子をフィードバックすることによって、抱え込んだシステムがどう複雑なのかを知ることができる。

問題の補足的な区別

情動的強度

その問題のエネルギー、すなわち情動的強度はどうか？
その問題はどのくらい切実な感じがするか？
その問題の推進力の強さはどうか？
その問題は意識の縁(ふち)で稼動しているような感じか？　それとも、意識の中央で稼動しているような感じか？
その問題は、発生すると完全に取りついて迫ってくるか？　それとも、はずれのほうから揺さぶってくるだけか？
その問題はどのくらい意識の中に入り込んでいるか？　ほんの少しか、完全に入り込んでいるか？

　問題の情動的強度に関して以上のような質問をしながら、苦しんでいる人の心理的な世界を綿密に調べて理解する。問題によっては意識に浮上していないものもある。しなくてはならないことをぐずぐずと引き延ばし、抑うつ状態になり、いきなり激怒して怒りに依存しているような症状を呈していても、それにほとんど気づいていなかったりする。一方、それとまったく同じ行動をしていて、痛いほどにそれを意識している人もいる。また、そうした行動を取っていても、強迫観念がない人もいる。そういう人は、自分がぐずぐずしていて、抑うつ状態で、怒ってばかりいるなどと気づけば、あっさりそれを止めるかもしれない。その場合、意識的な気づきはコントロール力になる。
　しかし、そうしたケースばかりではない。意識的な気づきによって苦痛が強まり、「問題につかまっている」ことを思い知らされて、問題の管理どころではなくなる人もいる。これは、意識することが問題だといっているのではない。問題は意識の種類にある。批判的な気づきがあると、確かに意識すること自体が問題を悪化させる。しかし、問題に立ち合いはするけれども批判はしない気づきや、問題を受け入れたり認識したりする気づきがあれば、自我の力も、問

題のコントロール力も強まる。
　情動的強度という要素が問題の変化を多少なりとも難しくするかというと、そんなことはない。例えばパニックは、強度こそ並外れているが、内的なコード構造に従って作動するために、そのフォーマットを（映画を巻き戻すパターンで行なうように）変化させると、すぐにでも変えることができる。これが明らかになる以前は、概して、問題の情動的強度が「定着していて強ければ強いほど、変化させるのが難しい」という意味であると理論家たちは思い込んでいた。しかし、ＮＬＰとニューロ・セマンティックスは、身体的な触運動覚（情動的強度）はコード化によって発生するという認識を示唆している。このように認識しているからこそ、このふたつは認知行動モデルといえるのである。何か恐ろしいことを実体験で知覚しているようにコード化したり、それが大きな音を立てて間近に迫っているといったふうにコード化してみるといい。それに対する反応が始まるはずだ。

習慣化にかかる時間

　一般的に、どのくらい前からその問題を抱えているかを訊ねるのは重要なことである。さらに、通常、その問題に苦しんでいる期間が長ければ長いほど、問題は定着して堅固になる（安定する）。しかし、すべてがそうだというわけではない。特定の考え方、感じ方、反応の仕方の習慣化や繰り返しは、わたしたちの神経をそのように体系化する。体系化が行なわれると、戦略を合理化して、無意識にそれを運営できるようになる。その結果、「いきなりある状態になる」――むかっ腹を立てたり、パニックに陥ったり、無力感に苛まれたりする――ことが可能になる。また、その状態にさまざまなことを次々と結びつけることによって、アンカーを増やすことも可能になる。

　習慣化のもつこうした様相――繰り返しと連想が進めば進むほど、合理化が進み、意識しなくなっていくこと――は問題の戦略を深める。しかし、その習慣化のプロセスだけが問題の安定性や定着化を完全に決定するわけではない。それを維持することが不可欠だ。そして、わたしたちは戦略に重要性や意義、価値を与えることによってそれを維持している。維持された戦略は、なんらかの価値あるサービスを提供しつづけなくてはならない。

　このプロセスの最中に、**そのとき進行中のスキルや能力の発達**（一生続く人間の成長と発達過程で一般的に見られるもの）が自ら問題を和らげ、無効にさえす

ることがある。こうしてあっさりと恐れや恐怖症から脱却することが多いのは、しばしば認められていることだ。人間として全体的にリソースに満ちた状態になることで、古い恐れの重要性や現実性が低下する。ここでは何が起きているのだろう？　自我の力がどんどん発達し、この自我の力によってありのままの現実と静かに向き合い、最善の対処をして、パニックやかんしゃくを起こさず、動揺もしないでいられるようになっているのである。

他のリソースへのアクセス

　問題は真空空間にあるわけではない。いうまでもなく、さまざまなコンテクストにおける1個の「有機的組織体である個人」の中にある。問題は**個人のリソース**と**コンテクストのリソース**と共に発生する。一般的には、アクセスできるリソース、問題に影響を与えるために使えるリソースが多ければ多いほど、その問題が提示する「問題」は少なくなる。これが自我の力の原理だ。逆に、リソースが少なくなればなるほど、問題は解決が難しくなる。

　どんな人の問題を探る場合にも、ＮＬＰとニューロ・セマンティックスは問題に対するリソースを精査して突き止め、増幅して適用する。なぜ絶望の状態が問題を増幅するのかが、これで説明がつく。わたしたちは絶望すると、認知のゆがみの虜になり、物事を不釣合いにふくらませたり、個人化したり、ささいなことを大惨事のように大騒ぎしたり、悲観したり、否定的なフィルタをかけたり、白か黒かの二元論的思考に陥ったりする。このような認知の思考パターンは、問題を「問題」として内的にコード化して埋め込む。しかし、そもそもこれこそが、問題を誤って地図化するという問題なのである。

　ここで、短期療法、エリクソン催眠、ナラティヴ・セラピー、ＮＬＰのほか、さまざまな解決志向のセラピーは、リソースを突き止め、それにアクセスし、それを引き起こすという総合的な戦略を活用する。どれだけリソースに満ちた状態で考え感じるかが、どんな対応スキルや習得スキルにアクセスして、それを適用できるかに関わってくる。

・内面はどのくらい実存的に安全だと感じているか？
・どのくらいの現実志向があるか（自我の力など）？
・問題解決のスキルはどうか？
・適切に危険を負担するスキルはどうか？　目的意識や使命をもって生きてい

くスキル、愛や優しさのこもった協力的なやり方で他者と関係を結ぶスキルはどうか？

まとめ

・わたしたちを挑発し刺激する問題は、いずれも同じ構造はもっていない。だからこそ、さまざまなコンポーネントの観点から問題を眺めることによって、問題のパターンを探ることが重要になる。本章では、安定／不安定および単純／複雑という区別を用いている。

・わたしたちを刺激する出来事、情報、体験にこうした区別をつけると、異なる種類の問題に関して、何をすべきかを把握しやすくなる。誰、いつに関する区別もつけられるようになる。

・これはどういうことか？　どんなにすばらしいマジックでも、用いるべき問題に用いなければ、なんの役にも立たないということだ。必要なのは適切な問題に適切なマジックを使うことである。同意していただけると思う。

第 13 章

分野別活用術

ビジネス、教育、セラピー、スポーツ、健康、人間関係などで
ＮＬＰのパターンを活用するときのヒント

ビジネス

　本書で紹介しているＮＬＰのパターンは、数多くのすばらしいリソースをビジネス界に提供してきた。指導、管理、チームの形成、販売、コーチング、コンサルティング、人材管理、立案、ヴィジョンの設定、コミュニケーション、対立の解消、マーケティングのほか、さまざまな面で役立っている。例えば、基本的なコミュニケーション・スキルは、物事を正確かつ明確に理解して伝えるためのリソースとなっている。多くの書き手やトレーナーがこれらのパターンに変更を加え、ラポールの発生と維持とを必要とする分野にそれらを適合させてきた。

　今回初めてＮＬＰと接したビジネスピープルには、まず基本パターンを紹介している第 3 章でＮＬＰのパターンの使い方、とりわけペース合わせの使い方を学び、つづいて第 7 章で正確なコミュニケーションのためのモデル（メタ・モデルの簡略版）を学ぶことをお勧めしたい。ビジネスを動かすのは**コミュニケーション**だ。したがって、コミュニケーションの基本プロセスとそのルールの理解は、有効性を高める支えとなる。ＮＬＰの言語モデルを活用して言語学的な特徴を把握すれば、自分も相手も混乱した思考や曖昧さを切り抜けて、より明確に話をすることができるようになる。メタ・モデルを適用すれば、さらに正確な説明も可能になる。これは、相手をリードし、相手に影響を与えるという点で、意思疎通を図る者としての有効性を強力に高める。

　ビジネス界におけるプロのコミュニケーターとして──情報を与えようとするにせよ、教育し、説得し、販売し、売り込みなどをしようとするにせよ

——必要なのは、自分の言語的・非言語的メッセージが聞き手の「心－身」に何をするのかを察するセンスだ。この気づきがないと、できることは限られる。ひたすら「当てずっぽうで」ものをいい、自分の言葉が望みどおりの効果を上げるのを期待するしかない。しかし、いったん自分が常に聞き手をさまざまな「心－身－情動」状態に誘導していることを知れば、自分の言葉遣いを——言語的なものも非言語的なものも含めて——これまでより意識的かつ創造的に活用できるようになる。この点に関しては、状態の誘導に関する第6章のパターンがおおいに役に立つ。

・自分は主にどんな状態を相手の中に呼び起こしているか？
・どんな状態が自分の仕事を助け、向上させるか？　また、どんな状態だと、助けや向上が望めないのか？
・もっと力をつけて呼び起こしたいと思うのは、どんな状態か？
・聞き手の中のそうした状態を、どう認識しているか？

　これらのいずれもが当然キャリブレーション・スキルの重要性やメタ・レベルでワークする能力の重要性を強調していることには同意していただけると思う。わたしたちはビジネスに関わっている最中も、必然的に自分自身のメタ・プログラムから作動しており、そのメタ・プログラムは自分の選択方法や選択の対象を支配している（これは、相手も同じである）。第8章で、メタ・プログラムは気づきのさまざまな経路であることが明らかにされている。

・相手はまず詳細を知ろうとしているのか？　それとも、大局を知ろうとしているのか？
・上司は、その仕事を完遂するための手順を示してもらいたいと思っているのか？　それとも、選択肢を示してもらいたいと思っているのか？
・クライアントは買う決断をするとき、何を選別しているか？
・何がその人を納得させているのか？

　ビジネス、コンサルティング、経営、販売、マーケティングなどにおいて、ときには充分に練られた具体的な手順、すなわち戦略も必要になる。戦略については、第10章で取り上げている。

・抵抗する従業員を効果的に管理する戦略とはどういうものか？
・株式相場で成功している人はどんな戦略を使っているか？
・その人は、どんな信念を支えとして利用しているか？
・能力のある経営者は、ミスを犯した相手とどう向き合い、どうやってその人の尊厳を維持し、その人に尊厳を与えているか？

　戦略の分析と設計を徹底的に論じたものとしては、『神経言語プログラミング　第1巻』(Grinder, Bandler and DeLozier, 1980)、および『ＮＬＰ：メタへ行く――メタ・レベルを使う改良型モデリング』(Hall, 1999) がある。現在では、ＮＬＰをビジネスに適用した書物が数多く出ている。大半が具体的な戦略を扱ったものだ。『ビジネス・エキスパートが楽しむゲーム』(Hall, 2002) はカスタマー・サービスも含めた広範囲のビジネス関連をカバーしている。

教育

　ＮＬＰはいうまでもなく、学習におけるコミュニケーション・モデルとして、教育やトレーニングの分野に広く適用することができる。適用方法を身につけるには、まず基本パターン（第3章）とＮＬＰモデルそのもの（第2章）から始めるといい。代表システムおよび生徒が使う学習スタイルの種類について熟練するには、格好の出発点である。
　これは、ハワード・ガードナーが著作の中で**多重知性**モデルとして詳述している研究内容と驚くほど一致している (Gardner, 1983, 1991, 1993)。ガードナーが突き止めた7種類の知性はＮＬＰと緊密な関係にある。

・言語的知性
・論理的・数学的知性
・視覚的・空間的知性
・身体的・運動的知性
・音楽的・リズム的知性
・対人的知性
・内省的知性
・博物学的知性　［ガードナーはのちにこれを8つ目の知性として追加した］

「心」に関するＮＬＰの基本モデルが学習のモダリティとして特定しているのは、ＶＡＫの代表システムだ。この代表システムは心の中に映画を発生させ、つづいてメタ・レベル——言語領域（第 7 章、メタ・モデル）、および多種多様なメタ・プログラム（第 8 章）——で情報をどうインプットし処理しているかについて、上位レベルの区別を行なっている。

さらに、どのような**学習のコンテクスト**にも総合的な「心 - 身」状態が関わっているため、教育者は必ず学習者がどういう「心 - 身」状態にあるのかに注意を払わなくてはならない。状態依存性とは、向上につながらない状態は実際に学習の妨げになるという意味であり、それゆえプロの教育者は、生徒がクラスにもち込む神経言語的状態と取り組まなくてはならない。実際、たいていの公立学校では、生徒たちが学習にふさわしい状態で登校してくることはたぶんないと、教師たちもわきまえている。こういう状況では、状態に取り組み管理するためのＮＬＰのパターン（第 6 章）がきわめて重要になる。

もっとはっきりいえば、能力のあるプロの教育者は、学習にふさわしい状態を引き出し、好奇心や驚嘆、率直さ、興奮などの状態を誘発するための充実した明確な戦略をもっていてこそ、賢明といえるのではないだろうか？　そして、さらにもう一歩先へ進めるよう支援するとすれば、優れた教師像のモデリングについて考える状態にまでなれるよう、最善の戦略を探求していただければと思う（第 10 章）。

教育へのＮＬＰ適用に関するさらに詳しい研究としては、シド・ジェイコブソンの 3 巻本『メタ・ケーション』（Jacobson, 1983, 1986）、ジョゼフ・イエーガーの『ＮＬＰを使った思考について考える』（Yeager, 1985）、マイケル・グリンダーの『エンヴォイ：教室経営の個人的ガイド』（Grinder, 1995）がある。

心理療法

興味深いことに、ＮＬＰは、それぞれ異なる心理学的モデルを使う 3 人の世界的に有名なセラピストをモデリングすることから始まった。それにもかかわらず、ＮＬＰの最初の本『魔術の構造』（1975）を著したバンドラーとグリンダーは、ＮＬＰを基本的に認知行動モデルとして位置づけた。以来、ＮＬＰは心理学の認知行動「学派」とされている（Gilliland, James and Bowman, 1989, p. 249）。

第 13 章　分野別活用術

　心理療法については、対立するパート（第 4 章）、アイデンティティ（第 5 章）、意味（第 9 章）、状態（第 6 章）、戦略（第 10 章）の各章が広範囲にわたる介入方法を紹介している。これらのパターンは、言語そのものの働き方（第 7 章）と、人間の「心」が言語を処理して内的な神経意味的現実を創り出す方法（第 8 章）から生まれたものである。そのため、思考（メタ・プログラム）と言葉遣い（メタ・モデル）のレベルを含む介入方法は、癒しのための新しいプロセスを生み出すという点できわめて生成的なものになっている。

　問題や困難、症状に対するＮＬＰの治療方法では、何よりもまず、その内的な構造を理解することが必要になる。構造に気づくだけで、それが本質的な治癒力になることもある。構造をわずかに変えるだけで、損傷や妨害行為を発生させているプロセスを混乱させられることもある。つまり、抑うつ状態であれ、アルコール依存症、統合失調症、摂食障害であれ、いかなる問題にもパターンや戦略があるということだ。したがって、自分自身やクライアントに対してはモデリングに関する質問をする。

・この問題はどう作動するのか？
・この問題の抱え方を教えるとしたら、どうするよう、いうだろう？
・まず何を考えたり感じたり話したりしなくてはならないか？　次は？　その次は？

　パターンを分析すると、その困難がどう展開してきたかを、原因（病因）、寄与因子、危険因子、コンポーネントのパートから、症状と発現まで追うことができる。それによって、問題を予測し、理解し、診断し、処置することができるようになる。

　治療法もまた、パターンや戦略を含んでいる。問題を改善させ、クライアントをより健全でバランスの取れた生活に導くために設計された介入方法の成果を、わたしたちはたどることができる。腕のいい臨床医やセラピストの治療上のマジックには構造がある。ゆえに、彼らの戦略を学ぶことで、同様のマジックを複製することができる。クライアントとの治療上の相互作用にどんな内的・外的構造があるかを見きわめ、学ぶことができるおかげで、会話や対決、課題、フィードバック、プロセスが解決につながるのである。

ＮＬＰの認知行動的な性質

　ＮＬＰは認知行動モデルを前提とし、かつ必要としているが、まさにそれゆえに、認知行動的アプローチの価値観、有効性、正当性はすべてＮＬＰに当てはまる。これに関しては、『パーソナリティの構造』(Hall, Bodenhamer, Bolstad and Hamblett, 2001)、および、リチャード・ボルスタッドがＮＬＰと多くのセラピーとの関係を著した『ＲＥＳＯＬＶＥ　自分を変える最新心理テクニック』(Bolstad, 2002) で詳細を知ることができる。

　認知行動心理学は、現在、心理学の中でもっとも急速に成長している。1960年代以降、有効性の点で、それまで精神分析や行動主義、ロジャーズのクライアント中心療法が占めていた位置につくようになった。現代の心理療法の多くにもその傾向がはっきり現れているが、それとわかる名前がついていないものもある（現実療法、ゲシュタルト心理学、家族療法など）。

　1960年代以降、認知行動的なアプローチは数多くの研究の中でさまざまな症状に対する効果を立証してきた。メタ分析の研究における有効性の点でも、ずっと首位を占めている（Garfield and Bergin, 1987 参照）。

　認知行動的なアプローチでは、変化を起こすほかならぬ「心－身－情動」系のメカニズムがどういうものであるかをクライアントと共に見きわめていく。なぜか？　そうすることによって、クライアントはそのメカニズムを認識し、自分のものにし、さらにそれを使って自分自身の脳を運営することができるようになるからだ。こうしたやり方は、古い心理学が依存していた「権威」や「専門家」としての役割を縮小し、クライアントに対して、敬意に満ちた共同作業を協力してやっていこうと勧める。

　認知行動的なアプローチは人間というシステムの全体(ホリスティック)的な理解から操作を行なっている。これはＮＬＰの本質的な部分であり、近年数多くの人々がそれを研究し、調査し、発展させている。心理学と心理療法が人間の体験に対してシステム・アプローチをどんどん採用するようになるにつれ、わたしたちは古い心理学の二元論的で要素主義的な古い問題から遠ざかりつつある。システム・アプローチとしての認知行動心理学は、認知と思慮分別をもたらすモデルやテクニックだけでなく、神経学、生理学、環境的なコンテクストなども取り入れている。

　総合的な健康管理が進むと共に、セラピーをもっと能率的に行なって、これ

までより迅速に、これまでより質の高い効果を上げることが重要だとされるようになってきた。認知行動的なモデルが前提とするのは、クライアントは自分自身に責任をもつことを学習できるだけでなく、自分自身に責任をもつことを望むものだということ、したがって、自分の内的なプロセス（夢、感情、考え、情熱など）が本当に意味するところをセラピストが教えてくれるのを当てにしたりしないということだ。認知行動的なモデルはクライアントの尊厳と人格を尊重することによって、クライアントが潜在能力を発揮するのを手伝う。スキルの発達を目ざす教育的な方法の導入を増やすことで、それを実践している。このおかげで、セラピーは以前よりはるかに迅速に進むようになり、自分自身の「心－情動」的な幸福に対する責任は、その責任を負うべき者、すなわちクライアントに課せられるようになり、セラピストは主に、コーチ、コンサルタント、ヘルパーとして機能するようになっている。

　認知行動的なアプローチは、プロセス、変化のメカニズム、モデルに焦点を絞っている。これは、パターンに関する本書の中で最初に扱った概念の土台となっている。ここではこれを、クライアントが人生をより良く管理できるよう前向きに手助けするプロセスに適用することができる。まず、治療のスキルにもやはり内的構造があるという前提から始め、それから、腕のいい臨床家が何をしているかを突き止める作業に入る。有能な臨床家の介入パターンを見つけたら、そのパターンをモデル化するのである。

　ＮＬＰのパターンは本書で述べているとおり、心理学のさまざまな流派からもっとも効果を上げているものを取り入れている。エリスの論理情動行動療法（ＲＥＢＴ）のＡＢＣ理論とベックの認知心理療法モデルを利用して、**B**に属する信念を百倍にもふくらませ、「媒介変数」の集合とした（Tollman, 1932）。そうすることによって、単なる「信念の変化」、「不合理な信念への抵抗」、「認知のゆがみに関する議論」などよりも細かい分析レベルに、新たに百ヶ所もの介入場所を供給している。

ＮＬＰのセラピー

　短期心理療法の形を取るＮＬＰのセラピーでは、セラピストとクライアントは協力して達成目標を設定し、その目標に向かう歩みを判定し評価する方法を確立することによって、治療効果のある解決法を共同で創り出す。このやり方

では、セラピストは専門家の役割を担わない。むしろ、援助・促進者兼コーチ（ファシリテイター）という役割を果たす。クライアントはそのプロセスに完全に参加し、それを自分のものにする。こうすることで、他の方法が悩まされる「抵抗」の問題をたいていは回避できる。

　この双方向性のやり方では、セラピストは受動的な役割ではなく、能動的で指導的な役割を担うことも必要となる。いったんクライアントが自分の達成目標を特定したら、セラピストはクライアントが解決の状態へ向かって進んでいくのを手助けする。セラピーそのものはひとつの構築化となり、現在の状態から解決の状態へどう橋を架けるのかの探求となる。リソースとプロセスに関する質問はいよいよ重要になる。ＮＬＰを使う短期療法は以下の段階をたどる。

▶ ステップ１：　問題を特定する

　セラピーでは、まずクライアントの話を聴く。セラピストは最初は話をしてもらう状況を用意するだけである。問題に関する話をしてもらうために時間と空間を用意することによって、ちょっとした好意――問題に関する思いやりや共感、理解、妥当性の確認、普遍化など――を提供する。

　つづいて、セラピストは「問題」に関する共感的理解を反映し、それによってクライアントが感じている「現実」感をマッチングしたりペース合わせしたりする。ここに治療上の人間関係が始まる。このラポールの形成は、より多くを打ち明けてもらうための枠組みをセラピーの中に設定する。余談だが、本書は主に、クライアントを現在の状態から解決の状態へ移行させるときに用いる実際的な変化のパターンに焦点を絞っている。しかし、数多くのＮＬＰ書籍は、共感の構造としての治療上の人間関係そのものとペース合わせ（相手の世界モデルをマッチングすること）の重要性を詳述している。

　同時にセラピストは、クライアントが問題をどう定義しているか、問題によって事態がどう困難になっているか、クライアントはそれをどう問題だと決めているのかを、正確かつ具体的に探り始める。これが治療の焦点を定める。この探求段階では、セラピストはクライアントがより具体的に焦点を絞っていけるようリードする。メタ・モデルの特徴と質問を使って、上質の情報を集める。これは会話の中で行なわれるので、クライアントが問題について話すときにセラピストがメタ・モデルを使うと、クライアントはこれまでとは違った形や言葉遣いで問題について話しやすくなる。さらに、その結果、曖昧な点や混乱し

た点をできるだけ減らして、より正確かつ明確に問題を心の地図に描けるようになる。こうして、人生を航行するための、より正確で便利な地図を創っていく（第7章）。

セラピストはメタ・モデルの質問を使って、不充分な地図化を問題にし、その質を向上させるが、このプロセスの設計はどうなっているのだろう？　これは、クライアントが心の地図に表わしている体験に再アクセスし、その地図の曖昧な点、誤り、不十分な構成を問題にできるようになっている。これによってクライアントは自由になり、はるかに正確で力のつく地図を描き直すのである。

▶ ステップ２：　適格な解決の状態を特定する

クライアントが問題だと考えていることを特定し、その問題の地図を説明し終えたら、セラピストはすぐ焦点を解決に移行して、以下のような質問をする。

何を望んでいますか？
もしこの問題がなかったら、何を手に入れたいと思いますか？

まず少し時間を取って、自分が体験したいと思っている解決の状態について考えてください。それから、それがどう見え、どう聞こえ、どう感じられ、自分に対してはどう話しかけてくるかなどをわたしに話してください。

適格な目標を立てる（#１）ために、セラピストは特定の判定基準を使ってクライアントの達成目標の探求を管理する。これをすることで、クライアントの考え方の方向づけをやり直すのである。上記のような質問を受けたクライアントは、自分が段階を踏んで反応できる範囲内で具体的な行動について考え、効果的な行動を起こし、解決に向かって進むことができるようになる。

問題を特定する

セラピストとクライアントが問題に具体的に気づいてくると、治療の焦点がはっきりしてくる。本書では、問題を７種類のカテゴリーに分類している（第２章）。これは、問題を概念化して取り組むときの分類として使うことができる。問題の種類をこうして分類すると、ＮＬＰのパターンをそれらに簡単に結びつ

けることができるようになる。

パート	複数の「不可分のパート」が対立しているとき
アイデンティティ	「自己」に関する地図が不適格で、苦痛や限界が生じているとき
状態	問題をはらんだ状態、リソース不足の状態、感情的な状態を体験しているとき
言語	自分との対話の中に認知的なエラーがあり、否定的かつ悲惨な言葉で自分を表現してしまうとき
思考の型	不適切なメタ・プログラムを使っているために、認知や知覚のゆがみに苦しんでいるとき
意味	制限的な信念や貧弱な意味に苦しんでいるとき
戦略	どうしたら望ましい行動を取れるようになるのかがわからないとき

　この分類はまったくの自由裁量によるものである。人々が体験してセラピーにもち込む問題についての考え方をどう体系化するか、その一方法を提供しているにすぎない。いうまでもなく、勉強の最中に自己の一パートが遊びたくなったり、遊ぶ時間に勉強したくなったりして、不一致に苦しむことがあるだろう。また、そうした対立に関する信念や、それが暗示するアイデンティティに関する問題、自分が陥っている状態などに苦しむこともあるだろう。したがって、この分類が唯一のものだとか、真のものだとかは考えないでいただきたい。問題に系統的かつ有効に取り組めるよう、問題の一分類法を示しているにすぎない。もしあるパターンを使って「問題」が変わらなければ、あっさり別のカテゴリーに移って、新たなアングルから取り組んでいただきたい。

　セラピーとしてのＮＬＰについてこうした説明を受け、ＮＬＰと本書に挙げたパターンを使う優れたセラピストは、以下の基本原則に従うことになる。

1. クライアントとの間にラポールを築き、クライアントが安心して治療を受けられる場を創る
2. ラポールを活用して、クライアントを積極的にプロセスに関わらせる

現在の状態	→	目標とする解決の状態
その問題がどう生じるかを具体的に説明する		適格性の観点から具体的に説明する

橋を架ける
移動に必要なリソースとつなぐ

パート	複数の「不可分のパート」が対立しているとき
アイデンティティ	「自己」に関する地図が不適格で、苦痛や限界が生じているとき
状態	問題をはらんだ状態、リソース不足の状態、感情的な状態を体験しているとき
言語	自分との対話の中に認知的なエラーがあり、否定的かつ悲惨な言葉で自分を表現してしまうとき
思考の型	不適切なメタ・プログラムを使っているために、認知や知覚のゆがみに苦しんでいるとき
意味	制限的な信念や貧弱な意味に苦しんでいるとき
戦略	どうしたら望ましい行動を取れるようになるのかがわからないとき

図13-1　NLPのアルゴリズム（図2-4再録）

3. 問題を特定して、何に焦点を絞って治療を進めるかを具体化する
4. 望んでいない状態から望みどおりの状態へ移行するようクライアントを促すという点から、思考し作動する
5. クライアントの中のリソースにアクセスして、現在の状態から解決の状態へ橋を架ける
6. 変化を促すための具体的な戦略とパターンを活用しながら、プロセス全体を通してキャリブレーションを行なう

　以上の原則に従うと、実際の治療はどういうものになるのだろう？　各セッションの目的はどういうものになるのだろう？　以下はその1例である。

▶ セッション1：　関係を結び、適格な問題を構築する
　　目的：　ラポールを築く。クライアントが今抱いている思考や感情にペース合わせする。その状況や、クライアントがそれをどう憂うつだと感じ、どう問題だと感じているのかを、共感的に理解し始める。治療の焦点

——問題がなくなったときにクライアントが手に入れ体験すること——を見きわめ始める。問題そのものは適格か（具体的か、正確か、クライアント自身が自分のものとしているか、など）？

▶ セッション2：　問題を解決するために、治療目標を設定する
　　目的：　具体的で適格な治療目標を設定する。これにはクライアントとのコミュニケーションが欠かせない。クライアントはセラピストとコミュニケーションを取りながら達成目標を創る。その達成目標は、具体的で実行可能な行動やスキルを使って明言できるものであること。また、クライアントはそのコミュニケーションの中で、自分の進歩を評価し測定する手段を手に入れ、目標を達成するために必要なリソースを形成し始める。

▶ セッション3＆4：　パターンを使ってリソースを形成する
　　目的：　クライアントは、問題の状態から解決の状態へ移行するときに使う戦略として、特定の変化のパターンを採用するが、セラピストはクライアントがそのプロセスをうまく利用できるよう手助けする。治療中はクライアントをおおいに支え、励まし、達成目標を絶えず再検討する。

▶ セッション5：　進歩を整理し統合する
　　目的：　現実の状況にリソースを適用して再検討する。効果的に働くものを強化し、結果を確認し、フィードバックを行なって機能しないもののトラブル・シューティングを行ない、これまでの進歩を整理し統合する。

▶ セッション6：　進歩を祝って終了する
　　目的：　進歩の状態を再検討するために、これまでの進歩を統合し、将来のための指示を出してセラピーを終了する。最終のセッションでは、進歩を祝い、ぶり返しがあったときのためのリハーサルを行なって、それを処理するためのリソースを確認する。

「短期」療法としてのＮＬＰ

　わたしはＮＬＰを短期療法のひとつだとしている。ＮＬＰは伝統的な心理療

法に比べると短期で終了するセラピーであり、エリクソン催眠と関わっているという点で短期である。21世紀に入り、セラピーの焦点はいよいよ戦略的かつ短期的で達成目標を重視するものに絞られていくだろう。ＮＬＰとニューロ・セマンティックスには、そうした基準に合致した治療効果を生む要素がたくさんある。では、その要素とはなんだろう？　以下にとりわけ重要なものを挙げた。

・**正確性と具体性に重点を置いている**。問題を引き起こすのは、不正確性、曖昧な思考、不明瞭な定義である。したがって、明確性、正確性、焦点の絞り、具体性を高めることによって物事を解決するというのは理にかなっている。
・**セラピストからの個人的な支援を感じることができる**。クライアントが自分のセラピストには治療を円滑に進めるスキルと知識があると感じると、一般的に希望や信頼感、意欲が生まれて、治療結果にプラスになる。
・**治療目標を達成するための具体的なツールやプロセスがある**。問題を変えてくれる洞察を何か得られるだろうと期待して「ひたすら話す」というのは、短期間で終了する目標志向の短期療法ではない。心理療法が目標志向で短期で終わるものであるためには、クライアントを問題の状態から希望する状態へ移行させるために設計された具体的なプロセス、戦略、パターンがなくてはならない。
・**やりとりを通して共同で創造する**。治療は、まずクライアントが達成したいと思っていることを見きわめ、その後クライアントの目的に歩調を合わせる。セラピストはそのプロセスの中で自分が信頼できることや、知識もスキルもあることを証明しながら、クライアントが目標に到達するのを手助けする。達成目標に関する責任はクライアントが担う形にする。これはクライアントの抵抗したいという欲求を完全に取り除く。こうしてセラピストはコーチや援助・促進者(ファシリテイター)としての役割を増し、精神分析で見られるような親の役割は果たさなくなる。
・**戦略的に考える力がある**。セラピストの専門家としての力量は、主に知識とスキルにある。セラピストはその知識とスキルを使って、クライアントがリソースを発達させ、非生産的なものの見方をリフレーミングし、意欲を高めて有効な行動を取ることができるようにする。
・**セラピーは診療室を出ても続くものだと考える**。この枠組みに従って、セラ

ピストはクライアントに次のセッションまでに行なう宿題を出す。宿題には、リソースにアクセスし、洞察を発達させ、変化させた思考法や行動の仕方を練習するために設計されたものを使う。なぜそうした宿題を出すのか？　診療室を出てからも、診療室で「話したこと」がライフスタイルとなるようにするためだ。

・**進歩を観察して判定することができる**。2回目以降のセッションでは、物事がどう変化し始めたか、クライアントが何を学び、どう活動したかなどについて質問することによって、クライアントに責任をもたせるようにする必要がある。これは、クライアントが能動的に治療に関わること、クライアントに意欲があること、クライアントが治療のプロセスを自分のものとしていることを前提としている。症状の度合いを数値（0〜10）で表わし、進歩をチェックすることによって、変化に対する信念と希望と期待を伝える。

セラピーを越えるものとしてのＮＬＰ

　ＮＬＰの出発点が、サティア、パールズ、エリクソンが治療に使っていたコミュニケーション法とプロセスのモデリングだったのは事実だが、ＮＬＰそのものはセラピーでもなければ、心理学ですらない。ＮＬＰはひとつのコミュニケーション・モデルである。人間の「心‐神経」的機能に関するモデルであり、何が働いているかを示すモデル、物事がどう働くかを示す地図作りである。したがって、心や精神の癒しやセラピーにおおいに適用されるのは当然だが、実際にはセラピーをはるかに凌ぐものである。ＮＬＰは、構造に焦点を絞ったメタ心理学モデルだ（Bandler and Grinder, 1975）。

スポーツ

　ＮＬＰが運動競技やスポーツの分野で重点的に焦点を絞るのは、主に**状態、および状態の管理**についてである。わたしは何年間か少年たちの体操チームでコーチを、少女たちのある競技チームで「メンタル」コーチを務めたことがある。コーチをしながら主に力を入れたのは、子供たちが「自分自身の脳を運営する」方法について学び、自分自身をもっとも運動に適した状態に置けるようになるよう、手助けすることだった。わたしはここで、子供たちがリソースに

満ちた状態とそうでない状態とを見きわめるのを手伝い、体がどうして心の支配を免れえないのかを学習するのを手伝った。

その際特によく用いたと思うのは、状態を管理するパターン（第6章）と適格な目標を立てるパターン（第3章）、アンカー（第3章）、戦略（第10章）だ。最後の戦略についていえば、いずれのスポーツにも（さらには各スポーツの達人ひとりひとりにさえ）それ独自の戦略がある。スキーにせよ、バスケットボール、水泳、競走、ボクシング、フットボールにせよ、それぞれにはそれぞれの戦略があるはずだ。

この分野でも、自己、能力、可能性、学習などに関する信念は重要な役割を果たし、その人の成績を支えたり制限したりする（第5章）。さらに、言葉の役割についても考えなくてはならない。わたしは優秀な体操選手たちとワークを共にし、彼らにインタヴューを行なったが、彼らは「体操選手」として考えるようになり、自分自身を「体操選手」と定義づけるようになっただけでなく、体操選手である自分をうまく言葉で表現することもできるようになった（第7章）。スポーツに関するＮＬＰについては、優れた書物が何冊かある。『スポーツマインド』、『チャンピオンの思考、チャンピオンの感覚』、『スポーツマインド・トレーニング・マニュアル』は、いずれもジェフリー・ホッジの書である(Hodges, 1999b, 1998, 1999a)。

健康

最近では、健康や医学、フィットネスなどの分野にＮＬＰがさかんに取り入れられている。神経言語モデルはホリスティックなモデルとして、心と身体と情動は結びついているという前提から始まっている。つまり、わたしたちが心の中で行なう自分とのやり取りの内容ややり方は、必然的に（不可避的に）身体や神経に影響を与えるということだ。

この分野では、対立する「パート」と取り組むパターン（第4章）が重要な役割を果たす。自分の中に内的な対立があれば、必ずその対立の代価を払うことになるだろうと予想がつく。復讐はその好例だ。わたしたちは否定的なメタ・ステート構造を創り出すと、それを使って**自分の心的エネルギーを自分自身にぶつける**ようになる。そのような「心に怪物がいる」状態（Hall, 2000a）の例としては、自己卑下、自分の怒りに対する怒り、恐れについての恐れ、誤り

を犯しやすいことの否認、きまり悪さに対する憎しみ、自分の恐れを腹立たしく思ったことへの罪責感、自分の恐れに罪責感を抱いたことへの軽蔑などがある。

　本書に挙げたパターンで健康に関係しているのは、以下のとおりである。

＃33：　恐怖症治療（映画を巻きもどす）
＃65：　アレルギー反応を取り除く
＃66：　悲嘆を消散させる
＃67：　未来の悲嘆に先手を打つ
＃68：　健康的な食事をする

　健康の分野では、アイデンティティの信念についてもチェックしたい（第5章）。心筋梗塞やがんなどにかかりやすい家系だからという理由で、自分を病気だと思い込んでいる人がたくさんいる。「心理的に」対処できる体験やプロセスに対して、それに制約を加えるような信念や心の地図を構築している人もいる。そうした自己規定をもち歩いていれば、治療に影響が出るのは必至である。

　言葉や言葉遣いについても、もし**自分自身のことをいう**のに、具合が悪いだの、病気だの、短命だの、健康に問題があるだのという言い方をすれば——わたしたちは自己達成的な予言をよくする——同じことである（第7章）。そこで、自分の言葉遣いによく耳を傾け、向上につながらないようなものがあれば問題にしなくてはならない。例えば、「彼女にはイライラする」「休日っていうと風邪を引くんだ」「彼といっしょの委員会に出るのは胃に悪いよ」「ああ、今夜は眠れないな。明日は、大事な契約が控えてるのに」など。

　健康と不健康には明らかに感情——感情との健全な関係と不健全な関係——が関わっている。したがって、心理状態に関する第6章のパターンはすべて重要だということになる。

　ＮＬＰとニューロ・セマンティックスは、健康と食事にも適用されている。『健康でスリムな人がしていること』（Hall, 2001c）、『ピートといっしょにスリムになろう』（Cohen and Verity, 1998）、『ピートといっしょにやり遂げよう』（Cohen and Verity, 1999）、『信念：健康と幸福への道』（Dilts, Hallbom and Smith, 1990）などの書籍がある。

人間関係

　人間関係に関するＮＬＰの文献は数多くある。この分野では、ＮＬＰのコミュニケーション関連はすべて――ラポール、ペース合わせ、代表システム、叙述語、アンカー、達成目標の枠組みなど（第3章）――きわめて重要な役割を果たす。ここでもまた、自分自身の状態を管理することによって、「自分をベストな状態にする」ことができる。そうすれば、人に会うのにも、リソースが不十分なときにではなく、「適切な場で」（リソースに満ちた状態で）会うことができる（第6章）。状態を管理するこうしたスキルやパターンを使えば、他者の中にもベストな状態を引き出すことができる。

　また、言葉は内面の考えや感情、価値観や信念、希望や夢を明らかにするため、他者との関係においては、その言葉のおかげで良好な人間関係を結ぶこともできれば、その言葉のせいで人間関係が苛立ちの種になることもある。良好な人間関係を結ぶには、理解し合うだけでなく、問題を適切に解決し、交渉もしながら、互いにうまくやっていく能力が必要になる。そして、気持ちを通わせ、親業を務め、絆を結び合い、支え合う等のためには、特定の具体的な戦略が必要になる（第10章）。

コーチング

　コーチングは1990年代に新しい分野として生まれた。人生や個人に関するコーチング、ビジネス・コーチング、経営者向けコーチングのほかにも、さまざまな下位分類のコーチングがある。セラピーとしてのＮＬＰについていえることのほとんどは、コーチングについてもいえることである。では、どこが違うのか？　違いはいくつかある。

　ＮＬＰはコーチングにとって理想的な位置につけている。コーチングが急激に取り上げられるようになると、コーチングに関するＮＬＰ関連書物が出てきた。『ＮＬＰというコーチ』（McDermott and Jago, 2001）、『コーチング・マニュアル』（Starr, 2003）、『コーチから覚醒させる人へ』（Dilts, 2003）、『コーチングの会話』（Hall and Duval, 2004）、『メタ・コーチング』（Hall and Duval, 2004）などである。

セラピー	コーチング
セラピストは指導的であり、リードする立場にいる	コーチは援助・促進者(ファシリテイター)である
セラピストは専門家である	クライアント自身が専門家である
問題に焦点を絞る	解決に焦点を絞る
苦痛を与える事柄や傷ついた人に働きかける	健康な人に働きかける
治療的：壊れたところや正しくないところを処置することに重点を置く	生成的：うまく働いていることを向上させる
セラピストがクライアントに対してパターンを使う	コーチはクライアントとの会話を促し、共同でパターンを実践する
セラピストがセラピーの管理をほぼ掌握している	クライアントが完全にコーチングの責任を負う

まとめ

　ＮＬＰは、人間の機能に関するモデルとして、非常に多くの分野に適用されている。主観的体験における卓越性のモデルとして、わたしたちがそうした主観的体験を効果的に理解し、それらに効果的に働きかけられるよう、ひとつの考え方（モデル）を提供している。

おわりに

　人間の卓越性のモデリングに革命が始まっている。そして、ここまで本書を読み進んでこられた読者の皆さんは、自分の性格や他者の性格、職場、愛する人々との関係に発生させるマジックであれ、娯楽のためのマジックであれ、**マジックのやり方にはほかならぬ構造がある**という考え方をすでにかなり理解されたはずだ。自分の夢と体験を管理するこの力をさらに成長させ拡大して、自分のなりたいマジシャンになり、心の中や日々の言葉遣いの中で自ら発生させている「呪文」をコントロールできるようになっていただきたいと思う。

　また、皆さんは、「マジック」として働く数多くのＮＬＰのパターンにすでにアクセスし、それらを体験しているはずだ。もしＮＬＰマジックの何かしらに心を動かされたのなら、それがどう働くかについても興味をもたれたのではないだろうか。すばらしいことだと思う。興味をもつことで、モデリングの基本的な方向づけが得られるからだ。それにもし、実はわたしたちはまだ、マジックの表面をかろうじて引っかいたか引っかかないかの段階にいるにすぎず、向こうには発見を待つマジックがたっぷり眠っているとしたら、モデリングのスキルを身につけた人が今よりもはるかに大勢必要になる。そんなわけで、声を大にするのである。

　マジックを起こしつづけよう！

付録

動詞「is」の役割について

　この動詞「is」の役割というのはなんだろう？　アルフレッド・コージブスキー（1933/1994）の警告によれば、**同一性の**「is」と**断定の**「is」は危険をはらんだふたつの言語学的・意味的構造を提起し、事実を裏切るような結論を地図に描くという。前者はアイデンティティ——どのように物事を特定しているか、何に自分を重ね合わせているか——に関わっている。後者は属性——知らず知らず自分の「こと」をどのように他者や物事に投影しているか——に関係がある。

　E−プライムおよびE−チョイス（E−プライムの修正版）を使えば、「is」のもつ言葉の罠にはまらずに済む。**E−プライム**とは、**English**-primed、すなわち、消極的な be 動詞（is, am, are, was, were, be, being, been）に関して、**好ましい性質を引き出すような処理を施した**（primed）英語のことだ。D・ディヴィッド・ブーランド・ジュニアがこれを考案し、ポール・デニソーン・ジョンストンとの共著『Be か否か：E−プライム・アンソロジー』（Bourland and Dennithorne, 1991）で、それについて書いている。

　「あらゆる点で同一」であるという意味の同一性は存在しないし、存在しえない。超顕微鏡的レベルでは、すべてが電子のダンスで構成されていて、常に動き、変化し、なんらかの状態になっている。何物も「同じ」ところに留まらないし、それ自体が同じものでありつづけることはない。静止しているもの、永遠なもの、不変なものはない。すべてのものが常に変化している。したがって、「is」を使うと、現実を誤って語り、誤って評価し、誤って地図に描くことになる。「彼女は怠け者だ（She is lazy...）」、「そんなの、ばかげてる（That is a stupid statement...）」という言い方は現実を誤って地図化している。コージブスキーは、不健全と狂気の原因は結局のところ同一化にあると主張した。

　断定の「is」は、自分の反応を世界に向けて主張する。「これはいける（This

is good)」、「その花は赤い（The flower *is* red）」、「あいつ、いかれてる！（He *is* stupid!）」が示す言語構造は、「そこに」あるものが「良さ」、「赤色」、「愚かさ」といった性質を含んでいることを暗示している。この「is」は、これらのものが**話し手の体験から独立して存在している**ことを暗示している。しかし、実際はそうではない。わたしたちが言葉で表現したものは、主に自分の内的体験や判断、価値観を語っている。もっと正確にいえば、「わたしは、これ、あるいはそれをいけると評価している」、「わたしには、その花は赤く見える」「わたしは、あいつは頭がいかれてると思う」となる。

「is」を使った発言はロジカル・レベルを迷わせて混乱させるので、わたしたちは知らない間に、そうした価値判断が自分の外側の世界に「客観的に」存在すると思ってしまう。これも間違っている。評価（いける、赤い、いかれてる）は、話し手の心の中にある定義や解釈として機能している。

be 動詞は危険なまでに「物事」（実際には、出来事やプロセス）が同じところに留まっていることを前提としている。わたしたちは be 動詞のせいで、固定化を表わす心的表象を創り、世界を固まったものとして設定し始め、「凍りついた宇宙」の中に住み始める。be 動詞はプロセスのダイナミックな性質を静的にコード化するので、例えば「生きていくのは楽じゃない（Life *is* tough.）」「ぼくは数学が全然だめだ（I *am* no good at math.）」などとなる。

こうした発言は決定的で絶対的な響きをもっている。例えば、「それは、そういうものなんだ（That's just the way it *is* !）」には、そんな響きがある。ブーランドは「is」、「am」、「are」などを「神の叙法」だといっている。なるほど、「実際、この作品にはいいところがひとつもない（The fact *is* that this work *is* no good!）」というような表現には、完全性、断固としたもの、時間に対する非依存というものが感じられる。しかし、地図と土地そのものとは別のものだと気づけば、これらの現象が別のロジカル・レベルにあることがわかる。E－プライム（もしくは、E－チョイス）を使うことによって、根拠のない権威主義的な発言に陥るのを減らすことができる。権威を振りかざしたような発言は、しまいには人の心を閉ざし、あるいは議論を呼ぶ。

現実を表現するのに使っている言語（地図）と現実（土地そのもの）とを混同すると、異なるものを同一化してしまう。そして、それが不健全の原因になる。「is」は、ありえない（There "is" no is.）。「is」は準拠になりえない。現実的なことを何ひとつ指し示していない。もっぱら人間の心が創り出した不合理な構築

物として機能する。これを使うと、意味的に誤った評価を下すことになる。

　逆に、E-プライムで書き、考え、話すことは「抽象化の自覚」を促進し、わたしたちは世界の地図を創りながら、それが現実の世界とどう異なっているかを認識するようになる。E-プライムを使って1人称の立場を取れば、これまでより明確かつ正確に考え、話せるようになる。これで受動態——「それがなされた（It was done.）」「ミスが犯された（Mistakes were made.）」——が減少し、話し手は発言に復帰して、発言のコンテクストを説明するようになる。E-プライムが抽象化の自覚を促進することで、わたしたちは言葉に指数をつけられるようになる。つまり、先週会った人＝「人先週」は、今目の前に立っている人＝「人今週」と、あらゆる面で同一というわけではないと認識するのである。わたしたちはこうした認識の力を借りて、重要で貴重な区別をつけていく。

　E-チョイスがE-プライスと異なるのは、E-チョイスでは以下の3種類の「is」を使うという点だ。

・存在の「is」　例：「会社はどこにありますか？（Where is your office?）」「エルム街7丁目です（It is on 7th. Street at Elm Avenue.）」
・助動詞の「is」　例：「彼は来週来ます（He is coming next week.）」
・名前の「is」　例：「お名前は？（What is your name?）」「マイケルです（It is Michael.）」「ボブです（My name is Bob.）」

　というわけで、わたしは本書を、前作までのように純然たるE-プライムではなく、E-チョイスで書いている。その結果、過去に使っていた回りくどい表現をいくらか回避することができた。

ＮＬＰ用語解説

アクセシング・キュー（Accessing Cues）：特定の考え方をするために、呼吸や姿勢、しぐさ、目の動きによって体を調整する方法。

アズ・イフ・フレーム（As-If Frame）：なんらかの出来事が起きたつもりになり、「まるで」それが起きた「かのように」考えること。障害のように見えるものを心の中で飛び越え、望ましい目標に到達することによって、創造的な問題解決を促進する〔訳注　「アズ・イフ」は、「まるで〜かのように」を意味する英語「as if」から〕。

アップタイム（Uptime）：注意や感覚が外の周辺環境に向いている状態で、感覚の伝達経路がすべて開いて敏感になっている。

アナログ（Analogue）：照明の減光スイッチのように、ある範囲内で連続的に変化すること。アナログの「サブモダリティ」は明るい状態から暗い状態へと変化するのに対し、デジタルの「サブモダリティ」はオンとオフの切り替えで機能する。例えば、あるイメージを実体験か分離体験のどちらかで見る、というのがデジタル。

アンカーする（Anchoring）：ある刺激や表象（外的であれ内的であれ）がひとつの反応と結びつき、その結果、その刺激や表象をきっかけにして同じ反応が発生するプロセス。アンカーは自然にも意図的に（アナログ・マーキングするように）も発生する。ＮＬＰのアンカーの概念は、古典的な条件づけであるパブロフの「刺激‐反応」反応に由来する。パブロフの研究では、音叉を刺激（アンカー）として使い、それをきっかけにして犬に唾液を生じさせた。

意識（Conscious）：現時点の気づき。7±2チャンクの情報に気づいている状態。

一般化（Generalization）：ある具体的な体験が同じ種類の体験全体を代表するようになるプロセス。3種類あるＮＬＰのモデリングのひとつ。

インストール（Installation）：新しい心的な戦略（やり方）を「心－身」に適用して、それが自動的に作動するようにするプロセス。アンカー、梃子(てこ)の原理、メタファー、たとえ話、リフレーミング、未来ペースなどを使って行なわれることが多い。

エコロジー（Ecology）：考えやスキルや反応と、それより大きな環境やシステムとの間の総体的な関係。内的なエコロジーは、その人と、思考、戦略、行動、能力、価値観、信念との間の総体的な関係をいう。あるシステムにおける構成要素が力学的にバランスを保っている状態。

価値観（Value）：特定のコンテクストで重要だと考えていること。意欲は価値観や判定基準から生まれ、価値観や判定基準は、評価から生まれる。

感覚に基づく描写（Sensory-Based Description）：五感や「視覚－聴覚－触運動覚」言語によって、直接観察し確認することができる情報で、評価に基づく描写とは異なり、経験的にテストすることができる。

感覚の鋭敏さ（Sensory Acuity）：外の世界や自分の感覚に気づくこと。これによって、世界から得る感覚的な情報をより細かく区別する。

眼球の動きによるアクセシング・キュー（Eye-Accessing Cues）：眼球が、視覚、聴覚、触運動覚によるそれぞれの思考（処理）を示す特定の方向へ動くこと。

キャリブレーション（Calibration）：前もって観察し調べておいた非言語的なシグナルを読むことによって、相手の心理状態に波長を合わせること。

キュー（Cues）：他者の主観的構造を知る手がかりとなる情報。眼球の動きによるアクセシング・キュー、叙述語、呼吸、姿勢、しぐさ、声質、声調などがある。

究極の状態(ジーニアス・ステート)（Genius）：集中しきって取り組んでいる状態をいう。この状態になると、世界も時間も自己さえもなくなり、自分のあらゆるリソースに充分にアクセスして、「完全に集中したフロー状態」でその取り組みにかかりきりになる（Hall, 2000b 参照）。

NLP用語解説

共感覚（Synesthesia）：ひとつの代表システム（RS）から別のRSへ自動的にリンクすること。V-Kの共感覚では、見て感じるが、ほんの一瞬の間も意識的にそれについて考えることはない。自動プログラム。

ゲシュタルト（Gestalt）：同類の感情に基づいて神経学的に結びついた記憶の集合体。

顕在化（Elicitation）：言葉、行動、しぐさなどの刺激によって、ある状態を引き起こすこと。非言語的シグナルを直接観察したり、メタ・モデルを使った質問をしたりして、情報を集める。

現実を描く地図（Map of Reality）：世界モデル。個々の頭の中に構築された世界を表わす、その人固有の表象。体験の抽象化によって描かれるもので、神経学的な地図と言語学的な地図、すなわちその人の内的表象（IR）からなる。

行動（Behavior）：わたしたちが行なうすべての活動。思考などミクロな活動から、外的な行為などマクロな活動まである。

巧弁パターン（Sleight of Mouth）：会話によって意味を変化させる数々のリフレーミング・パターン。まるで「手品」のように巧みに、聞き手が気づかないうちに「準拠枠」を移動させる。

心に怪物がいる状態（Dragon）：リソースを欠いた状態からのエネルギーが当人に対して攻撃的に流れているように見える状態を、メタ・ステート・モデルではドラゴン状態という。プライマリ・ステートで発生すると、きわめて強烈な状態、きわめて不適切な状態となる。メタ・ステートで発生すると、自分自身に対して否定的な「思考-感情」を向けるようになる（Hall, 2000a参照）。

サティア・カテゴリー（Satir Categories）：特有のコミュニケーションの取り方を示す体勢および言語の型で、率直に対応するタイプ、非難するタイプ、懐柔するタイプ、超合理的に対応するタイプ（コンピュータ）、気をそらせるタイプの5種類がある。家族療法のヴァージニア・サティアが開発した。

サブモダリティ（Sub-modality）：各代表システム（RS）の映画的特性、もし

くは特徴。内的表象の特質。思考を構成する最小単位。各ＲＳの性格〔訳注　原書では、一般意味論の言語形式のひとつであるハイフンを使い、sub-modality と表記している〕。

視覚（Visual）：見ること、心に描くこと。視覚の代表システム。

視覚化（Visualization）：心の中にイメージを描くプロセス。

実体験（Association）：心に描く体験の中に入り、そこから見、聞き、感じること。これと対をなすのが分離体験で、分離体験では、例えば、若い頃の自分を視覚的なイメージにして眺める。一般的に、分離体験は体験から感情を取り除く。実体験では、情報の体験に感情が伴う。

習得回路の備わった(ハード・ワイヤードの)（Hard Wired）：神経学に基づいた要因で、主に懐胎中に形成される神経系の連結装置が備わった状態。コンピュータの配線に似ている。

状況(コンテクスト)（Context）：出来事が発生して、コンテンツに意味を与える際の設定、枠組み、プロセス。

状態(ステート)（State）：「心－身－情動」のホリスティックな現象。ムード。心理状態。その人の内部で常に発生している神経的・身体的プロセスの総和。

省略（Deletion）：言葉や表象の点で、体験に欠けた部分があること。

触運動覚（Kinesthetic）：感じ、感触、皮膚の表面に感じる触覚、体内で感じる体の位置感覚。前庭器官が司る平衡感覚を含む。

叙述語（Predicates）：特定の代表システムを示す、感覚に基づいた言葉（視覚的叙述語、聴覚的叙述語、触運動覚的叙述語、特定できないもの）。ある事柄についての主張や断定を伝える。

叙法助動詞（Modal Operators）：その人が「作動する」ために使っている「叙法」を示すメタ・モデルの言語学的特徴。叙法には、必要、可能・不可能、希望などを表わすものがある。意欲を起こすために利用する叙述語（～できる、

〜できない、〜しなくてはならない等）のこと。

神経言語プログラミング（Neuro-Linguistic Programming）：卓越性の研究。体験の構築プロセス、主観的体験の構造を示すモデル。人間が、情報を処理しコード化し回収するために使っているさまざまな言語によって、まさに自らの神経の中に「考え-感じる」プログラムや行動するプログラムをどう組み込んでいくかを示すモデル。

信念（Beliefs）：因果関係、意味、自己、他者、行動、アイデンティティなどに関して、一般化にまで至った思考。意識的・無意識的を問わない。信念は世界に注意を向け、その中で自分がどう作動すべきかを解決しようとする。また、現実を理解し解釈する際の指針ともなる。信念は価値観と緊密に結びついている。ＮＬＰには信念を変えるパターンがいくつかある。

生理的（Physiological）：身体に関する。

世界モデル（Model of the World）：現実を描く地図。体験の抽象化によって世界を描いた、その人固有の表象。その人の活動原理の総和。

前提（Presuppositions）：コミュニケーションが成立するために当然のこととされる考えや仮定。ある主張を「前もって（pre）、上に（sup）、配置する（position）」こと。

戦略（Strategy）：目標を達成したり、ある体験を発生させたりするために、「思考-行動」を配列すること。直線的なＴＯＴＥモデルに整理できる主観性の構造。

代表システム（ＲＳ）（Representation System）：感覚システム（視覚、聴覚、触運動覚、嗅覚、味覚）を使って情報を内的にコード化する方法〔訳注 「表象システム」ともいう。こちらのほうが意味はよく表わすが、発音しにくい〕。

タイムライン（Time-line）：記憶や想像に関するイメージ、音、感覚をどう保存しているかを表わすメタファー。「時」の構造をコード化し処理する方法。

ダウンタイム（Downtime）：感覚的な気づきの状態ではなく、「鎮まった」心の中で思考や記憶や気づきを見、聞き、感じている状態。注意が内面に集中している軽いトランス状態。

知覚の第1ポジション（First Position）：自分自身の視点で世界を知覚するときの位置。実体験をする位置。3種類ある知覚のポジションのひとつ。

知覚の第3ポジション（Third Position）：観察者の視点で世界を知覚するときの位置。3種類ある知覚のポジションのひとつ。自分自身も相手も見える位置。

知覚の第2ポジション（Second Position）：相手の現実の捉え方に合わせ、相手の視点で世界を知覚するときの位置。

知覚のフィルタ（Perceptual Filters）：世界モデルを形成し彩色している、その人固有の考えや体験、信念、価値観、メタ・プログラム、決意、記憶、言語。

知覚のポジション（Perceptual Position）：その人の視点を示す5つのポジション。第1ポジションは、自分自身の目で見る実体験の視点。第2ポジションは、聞き手の視点。第3ポジションは、自分と相手以外のメタ・ポジションからの視点、すなわち中立的な観察者の視点。第4ポジションは、集団、システム、組織といった立場から見る「わたしたち」の視点。第5ポジションは、上記の4つのポジションを同時に体系的に取り入れた神の視点。

力をつける（Empowerment）：バイタリティ、エネルギー、新しい強力なリソースを加えるプロセス。神経学的レベルでの力がつき、習慣が変化する。

チャンキング（Chunking）：さまざまな段階やロジカル・レベルを上下して、認知を変化させること。チャンク・アップはあるレベルを上に移動することをいう（帰納する、帰納法）。これは抽象化を進める。チャンク・ダウンはあるレベルを下へ移動することをいう（演繹する、演繹法）。これは具体化を進める。

聴覚（Auditory）：耳で聞く感覚。基本的な代表システムのひとつ。

適格の条件（Well-Formedness Condition）：目標を具体化し、達成可能で検証可能なものにするときの判定基準。双方両得の解決法を協議するための強力なツール。

デジタル（Digital）：ふたつの状態が交互に入れ替わること。例えば、電気のスイッチが切れたり入ったりするような状態。「サブモダリティ」でいうと、フルカラーか白黒かというのがデジタル、「明」と「暗」の間を連続的に変化するのがアナログ。

等価の複合観念（Complex Equivalence）：ふたつの発言（例えば、「彼が時間どおりに来ない」と「彼はわたしを愛していない」）が同じことを意味しているとする言語学的特徴。

内的一致（Congruence）：内的表象が完全に連携して作動している状態。言動が一致し、非言語的なシグナルと発言が一致している状態。統一が取れ、健康で、内的な調和があり、対立のない状態。

内的表象（ＩＲ）（Internal Representations）：心の中で創造し保存している情報パターン。イメージ、音、感じ、におい、味が組み合わさったもの。

内的不一致（Incongruence）：パートどうしが対立して争っている状態。各パートは不安を感じていて、目標に完全に取り組むことができないため、不一致のメッセージやシグナルを出す。連携を欠き、言動が一致しない。

内　容（Content）〔コンテンツ〕：ある出来事の具体的な詳細。「何？」や「なぜ？」の答え。プロセスや構造と対をなす。

認識論（Epistemology）：わたしたちがある事柄をどうやって知るのかを研究する学問。ＮＬＰはひとつの認識論。

パート（Parts）：なんらかの重要な心理的体験（SEE, Significant Emotional Experience）によって創り出されたサブパーソナリティで、無意識な部分。意識部分と縁のない分離した機能をもち、独り歩きし始めている部分。内的不一致がある場合、個人内葛藤の原因となる。

表象：（Representation）思いつき、考え。感覚に基づいた情報や評価に基づいた情報が表出したもの。

必須多様性（Requisite Variety）：思考し、感情を表わし、話し、行動するときの柔軟性。行動の柔軟性に優れた人は、活動をコントロールできる。必須多様性の法則。

複数の序列に属する（Multi-ordinal）：ある言葉がそれ自体に言及でき、しかも意味をなす場合、その言葉は複数の序列に属している。一般的には、「愛を愛することができる we can love love.」「恐れを恐れることができる we can fear fear.」「怒りに怒りを感じることができる we can feel anger at anger.」というように、それ自体を指名したケースだけが再帰的になる。その言葉の意味は各レベルで異なっている。問題は、「どのレベルでこの言葉を使っているか？」だ（Korzybski, 1941/1994）。

不健全（Unsanity）：健全（土地そのものに充分適応している状態）と狂気（現実にまったく適応できていない状態）の間の不十分な適応段階を表わすために、コージブスキーが使った言葉。コージブスキーはこれを、「抽象化しようとする意識の欠如、同一化に起因する抽象化の順序の混乱であり……どんな人の中にもほぼ例外なく生じている」と定義している（Korzybski, 1933）。

不特定動詞（Unspecified Verbs）：副詞を省略した動詞。活動の具体的な詳細を省略している。

不特定名詞（Unspecified Nouns）：言及している人や事柄を具体的に特定しない名詞。

普遍的数量詞（Universal Quantifiers）：メタ・モデルにおける言語学的用語で、物事を「普遍性」（どれも、すべて、けっして～ない、まったく～ない等）でコード化する言葉を指す。例外を認めない区別の仕方。

分離体験（Dissociation）：体験「の中に」入らずに、外側から観察者の視点で体験を見たり聞いたりすること。これと対をなすのが実体験。

ペース合わせ（Pacing）：相手の言葉遣いや信念、価値観、現在の体験などに合致することを話すことによって、相手の世界モデルに加わり、相手とのラポールを築いて維持すること。ラポールを築くために、きわめて重要な作業。

マッチさせる（Matching）：相手がアウトプットしている様相（行動や言葉など）を取り入れて、ラポールを促進すること。

ミスマッチさせる（Mismatching）：相手と異なる行動を取って、ラポールを破ること。方向づけをやり直したり、会合や会話を中断もしくは終了させたりするために、メタ・プログラムとして行なう。

未来ペース（Future Pace）：ある出来事を、それが起きる前に心の中で練習（リハーサル）するプロセス。達成した目標を確実に永続させるために欠かせないプロセスで、たいていのNLPの介入がしばしば用いる重要なもの。

無意識（Unconscious）：意識的に気づいていないすべて。

名詞化（Nominalization）：メタ・モデルの言語学的特徴のひとつで、催眠術のようにトランス効果のある言葉遣い。（抽象）名詞に変化したプロセスや動詞、時間の中で凍りついて動かないプロセスをいう。

メタ（Meta）：〜より上に、〜を越えて、〜に関して、上位レベルの、上位のロジカル・レベルの、ということ。

メタ・ステート（Meta-States）：ひとつの状態に関する状態。上位のロジカル・レベルから、ある「心-身」状態（恐れ、怒り、喜び、学び）を別の「心-身」状態の上にもっていき、ゲシュタルト・ステート──メタ・ステート──を発生させること。マイケル・ホールが開発したモデル。

メタ・プログラム（Meta-Programs）：さまざまな刺激を整理し、それらに注意を払う心的・知覚的プログラム。注意を支配する知覚のフィルタ。「ニューロ・ソート」、メタ・プロセスともいう。

メタ・モデル（Meta-model）：歪曲、省略、一般化によってコミュニケーショ

ンの意味を曖昧にする言語パターンを特定するためのモデル。このモデルには11種類（もしくは12種類）の言語学的特徴があり、それらを使って具体的な質問をし、相手の使っている言語パターンを問題にすることによって、不正確な（不適格な）言葉を明確にし、それを感覚に基づいた体験と深層構造に結びつける。メタ・モデリングは相手をトランス状態から覚醒させる。1975年にリチャード・バンドラーとジョン・グリンダーによって開発されたモデルで、ＮＬＰにおける他のすべての発見の基盤となるもの。

目標（Outcome）：感覚に基づいた、具体的で望ましい結果。適格性の判定基準を満たすものでなくてはならない。

モデリング（Modeling）：他者がうまくやり遂げた活動や行動を観察して複製するプロセス。ある課題をやり遂げることを可能にした内的表象（ＩＲ）と行動の配列（シーケンス）を見きわめるプロセス。加速学習の基礎。

モデル（Model）：物事がどう働くかを表わしたもの。元のものを一般化したり、省略したり、歪曲したりしたもの。

優先システム（Preferred System）：体験について考えたり、体験を整理したりするとき、その人がもっともよく使う代表システム。

ラポール（Rapport）：相手と結びついているという感覚、友愛や信頼の感覚。ペース合わせ、ミラーリング、マッチングによって発生する。共感や知覚の第2ポジションの状態。

リソース（Resources）：目標を達成するために利用できるあらゆる媒体。生理、状態、思考、戦略、体験、人、出来事、富。

リソースに満ちた状態（Resourceful State）：リソースに満ちていると感じるときの総合的な神経的・身体的体験。

リードする（Leading）：ラポールを築いたあと、相手が従ってくるように自分自身の行動を変化させること。ハイレベルのラポールを問われる。

ＮＬＰ用語解説

リフレーミング（Reframing）：ある準拠枠を使って、これまでとは違って見えるようにすること。これまでとは異なる視点から出来事や考えを提示することによって、それに別の意味をもたせること。コンテンツのリフレーミング、コンテクストのリフレーミングがある。変化を起こすパターン。

ループ（Loops）：円、循環。ストーリーやメタファーや説明がそれ自体の最初に戻り、輪を描く（フィードバックする）状態。終わりのないストーリーは開いたループであり、結末のあるストーリーは閉じたループである。戦略がループを描くようになると、出口のない状態に陥って動きが取れなくなり、その戦略を終了できなくなる。

ロジカル・レベル（Logical Level）：上位レベル、下位レベルに関するレベル、下位レベルを動かし調整するメタ・レベルのこと。

歪曲（Distortion）：あることを、神経学的あるいは言語学的に不正確に表現するモデリングのプロセス。それによって制約が生じたり、リソースが発生したりする。

枠組み（Frame）：あることを知覚するときの状況（フレーム）、環境、メタ・レベル、方法（達成目標の枠組み、「アズ・イフ」・フレーム、バックトラック・フレームなど）。

ＴＯＴＥモデル（ＴＯＴＥ）：ジョージ・ミラーらが開発したフローチャート・モデル（Miller, Galanter and Pribram, 1960）で、反応が発生する連続的なプロセスを説明したもの。「テスト（Test）－作業（Operate）－テスト（Test）－終了（Exit）」という段階を示すこのモデルは、行動主義の「刺激（Stimulus）－反応（Response）」モデルを更新したものである。ＮＬＰは、これに代表システム（ＲＳ）を加えてさらに更新した。

ＶＡＫ：視覚（Visual）、聴覚（Auditory）、触運動覚（Kinesthetic）の、各代表システムの略記。最後の触運動覚（K）は、におい（嗅覚）と味（味覚）を含む。

参考文献

全般的なＮＬＰの文献

Andreas, Connirae and Andreas, Steve, 1987, *Change Your Mind — and Keep the Change : Advanced NLP Submodalities Interventions*, Real People Press, Moab, UT. コニリー・アンドレアス＆スティーヴ・アンドレアス『こころを変えるＮＬＰ』, 春秋社, 2007.

Andreas, Connirae and Andreas, Steve, 1989, *Heart of the Mind*, Real People Press, Moab, UT. コニリー・アンドレアス＆スティーヴ・アンドレアス『心の扉をひらく：神経言語プログラミング実践事例集』, 東京図書, 1995.

Bandler, Richard, 1985a, *Magic in Action*, Real People Press, Moab, UT.

Bandler, Richard, 1985b, *Using Your Brain for a Change : Neuro-Linguistic Programming*, Real People Press, Moab, UT. リチャード・バンドラー『神経言語プログラミング：頭脳をつかえば自分も変わる』, 東京図書, 1986.

Bandler, Richard and Grinder, John, 1975, *The Structure of Magic, Volume Ⅰ: A Book About Language and Therapy*, Science & Behavior Books, Palo Alto, CA. リチャード・バンドラー＆ジョン・グリンダー『魔術の構造』, 亀田ブックサービス, 2000 (『人間コミュニケーションの意味論Ⅰ』改題)

Bandler, Richard and Grinder, John, 1976, *The Structure of Magic, Volume Ⅱ*, Science & Behavior Books, Palo Alto, CA. リチャード・バンドラー＆ジョン・グリンダー『魔術の構造』, 亀田ブックサービス, 2000 (『人間コミュニケーションの意味論Ⅱ』改題)

Bandler, Richard and Grinder, John, 1979, *Frogs into Princes : Neuro-Linguistic Programming*, Real People Press, Moab, UT. リチャード・バンドラー＆ジョン・グリンダー『あなたを変える神経言語プログラミング』, 東京図書, 1997 (『王子さまになったカエル』改題)

Bandler, Richard and Grinder, John, 1982, *Reframing : Neuro-Linguistic Programming and the Transformation of Meaning*, Real People Press, Moab, UT. リチャード・バンドラー＆ジョン・グリンダー『リフレーミング』, 星和書店, 1988.

Bandler, Richard and MacDonald, Will, 1988, *An Insider's Guide to Submodalities*, Meta Publications, Cupertino, CA.

Bodenhamer, Bob G. and Hall, L. Michael, 1997a, *21st Century Neuro-Linguistic Programming : An Exhaustive NLP Practitioner Manual for the New Millennial*, E.T. Publications, Clifton, CO.

Bodenhamer, Bob G. and Hall, L. Michael, 1999, *The User's Manual for the Brain : The Complete Manual for Neuro-Linguistic Programming Practitioner Certification*, Crown House Publishing, Wales, UK.

Bodenhamer, Bob G. and Hall, L. Michael, 2003, *The User's Manual for the Brain Volume Ⅱ:*

参考文献

Mastering Systemic NLP, Crown House Publishing, Wales, UK.

Cooper, John F., 1995, *A Primer of Brief Psychotherapy*, W. W. Norton, New York, NY.

Dilts, Robert B., 1983a, *Applications of Neuro-Linguistic Programming*, Meta Publications, Cupertino, CA.

Dilts, Robert B., 1983b, *Roots of Neuro-Linguistic Programming*, Meta Publications, Cupertino, CA.

Dilts, Robert B., 1990, *Changing Belief Systems With NLP*, Meta Publications, Cupertino, CA.

Dilts, Robert B.; Grinder, John; Bandler, Richard and DeLozier, Judith, 1980, *Neuro-Linguistic Programming, Volume I : The Study of the Structure of Subjective Experience*, Meta Publications, Cupertino, CA.

Grinder, John and DeLozier, Judith, 1987, *Turtles All The Way Down : Prerequisites to Personal Genius*, Grinder & Associates, Scotts Valley, CA.

Hall, L. Michael, 1996a, *Becoming More Ferocious as a Presenter*, Neuro-Semantic Publications, Clifton, CO.

Hall, L. Michael, 1999, *NLP : Going Meta-Advanced Modeling Using Meta-Levels*, Neuro-Semantic Publications, Clifton, CO.

Hall, L. Michael, 2000b, *Meta-States : Reflexivity in Human States of Consciousness*, Second Edition, Neuro-Semantic Publications, Clifton, CO.

Hall, L. Michael, 2000d, *The Spirit of NLP : The Process, Meaning and Criteria for Mastering NLP*, Revised Edition, Crown House Publishing, Wales, UK.

Hall, L. Michael, 2001a, *Communication Magic : Exploring the Structure and Meaning of Language*, Crown House Publishing, Wales, UK.

Lewis, Byron A. and Pucelik, R. Frank, 1982, *Magic Demystified : A Pragmatic Guide to Communication and Change*, Metamorphous Press, Inc., Portland, OR.

McClendon, Terrance L., 1989, *The Wild Days : NLP 1972-1981*, Meta Publications, Cupertino, CA.

McDermott, Ian and Jago, Wendy, 2001, *The NLP Coach : A Comprehensive Guide to Personal Well-Being and Professional Success*, Piatkus Books, London, UK.

Merlevede, Patrick E.; Bridoux, Denis and Vandamme, Rudy, 2001, *7 Steps to Emotional Intelligence*, Crown House Publishing, Wales, UK.

O'Connor, Joseph and Seymour, John, 1990, *Introducing Neuro-Linguistic Programming : The New Psychology of Personal Excellence*, Aquarian Press, Wellingborough, UK. ジョセフ・オコナー&ジョン・セイモア『ＮＬＰのすすめ』, チーム医療, 1994.

Rooney, Gene and Savage, John S., 1989, *Neurological Sorts and Belief Systems*, L.E.A.D. Consultants, Inc., Reynoldsburg, OH.

Spitzer, Robert S., 1992, "Virginia Satir and Origins of NLP," *Anchor Point Journal*, July, 1992.

Wright, Clifford, 1989, *Basic Techniques, Book I & II*, Introductory Level NLP Workshop, Metamorphous Press.

Yeager, Joseph, 1985, *Thinking About Thinking with NLP*, Meta Publications, Cupertino, CA.

ＮＬＰセラピーの文献

Andreas, Connirae and Andreas, Steve, 1991, *Core Transformation*, Real People Press, Moab, UT.

Andreas, Connirae and Andreas, Tamara, 1994, *Core Transformation : Reaching the Wellspring Within*, Real People Press, Moab, UT. コニリー・アンドレアス＆タマラ・アンドレアス『コア・トランスフォーメーション』,春秋社, 2004.

Bandler, Richard, 1985a, *Magic in Action*, Real People Press, Moab, UT.

Bandler, Richard and Grinder, John, 1975, 1976, *Patterns of the Hypnotic Techniques of Milton H. Erickson, MD Volume I and II*, Meta Publications, Cupertino, CA. リチャード・バンドラー＆ジョン・グリンダー『ミルトン・エリクソンの催眠テクニックⅠ＆Ⅱ』,春秋社, 2012.

Bandler, Richard and Grinder, John, 1982, *Reframing : Neuro-Linguistic Programming and the Transformation of Meaning*, Real People Press, Moab, UT. リチャード・バンドラー＆ジョン・グリンダー『リフレーミング』,星和書店, 1988.

Bodenhamer, Bob G. and Hall, L. Michael, 1997b, *Time-Lining : Patterns for Adventuring in Time*, Crown House Publishing, Wales, UK.

Bolstad, Richard, 2002, *RESOLVE : A New Model of Therapy*, Crown House Publishing, Wales, UK リチャード・ボルスタッド『RESOLVE　自分を変える最新心理テクニック』,春秋社, 2003.

Burton, John, 2003, *States of Equilibrium*, Crown House Publishing, Wales, UK.

Flaro, Floyd Meanding, 1989, *Cognitive Ability Patterning for Success for Learning*, Learning Strategies Groups, Inc., Emonton, Alberta.

Gordon, David, 1978, *Therapeutic Metaphors : Helping Others Through the Looking Glass*, Meta Publications, Cupertino, CA. デイヴィッド・ゴードン『ＮＬＰ メタファーの技法』,実務教育出版, 2014.

Hall, L. Michael, 2000a, *Dragon Slaying : Dragons to Princes*, Second Edition, Neuro-Semantic Publications, Clifton, CO.

Hall, L. Michael and Bodenhamer, Bob G., 1997a, *Adventures with Time Lines*, Meta Publications, Cupertino, CA.

Hall, L. Michael and Bodenhamer, Bob G., 1997b, *Figuring Out People : Design Engineering with Meta-Programs*, Crown House Publishing, Wales, UK.

Hall, L. Michael and Bodenhamer, Bob G., 1997c, *Patterns for Renewing the Mind : Christian Communicating & Counselling Using NLP*, Anglo American Book Company, Wales, UK.

Hall, L. Michael; Bodenhamer, Bob G.; Bolstad, Richard and Hamblett, Margot, 2001, *The Structure of Personality : Modeling "Personality" Using NLP and Neuro-Semantics*, Crown House Publishing, Wales, UK.

James, Tad and Woodsmall, Wyatt, 1988, *Time Line Therapy and the Basis of Personality*, Meta Publications, Cupertino, CA. タッド・ジェイムズ&ワイアット・ウッドスモール『NLPタイムライン・セラピー』, ヴォイス, 2007.

Woodsmall, Wyatt, 1988b, *Lifeline Therapy*, Advance Behavioral Modeling, Arlington, VA.

ビジネスのためのNLP

Bagley, Dan, 1988, *Beyond Selling*, Meta Publications, Capitola, CA.

Bandler, Richard and La Valle, John, 1996, *Persuasion Engineering : Sales and Business, Language and Behavior*, Meta Publications, Capitola, CA.

Charvet, Shelle Rose, 1997, *Words That Change Minds : Mastering the Language of Influence*, Kendall/Hunt Publishing Company. シェリー・ローズ・シャーベイ『「影響言語」で人を動かす』, 実務教育出版, 2010.

Cleveland, Bernard F., 1987, *Master Teaching Techniques : NLP*, Connecting Link Press, Stone Mountain, GA.

Dilts, Robert B., 1993, *Skills for the Future : Managing Creativity and Innovation*, Meta Publications, Capitola, CA. ロバート・ディルツ『天才達のNLP戦略』, ヴォイス, 2008.

Dilts, Robert B., 1994/1995, *Strategies of Genius, Volumes I, II & III*, Meta Publications, Capitola, CA.

Dilts, Robert B., 1995, NLP, Self Organization and Strategies of Change Management, *Anchor Point Associates*, Vol. 10, Salt Lake City, UT, pp. 3-10.

Dilts, Robert B., 1996, *Visionary Leadership Skills*, Meta Publications, Capitola, CA.

Dilts, Robert B., Epstein, Todd and Dilts, Robert W., 1991, *Tools for Dreamers : Strategies for Creativity and the Structure of Innovation*, Meta Publications, Capitola, CA.

Grinder, John and McMaster, Michael, 1983, Precision : *A New Approach to Communication*, Grinder, Delozier & Associates, Scotts Valley, CA.

Hall, L. Michael, 2002, *Games Business Experts Play : Winning at the Games of Business*, Crown House Publishing, Wales, UK.

Hall, L. Michael and Bodenhamer, Bob G., 2002, *Mind-Lines : Lines for Changing Minds*, Fourth Edition, Neuro-Semantic Publications, Clifton, CO. L・マイケル・ホール&ボビー・G・ボーデンハマー『NLPフレーム・チェンジ』, 春秋社, 2009.

Jacobson, Sid, 1997, *Solution States : A Course in Solving Problems in Business with the Power of NLP*, Crown House Publishing, Wales, UK.

Knight, Sue, 1995, NLP at Work : *The Difference That Makes a Difference in Business*, Nicholas Brealey Publishing Ltd, London.

Laborde, Genie Z., 1984, *Influencing with Integrity*, Crown House Publishing, Wales, UK.

Lisnek, Paul M., 1996, *Winning the Mind Game : Negotiating in Business and Life*, Meta Publications, Capitola, CA.

McMaster, Michael, 1994, *Performance Management : Business Techniques That Guarantee Successful Business Systems*, Metamorphous, Portland, OR.

Robbins, Anthony, 1986, *Unlimited Power : The New Science of Personal Achievement*, Simon and Schuster, New York, NY.

Robbins, Anthony, 1991, *Awaken The Giant Within*, Simon & Schuster, New York, NY.

Woodsmall, Wyatt, 1988a, *Business Applications of NLP*, Advance Behavioral Modeling, Vienna, VA.

Woodsmall, Marilyne and Woodsmall, Wyatt, 1999, *People Pattern Power : P3 : The Nine Keys to Business Success*, Next Step Press, Great Falls, VA.

Zarro, Richard and Blum, Peter, 1989, *The Phone Book : Breakthrough Neuro-Linguistic Phone Skills for Profit and Enlightenment*, Metamorphous, Portland, OR.

教育のためのＮＬＰ

Jacobson, Sid, 1983, 1986, *Meta-cation : Prescriptions for Some Ailing Educational Processes, Volumes Ⅰ, Ⅱ, & Ⅲ*, Meta Publications, Cupertino, CA.

Lloyd, Linda, 1990, *Classroom Magic : Amazing Technology for Teachers and Home Schoolers*. Portland, OR : Metamorphous.

Nagel, C. Van; Reese, Maryann; Reese, Edward and Siudzinski, Robert, 1985, *Mega-teaching and Learning*, Metamorphous, Portland, OR.

O'Connor, Joseph, 1989, *Not Pulling Strings*, Metamorphous, Portland, OR.

その他の参考文献

Assagioli, Roberto, 1965, *Psychosynthesis : A Manual of Principles and Techniques*, Penguin Books, New York, NY. ロベルト・アサジョーリ『サイコシンセシス―統合的な人間観と実践のマニュアル』, 誠信書房, 1997.

Assagioli, Roberto, 1973, *The Act of Will*, Penguin Books, New York, NY. ロベルト・アサジョーリ『意志のはたらき』, 誠信書房, 1989.

Bandler, Richard and MacDonald, Will, 1988, *An Insider's Guide to Submodalities*, Meta Publications, Cupertino, CA.

Bateson, Gregory, 1972, *Steps to an Ecology of Mind*, Ballatine, New York, NY. グレゴリー・ベイトソン『精神の生態学』改訂第2版, 新思索社, 2000.

Bateson, Gregory 1979, *Mind and Nature : A Necessary Unity*, Bantam, New York, NY. グレゴリー・ベイトソン『精神と自然―生きた世界の認識論』改訂第2版, 新思索社, 2001.

Beck, A. T., 1963, Thinking and depression : I. Idiosyncratic content and cognitive distortions. *Archives of General Psychiatry*, 9, 342-333.

Beck, A. T., 1976, *Cognitive Therapy and the Emotional Disorders*, International University Press, New York, NY.

参考文献

Bolstad, Richard and Hamblett, Margot, 1998, *Transforming Communication*, Longman, Auckland.

Bourland, David D. Jr. and Johnston, Paul Dennithorne, 1991, *To Be or Not : An E-Prime Anthology*, International Society for General Semantics, San Francisco, CA.

Bourland, David. D. Jr., Johnston, Paul Dennithorne and Klein, Jeremy, 1994, *More E-Prime : To Be or Not II*, International Society for General Semantics, Concord, CA.

Cade, Brian and O'Hanlon, William Hudson, 1993, *A Brief Guide to Brief Therapy*, W.W. Norton, New York, NY.

Chamberlaine, Sally and Prince, Jan, 1992, *From the Inside Out : Building a Healthy Identity*, self-published, Boulder, CO.

Chomsky, Noam, 1957, *Syntactic Structures*, Mouton Publishers, The Hague.

Cohen, Peter and Verity, Judith, 1998, *Slimming With Pete : Taking the Weight Off Body and Mind*, Lighten Up.

Cohen, Peter and Verity, Judith, 1999, *Doing It With Pete : The Lighten Up Slimming Funbook*, Lighten Up.

de Shazer, Steve, 1988, *Clues : Investigating Solutions in Brief Therapy*, W. W. Norton, New York, NY.

de Shazer, Steve, 1991, *Putting Difference to Work*, W. W. Norton, New York, NY.

de Shazer, Steve, 1994, *Words Were Originally Magic*, W. W. Norton, New York, NY.

Dilts, Robert B., 2003, *From Coach to Awakener*, Meta Publications, Capitola, CA. ロバート・ディルツ『ＮＬＰコーチング』, ヴォイス, 2006.

Dilts, Robert; Hallbom, Tim and Smith, Suzi, 1990, *Beliefs : Pathways to Health and Wellbeing*, Metamorphous Press, Portland, OR.

Ellis, Albert, 1962, *Reason and Emotion in Psychotherapy*, Lyle Stuart, New York, NY. アルバート・エリス『理性感情行動療法』, 金子書房, 1999.

Ellis, Albert, 1971, *Growth Through Reason : Verbatim Cases in Rational-Emotive Psychotherapy*. Science & Behavior Books, Palo Alto, CA.

Ellis, Albert, 1973, *Humanistic Psychotherapy : The Rational-Emotive Approach*, Julian Press, New York, NY. アルバート・エリス『人間性主義心理療法』, サイエンス社, 1995.

Ellis, Albert, 1986, *How to Live with A Neurotic*, HarperCollins, New York, NY. アルバート・エリス『神経症者とつきあうには　家庭・学校・職場における論理療法』, 川島書店, 1984.

Ellis, Albert and Harper, Robert A., 1976, *A New Guide to Rational Living*, Prentice-Hall, Inc., Englewood Cliffs, NJ.

Fauconnier, Gilles, 1985, *Mental Spaces : Aspects of Meaning Construction in Natural Language*, Cambridge University Press, MA. ジル・フォコニエ『メンタルスペース』, 白水社, 1996.

Furman, Ben and Ahola, Tapani, 1992, *Solution Talk : Hosting Therapeutic Conversations*, W.

W. Norton, New York, NY.
Gardner, Howard, 1983, *Frames of Mind* : The Theory of Multiple Intelligences, Basic Books, New York, NY.
Gardner, Howard, 1991, *The Unschooled Mind : How Children Think and How School Should Teach*, HarperCollins, New York, NY.
Gardner, Howard, 1993, *Multiple Intelligences : The Theory in Practice*, Basic Books, New York, NY. ハワード・ガードナー『多元的知能の世界— MI 理論の活用と可能性』, 日本文教出版, 2003.
Garfield, Sol L. and Bergin, Allen E., 1987, *Handbook of Psychotherapy and Behavior Change : An Empirical Analysis*, John Wiley & Sons, New York, NY.
Grinder, Michael, 1989; *Righting the Educational Conveyor Belt*, Metamorphous Press, Portland, OR.
Hall, L. Michael, 1996b, *Languaging : The Psycho-Linguistics of Psychotherapy*, Neuro-Semantic Publications, Clifton, CO.
Hall, L. Michael, 2000c, *Secrets of Personal Mastery : Advanced Techniques for Accessing Your Higher Levels of Consciousness*, Crown House Publishing, Wales, UK.
Hall, L. Michael, 2001b, *Frame Games : Persuasion Excellence*, Neuro-Semantic Publications, Clifton, CO.
Hall, L. Michael, 2001c, *Games Fit and Slim People Play : Winning the Game of Being Slim and Fit*, Neuro-Semantic Publications, Clifton, CO.
Hall, L. Michael, 2003a, *MovieMind : Directing Your Mental Cinemas*, Neuro-Semantic Publications, Clifton, CO.
Hall, L. Michael, 2003b, *The Matrix Model : The 7 Matrices of Neuro-Semantics*, Second Edition, Neuro-Semantic Publications, Clifton, CO.
Hall, L. Michael, 2004, *Games Great Lovers Play : Mastering the Game of Love*, Neuro-Semantic Publications, Clifton, CO.
Hall, L. Michael and Bodenhamer, Bob G., 1999, *The Structure of Excellence : Unmasking The Meta-Levels of "Sub-modalities,"* Neuro-Semantic Publications, Clifton, CO.
Hall, L. Michael and Bodenhamer, Bob G., 2001, *Games for Mastering Fear : How to Play the Game of Life with a Calm Confidence*, Neuro-Semantic Publications, Clifton, CO.
Hall, L. Michael and Duval, Michelle, 2004, *Coaching Conversations*, Neuro-Semantic Publications, Clifton, CO.
Hall, L. Michael and Duval, Michelle, 2004, *Meta-Coaching : Coaching Change, Volume 1*, Neuro-Semantic Publications, Clifton, CO. L・マイケル・ホール&ミシェル・デュヴァル『メタ・コーチング』, ヴォイス, 2010.
Hall, Michael L. and Lederer, Debra, 1999, *Instant Relaxation : How to Reduce Stress at Work, at Home and in Your Daily Life*, Crown House Publishing, Wales, UK.
Harris, Randy Allen, 1993, *The Linguistic Wars*, Oxford University Press, New York.

参考文献

Hodges, Jeffrey, 1998, *Champion Thoughts, Champion Feelings : Use the Strategies of Champions to be More Successful in Your Life*, Sportsmind Institute, Flaxton, Australia.

Hodges, Jeffrey, 1999a, *Sportsmind Training Manual : A Six Week Guide to Improved Sports Performance*, Sportsmind Institute, Flaxton, Australia.

Hodges, Jeffrey, 1999b, *Sportsmind : An Athlete's Guide to Superformance Through Mental & Emotional Training*, Sportsmind Institute, Flaxton, Australia.

Johnson, Lynn D., 1996, *Psychotherapy in the Age of Accountability*, W. W. Norton, New York, NY.

Korzybski, Alfred, 1941/1994, *Science and Sanity : An Introduction to non-Aristotelian Systems and General Semantics*, 5th. edition, International Non-Aristotelian Library Publishing Co., Lakeville, CN.

Lakoff, George and Johnson, Mark, 1980, *Metaphors By Which We Live*, University of Chicago Press, Chicago.

Lakoff, George, 1987, *Women, Fire, and Dangerous Things : What Categories Reveal About The Mind*, University of Chicago Press, Chicago, IL. ジョージ・レイコフ『認知意味論』, 紀伊國屋書店, 2016.

Langacker, Ronald, 1987, *Foundations of Cognitive Grammar, Vol. I*, Stanford University Press, Stanford, CA.

Langacker, Ronald, 1991a, *Foundations of Cognitive Grammar, Vol. II*, Stanford University Press, Stanford, CA.

Langacker, Ronald, 1991b, *Concept, Image and Symbol : The Cognitive Basis of Grammar*, Mouton de Gruyter, New York, NY.

Macnab, Francis, 1993, *Brief Psychotherapy : CMT : An Integrative Approach to Clinical Practice*, John Wiley & Sons, New York, NY.

Miller, George, 1956, The magical number seven, plus or minus two : Some limits on our capacity to process information, *Psychological Review*, 63, 81-97.

Miller, George A.; Galanter, Eugene and Pribram, Karl H., 1960, *Plans and the Structure of Behavior*, Holt, Rinehart and Winston Co., New York.

Selekman, Matthew D., 1993, *Pathways to Change : Brief Therapy Solutions with Difficult Adolescents*, Guilford Press, New York, NY.

Starr, Julie, 2003, *The Coaching Manual : The Definitive Guide to the Process, Principles, and Skills of Personal Coaching*, Prentice Hall Business, Pearson Education, London, UK.

Vailhinger, A., 1924, *The Philosophy of "As If" : A System of the Theoretical, Practical and Religious Fictions of Mankind*, translated by C.K. Ogden, Harcourt, Brace and Co., New York, NY.

Walter, John L. and Peller, Jane E., 1992, *Becoming Solution-focused in Brief Therapy*, Brunner/Mazel Publishers, New York, NY.

監訳者あとがき

　本書は、The Sourcebook of Magic: A Comprehensive Guide to NLP Change Patterns　第2版の全訳です。
　マイケル・ホールがメタ・ステート・モデルを考え出してニューロ・セマンティックスを唱えてから10年が経ちます。このモデルを学んだ人々からの質問やフィードバックを基に、ＮＬＰ自身がそうであるように、ニューロ・セマンティックスも次々と発展を遂げ、いまも変化を続けています。本書はこのニューロ・セマンティックスの立場から書かれていますが、内容をご覧になればおわかりのように、ＮＬＰを産み出した背景であるアルフレッド・コージブスキーやグレゴリー・ベイトソンの所説に始まって、ＮＬＰの初期の基本から解き明かしています。77に及ぶＮＬＰのパターンはＮＬＰを学んだ人には誠に楽しい復習の材料であるし、これから学ぼうとする人たちの絶好の入門の手引きにもなるでしょう。
　現に私は名前はよく知っていましたが実際に試したことはなかった「＃41　ゴディバ・チョコレートを使う」というパターンを、患者さんに応用して本当にマジックのような効果を挙げました。彼は普通に仕事に行きたいのだけれど、つい酒を飲み過ぎたり、大食いをしたり、薬を飲み過ぎたりしてしまい、結果として欠勤していました。こんなケースにはもってこいのパターンでした。77のパターンのなかにはＮＬＰの創始者やロバート・ディルツやアンドレアス夫妻などＮＬＰのリーダーたちの創作によるものばかりでなく、少なくとも私にとってはなじみの少ないアサジオリとかマラリー・プラットなどの名前が散見されるのも嬉しいことです。またメタ・プログラムの完全な収載も日本では本書が初めてのことで大いに参考にして頂けると思います。
　さて誕生から30年経ったＮＬＰの欧米での現状はどのようなものでしょうか。マイケル・ホールによればアメリカのＮＬＰのトレーニングセンターもかなり苦戦を強いられているようです。私が心配するのは、ＮＬＰを創造してきたリーダーたちの間で意見の相違が目立ち、お互いを理解しようとする空気が希薄になってきているという状況です。ただ、ジョン・グリンダーのモデリングに関する見解にロバート・ディルツが賛成し、それをマイケル・ホールがメーリングリストに掲載したり、積極的な動きがあることも確かです。一方、日

監訳者あとがき

本でのNLPはどうでしょうか。大小のさまざまなセミナーが大都市ばかりではなく全国各地で開かれるようになってきています。プラクティショナー（NLPを実践する人）の数はこれから爆発的に増える可能性を秘めています。そうなったとき欧米の轍を踏まないためには何が必要でしょうか。第一にプラクティショナーがNLPを自分自身に応用することです。具体的には、日常生活で外界とのラポールを完全に保ちながら自己の内的な不一致を常に解消して統合していくことです。第二にNLPを我々共通の財産として育てようという強い意識をもつことです。

先年来日したジョン・グリンダーがセミナーで言及していましたように、アメリカで産み出されたクオリティ・コントロールという手法が1960年頃から日本的品質管理として実を結び、もの作りの現場で大きな成果を挙げ、アメリカに逆輸出されたことは有名です。それと同じようにNLPが日本の精神的風土のなかで日本語によって広まり、それが文化にまで発展することができれば、それはいつの日か世界に向かって輸出される精神的文化（マイケル・ホールにもニューロセマンティック・カルチャーという考えかたがあります）になるかも知れません。本書の訳出がそのための一助になれば幸いです。

最後にこのような大部の原書をエネルギッシュに翻訳された浅田仁子さんに心から敬意を表します。また春秋社編集部の永田透さんには大変お世話になりました。厚くお礼を申し上げます。

橋本敦生

❖ 著者・訳者紹介

L・マイケル・ホール博士

　ホール博士はオハイオ州コネチカットのユニオン・インスティチュート大学で認知行動心理学の博士号を取得。1996年、ビジネス・パートナーのボブ・ボーデンハマー博士と共にインターナショナル・ソサエティ・オブ・ニューロ・セマンティックスを創始し、現在その事務局長である。ニューロ・セマンティックス（神経意味論）は認知科学の最先端を行く分野であり、我々がどのように意味を創り出して自分の内面に取り込むかを探り、その意味がどのようにして神経を左右し運営するかを研究している。

　博士は長く心理療法に取り組んだのちにコミュニケーション・トレーニングに携わったことでNLPと出会い、NLPの共同開発者リチャード・バンドラーと共に仕事をすることになる。その後、自らが発見したメタ・ステートを使って数多くのパターンを創り出し、実践に活用している。博士はトレーニング指導で海外に出張するとき以外は、ロッキー山脈の大自然の中で暮らしているが、メタ・アナリストとして、複数のビジネスを動かす企業家としても活躍中で、著書も文化、言語学、政治、ビジネスなど多岐にわたって数多く発表している。

　邦訳書に『NLPフレーム・チェンジ』（春秋社）などがある。

橋本敦生（はしもと・あつお）

1930年生まれ。横浜市立大学医学部卒。74年より湘南内科医院院長。内科医および心療内科医としてプライマリ・ケア、心身医療に励んでいる。著書に『用と遊ぶ』（日本医事新報社）、訳書にオコナー＆セイモア『NLPのすすめ』（チーム医療）、監訳書に『EFTマニュアル』『RESOLVE 自分を変える最新心理テクニック』『医療・看護・ケアスタッフのための実践NLPセルフ・コーチング』（春秋社）がある。

　連絡先：湘南内科医院（046-822-1034）

浅田仁子（あさだ・きみこ）

静岡県生まれ。お茶の水女子大学文教育学部文学科卒。社団法人日本海運集会所勤務、BABEL UNIVERSITY講師を経て、英日、仏日の翻訳者に。訳書に『サーノ博士のヒーリング・バックペイン』『RESOLVE』『タッピング入門』（春秋社）『マッサージ・バイブル』（創元社）、『山刀で切り裂かれて』（アスコム）、『パクス・ガイアへの道』（日本教文社）などがある。

THE SOURCEBOOK OF MAGIC: A Comprehensive Guide to NLP Change Patterns, second edtion by L Michael Hall with Barbara P Belnap

Copyright © L Michael Hall and Barbara P Belnap 2004
This translation of The Sourcebook of Magic: A Comprehensive Guide to NLP Change Patterns, second edition is published by arrangement with Crown House Publishing Limited through Tuttle-Mori Agency, Inc., Tokyo

ＮＬＰハンドブック──神経言語プログラミングの基本と応用

2006年4月20日　第1刷発行
2018年4月20日　第8刷発行

著者　　Ｌ・マイケル・ホール
監訳　　橋本敦生
訳者　　浅田仁子
発行者　澤畑吉和
発行所　株式会社　**春秋社**
　　　　〒101-0021 東京都千代田区外神田 2-18-6
　　　　電話　03-3255-9611（営業）
　　　　　　　03-3255-9614（編集）
　　　　振替　00180-6-24861
装丁　　清水良洋
印刷　　株式会社シナノ
製本　　黒柳製本株式会社

Copyright © 2006 by Atsuo Hashimoto and Kimiko Asada
Printed in Japan
ISBN4-393-36044-3
http://www.shunjusha.co.jp/

定価はカバー等に表示してあります。

畦昌彦
ＮＬＰカウンセリング・システムセラピー入門
2500円

ＮＬＰと精神分析が出会ったら？数十年の臨床経験から導かれた、現場で効果を生む本当に必要な理論と知識だけを厳選して紹介。初学者からベテランまで役立つ情報が満載。

S.ギリガン／上地明彦訳
ジェネラティブ・トランス
創造的フローを体現する方法
3200円

深く自信を持ち、リラックスして物事に取り組める状態「創造的フロー」とは何か。内奥に眠る資源にアクセスし、変容を引き起こす第三世代の催眠の可能性を余す所なく伝える。

L.マイケル・ホール他／足立桃子訳
ＮＬＰイノベーション
2800円

ＮＬＰ創立から38年。今最も活躍するマスタートレーナー15人の最新モデルをパッケージした新しいハンドブック。ディルツからボルスタッドまで、次世代のリーダーが総結集！

C.アンドレアス他／穂積由利子訳
コア・トランスフォーメーション
3200円

自分の欠点や問題を排除するのではなく、問題そのものを利用して、天真爛漫な心の本然、古今東西の宗教家が求めてきた愛と安らぎの境地に人を導く画期的な心理的技法。

S.アンドレアス他／橋本＋浅田訳
こころを変えるＮＬＰ
神経言語プログラミング
基本テクニックの実践
2800円

カウンセリングの新潮流として注目されるＮＬＰ（神経言語プログラミング）の基本テクニックをセミナー形式で紹介。難しいと思って敬遠していた人にもお薦めの一冊。

L.マイケル・ホール他／ユール洋子訳
ＮＬＰフレーム・チェンジ
視点が変わる〈リフレーミング〉7つの技術
2800円

ビジネス必須スキル〈フレームワーク思考〉をＮＬＰの視点を活かしてパワーアップ。独自の発想転換の方法を26通りに公式化した思考ツールを収録する。変化の時代の必読書。

L.マイケル・ホール／橋本＋浅田訳
ＮＬＰハンドブック
神経言語プログラミングの基本と応用
3500円

カウンセリングの新しい潮流であるＮＬＰ（神経言語プログラミング）の最新の理論と主要な77のパターンを丁寧に解説する。ＮＬＰマジックの全貌がいま解き明かされる。

※価格は税別。